法律人进阶丛书【法学启蒙】　李昊　丛书主编

民法入门
《民法典》将这样影响你我

A PRIMER ON CIVIL LAW
How the Civil Code Will Affect You and Me

张志坡　著

北京大学出版社
PEKING UNIVERSITY PRESS

天津市哲学社会科学规划研究项目成果

图书在版编目(CIP)数据

民法入门:《民法典》将这样影响你我 / 张志坡著. 北京：北京大学出版社, 2024. 9. --（法律人进阶丛书）. -- ISBN 978-7-301-35146-8

Ⅰ. D923.04

中国国家版本馆 CIP 数据核字第 2024405T3D 号

书　　　名	民法入门:《民法典》将这样影响你我 MINFA RUMEN:《MINFADIAN》JIANG ZHEYANG YINGXIANG NIWO
著作责任者	张志坡　著
丛 书 策 划	陆建华
责 任 编 辑	王馨雨　陆建华
标 准 书 号	ISBN 978-7-301-35146-8
出 版 发 行	北京大学出版社
地　　　址	北京市海淀区成府路 205 号　100871
网　　　址	http://www.pup.cn　http://www.yandayuanzhao.com
电 子 邮 箱	编辑部 yandayuanzhao@pup.cn　总编室 zpup@pup.cn
新 浪 微 博	@北京大学出版社　@北大出版社燕大元照法律图书
电　　　话	邮购部 010-62752015　发行部 010-62750672 编辑部 010-62117788
印 　刷　 者	大厂回族自治县彩虹印刷有限公司
经 　销　 者	新华书店
	650 毫米×980 毫米　16 开本　27.75 印张　415 千字 2024 年 9 月第 1 版　2025 年 6 月第 2 次印刷（补订）
定　　　价	79.00 元

未经许可，不得以任何方式复制或抄袭本书之部分或全部内容。
版权所有，侵权必究
举报电话：010-62752024　电子邮箱：fd@pup.cn
图书如有印装质量问题，请与出版部联系，电话：010-62756370

法治是最好的营商环境
《民法典》是法治的集中体现
《民法典》保护你我他

法学教科书的中国路径
（代丛书序）

自2009年在中国人民大学出版社策划第一套译丛"外国民商法教科书译丛"（后更名为"外国法学精品译丛"）以来，我相继在北京大学出版社、中国法制出版社和中国民主法制出版社策划了"法律人进阶译丛""欧洲法与比较法前沿译丛""麦读私法译丛"（暂定名）等多套域外法译丛。译丛的设计借鉴了德国的"完全法律人"（Volljurist）培养理念，并在"法律人进阶译丛"的代译丛序中得以展现，即推广基于法教义学的以"基础教材+案例研习"为特色的教学模式。职是之故，"法律人进阶译丛"爰分法学启蒙、法学基础、法学拓展、案例研习和经典阅读五个子系列，比较全面地覆盖了大学法科教育的核心领域。经过十数年的筚路蓝缕，数套译丛比较系统地引入了德国私法、刑法、公法（狭义）及相应诉讼法的基础教科书和案例研习书，并辅之以法学学习方法和法学方法论等基础教程，目前的规模可谓蔚为大观。同时，译丛的选择畛域亦不局限于德国法，而从法律继受和全球化的视角，系统引入了域外主要国家的法学基础教科书和经典著作，遍及英美法、日本法、意大利法、法国法等，期冀对中国法的多元继受追根溯源，并通过不同法系的比较，取法各家，撷其所长，实现对中国法的域外知识基础的更新。

法学继受和法律移植的目的并不在于单纯地引入，而在于知识溯源和辨正基础上的超越，实现域外法学知识和法律制度在中国的本土化，最终形成中国自主的法学知识体系。译丛的初具规模在一定程度上为国内法学基础教科书和教学方法的更新提供了样板，也提供了动因。但遍观国内的法学教科书,尤其自2019年开始对国内民事法阅读书目①展开整理后,发现由于现行学术成果的评价体系过于注重高等级期刊论文和国家级项目,不重视基础教材,教师很少愿意投入精力撰写一部不积十数年之功难以成型的教材,导致法学的很多领域缺乏体系严谨、贴合现行法和法律实践的出色教材。就大民事法领域而言,以债法各论(如合同分论、不当得利、无因管理)、物权法、知识产权法、商法(尤其是银行私法)和民事诉讼法等领域表现尤为明显。有很多教材仅仅是对法条的复述和简要介绍,缺乏体系性以及深入的探讨,并且在基础概念的分析和外国法例的介绍上也存在诸多错讹,无法让学生准确地掌握法律基本概念和法条的适用框架,教材之间也存在相互隔膜甚至相互矛盾的现象。此外,我们自己的法学教材过于重视概念的说明,欠缺案例的引入,缺少对学生法律适用能力的训练。这也使得民法理论、民事立法和民事司法实践之间存在一定的疏离感,基于法教义学的通说形成远未可期。

在我主持的"外国法学精品译丛"译序中,我曾就德国法学教科书的特点略作铺陈。德国法学教科书多由各大学成名的法学教授基于其讲义独著而成,同时,多数教科书在每章或重要的节次前会提供一个主要参考文献的目录,这可以引导学生在想深入学习时有针对性地去查阅资料。而德国法学教科书最大的特点就是与实务结合紧密。各种教科书中必然会援引重要的法院判例,并加以归类。与此相配套,德国还出版有大量的案例练习书、判例汇编书和法典评注,非常注重对法院判例的分析整理,目标都在于帮助学生具备案例分析的基本能力。同时,德国教科书也可以区分为小型/基础教科书和大型教科书/体系书,二者发挥着不同的作用。小型/基础教科书最重要的作用就是以通说为基础,借助最精练、准

---

① 参见"法学李想小组"编评:《民事法教科书推荐·初阶版(2023年版)》,载"法学李想小组"微信公众号(网址:https://mp.weixin.qq.com/s/Ref_Y5c-Jzc3JIkjb9SZeg),访问日期:2024年7月5日;《民事法教科书推荐·中阶版(2023年版)》,载"法学李想小组"微信公众号(网址:https://mp.weixin.qq.com/s/yjK-z0P35NThVXF45yoC0w),访问日期:2024年7月5日。

确的语言来阐述最为复杂的概念,并借助案例和判例,让抽象概念具象化,从而奠定学生的基础法学知识体系。而大型教科书/体系书则是在小型/基础教科书的基础之上凝聚作者的学术睿见和思想体系,通过对关键问题的深入分析促进法教义学的发展,并开拓学生的思维和视野,形成更广博的知识结构。在德国主流法学出版社,除小型和大型教科书之分外,还存在不同的教科书系列,同一主题的教科书同场竞技,学生可以各取所需。以继受为底色的日本法学教科书同样借鉴了德国教科书的这些特点,并走出了自己的特色之路,尤以争点系列和判例研究为代表。

反观中国近现代以来,我们也曾经展示了法学教科书的渐进转型过程,从早先的单纯照搬外国理论,进行简要的法条释义,到逐步有意识地由日入德,建构自己的体系。以民法教科书为例,代表作品如梅仲协先生之《民法要义》、史尚宽先生所著之六卷本的民法全书以及王泽鉴先生所著之系列民法教科书,成为中文世界民法教科书之典范。这些皆为我们心慕力追,也成为"法律人进阶丛书"之由来。

借鉴"法律人进阶译丛"的五个子系列,本丛书亦尝试分为法学启蒙、法学基础、法学拓展、案例研习和专题研究五个子系列,其主要宗旨在于借鉴域外法学教科书特色并吸收本土既有优秀教科书经验,以中国现行法律体系为基础,在法律概念准确、体系严谨、学术规范的基础上,注重结合现有法律实践,尤其是典型案例,寻求共识,建构中国本土法学知识体系,由浅入深,由基础到进阶,为中国的法科生搭建知识体系,并在此基础上培养其决疑法律问题的能力,探索中国法律人共同体的养成之路。在同一子系列(除专题研究外)下,我们亦不排除就同一题材竞存数种不同风格(可以是口袋本,亦可是体系书、手册书,还可以是法条评注和案例集;可以采口语体,亦可以呈板书体)和不同深度(如区分面向本科生和研究生的初阶类和高阶类)的教科书,各擅胜场。除基于本土法律体系的阐释性教科书外,本丛书亦注重"多元化"特色,跳出单纯的教科书藩篱,凡可增长法律人识见、指引法律人成长并具有自己真知灼见者,皆可纳入其中,如从法律移植、法律继受、法律史和比较法角度对域外法和中国法的阐述(包括但不限于法学概念史、法律人物志、法学教育史),法学学习方法类书和法律职业指引类书等。

期待你们无论是作为作者还是读者,都能加入"法律人进阶丛书"的大家庭!

是为序。

李 昊

2024 年 7 月 5 日

第二次印刷说明

借二印之际,调整了个别标点符号和词语、优化了部分语句表述、消除了发现的错别字、删除了少量内容(主要指离婚冷静期部分末句)、改变观点一处(修订后的观点为:合同撤销可以部分撤销)、增加索引信息数条、增加2025年5月30日节目文字稿一篇(Day142,《金融私法与钱财融通术》),变化凡几十处。

张志坡
2025年6月

序一
写给法的门前的你

一

感谢你，与我相遇！当我像你一样，初到法的门前的时候，使用的教科书还是一卷本的大民法书，写作当然是一板一眼，感觉民法的授课也没有刑法有趣，只是在考研时，我有些功利地选择了民商法专业，这竟然结下了我与民法的缘分。

民法内容丰富，理论博大精深，非一朝一夕可以尽通。共1260条的《民法典》和厚重的民法书，如朱庆育《民法总论(第二版)》，77.6万字，这还只是民法著作之一部，便足以吓退很多人；要是书再无趣，或许你就抛弃了民法，乃至最终像那些天才一样，逃离了法学。

本书紧紧围绕《民法典》的条文进行较为通俗易懂的解读，帮你体会民法的趣味性和重要性，助你快速掌握《民法典》规定之要旨。但本书只是开启民法学之门的一本小书，欲窥民法学内部之堂奥，尚需进一步阅读民法的各部教科书乃至期刊论文、专著、判决研究、评注等著述。

二

除展现口语之特点外，本书还做了什么呢？

解读法典之条文。

展示条文之变迁。

揭示条文之理由。

结合特别法规定，如《公司法》《票据法》《消费者权益保护法》《噪声污染防治法》等法律的有关规定。

阐明民法之精神,人格尊严、私法自治、私权保护、过错责任、利益不得强加于人等是民法的核心要义。

引入名言与法谚,特别是参考了郑玉波的《法谚(一)》一书。

反映新司法解释,如涉及人身损害赔偿、精神损害赔偿、建筑物区分所有权的司法解释。

对比域外之经验,如帕尔默案、通用汽车案、《美国标准商事公司法》。

介绍实务之判决,如荷花女案、"红颜静"诉"大跃进"案、溥仪案、地铁闸机夹人案。

融入文学与影视,如《西游记》《红楼梦》《三国演义》《天龙八部》《简·爱》。

提示适用之方法,如悬赏广告之必有重谢,何为重谢;夫妻间行使请求权的时效问题。

补充民法之漏洞,如善意取得例外规定之类推适用。

提出适用之建议,如防卫过当应严格认定。

描述农村之生活,如宅基地使用权、土地承包经营权、相邻关系、动物侵权部分。

回顾个人之经历,如大学期间宿舍室友对电脑的按份共有与管理使用。

警示生活之风险,如酒桌文化与民事责任、借款文化与民事责任。

给出幸福之指南,如婚姻中"爱的银行"。

指出重要之问题,如档案、身份证的个人信息保护、高校单方变更合同等问题。

尝试体系之构建,主要指民法学的教授体系,本书打破《民法典》的条文顺序,融合民法总则与合同通则的内容,重新安置人格权与担保物权。

批评立法之不足,如在我国国情之下,时效期间、高空抛物规则仍有不足。

分享立法之建议,如对《仲裁法》中的时效规定提出更合理之立法技术方案。

三

意图更为准确、深入地把握民法的人,在读过本书之后,如何进一步学习民法,以及应阅读哪些民法文献呢?就此,在微信公众号等媒体可以找到姚明斌、缪宇等人分享的《民法学习方法师生谈(2023年)》,李昊分享的《民事法教科书推荐·初阶版(2023年版)》《民事法教科书推荐·中阶版(2023年版)》。然而好书太多,如何选择仍然是一个问题。故此,在这里简略推荐一些较新且相对侧重本土的著述,以供民法初学者参考。

1. 民法学习方法

程啸:《民法学习方法九讲》,中国人民大学出版社2022年版。

2. 民法研究方法

王轶:《民法原理与民法学方法》,法律出版社2009年版。

[日]大村敦志、[日]道垣内弘人、[日]森田宏树、[日]山本敬三:《民法研究指引:专业论文撰写必携》,徐浩、朱晔、其木提、周江洪、解亘译,北京大学出版社2018年版。

章程:《也是西风渐东土——〈民法研究指引〉的指引》,载《交大法学》2021年第2期。

3. 案例分析方法

吴香香编:《民法典请求权基础手册:简明》,中国法制出版社2023年版。

吴香香编著:《民法典请求权基础手册:进阶》,中国法制出版社2023年版。

吴香香:《请求权基础——方法、体系与实例》,北京大学出版社2021年版。

4. 民法简明教科书

杨代雄:《民法总论》,北京大学出版社2022年版。

刘家安:《民法物权》,中国政法大学出版社2023年版。

崔建远主编:《合同法(第八版)》,法律出版社2024年版。

程啸:《侵权责任法教程(第四版)》,中国人民大学出版社 2020年版。

5. 民法进阶参考书

朱庆育:《民法总论(第二版)》,北京大学出版社 2016 年版。

崔建远:《物权:规范与学说——以中国物权法的解释论为中心(上、下册)(第二版)》,清华大学出版社 2021 年版。

韩世远:《合同法总论(第四版)》,法律出版社 2018 年版。

周江洪:《典型合同原理》,法律出版社 2023 年版。

程啸:《侵权责任法(第三版)》,法律出版社 2021 年版。

6. 民法图书总览

张志坡:《法学书的类型与教科书的选定》,载张桂琳主编:《中国法学教育研究》2011 年春季论文集,中国政法大学出版社 2011 年版。

Zhang Zhipo, The Centennial of Chinese Civil Jurisprudence-Review and Commentary of Publications, William S. Hein & Co., Inc. & Wells Information Services Inc., 2022.

张志坡
2024 年 7 月 9 日

序二

2020年5月28日,万众期待的《民法典》经表决通过,这是中华人民共和国成立以来第一部以法典命名的法律,表明了民法的重要性和国家对此的高度重视。

本书作者学习、研究民法已有二十余年。在《民法典》通过后,第一时间认真研读《民法典》,参加学界专家讲座几十场,并积极参与《民法典》主题的学术活动和普法宣传。

2020年5月27日,在《民法典》通过前夕,作者收到天津新闻广播电台赵巍主播的邀请,他拟在天津新闻广播FM97.2"法制纵横"栏目播出"民法典将这样影响你我"节目。出于推进中国特色社会主义法治建设的目的,以及普及法律新知的责任感和使命感,作者欣然应允。为了增强普法效果,作者结合中外文学经典名著、国内外的案例判决及个人的生活经验,紧密围绕《民法典》条文,尽可能以通俗易懂的方式向听众讲解《民法典》。在讲稿中,作者大量穿插、使用《西游记》《三国演义》《红楼梦》《围城》《天龙八部》《简·爱》《傲慢与偏见》等小说中的人物及故事,诠释《民法典》的规定,达到了很好的效果。

"民法典将这样影响你我"节目原计划推出20期左右,后来竟然连播了141期,从《民法典》通过次日即2020年5月29日开始,至2021年1月13日结束,整整7个半月时间,每一期的准备、录制大约耗费4个小时。也就是说,这本书的原始稿是作者花费了大约560个小时奋斗的成果。"民法典将这样影响你我"节目取得了很大的成功,得到了社会听众和电台领导的一致好评。

最近,作者翻阅这些文稿,将其汇总到一起,重新编排,初稿竟有28万字之多,涉及主题100余个。为了更广泛地普法宣传,让《民法典》走入更多的平常百姓家,让每个人都能了解《民法典》、理解《民法典》,并能用《民法典》维护自己的合法权益,让每个人都参与到中国的法治进步当中来,作者在保持该文稿口语化、通俗化的同时,对文稿进一步加工、润色、整理,更新了解说中涉及的噪声污染防治法、建筑物区分所有权司法解释、人身损害赔偿司法解释、精神损害赔偿司法解释等法律和司法解释的名称、条文号和内容,以保证其内容的科学性、妥当性和与时俱进性。作者还精选了一些法谚、俗语、名人名言、学者观点或者自陈要点,置于相关主题之前,以起到提纲挈领或者提示、参考等效果。

本书不仅具有普法的功能,有助于民众接近《民法典》,而且是为初到"法的门前"的学子们准备的。德国法学家、哲学家拉德布鲁赫曾感慨,很多诗人是从法学院"逃逸"的学生。我们熟知的巴尔扎克、雨果、歌德、徐志摩、金庸等作家或诗人均学习过法律,从法学院(法学领域)逃逸出来后,他们才成为诗人乃至文学巨匠,而在他们的作品中也经常可以发现法律的影子。事实上,《格林童话》的作者格林兄弟,也曾经是法学院的学生,甚至还是大学的法学教师,《格林童话》只是他们的业余成果。不管怎样,从法学院逃逸至少说明了一点,那就是法学读物讲解的清晰易懂和趣味性并非不重要。

在日本,口语法学著作较为常见,不仅《口语六法全书》设有《口语民法》《口语刑法》《口语宪法》等卷,而且在民法领域,还有内容更加翔实的《口语民法总则》《口语物权法》《口语债权法》《口语亲属法继承法》。这大大提高了普通民众接近法律的可能,利于普及法律知识,强化了民众的法律意识,提高了社会的法治化水平和文明程度。作者本欲参酌该等作品的书名,将这一宣传《民法典》的口述成果命名为《口语民法:〈民法典〉将这样影响你我》,后认为强调形式特点,不如强调内容特点,故定名为《民法入门:〈民法典〉将这样影响你我》。希望本书能够成为您的枕边书,希望《民法典》能够成为您自身权益的守护神。

张志坡
2024年7月10日

目 录

Day 1	1. 民法的重要性与编纂《民法典》的必要性	001
Day 2	2. 编纂《民法典》之路	004
Day 3	3.《民法典》的中国特色	007
Day 4	4. 民法的精神	009
Day 5	5. 民法中的人	012
Day 6	6. 民事权利	015
Day 7	7. 民事责任	018
Day 8—10	8. 诉讼时效	021
Day 11	9. 期间计算	028
Day 12	10. 一般人格权	031
Day 13—14	11. 人格权一般规定	034
Day 15—16	12. 生命权·身体权·健康权	039
Day 17	13. 姓名权·名称权	044
Day 18—19	14. 肖像权	047
Day 20	15. 名誉权	052
Day 21	16. 隐私权	055
Day 22	17. 个人信息保护	058

Day 23	18. 所有权	061
Day 24	19. 按份共有	064
Day 25	20. 共同共有	067
Day 26—28	21. 建筑物区分所有权	070
Day 29	22. 相邻关系	077
Day 30—33	23. 所有权取得	080
Day 34	24. 土地承包经营权	089
Day 35	25. 建设用地使用权	092
Day 36	26. 宅基地使用权	095
Day 37	27. 地役权	098
Day 38	28. 居住权	102
Day 39	29. 占有	105
Day 40	30. 登记	108
Day 41	31. 物权的保护	111
Day 42	32. 合同通则之一般规定	114
Day 43—44	33. 合同的订立	117
Day 45	34. 悬赏广告	122
	35. 缔约过失	124
Day 46	36. 代理	126
Day 47	37. 合同有效的条件	129
Day 48	38. 合同的无效	132

Day 49	39. 合同的撤销	135
Day 50	40. 合同的效力待定	138
Day 51	41. 合同效力的特殊问题	141
Day 52—53	42. 合同的履行	144
Day 54	43. 合同的保全	149
Day 55	44. 合同的变更和转让	152
Day 56—57	45. 合同权利义务的终止	155
Day 58	46. 违约责任:继续履行和采取补救措施	161
Day 59	47. 违约责任:赔偿损失	164
Day 60	48. 合同类型	167
Day 61—63	49. 买卖合同	170
Day 64	50. 供用电、水、气、热力合同	178
Day 65	51. 赠与合同	181
Day 66	52. 借款合同	184
Day 67—68	53. 保证合同	187
Day 69—70	54. 租赁合同	193
Day 71	55. 融资租赁合同	199
Day 72	56. 保理合同	202
Day 73	57. 承揽合同	205
Day 74	58. 建设工程合同	208
Day 75	59. 运输合同	211

Day 76—79	60. 技术合同	214
Day 80	61. 保管合同	224
Day 81	62. 仓储合同	227
Day 82	63. 委托合同	230
Day 83—84	64. 物业服务合同	233
Day 85	65. 行纪合同	238
Day 86	66. 中介合同	241
Day 87	67. 合伙合同	244
Day 88	68. 不当得利	247
Day 89	69. 无因管理	250
Day 90—92	70. 担保	253
Day 93—95	71. 抵押权	260
Day 96	72. 最高额抵押权	267
Day 97—98	73. 动产质权	270
Day 99	74. 权利质权	275
Day 100	75. 留置权	278
Day 101	76. 结婚自由	281
Day 102	77. 忠实义务与离婚冷静期	284
Day 103	78. 忠诚协议	287
Day 104	79. 夫妻财产·夫妻债务	290
Day 105	80. 收养子女	293

Day 106	81. 离婚的孩子抚养	296
Day 107—108	82. 继承的一般规则	299
Day 109	83. 法定继承	304
Day 110—111	84. 遗嘱继承	307
Day 112	85. 遗产处理	312
Day 113	86. 侵权的宏观认识	315
Day 114	87. 故意侵权责任	318
Day 115	88. 过失侵权责任	321
Day 116	89. 过错推定责任	324
	90. 无过错责任	326
Day 117	91. 侵权预防	328
	92. 共同侵权	330
Day 118	93. 共同危险行为	332
	94. 分别侵权	333
	95. 受害人过错	335
Day 119	96. 第三人过错	337
	97. 自甘冒险	338
Day 120—121	98. 免责事由	339
Day 122—125	99. 损害赔偿	344
Day 126	100. 无民事行为能力人、限制民事行为能力人的侵权	354
Day 127	101. 特定法律关系中的行为人侵权	357
Day 128	102. 网络侵权	360

Day 129	103. 安全保障义务	363
Day 130	104. 产品责任	366
Day 131	105. 机动车交通事故责任	369
Day 132—133	106. 医疗损害责任	372
Day 134	107. 环境污染和生态破坏责任	377
Day 135	108. 高度危险责任	380
Day 136	109. 饲养动物损害责任	383
Day 137—139	110. 建筑物和物件损害责任	386
Day 140	111.《民法典》的实施	393
Day 141	112. 学习《民法典》的日子	397
Day 142	113. 金融私法与钱财融通术	400

文学、影视作品,电视节目与法律主题词对照索引 …………… 409
事件、案件与法律主题词对照索引 ………… 411
关键词索引 ……………………………………… 413
规范性法律文件简全称对照表 ………………………… 415
法治·《民法典》·营商环境(代后记) ………………… 417

Day 1

1. 民法的重要性与
编纂《民法典》的必要性

民法乃万法之母。——法谚

今天,我们先来聊一下民法的重要性。民法,也叫民事法,经常与刑法、宪法相提并论。刑法,大家比较熟悉,解决的是犯罪问题,如杀人、抢劫、强奸、贪污、受贿等,这类行为由刑法管,公检法都会参与其中,公安机关负责侦查、人民检察院负责起诉、人民法院则依法审判。宪法离普通人好像比较远,解决的是国家权力由谁行使及如何行使的问题,比如,人大行使立法权、人民政府行政执法权、人民法院和人民检察院行使审判权和检察权、国家监察委员会行使监察权,凡是权力必须受到制约。《行政处罚法》规定,在执法时,执法人员不能少于两个,而且必须出示证件,就是为了限制行政机关的权力,保护公民的权利。而民法与我们普通人的生活密切相关。一个人可能一辈子不犯罪,也很少与国家机关打交道,但不可能不涉及民法,尽管很多人可能没有学过民法的知识。

民法的范围非常广,我国最主要的民法当然是《民法典》[①],哪些事由《民法典》管呢?比如,有人使用了你的头像、偷看了你的日记;你在承包地里种玉米、扔掉不用的纸盒子、买几斤苹果、找朋友借点钱、租个房子、把古董送给朋友;动物园的老虎咬了人;墙上的瓷砖掉下来砸了别人的汽车;你找个喜欢的人结婚、几年后又离婚、收养一个孩子、写个遗嘱;等等。

---

① 为行文方便,本书中法律、行政法规中的"中华人民共和国"字样省略,例如,《中华人民共和国民法典》简称为《民法典》。

这些事情是不是很常见？碰到这些事，如果发生了纠纷，翻翻《民法典》，总是有帮助的。此外，创业合伙、投资理财、购买保险，其中涉及的也都是民法，只不过我们将其叫作特别民法，也就是《民法典》之外的民法，也可以叫商法。不仅如此，如搞发明、注册商标、拍电影、写诗、出书、公司赚钱的技术秘密，这些与智慧、工业创新有关的，属于知识产权的问题，也是民法上的问题。《民法典》里粗略地提到了知识产权，至于具体的内容，我们有专门的《专利法》《商标法》《著作权法》加以规定。你说，民法对我们重要不重要？当然重要。

正因如此，《民法典》才被称为"社会生活的百科全书"。我们的生老病死、衣食住行均与《民法典》息息相关。在出生之前，胎儿便已经受到民法的保护：胎儿可以接受赠与，其继承份额需要予以保留，在妈妈的肚子里受到伤害也能由父母代胎儿向侵害的行为人主张损害赔偿；当我们病了、老了、糊涂了，除了孩子可以照顾我们，我们还可以提前找信赖的人签一份监护合同，让他们照顾我们、帮我们作一些决定；我们在离开这个世界之前，可以立一份遗嘱，把财产留给所爱的人。总之，我们生活在民法之下。不仅如此，还有句法律谚语，叫"民法乃万法之母"，实际上，民法确实是其他很多法律的基础。

中共中央对《民法典》也很重视，《民法典》2020年5月28日通过，5月29日下午，中共中央政治局就"切实实施民法典"举行第二十次集体学习。习近平总书记在主持学习时强调，民法典在中国特色社会主义法律体系中具有重要地位，是一部固根本、稳预期、利长远的基础性法律，对推进全面依法治国、加快建设社会主义法治国家，对发展社会主义市场经济、巩固社会主义基本经济制度，对坚持以人民为中心的发展思想、依法维护人民权益、推动我国人权事业发展，对推进国家治理体系和治理能力现代化，都具有重大意义。

在《民法典》出台之前，我们已经有了《民法通则》《物权法》《合同法》《担保法》《婚姻法》《收养法》《继承法》《侵权责任法》[①]这些单行法

---

① 《民法典》自2021年1月1日起施行。《婚姻法》《继承法》《民法通则》《收养法》《担保法》《合同法》《物权法》《侵权责任法》《民法总则》同时废止。

律,有的也已经较为完善,为什么还要把这些法律放到一起,编纂成一部《民法典》呢?

这要从《民法典》的功能谈起。《民法典》具有体系化功能,所谓体系化,就是遵循某种价值和逻辑,把原本杂乱无章或者相互冲突的东西加以系统化整理,使其内部协调一致。前述的这些单行法律制定于不同的时期,在规则内容、语言表达、价值判断上,相互之间可能会存在不同程度的不一致,在出现相互矛盾的情况下,对于到底适用哪部法律、哪个法条,可能就会引发争议,诉至法院,有时法官也不好把握。

举个例子,1986年公布的《民法通则》规定的诉讼时效原则上是2年。简单解释一下,诉讼时效就是法院保护个人债权的时间,我们作为权利人应该积极地行使权利,如果很长时间没有去主张权利,如要求对方还钱,超过2年的限制,对方就可能以超过诉讼时效为由而拒绝还钱。问题是,如果真的过了诉讼时效保护期间,借钱不还甚至还会得到法院的支持。此外,《民法通则》还规定了诉讼时效是1年的几种情形。2017年作为《民法典》的一环而制定的《民法总则》规定了3年的诉讼时效,全国人大会议上的报告说明指出把2年的诉讼时效修改为3年。这就出问题了,《民法通则》规定为1年时效的那些情形到底是适用1年的诉讼时效,还是《民法总则》规定的3年诉讼时效?《民法典》延续《民法总则》的做法,只规定了3年的诉讼时效,《民法典》施行之日,《民法通则》《民法总则》等单行法律同时废止,这样,前面的争议就被消除了。《民法典》的颁布,消除了既有立法的冲突,也方便了法官找法、人民用法。

《民法典》具有提升规范位阶、明晰裁判规则、完善既有法律的功能。经过多年的司法实践,我国积累了大量的司法解释和裁判经验,需要将这些纳入《民法典》,使其位阶得到提升并清晰化。此外,《民法典》还弥补了原有立法的很多不足,调整了规范的方式,增加了满足社会发展变化需要的内容,如保理合同、网络虚拟财产,而保护人格尊严的人格权编,是立法构建的新篇章,目的是强化对人格权的保护。而具有担保功能的合同,更是得到了《民法典》的认可,为商事交易实践提供了更合理的规则。事实上,在规则的实质上发生变化的法条大体上占《民法典》总条数的1/4以上。因此,编纂《民法典》有其必要性。

Day 2

2. 编纂《民法典》之路

不积跬步,无以至千里;不积小流,无以成江海。——荀子

只有了解历史,才能更好地理解现在。对于我国《民法典》也是如此。在中华人民共和国成立后,亟须解决的是婚姻家庭问题。因此,中华人民共和国成立后制定的第一部法律就是《婚姻法》,婚姻法是民法的子法,是民法的一部分。之后,我国于1954年和1962年两度起草民法典,但由于各种原因,这两次起草工作并没有取得实质性成果。

伴随着"解放思想,实事求是,团结一致向前看"的提出,国家进入改革开放新时期,1979年,民法典第三次起草工作启动,但计划经济尚未打破、法律人才缺失等诸多原因,使得我国并不具备制定一部完备民法典的条件。国家决定按照"成熟一个,制定一个"的工作思路,确定先制定民事单行法律,也就是像《婚姻法》那样的,作为民法典组成部分的法律。

1981年、1985年、1987年,我国先后制定了《经济合同法》《涉外经济合同法》《技术合同法》,目的是适应当时经济发展的需要。实际上,在这一时期,我国最早着手修订的,仍然是几乎与每个人都息息相关的《婚姻法》,1980年《婚姻法》修订完成;1985年,《继承法》制定完成,保障了人们继承财产的权利;1991年,《收养法》制定完成,解决了收养子女的社会需求带来的问题。

必须一提的还有1986年的《民法通则》,它实质上是第三次民法典起草工作的部分成果,但其内容简略,可以认为是民法典的高度浓缩版。尽管《民法通则》较为简略,但"麻雀虽小,五脏俱全",《民法典》中的重要制度,在《民法通则》中均可发现踪影:有"人"的制度——你我他、个体工商

户、合伙人;有"人"的行为的制度——合同、代理;有各种权利——所有权、债权、知识产权;也有责任制度——违约责任、侵权责任。

1992年,中国从计划经济向市场经济转轨,这大大解放了中国的生产力,急需一部关于市场经济的法则。1995年,我国有了《担保法》,保障债权的实现。1999年,我国参考法制先进国家和地区的民法典及国际公约的内容,制定了统一的《合同法》,20世纪80年代三部"合同法"并存的情况就消失了。

2001年,九届全国人大常委会组织起草了《民法(草案)》,并在2002年年底进行了一次审议,经讨论,仍确定继续采取分别制定单行法的办法。前面说的《合同法》是一部交易法,而交易的前提是确认财产的归属,这便是物权问题。2007年,《物权法(草案)》历经七次审议,终于通过,这就是曾被热议的《物权法》。在2007年10月8日,也是《物权法》实施后第一个工作日,就有人在法庭上举起《物权法》维护自己的财产权益。2009年,《侵权责任法》出台。至此,《民法典》各分编的基本内容已经大体成型。

党的十八大以来,中国经济和社会发生了巨大变化,也取得了各项重大成就,官方说法为中国特色社会主义进入新时代。在这一背景下,党的十八届四中全会作出编纂民法典的重大决定。2015年3月,《民法典》编纂工作正式启动。编纂《民法典》是推进全面依法治国、推进国家治理体系和治理能力现代化的重大举措,《民法典》的目的是维护人们的私权,增进人们的福祉。根据中共中央的决策部署,全国人大常委会明确了"两步走"的编纂工作计划:第一步出台民法总则;第二步编纂民法典各分编,同民法总则合并为完整的民法典草案提请审议。

2017年3月,《民法总则》颁布,意味着《民法典》的编纂迈出了关键一步。其后,《民法典》各分编历经多次拆分审议,广泛听取各方面意见、建议。据悉,全国人大常委会每次审议后均通过中国人大网公开征求广大民众的意见,总共有42万余人参与,提出的意见总数则达到102万条。在2020年5月22日至5月28日全国人大会议期间,代表们热议民法典草案,很多民众的意见被采纳吸收,如小区的治理问题、高利贷问题、夫妻共同债务问题。正因为积极回应社会热点和民众需求,才成就了现在的《民法典》。

可见，《民法典》不是一天架构的，而是一路走来，待条件逐渐成熟，终于被我们迎来的。《民法典》既是权利法，又是权利的保护法，但"徒法不足以自行"，想要实现我们的权利，就要为权利而斗争。举个真实的例子，我读研时，刚开始用手机，运营商多扣了我两角钱，我便联系客服要回来，这不是钱多少的问题，而是维护自身权利的问题。2019年，华东政法大学的学生起诉上海迪士尼乐园，使得我们有了去迪士尼乐园自带零食的权利。不要犹豫，让我们一起在《民法典》慈母般的目光下，积极行动起来，保护自己的权利吧！

Day 3

3.《民法典》的中国特色

《民法典》是人们权利的保护法。

如果你已经有一定的法学知识,想要快速地把握我国《民法典》,那么,你必须知道《民法典》有哪些特色,也就是说,我国《民法典》与其他国家的民法典,特别是与《德国民法典》《日本民法典》等典型的大陆法系国家民法典相比有哪些不一样的地方。依我之见,我国《民法典》在编纂方式、编纂体例、编纂理念和编纂内容上有一些特色,值得关注。

从编纂方式来看,我国《民法典》是再编式的。与法国、德国、日本制定的民法典不同,我们不是制定全新的民事法律,而是在民事现行法律的基础上编纂而成;我们不是直接把原来的《民法通则》《物权法》《合同法》《担保法》《婚姻法》《收养法》《继承法》《侵权责任法》等法律放到一起而成为民法典,而是根据近些年的学界共识、法院的审判经验和专门的立法研究对原有法律进行增删、修订、调整,使民法典作为一个整体,在体系上更加和谐、在内容上更加妥当。尽管《民法典》的编纂以旧法为基础,但也努力满足了我们日常生活中的需求,如对夫妻共同债务共同签署的规定,对地面塌陷致害责任的规定,对物业公司断水、断电催缴物业费的禁止等,都属于《民法典》新增加的内容,值得肯定;而且《民法典》增加物业服务合同一章,在法律的层面强调物业公司是为业主服务,而非管理业主的角色。

从编纂体例上看,可以说我国《民法典》采取了总分结构,即先总则编、后分则编;也可以说采取了总分总结构,简单说就是:民法总则编、民事权利编、民事权利的保护编。具体而言,《民法典》开篇是民法总则,概括规定适用于民法各分编的内容,主要是人和人的行为——在《民法典》

中我们称之为民事法律行为,这是一个法律上的术语,强调我们的生活由自己做主和安排,这与几十年前的计划经济明显不同。总则之后的各编对应着我们在民事生活中享有的各项权利,依次是物权(我们对房子、土地、轿车、桌子、椅子等的权利)、债权(主要是基于合同而产生的权利)、人格权(人作为人享有的权利)、亲属权(我们在婚姻、家庭里的权利)、继承权(这个大家基本都知道,主要是继承逝者财产的权利),最后则是侵权责任编,它对前面的各种权利、利益提供民法上的保护和救济,比如,有人侵犯了你的所有权、你的肖像权、你的隐私权,你就可以根据侵权责任编主张损害赔偿、赔礼道歉,等等。

　　从民法典的理念上看,我国《民法典》在吸收域外民法典编纂经验的基础上,将社会主义核心价值观纳入《民法典》第 1 条,在一定意义上,这也有助于《民法典》在一些案件中得到适用。社会主义核心价值观共有 12 个词,是一种价值体现,判决的结果总体上来看,应该与社会主义核心价值观一致。最高人民法院也发布了弘扬社会主义核心价值观十大典型案例。我们鼓励诚实信用、鼓励见义勇为、禁止高利贷、支持公平的风险分担,这在《民法典》当中都有体现。此外,《民法典》还具有鲜明的时代特色,很好地回应了现代社会的需求,我国将绿色、环保精神写入《民法典》,将数据、网络虚拟财产这些新鲜的事物写入《民法典》,不仅如此,还确立了农地上的"三权分置"制度,影响我们生活的疫情防控措施在《民法典》规则上也有所体现。

　　从内容上看,我国《民法典》有独立的人格权编,这在世界范围内也是不多见的。这是一种暗示,体现了一种精神,那就是我们今后会更重视每个人的人格尊严,让每一个人活得更像人。在《民法典》人格权编中,不仅有生命权、身体权、健康权、姓名权、肖像权这些传统的权利,还有对个人声音权益的保护,以及关乎个人形象和评价的名誉权、隐私权和个人信息保护,《民法典》确认保护我们的隐私、合理限制他人利用我们的个人信息,防范在互联网时代个人成为"透明人"。《民法典》还强调尊重个人性方面的自主权,禁止性骚扰。这为我们的人格尊严提供了近乎全方位的保护。有了《民法典》,还需要更具体的一些规则,实际上,我们以《民法典》为基础,还制定了《个人信息保护法》,以限制随意要求"刷脸"、提取指纹等不法、不当行为,切实保护每个人的信息权益。

Day 4

4. 民法的精神

> (个人之事)每一个人所好不同……常有不欲人知之情事……最佳方法,莫如关系之个人依其意愿自作安排。——曾世雄①
>
> 恩惠不得强制接受。——法谚②

民法的精神,也是《民法典》最核心、最本质的宗旨。懂得民法的精神,可以更容易地理解《民法典》的大部分规定。

民法的精神,用一个词来概括,就是私法自治。私法自治可能不好懂,我们拆分一下:"私法"指的就是关于平等的个人与个人之间、个人与组织之间、组织与组织之间的规则。民法是最基本的私法,也就是说,纯私人之间的、最基础的关系在民法中规定。公权力不是民法所能管的,但是,私权所在,就是公权所止。有时,国家也会参与到民事关系当中,如国家发行国库券,此时,它和个人也没什么区别,就是一个向老百姓借钱的"人",只是这个"人"的名字叫"国家"而已,在这个关系中,它不能动用国家公权力。政府采购时,政府作为买方与其他人也没有什么区别,它不能要求你必须把东西卖给它。"自治",就是自己治理。把"私法"和"自治"连到一起,意思就是,在私法领域内,个人可以根据自己的意思,安排自己的生活。这是原则。

为什么在私法领域采取私法自治原则呢?这是因为个体差异很大,每个人想做的事和想要的东西都不一样,国家、政府也不知道你是怎

---

① 曾世雄:《民法总则之现在与未来》,中国政法大学出版社2001年版,第18页。
② 郑玉波:《法谚(一)》,法律出版社2007年版,第122页。

么想的。以前是计划经济，统一进行分配，大家拥有的东西基本都一样，但可能满足不了你的要求，包括国家统一分配工作，每个人大学毕业都会有工作，但是给你分配的工作你也不一定喜欢。与计划经济相对的，是市场经济，就是按照市场规律办事，当事人自己做主，通过市场手段取得所需的物品，自己去找工作，总体而言，按照市场规律办事，更多的人，尽管远不是所有的人，可以拥有自己想要的东西、找到自己喜欢的工作。

私法自治，在《民法典》中有很多具体的体现，粗略地说，主要有合同编的合同自由、婚姻家庭编的婚姻自由、继承编的遗嘱自由，以及商法上的营业自由，当然，在法定的物权种类之内，当事人设定物权也是自由的。

先来看合同自由，就是我们自己来安排、解决自身的需要问题。是否订立合同、与谁订立合同、什么时间订立合同、订立什么合同、怎么订立合同等都由我们自己做主。如果你想去买油条当早餐，那么别人不能强迫你买大饼；尽管你平时买张三家的油条，但今天你想到隔壁李四家买，张三不能说，"你必须买我家油条，不买不行"。买不买、向谁买，由你自己说了算。你是想早餐买油条还是午餐买油条，也由你自己决定。

如果你准备看看《民法典》都写了啥、跟你有多大关系，你可以买一本《民法典》，这是买卖合同；你也可以租一本《民法典》，这是租赁合同；你还可以借一本《民法典》，这是借用合同。尽管都可以用来看，但是合同不同，效果也不同。买一本《民法典》费用最高，但买来的就是自己的；租的便宜些，但是要归还，损毁了还要赔；如果是找朋友借的，虽然免费，但看完了也要归还。当然，你也可以到网上检索《民法典》的内容。至于订立合同的方式，可以是口头的，一手交钱一手交货，也可以是书面的，还可以是从电脑上或者手机上下单，总之，订立哪种合同随你，订立方式也随你。

不仅如此，是否接受某种好处，也由你自己说了算。一个朋友准备送给你一辆电动车，你可以要，也可以不要。但如果你拒绝，朋友无权逼你要。如果你欠了我500元钱，我说，"你不用还了"，你可能想，"那怎么行？欠债还钱，我又不是还不起。你不能看不起我，好借好还，再借不难，我必须还钱"。在这种情况下，尽管我说不用还了，但如果你想还，就必须尊重你的意思，也就是说，好处、恩惠，不能强加于人。尊重对方的意思，就是尊重对方的人格。在钱锺书的小说《围城》里,孙柔嘉想请她很有势力的姑母为方鸿渐找一份高薪工作,但方鸿渐毫不领情,反而认为孙柔嘉和她的姑母背着自己做事,贬损自己的人格。

下面来看婚姻自由。首先,一个人是否结婚,由他(她)自己做主,既可以选择结婚,进入"围城",也可以选择单身。其次,与谁结婚,也由准备结婚的两个人说了算,以前的"父母之命"过时了,现在买卖婚姻是违法行为,指腹为婚也没必要再当真了。再次,只要到了结婚年龄,是28岁结婚,还是82岁结婚,也是由你自己决定;甚至一方82岁,另一方28岁,只要男无妻,女无郎,两人愿意在一起,也没什么不可以。最后,离婚也由当事人自己说了算,当爱情没了,感情也没了,两人想离婚,法律也只能同意,只是《民法典》多了个"冷静期",希望大家离婚之前冷静下来,不要冲动行事。当然,如果夫妻能够像婚前一样你侬我侬、互相关爱,也不会走到离婚这一步。

最后简单来看看遗嘱自由和营业自由。遗嘱自由,也是所有权绝对的表现。原则上,你的财产,在你百年之后,要留给谁,这是你的权利,随你的意思。在商业上,营业自由是指,只要不违法,你想开什么公司就开什么公司,想做什么买卖就做什么买卖,完全由自己说了算。

民法的精神,简单地说,就是我们自己说了算,由我们自己安排自己的生活。

Day 5

5. 民法中的人

人是民法中第一重要的概念。

提到民法中的人,你可能会问:难道民法中的人,和我们所理解的人还不一样?是的,人,生物学意义上的人和民法意义上的人不一样。你也许知道,在奴隶社会,不是每个人都能作为人而存在。比如,在罗马法中,奴隶是什么?奴隶只是会说话的物而已。甚至法国在 1804 年颁布《法国民法典》时,也只是在法国本土实现了人生而平等、生而为人,但是在法国的殖民地,奴隶依然是存在的。

实际上,人是民法中第一重要的概念,也就是说,《民法典》是以人为中心的,《民法典》就是要保护我们每个人的合法权益,调整人与人之间的民事关系。民法中的人也成为重要的研究主题。德国法学家汉斯·哈滕鲍尔撰有《民法上的人》,而日本法学家星野英一则著有《私法中的人》,中国社会科学院法学研究所谢鸿飞研究员也发表有《现代民法中的"人"》。可见,这绝对是重要的问题。民法中的人像与商法中的人像并不相同,商法中的人是精明、狡猾、善于算计的人,我们也常说"精明的商人",所以,商人在商事交易中不需要受到特别的保护;而民法中的人通常被认为是弱而"愚"的,需要法律的保护,因此,《民法典》也确实为民法上的弱者提供了更多的保护。

我们在《民法典》中,可以发现各种人,比如,买方、卖方、出租人、承租人、夫妻、未成年子女、生父母、养父母、继父母、收养人、被收养人、被继承人、继承人、受遗赠人、遗产管理人,等等。我们发现,这些人都不是具体的人,而是社会生活中的一种角色,通过这样一种抽象的作用,发生在个人身上的事、个人之间的民事纠纷就可以由《民法典》来调整。

民法中的人，是一种抽象意义上的人，而且可以比前面的这些角色更抽象。需要注意的是，民法上的人，是近代社会立法确认、价值选择的结果。这是什么意思？以大街上的一个人为例，他在民法上是一个人吗？直觉告诉你，当然是。但是，我要说的是，这是建立在现代社会法治观念的基础之上的结论。因为，正如前面所说，如果回到5000年前，大街上的一个人可能是奴隶。奴隶在生物学意义上，与我们一样，是人；但是，在早期的法律中，奴隶不是人，他们可以被买卖，只是会说话的物和工具而已。我们没有奴隶翻身做自己主人的经历，所以可能体会不到，实际上，现代社会生物学意义上的人，都属于民法意义上的人，但这不是当然的结果，而是奴隶们不断抗争的结果。只有为自己的权利努力奋斗，社会才会更进步。

生物学意义上的人，我们习惯上称为自然人，这是《民法典》中最重要的人的类型。此外，还有法人、非法人组织，二者与自然人是并列关系，也是人的类型。法人，这个词大家可能听过，看电视偶尔也会听到，"张三是某公司的法人"，但这种说法明显不够严谨。准确的说法是，"张三是某公司的法定代表人"。"法人"和"法定代表人"并不相同，"法人"可不是"法定代表人"的简称。实际上，法人是指公司这个组织，而公司在市场监管局把董事长或者总经理登记为法定代表人，从而董事长或者总经理就可以代表公司签合同、起诉、应诉。我们也会把法人说成虚拟的人，因为它不是像我们一样的自然人。

在我国，法人有营利和非营利之分，营利法人是普通人比较关心的，就是用来赚钱的法人，你应该已经想到了，就是公司，主要分为有限责任公司和股份有限公司。而事业单位、社会团体、基金会等则是非营利法人，比如，南开大学就是事业单位，九三学社就是社会团体，李连杰创建的"壹基金"就是基金会——基金会是公益组织，这些法人的目的不在于营利，具体一点，它们也许有收入，但是，不能分钱。此外，还有机关法人，这大体指向我们通常所说的国家机关。法人与自然人不同，法人以它自己的财产独立承担责任，就是说，如果公司经营失败、亏损严重，或者破产了，那么，投资公司的股东们固然也可能会哭一把，毕竟赔钱了，但是，公司的欠债,股东不用还,也就是说,公司的债务,股东不用承担。这也是很多人创业要采取公司的形式的原因。

当然,创业、经商还有很多其他渠道,比如,开一家超市,这可能是个体工商户。做得大一点,注册一家个人独资企业,或者几个朋友合伙开一家饭店或者咖啡馆、小书店,正规一点,也可以去登记一家合伙企业。个人独资企业、合伙企业,虽然也是企业,但是,在《民法典》中被称为"非法人组织",也就是说,它们不是法人,相应地,在企业发生亏损,经营不下去的时候,个人企业主及合伙人要承担无限连带责任。所谓无限连带责任,就是说,企业的债,企业主或者合伙人要接着还,直到还清为止。

此外,国家也是民法上的人。在城市里,无人继承的财产归国家。此外,国家发行国库券,此时,它和国库券持有人的关系就是债权债务关系,国家是债务人,国库券的持有人是债权人。这和普通借款没有本质区别,只是债务人只有一个,而债权人特别多而已。

无论是法人还是非法人组织,抑或是国家,都是我们为了更好的生活而创立、组建的;组建家庭也是出于这个目的。民法上的人,强调地位"平等",民法上的人享有的财产权受民法的"平等"保护,这被《民法典》明确加以规定,就此而言,《民法典》比《物权法》更进步。

6. 民事权利

> 权利者可以享受特定利益之法律上之力也。——郑玉波①
>
> 亲权基于爱,非存于虐。——法谚②

我们生活在这个世界上,依赖于权利,如果权利得到了更周到的保护,就可以生活得更好。民法中第一重要的概念是人,这意味着人是根本,人是目的;第二重要的概念是权利,权利为我们每个人而存在,是民法的核心。权利就是利益、好处,并且由法律加以保护,可以借助于法律的力量实现,因此,权利在法律上是有"名分"的。我国《民法典》的分编可以说就是由各种权利构成的。那么我们通常享有哪些权利呢?

笼统地讲,我们在市民社会中享有广泛的权利,主要有六种:作为人而当然享有的人格受到尊重的权利、对外在之物享有的权利、基于债的关系对其他人的请求的权利、在婚姻家庭中的权利、在亲人去世时继承其财产的权利,以及对投资享有的权利。

首先,是我们作为人,当然享有人之为人的权利,有人会把它表述为"人权",说得窄一点,其实,最主要的就是《民法典》中的人格权,也就是我们的人格尊严、人格自由受到法律的保护;人格尊严、人格自由是一种概括性的说法,它表现为更具体的人格权。

比如,作为人存在的物质性前提,我们享有生命权、身体权、健康权:我们的生命是一切之根本,我们的身体需要保持完整性,我们的身体机能

---

① 郑玉波:《民法总则》,中国政法大学出版社2003年版,第63页。
② 郑玉波:《法谚(一)》,法律出版社2007年版,第164页。

需要保持健全。这三项权利也被称为"物质性人格权",它们直接指向我们的身体。

每个人都有自己的姓名、肖像、声音,这些东西使我们与其他人明显不同,在社会交往的过程中,发挥着识别你我的作用。对此,我们享有姓名权、肖像权和声音的权益,侵害这些权益的后果可能很严重。之前有人冒用他人姓名上学,影响了被冒名者的一生。其损害并非侵害了姓名权那么简单,有人说,这是侵害了他人的"人生规划权"。总之,对这种案件中的受害者提供充分的赔偿和救济,才比较妥当。

我们参与各项活动会获得一定的社会评价,我们的努力会赢得一些证书和荣誉,我们信守诺言,按时还债会产生好的信用,据此,形成了我们的名誉权、荣誉权和信用利益。

不仅如此,我们还重视"性"这个敏感而少谈的话题,我们希望别人尊重我们在"性"这个问题上的意思和决定,这就是我们的性自主的利益,《民法典》禁止性骚扰就是对这一权益的肯定。我们希望个人有私密的空间,可以放松自己;我们希望有些信息只有自己或较为亲近的人知道;我们希望个人活动不受干预;我们很多时候都期待生活的安宁。据此,我们可以做自己,而不是表演给别人看,正是对这种权益的保护,使得我们可以成为自己,这便是隐私权。对隐私的过度介入,对个人行为的监控,会使得我们严谨有余而自信不足,会使个人失去选择和行为的自由,会使社会失去多样性和创造性。因此,整个社会都应该尊重个人隐私。

此外,我们的各类信息,无论是电话号码,还是身高体重、家庭住址,或者是医疗信息,甚至消费、借款等信息,这些诸多的信息全方位地展示着我们自己,如果这些信息被商家、政府有关部门、黑客、犯罪分子收集,甚至泄露、使用,那么将给我们带来极大的困扰和损害,因此,民法对此予以保护,形成了个人信息权益。我们的面部、指纹、虹膜等生物识别信息,应该受到绝对的保护,任何个人或组织,在没有法律依据且绝对必要的情况下,都无权收集、提取我们的这些信息。

其次,是我们对外在之物的权利。典型的如我们对自己房子的所有权,对手机的所有权,对自行车、电动车的所有权,对眼镜和茶杯的所有权。所有权是一项非常重要的权利,我们生来就重视所有权,在我们还是小孩子的时候,就会说,"这是我的书,不要动;这是我的玩具,不要拿;这是我的巧克力,不要吃"。此时,强调的是别人未经我们的同意不能去动它、用它、消费它。不过,我们可以自己去阅读这本书、去玩玩具、去吃掉巧克力,也可以把这本书借给别人、把玩具和小朋友分享、把巧克力送给别人吃。如果是房子,我们可以自住,可以出租,也可以经商使用。当然,在小区里,住宅改商用需要经过利害关系人的一致同意。开发商在建设用地上可以盖房子,农户们则可以承包土地,种植玉米、高粱、棉花、土豆或其他农作物,种植哪些瓜果蔬菜,由自己决定。我们在向朋友借钱或者向银行贷款时,可能会为了担保按时还钱,而把自己的金银首饰或者古董押给朋友;银行则会要求我们提供按揭担保、房屋抵押;当我们修理自行车或者汽车而未付款时,如果不认识修理的店家,那么店家可能会说,"先去取钱吧,回来再取自行车或汽车"。最后这三项权利都是用于担保的。

此外,进入21世纪,很多人都已经离不开网络,网络与我们的生活息息相关,《民法典》也对此进行了回应。网络游戏账号、游戏装备、电子邮箱等也是我们的财产,我们对这些虚拟财产也享有合法权益。

再次,是其他我们更为熟悉的权利:与他人签订各种各样的合同,如买卖合同、租赁合同、中介合同、委托合同,这产生了债权。在买卖食物的合同中,我们享有请求商家交付食物的债权,商家则享有请求我们付款的债权。在婚姻关系中,我们享有婚姻方面的权益,基于丈夫或妻子身份享有的权利,有人称为配偶权,如果配偶受到侵害,我们的幸福生活通常也会受到影响,在英美法上有个词组将这种权利表述为"Right of Consortium",就是强调夫妻之间的陪伴、亲密、性爱权益应当受到保护。基于父母子女关系,父母享有亲权,中国法上未使用"亲权",而是采取了"监护权"的用语。继承权则基于亲属身份产生,但指向的又是财产,在某种程度上继承权兼具身份性和财产性两种属性。

最后,投资权益也很重要。当我们有了闲钱,可能会投资公司、合伙,炒股其实也是投资公司的一种形式。因为投资,我们享有参与公司治理,合伙管理,选举董事、监事,请求分红等权利。所有这些权利都受民法的保护。当然,股权、合伙权益及其保护主要规定在《公司法》《证券法》《合伙企业法》当中。我们平时享有的权利,你大体清楚了吧?

7. 民事责任

> 责任盖处于违反义务而受制裁之地位。——李宜琛①

民事责任与民事权利、民事义务存在较为密切的关联,民事权利就是我们享有的物权、债权、人格权、在婚姻和家庭中的权利、继承权等权利,《民法典》第二编至第六编规定的就是这些权利,可以说,《民法典》就是关于权利的法。与权利相对的就是义务,也就是说,为了保障每个人权利的实现,必须课予其他人以民事义务,其他人应尊重我们的权利,履行相应的义务。如果没有履行相应的义务,就是对义务的违反,违反义务通常会侵犯其他人的权利,此时,就要承担民事责任。

每个人都有义务尊重他人的权利,比如,有人侵害了我们的身体权、所有权、著作权等权利,就要承担侵权责任,这就是《民法典》第七编侵权责任要解决的问题。如果合同的当事人违反了合同中约定的义务,就要承担违约责任,这是《民法典》第三编合同所要解决的问题。可见,民事权利与民事义务相对,违反了民事义务,就要承担民事责任。民事责任对民事义务的履行可以起到某种担保的效果,保障民事权利的实现。

下面,我们从宏观上看一下,民事责任的承担方式都有哪些。我们最熟悉的是赔偿损失,这是针对损害而言的,可能是人身损害,也可能是财产损失。无论是侵权责任,还是违约责任,都是如此。实际上,在赔偿损失之外,还有其他各种各样的责任承担方式,主要有:(1)停止侵害;(2)排除妨碍;(3)消除危险;(4)返还财产;(5)恢复原状;(6)修理、重

---

① 李宜琛:《民法总则》,中国方正出版社2004年版,第44页。

作、更换;(7)继续履行;(8)支付违约金;(9)消除影响、恢复名誉;(10)赔礼道歉(《民法典》第179条第1款)。这些承担民事责任的方式,可以单独适用,也可以合并适用(《民法典》第179条第3款)。

在侵权行为持续进行的情况下,停止侵害具有特别的意义。比如,侵害他人隐私权,如果仍在持续进行,那么,首先应该停止侵害。而恢复原状,通常来看就可以达到权利保护的目的。修理、重作、更换在买卖合同、承揽合同中可以适用。继续履行,在合同履行中具有重要价值,很多时候,我们希望合同继续履行,而不是支付违约金,因为履行合同正是我们订立合同的直接目的。

当名誉权受到侵害时,消除不利的影响、恢复受害人的名誉很重要。2020年7月7日,家住浙江省杭州市的吴女士在小区取快递时被人偷拍,视频被配以捏造的微信聊天对话截图发至微信群内,被捏造的故事是:吴女士出轨快递小哥。引人遐想的剧情瞬间发酵,从吴女士小区业主,到其同事、朋友都在议论,甚至还有国外网友发来信息辱骂她。医院诊断吴女士已有抑郁症状,她和男友也被公司劝退。吴女士感觉自己已经"社会性死亡"。造谣者表示,这是在"闹着玩",但是,"玩"得也太过分了,法律是不允这种超出限度的"玩笑"的。实际上,这是名誉侵权,造谣者严重影响且改变了吴女士的平静生活,并造成了严重的后果,需要承担民事责任。造谣者至少需要:消除不利影响、恢复吴女士的名誉,并且就给吴女士造成的抑郁症损害给予损害赔偿,不仅包括因造成疾病带来的损害,还包括精神上的痛苦。碰到这样的"闹着玩",受害人会情绪崩溃,其精神痛苦无以复加。有律师指出,这样的造谣应纳入刑事犯罪的范畴,以对我们的人格权给予更有力的保护。对于这样的情况,造谣者的赔礼道歉也是必需的。我们说,即使真是"闹着玩",也不能过头,如果是开玩笑,那也不能开得过大。不是什么事情都可以拿来闹着玩或者开玩笑的。

此外,在法律有规定的情况下,还可以要求惩罚性赔偿(《民法典》第179条第2款)。在美国,惩罚性赔偿适用得比较多,这一制度也很健全,其重要功能就是抑制故意侵权,安慰受害人受伤的心灵,减轻受害人的精神痛苦。在我国,惩罚性赔偿目前主要是在《消费者权益保护法》第

55条规定:"经营者提供商品或者服务有欺诈行为的,应当按照消费者的要求增加赔偿其受到的损失,增加赔偿的金额为消费者购买商品的价款或者接受服务的费用的三倍;增加赔偿的金额不足五百元的,为五百元。法律另有规定的,依照其规定。经营者明知商品或者服务存在缺陷,仍然向消费者提供,造成消费者或者其他受害人死亡或者健康严重损害的,受害人有权要求经营者依照本法第四十九条、第五十一条等法律规定赔偿损失,并有权要求所受损失二倍以下的惩罚性赔偿。"

民以食为天。在食品领域,我们有更加严格的规定。具体而言,《食品安全法》第148条规定:"消费者因不符合食品安全标准的食品受到损害的,可以向经营者要求赔偿损失,也可以向生产者要求赔偿损失。接到消费者赔偿要求的生产经营者,应当实行首负责任制,先行赔付,不得推诿;属于生产者责任的,经营者赔偿后有权向生产者追偿;属于经营者责任的,生产者赔偿后有权向经营者追偿。生产不符合食品安全标准的食品或者经营明知是不符合食品安全标准的食品,消费者除要求赔偿损失外,还可以向生产者或者经营者要求支付价款十倍或者损失三倍的赔偿金;增加赔偿的金额不足一千元的,为一千元。但是,食品的标签、说明书存在不影响食品安全且不会对消费者造成误导的瑕疵的除外。"

另外,故意侵害他人知识产权,情节严重的(《民法典》第1185条);故意污染环境、破坏生态造成严重后果的(《民法典》第1232条),也可以适用惩罚性赔偿。

由于当事人一方违约,损害对方人身权益、财产权益的,受损害方既可以主张违约责任,又可以主张侵权责任(《民法典》第186条)。如果提起诉讼,那么受损害方可以根据主张的难易度、胜诉的概率来具体决定作何主张。一般来说,主张违约责任更容易成立。当行为人既需要承担民事赔偿责任,又遭到行政罚款,并被判处了刑事罚金,如果行为人的财产足够支付三项内容,当然是都要支付;如果不足以支付三项内容,行为人的财产应优先用于承担民事赔偿责任(《民法典》第187条)。这是法律的基本精神。

Day 8—10

8. 诉讼时效

法律帮助勤勉人,不帮助睡眠人。——法谚①

诉讼时效,前两个字"诉讼"大家都知道,后两个字是时间的"时"和效果的"效"。法律外行可能不易了解它的意思。如果不严格地讲,可以粗略地把它说成时间因素在诉讼问题上的某种效果。

在中国,传统社会强调杀人偿命、欠债还钱,现在大体上也没有改变。我们主要看后半句,欠债还钱,乃天经地义。世界各国,从古至今差不多都是这个态度。这里说的诉讼时效,与此精神略有不同。诉讼时效强调的是,向别人主张权利应当及时,特别是债权,当权利人长期不行使权利,就会被认为是漠视自己的权利,当经过较长的时间,如果债务人据此而拒绝履行,那么人民法院就不再干预,这被称为"法律不保护躺在权利上睡觉的人"。我们在此不深究它的法理基础,但这也是一种较为普遍的做法,只是时间长短有较大不同。

根据我国《民法典》,向人民法院请求保护民事权利的一般诉讼时效期间为3年。法律另有规定的,依照其规定(《民法典》第188条第1款)。据此,主张权利的时间是3年,如果超过3年,那么,义务人可能——也只是可能——会以诉讼时效经过作为理由抗辩,拒绝履行义务。如果义务人真的主张了,那么,人民法院会支持义务人。这个3年的时间不是很长,但实际上,这与被废止的《民法通则》相比已经延长了。1986年颁布的《民法通则》规定的是2年的诉讼时效,而针对身体受到伤害要求赔偿

---

① 郑玉波:《法谚(一)》,法律出版社2007年版,第71页。

的、出售质量不合格的商品未声明的、延付或者拒付租金的、寄存财物被丢失或者损毁的四种情形,则规定了1年的诉讼时效。实事求是地讲,这个诉讼时效太短了,大家也都注意到了这个问题,所以,2017年作为《民法典》一环的《民法总则》将之前的2年和1年统一调整为3年,将《民法总则》纳入《民法典》成为总则编时,就未再作调整。

3年的诉讼时效,我个人觉得还是短了点。如果社会信用状况足够好,每个人欠别人钱时,晚上都睡不着觉,那么,诉讼时效短点也无所谓。因为债务人一言九鼎,一定会履行债务。但如果现实中,总是有人拿诉讼时效说事,那么诉讼时效太短了,就会对权利人过于不利。此外,因国际货物买卖合同和技术进出口合同争议提起诉讼或者申请仲裁的时效期间为4年(《民法典》第594条)。

当因汇票、本票、支票纠纷,主张票据权利时,时效期间更短,再追索权的时效期间甚至只有3个月(《票据法》第17条)。因为商事纠纷的处理历来讲究高效,早结案早省心,经常诉讼就没办法把主要精力用在企业经营管理上了。在商业实践中,曾有要在潮起潮落之间解决商事纠纷的说法,说的也是这个意思,"潮起潮落之间",就是要在1天之内解决纠纷。另外,票据时效与《民法典》规定的诉讼时效有所不同,它是消灭时效,经过了时效期间,票据权利就消灭了。《民法典》上的诉讼时效经过,债权人的权利并不消灭,但会产生抗辩的效果。

那么,诉讼时效从什么时候开始计算呢?这个期间是自权利人知道或者应当知道权利受到损害以及义务人之日起计算(《民法典》第188条第2款第1句)。与《民法通则》相比,增加了"以及义务人"这几个字,很有意义。你想,当事人有时已经知道自己的权利受到了损害,但不知道是谁损害了他的权利,那么,他怎么主张权利?比如,交通事故中侵权人逃逸的情形;环境污染纠纷中,究竟哪家企业或个人排污导致了自己庄稼的损害或者鱼苗的死亡,这可能不是一清二楚的。只有知道是谁造成了损害,我们才能主张权利。《民法典》的规定明显比原来更合理了。

此外,即便权利人知道或者应当知道权利受到损害以及义务人之日比较晚,如果自权利受到损害之日起已经超过20年,原则上人民法院将不予保护,但这也不是绝对的,如果有特殊情况,人民法院可以根据权利人的申请决定延长(《民法典》第 188 条第 2 款第 3 句)。多年前,由于海峡两岸的阻隔,涉及去台人员和台湾同胞的案件,许多已经超过 20 年了,但对去台人员和台湾同胞的诉讼时效期间,人民法院就曾将其作为特殊情况予以适当延长过。

* * * * * ①

一般的诉讼时效起算点是自权利人知道或者应当知道权利受到损害以及义务人之日起计算。此外,《民法典》还规定了三种特殊情形。

一是,当事人约定同一债务分期履行的,诉讼时效期间自最后一期履行期限届满之日起计算(《民法典》第 189 条)。我们在买房或者购买其他比较昂贵的东西时,经常分期履行。《民法典》中的分期付款买卖,明显就是只有一个债务,只不过分几期来付款,目的是降低买方的付款压力,这在现代社会是比较普遍的现象。

二是,无民事行为能力人或者限制民事行为能力人对其法定代理人的请求权的诉讼时效期间,自该法定代理终止之日起计算(《民法典》第 190 条)。这说的是什么情况呢？比如,一个 13 岁的小孩或者一个精神病患者,需要法定代理人对其照顾、保护,但事与愿违,法定代理人在监护期间侵害了这个小孩或者精神病患者的权益,那么,在法定代理期间,我们无法期待 13 岁的小孩或者精神病患者去向法定代理人主张权利,因为这时,他还根本没有独立或没有能力照顾、保护自己。所以,《民法典》这条的意思是,当这个小孩成年或者精神病患者恢复健康,或者更换法定代理人时,诉讼时效才开始计算,这是比较合理的。对这种情形,《民法通则》是没有规定的,通过这一规定我们也可以感受到民法的规则越来越合理了。

三是,未成年人遭受性侵害的损害赔偿请求权的诉讼时效期间,自受害人年满 18 周岁之日起计算(《民法典》第 191 条)。性侵害是违法犯罪行为,应该受到法律的制裁,并赔偿受害人的损失,当然包括精神损害。

---

① 此标记为下一天的分隔符号。

有些人特别坏,将下手的对象瞄准未成年的孩子,性侵害未成年人。发生这样的事,孩子很不幸,甚至不知道该如何应对,如何走接下来的人生路呢?此时,如果要求孩子必须在未成年时就去解决这一法律上的损害赔偿问题,未免有些苛刻。所以,《民法典》的态度是,可以等孩子到18周岁,再自己决定是否主张民事救济,以及如何主张权利。这个起算点是成年之日,但以已经知道侵害人为前提,如果尚未知晓,根本无法行使权利,诉讼时效还不能起算。当然,事情发生后,孩子的父母就代理孩子主张也没有问题。

前面已经提到,诉讼时效期间届满后,义务人是可以提出不履行义务的抗辩的(《民法典》第192条第1款),但也只是可以,是否提出这个诉讼时效已经经过的抗辩取决于债务人自己。人民法院只能居中裁判,不能主动适用诉讼时效的规定(《民法典》第193条),判决权利人败诉。事实上,诚信的债务人依然会履行债务,否则仅仅因为诉讼时效期间届满就不履行债务,也会有损债务人的信誉。即便经过了诉讼时效期间,债务也并没有消灭,所以,义务人已经自愿履行的,不得请求返还。因为他只是履行了自己的债务而已,不仅如此,在诉讼时效期间届满后,义务人同意履行的,不得再以诉讼时效期间届满为由抗辩(《民法典》第192条第2款),因为答应的事就要做到,而还债本来就是债务人该做的事。

我们说,诉讼时效制度不保护躺在权利上睡觉的人,也就是权利人可以行使权利但是又不行使权利的,不受诉讼时效的保护。如果是权利人本人之外的原因导致他无法行使权利的,那么仅仅因为时间的经过,就让诉讼时效期间届满并不合适。所以,《民法典》规定了诉讼时效中止的制度。也就是说,在诉讼时效期间的最后6个月内,因某些障碍,不能行使请求权的,诉讼时效中止,也就是诉讼时效的计算停止了。就像一部多年前的日本动画片《**恐龙特急克塞号**》里,克赛战士的时间停止功能。这里所说的障碍主要是指这些情形:不可抗力;无民事行为能力人或者限制民事行为能力人没有法定代理人,或者法定代理人死亡、丧失民事行为能力、丧失代理权;继承开始后未确定继承人或者遗产管理人;权利人被义务人或者其他人控制;其他导致权利人不能行使请求权的障碍(《民法典》第194条第1款)。

可以发现,前四种是具体的情形,第五种是兜底条款。比如,在第四种情形中,如果权利人一直都被第三人控制,没有人身自由,无法脱身,那么,权利人哪有办法主张权利呢?对于兜底条款,应该怎么理解呢?其实,在其他国家或地区,还有一种情形,那就是夫对于妻,或者妻对于夫的权利,在婚姻关系存续期间,时效计算停止。因为在婚姻关系存续期间,即便妻子受到了丈夫的不法侵害,但考虑到两个人还要一起过日子,妻子就不可能主张权利,这不代表她在受到侵害的情况下就不应给予救济,只是为了两个人的幸福,她可能在那一时间点选择忍耐。但是,如果婚姻最终还是结束了,那么,她可以就婚姻期间遭受的损害主张权利。在婚姻关系存续期间,丈夫受到妻子侵害的情况下也是如此。看过《喜羊羊与灰太狼》的人都知道,灰太狼一直遭受红太狼的平底锅家暴,灰太狼为了爱情也好,家庭也罢,忍着不说话,但如果哪一天,灰太狼与红太狼离婚,灰太狼可以向红太狼就婚姻期间其所遭受的所有损害主张损害赔偿。

当这些时效中止的障碍事由消除之后,诉讼时效期间就可以继续计算了,直接继续计算的话可能不满 6 个月。而《民法典》统一规定了 6 个月的时间,权利人可以在这 6 个月之内行使权利(《民法典》第 194 条第 2 款)。

* * * * *

以上我们已经聊过了诉讼时效的中止,那是因为权利人在诉讼时效期间的最后 6 个月内由于某些法定的障碍事由无法行使权利,所以,在障碍事由结束后又得到了 6 个月的时间,如果权利人想行使权利,6 个月的时间应该还来得及。

诉讼时效制度的一个意思是,不保护躺在权利上睡觉的人。如果权利人已经积极地行使权利了,或者法律关系因为义务人同意履行义务而变得更加清楚,那么,已经经过的诉讼时效就全部不算了。我们管这叫诉讼时效的中断,中间的"中",断掉的"断",因为已经断掉了,所以诉讼时效的起算要从头再来。常见的行使权利的方式包括,权利人向义务人提出履行请求、权利人提起诉讼或者申请仲裁,或者与提起诉讼或者申请仲裁具有同等效力的其他情形(《民法典》第 195 条)。

以张三和李四的借款合同为例,假如张三从李四那里借了 1 万元,约定 2023 年 6 月 30 日还。结果,张三截至 2023 年 6 月 30 日并没有还款,那么,在 2023 年 7 月 1 日那一天,李四就已经知道自己的权利受到损害了,义务人就是张三。如果李四在 3 年之内都没有联系张三,那么,他的债权的实现就会具有一定的危险性。因为张三可能会说,3 年的诉讼时效已经过了,他不打算再还款。当然,张三也可能是个诚信的人,之前没还是因为忘了,所以,一经李四提起,张三就拿出 1 万元还给了李四。

不管怎样,为了保全自己的权利,还是应该积极地行使权利。其实,在 3 年之内,李四可以给张三打电话、发短信、微信,或者以其他方式请求张三还款,这就是所谓的提出履行请求。需要注意,最好能留下主张权利的证据。如果李四不想私下解决,也可以直接到人民法院起诉或者到仲裁机构申请仲裁,或者申请支付令、诉前财产保全,等等。诉讼时效中断后,诉讼时效期间从中断、有关程序终结时起,重新开始计算(《民法典》第 195 条)。

既有的共识是,债权适用诉讼时效。债权是请求权,是请求对方做或不做某事的权利,但请求权并不限于债权。事实上,《民法典》还明确列举了一些请求权不适用诉讼时效的规定,具体而言,包括如下请求权:请求停止侵害、排除妨碍、消除危险;不动产物权和登记的动产物权的权利人请求返还财产;请求支付抚养费、赡养费或者扶养费。也就是说,这些权利无论过去多久,都是可以行使的。如果有人通过网络侵害了你的著作权,那么即便 3 年过去了,你仍然可以主张停止侵权;如果子女有钱但不孝顺,已经 5 年没回家且没有支付赡养费,那么,作为父母,什么时候请求子女支付赡养费都是可以的。以上说的这几种,是不完全列举,还有依法不适用诉讼时效的其他请求权(《民法典》第 196 条)。

需要注意,根据《民法典》的规定,诉讼时效的期间长短,诉讼时效的计算方法以及中止、中断的事由都只能由法律规定。这意味着,即便当事人对这些内容作出了不同的约定,那么,约定也是无效的(《民法典》第 197 条第 1 款)。比如,当事人觉得诉讼时效太短,约定在当事人之间适用 10 年的诉讼时效,这在目前《民法典》的框架下,就不会得到认可。尽管在国外，有些国家的法律是认可的，但我国《民法典》没有采纳那种模式。另外，当事人提前放弃诉讼时效的利益，也是不发生法律上的效力的。用《民法典》的说法是，预先放弃无效(《民法典》第197条第2款)，这无疑有助于保护权利人的利益。

诉讼时效是民法上的基本制度，在民事基本法中作出规定就可以了，因为其他法律没有规定，那就直接适用或者类推适用民法的有关规定，除非特别法对此作出不同的规定。对于仲裁，《民法典》专门进行了规定，其实也是重申了《仲裁法》已有的规定，法律对仲裁时效有规定的，依照其规定；没有规定的，适用诉讼时效的规定(《仲裁法》第74条、《民法典》第198条)。这是《民法典》对《仲裁法》的一个衔接。从立法角度看，除非《仲裁法》计划规定特别长度的时效期间，就不宜重申《民法典》3年的时效期间，否则，在修法时会带来麻烦。

诉讼时效是针对请求权的制度，对于撤销权、解除权等单方面可以改变法律关系的权利，没有适用空间(《民法典》第199条)。

Day 11

9. 期间计算

桃花二月开,菊花九月开,一般根在土,各自等时来。——谚语①

今天,我们讲讲期间计算。实际上,在法律生活中经常会用到时间,有一些是确定的日期、确定的时刻。比如,请在本月最后一天履行合同,这是唯一确定的日期;明天上午9点钟我们在某个银行的门口交接,这个时刻也是唯一确定的。这是一个时间上的点。

有一些则是期间,也就是有一个时间上的跨度,十天、半个月、三年五载,这些明显都是时间段。比如,在2月7日,我们向对方发出了订立合同的要约,希望对方认真考虑一下,是否签订合同,那我们可能说,"请在3天之内作出答复"。这究竟是什么意思呢?或者,当我们急于确定下来,到底签不签合同时,可能会说,"请在3个小时之内给出答复",这3个小时一般会被理解为即时起算,没有太大争议。至于日期,如果当事人说得很明白,可能也不会有争议,比如,"请在2月7日、2月8日、2月9日这3天答复我",这就足够清楚;但如果说得不够清楚,对这些话应作何理解呢?

实际上,我们经常以年、月、日、小时作为计算期间的单位,《民法典》也将此作为期间计算单位的标准形式。这里的"年",不是指阴历的年,很多人过生日按照阴历计算,根据不同的阴历年属鸡、属狗、属龙、属蛇等,生日按照自己的习惯过就好,但是在民事法律关系中,如果当事人之间没有特别约定,计算期间时,采用的是阳历,也叫作公历年、月(《民法

---

① 郑玉波:《民法总则》,中国政法大学出版社2003年版,第473页。

典》第200条），这与阴历有时还差了不少，至于日和小时，是阴历还是阳历，都没有影响。

就时间段而言，3天、3个小时，时间段的长度本身是确定的，但当天是否算在内也是个问题；而就2个月、3年的期间而言，不同的月、不同的年，时间长度甚至会有所不同。在法律上，涉及的则是权利义务问题，所以，究竟是哪个期间就变得很重要。为明确起见，以备当事人约定不明之需，《民法典》特别指出，如果按照年、月、日计算期间，开始的当日不计入，自下一日开始计算（《民法典》第201条第1款）；按照小时计算期间的，自法律规定或者当事人约定的时间开始计算（《民法典》第201条第2款）。这样，前面举的例子，在2月7日，我们说，给对方3天时间考虑是否承诺，因为并未具体指明是哪3天，所以就要按照《民法典》，也就是7日当天不算在内，对方考虑的时间就是2月8日、2月9日和2月10日，所以，如果在2月10日那天，对方表示承诺，那么，合同依然有效成立。如果我们不想订立合同了，以2月10日超期为理由，说考虑时间应该是2月7日、2月8日和2月9日，这将无法获得人民法院的支持。所以，究竟是哪天开始、哪天结束，还是很重要的。

一般来说，如果不是赶在月末的几天，按照年或者月计算期间，都能找到正好到期月份对应的日期。比如，3月15日，约定的期间如果是2个月，从3月16日起算，那么到期月对应的日期，就是5月15日，这个比较明确。但如果当事人约定的日期是在月末，可能就会出问题。比如，在12月30日，约定的期间还是2个月，从12月31日起算，但是，往后计算2个月，却发现，到了来年的2月份根本没有2月30日，甚至可能连2月29日都没有，那么，这2个月应该怎么算呢？《民法典》的回答是，在到期的月份没有对应日的，以月末日为期间的最后一日（《民法典》第202条）。刚才的例子，如果连2月29日都没有，就以2月28日为最后一日。

另外，如果期间的最后一日是法定休假日，则以法定休假日结束的次日为期间的最后一日。比如，到期最后一日是10月2日，正好赶在"十一"放假期间之内，如果"十一"放假是7天连休，那么，最后一日这样算下来，就是10月8日。这样的规定，在某种程度上也有助于大家在假期适度放松。当然，有些事，你想做也做不了，比如，你准备上诉，但法院在法定休假日也是不办公的。关于期间的最后一日什么时候结束,一般来看,截止时间为 24 时,也就是晚上 12 点。事实上,我在单位要求交一些电子材料的时候,经常也会赶在截止日期的晚上 12 点之前才把材料交上去,明显也是如此把握这个期间的;开研讨会提交论文或者 PPT,很多人也是掐着这个时间把材料交上去。交电子版的材料相对比较方便。如果是需要现场做的事,那么,通常来看,一天的结束就是业务结束时间或下班时间(《民法典》第 203 条),因为公司或者其他单位不会 24 小时开门等着你。

期间不仅可以正着算,也可以倒着算。比如,《公司法》规定,召开股东会会议,应当于会议召开 15 日前通知全体股东;但是,公司章程另有规定或者全体股东另有约定的除外(《公司法》第 64 条第 1 款)。也就是说,《公司法》的默认要求是开股东会要提前 15 天通知全体股东,那么,这个会议当天也不能算在其中,要从计划开会那天的前一天开始数 15 天。这就是倒着算,实践中也有很多相关应用。

需要说明,《民法典》的期间计算规则是任意性规则,仅供当事人没有特别约定时适用,当事人可以约定不同于《民法典》的期间计算方法(《民法典》第 204 条)。

Day 12

10. 一般人格权

生命诚可贵,爱情价更高。若为自由故,两者皆可抛。——裴多菲·山陀尔

我愿意自由地生活,自由地死去。——卢梭①

今天我们聊聊人格权。当在影视剧中看到或听到"华人与狗不得入内"这句话时,你感觉很气愤,是不是？我也很气愤,因为作为中国人,我们的人格受到了侮辱。在1972年上映的电影《**精武门**》中,李小龙饰演的陈真,因在公园门口遭到巡捕阻拦,又被日本浪人羞辱,顿时大怒,先是痛殴日本浪人,再凌空一脚将"华人与狗不得入内"的告示牌踢得粉碎。此时,掌声的出现是必然的。有人对此考证后得出结论,这句话只是一个谣言。抛开其真假,此时,我们应可以大体感受到人格与侮辱的含义了。

人格权,笼统地说,就是人作为人应该受到尊重的权利,它对应的概念很基础,也很重要,在我国《民法典》中就是"人身自由、人格尊严"(《民法典》第109条)。自由的重要性毋庸置疑,匈牙利人裴多菲·山陀尔曾有诗一首(《**自由与爱情**》):"生命诚可贵,爱情价更高。若为自由故,两者皆可抛。"法国也有哲学家表示,在生命与自由之间,他宁可选择自由。人有人格,每个人的人格尊严都应该受到他人的尊重,这也是人类进入文明社会的标志。我们看《**喜羊羊与灰太狼**》,即使是灰太狼,尽管他爱红太狼胜过爱自己,但其实他也希望红太狼尊重他,也会说,"请不要侮辱我的'狼格'"。文明社会,人与人之间并不存在高低贵贱之分,每个人都应该

---

① 倪世光编:《卢梭箴言录》,吉林教育出版社1989年版,第73页。

尊重他人,并受到其他人、组织,以及整个社会的尊重。

人格权是人权的核心内容,正如《民法典》第109条所规定的,"自然人的人身自由、人格尊严受法律保护",类似条款也经常出现在其他国家的宪法中,它是如此重要,宪法应该对此有所反映,实际上,各民主法治国家的任务之一就是让每个人都有尊严地活着。我国《民法典》把这样的内容写进去,具有一定的现实意义,也为我们今后的立法、执法、司法指明了方向。立法机关有义务积极地制定法律保护人格权,保护我们的行动自由,保护我们的隐私,保护我们的个人信息,保护我们的名誉和形象,充分体现对人身自由和人格尊严的重视。立法机关要谦抑,没有充分必要、正当、合法的理由,就不能限制人们的权利和自由。执法机关及有关单位应该尊重个人权利,依法行使权力,也就是要弘扬私法理念,保护私权,限制公权,执法机关及有关单位应减少并消除没有足够正当性、没有充分合理性的各类限制,不得窃听私人通话、不得过度收集私人信息、不得滥用信用制度。应该说,人身自由、人格尊严条款,在某种程度上回应了我国的现实,为我国法治国家、法治政府、法治社会的建设指明了方向。目前,我国《宪法》的条文无法用来直接裁判案件,在这种情况下,把人身自由、人格尊严写入《民法典》,可使其作为裁判依据,对于指示法官维护人的尊严、保护人身自由,具有特别重要的意义。

人格权是自然人所享有的权利,其内容相当广泛且重要。粗略地说,人格权可以分为两大类,一类是物质性人格权,也就是人之存在的物质载体的权利,这就是我们的生命权、身体权、健康权;生命之于人类是根本,而身体或健康遭受损害,人体本身或者人体功能就会受到影响。另一类人格权则是精神性人格权,也就是反映人们精神需要层面的权利,比如,我们在社会中会有姓名、肖像,这对应着姓名权、肖像权,人们通过姓名和肖像可以相互识别;人在社会中都希望有良好的社会形象,并努力促成这一良好形象的形成,周边的人和社会对我们个人形象的判断最终形成了我们的名誉,我们可能会获得某种奖励,如见义勇为英雄模范、爱岗敬业小能手等,这属于机关等组织授予的荣誉。我们作为人需要有自己的空间和秘密,这是形成个性特点和社会多样性的基础,关乎个人的尊严、形象。我们在婚姻中,为了寻求幸福,享有婚姻自主权。需要强调,人格权无法穷尽列举,因此,《民法典》在各项权利之后以"等"字兜底,以更全面地保护每个人作为人享有的权利(《民法典》第110条第1款)。

　　法人、非法人组织作为自然人追求特定目标(特别是营利)的工具,享有名称权、名誉权和荣誉权(《民法典》第110条第2款),这些权利与自然人的权利类似,但又有所不同,因为法人、非法人组织的名称权具有财产的属性,可以转让;法人、非法人组织的名誉权、荣誉权受损,基本就会引发财产损失,所以法人、非法人组织的这些人格权更具有财产属性。

Day 13—14

11. 人格权一般规定

人格权请求权,不受诉讼时效限制。

今天,我们来关注《民法典》人格权编的具体内容。《民法典》第四编是人格权编,位于总则编、物权编和合同编之后,婚姻家庭编、继承编之前。物权编、合同编是财产法,而人格权编、婚姻家庭编则是人身法,继承编则是基于身份关系的财产法。人格权当然重要,一般而言,重要的内容都被放在前面,《民法典》第2条民法的调整对象,也专门把人身关系放在财产关系之前。所以,很多学者主张人格权编应放在总则编之后,分则编之首。但编纂时又考虑到,如果将其置于分则编之首,那么,人身法就会被物权编和合同编割裂开来,因此,人格权编被置于第四编,邻接作为身份法的婚姻家庭编。

人格权编主要规定人格权的享有和保护问题(《民法典》第989条),特别是从正面规定了我们享有人格权及人格权的具体内容,并就人格权的特别保护进行专门规定。人格权的侵权责任主要由《民法典》的最后一编侵权责任编处理,但是,人格权请求权属于人格权编独有的问题,这与物权请求权类似,对于人格权的保护具有独特的意义。

除了生命权、身体权、健康权、姓名权、名称权、肖像权、名誉权、荣誉权、隐私权等权利(《民法典》第990条第1款),自然人还享有基于人身自由、人格尊严产生的其他人格权益(《民法典》第990条第2款)。就人格权编已有的规定而言,除了人格权利,死者的名誉、隐私等也受到人格权保护;我们的声音,尽管尚未命名为声音权,仍同样受到保护,个人信息也是如此。总之,即使《民法典》根本没有提及,但只要一项权利基于人身自由、人格尊严而生,这项权利就可以作为人格权益受到《民法典》的保护。

我们的人格权受法律保护,任何组织或者个人不得侵害(《民法典》第991条)。这里不仅指个人不得侵害,更是指行使公权力的个人或组织不得侵害,因此,人格权为公权力,或者说为国家权力、政府权力的行使限定了边界。以**健康码**为例,杭州曾打算推行反映健康状况的变色健康码,但是,如果其实际推行将明显侵犯个人的隐私,因此,这一计划为广大社会公众所批评,而最终不了了之。实际上,公权力的行使应谨慎,以避免侵害个人的人格权及其他权利。

个人的人格权与个人密不可分,因此,《民法典》第992条明确规定"人格权不得放弃、转让或者继承"。也就是说,人格权是作为人的基础而存在的,为了保证人的尊严,个人放弃这些权利是无效的。对于物质性人格权之外的精神性人格权,特别是姓名权、肖像权,它们存在某种商用的空间,将名人的姓名、肖像,用来注册商标、做广告的事件,国内发生了多起,如著名篮球运动员迈克尔·乔丹状告中国乔丹体育事件。将他人的肖像用作婚纱摄影等的广告也是较为常见的,这些行为未经姓名权人、肖像权人同意,都是违法行为,侵犯了他人的姓名权、肖像权。姓名、肖像的权利人可以许可他人使用自己的姓名、肖像(《民法典》第993条),比如,美容广告的前后对比,婚介公司、摄影公司的海报、广告。

自然人的人格属性,有时会有所延伸,目的是让人更有尊严。所以,即使人已经去世了,其姓名、肖像、名誉、荣誉、隐私、遗体等仍然受法律的保护,如果受到侵害,死者的配偶、子女、父母有权依法请求行为人承担民事责任;死者没有配偶、子女且父母已经死亡的,其他近亲属有权依法请求行为人承担民事责任。需要注意,这里的请求权人是受一定限制的,仅限于死者的配偶、子女、父母,以及特殊情况下的其他近亲属(《民法典》第994条)。

最有名的此类案件之一应是1987年发生在天津的**荷花女案**。荷花女是民国时期的一位艺人,曾红极一时。魏锡林以荷花女真实姓名和事件为原型,创作小说《荷花女》,并连载于《今晚报》。小说内容除部分写实外,还虚构了部分有关荷花女生活作风、道德品质的情节。随后,荷花女的母亲陈秀琴向法院起诉魏锡林和《今晚报》报社,其主张得到了支持。

荷花女案成了我国首例在司法实践中确认保护死者名誉权的案件,开启了保护死者人格利益的先河。1976年,在我国台湾地区,有人撰写文章说韩愈染有风流病,误信方士硫磺补剂而中毒死亡,被韩愈第39代直系孙韩思道起诉,人称**诽韩案**。尽管韩思道与韩愈存在血缘关系,但其并非配偶、子女、父母等近亲属(《民法典》第1045条第2款),因此,该类事件的原告在我国无法得到法律的支持。

*****

今天我们继续关注人格权的一般规定。之前我们提到,人格权有其独特的保护模式,也就是人格权请求权。人格权请求权是基于人格权本身而衍生的请求权,也就是说,为了使人格权得到保障,不得不赋予其某种效力,这主要是指,人格权受到侵害的,受害人有权依法请求行为人承担民事责任。民事责任除了我们较为熟悉的损害赔偿,还有其他的形式:

如果侵害正在进行,受害人可以要求停止侵害,例如,某男在超市偷拍女性裙底,受害人可以喝令阻止;如果对受害人的人格权构成妨害,受害人可以要求排除妨害,例如,有人使用我的身份享受了公共服务,使得我本人无法享受该服务,我可以要求他排除妨害;如果损害尚未发生,但有发生的危险,可以要求消除危险,例如,为了防止散播,前面超市里被偷拍的女性,可以要求偷拍者删除手机中的照片,报社记者把涉及隐私的内容刻录成光盘,正准备推向市场,这时受害人可以要求销毁;此外,如果侵害了他人的名誉权、隐私权等权利,受害人可以要求消除影响、恢复名誉、赔礼道歉,例如,某男公布其前女友的私人信息、隐私照片,并散播其患有艾滋病的谣言,受害人的肖像权、名誉权、隐私权、个人信息等均受到侵害,她有权要求损害赔偿,同时要求消除影响、恢复名誉、赔礼道歉。而且,受害人的停止侵害、排除妨碍、消除危险、消除影响、恢复名誉、赔礼道歉请求权,不适用诉讼时效的规定,也就是说,这些权利的行使,不受时间的限制(《民法典》第995条)。

行为人因侵害他人人格权承担消除影响、恢复名誉、赔礼道歉等民事责任的,应当与行为的具体方式和造成的影响范围相当。也就是说,如果在某家报纸上发表文章侵权,那么,可以在同一报纸的相同版面发布更正声明,赔礼道歉以消除不当影响,恢复权利人的名誉。如果行为人拒绝,人民法院可以采取在报刊、网络等媒体上发布公告或者公布生效裁判文书等方式执行,相关的费用由行为人负担(《民法典》第1000条)。

如果我们的人格权受到侵害,可能会导致我们内心痛苦、精神抑郁,如有些与性有关的隐私遭到曝光,我们可能感觉无脸见人,想找个地缝钻进去,此时,精神受到的损害是很明显的,因此,我们有权请求精神损害赔偿(《民法典》第1183条第1款)。但是,如果因为一方当事人的违约行为,损害了对方人格权并造成严重精神损害,那么受损害方能否主张精神损害赔偿呢?举一个例子,一位女士羡慕有双眼皮的人,觉得双眼皮更漂亮,所以,鼓起勇气去医院做美容手术,尽管割双眼皮已是相对成熟的技术,且医院承诺让她满意,然而,非常不幸,她的手术失败了,不仅无法实现这位女士所追求的美容效果,而且因为受伤,面部反而不如原来好看。这时,这位女士不仅可以根据美容合同追究医院的违约责任,而且可以请求精神损害赔偿(《民法典》第996条)。

对于人格权侵权,如果不及时制止,后果有时将不堪设想,且无法补救。以隐私侵权为例,如果报社记者已经把涉及个人隐私的文字和照片排版,并交付印刷厂印刷,预备发行,一旦真的发行了,隐私泄露了,就为时已晚,此时,可以请求法院发出禁令,要求报社停止印刷、不得发行。企业之间的竞争也是如此,有些企业私下散播竞争对手的谣言,如对手的产品存在严重瑕疵,公司存在严重违法行为等,对于这些行为同样可以请求法院发出禁令,以快速终止侵权行为(《民法典》第997条)。因为如果打官司,官司结束后,产品也早就滞销、积压了。

每个人的生命权、身体权和健康权,都没有本质差异,因此,在侵权责任的判断上也并无不同,侵害了一个公众人物的健康权与侵害了一个普通人的健康权,在本质上是一样的。对于侵害生命权、身体权和健康权以外的人格权的情形,如姓名权、隐私权,民事责任的判断会比较复杂,这时要考虑诸多因素,行为人和受害人的职业、影响范围、过错程度,以及行为的目的、方式、后果等均在考虑之列。相对于普通人而言,公众人物的姓名具有更大的财产价值,隐私要受到更多的限制,也就是说,同样被侵害姓名权,公众人物通常可以得到更多的赔偿。相同的行为指向他人的隐私,对普通人而言,构成侵犯隐私权;但对公众人物而言,可能就属于需要容忍的情形,因为公众人物的一些非过分敏感的信息属于公众兴趣的合理范围,因而应当受到适当限制(《民法典》第998条)。

需要注意,为了公共利益实施新闻报道、舆论监督等行为,可以合理地使用他人的姓名、肖像、个人信息等。我们看新闻联播时,可以发现里面有大量的姓名、肖像,这属于报道公共事件的需要。但如果使用不合理,侵害人格权,应当依法承担民事责任(《民法典》第999条)。例如,对一些不当的行为进行报道时,如果行为人是谁不是关键因素,露脸不属于绝对必要的情形,那么,以视频的方式播放时,为其打上马赛克还是有必要的。

Day 15—16

12. 生命权·身体权·健康权

> 人人生而平等,造物主赋予他们若干不可剥夺的权利,其中包括生命权、自由权和追求幸福的权利。——《独立宣言》

今天我们关注的是物质性人格权,也就是生命权、身体权和健康权。生命权、身体权、健康权是一个人最重要的权利,其实,对一个人而言,在某种意义上,没有了生命、身体和健康,其他的一切几乎都成空。

生命权、身体权和健康权是只有自然人才享有的权利。自然人的生命安全和生命尊严、身体完整和行动自由,以及身心健康受法律保护。任何组织或者个人不得侵害他人的生命权、身体权和健康权(《民法典》第1002条至第1004条)。这些权利不仅受到民法的保护,而且受到刑法、宪法的保护。民法的保护侧重民事救济,以人格权请求权和侵权责任的方式加以救济;刑法的保护侧重打击人身犯罪,保护人身安全,维护良好的社会秩序;宪法的保护则侧重于限制公权力,实现对公权力的制约。

自然人的身体完整,强调的是身体的不可侵犯。举一个例子,一位男生暗恋某女生很久,在课堂上,这位男生趁着坐在前面的这位女生不注意,揪下了她的一根头发,以随时放在身边解相思之苦。这个行为,说对女生有什么大的损害可能也不能成立,但此时,这位男生就侵害了这位女生的身体权。在国内也许是一桩小事,法律就不介入了。而在美国,这个侵权还是可以成立的,只是赔偿很少,如赔偿一美元,属于形式意义上的赔偿,表明这位男生有过错,侵犯了女生的权利。在国内,如果女生介意,男生还是有必要道个歉的。

我们可以依法对自己的身体进行某种处置。具体而言,我们可以自主决定无偿捐献自己的人体细胞、人体组织、人体器官或者遗体(《民法典》第1006条第1款第1句)。需要注意,只有完全民事行为能力人才能够自己决定,如果是儿童或者精神病人等不能判断自己行为的效果的人,那么是不能自己决定捐献的。这里强调自主决定,也就是自己说了算,任何组织或者个人不得强迫、欺骗、利诱个人捐献(《民法典》第1006条第1款第2句)。捐献要采用书面形式,如果是临终捐献,那么也可以立一份遗嘱(《民法典》第1006条第2款)。如果自然人生前对是否捐献没有作出意思表示,那么,在其死后,他的配偶、成年子女、父母可以共同决定捐献(《民法典》第1006条第3款前段)。这里强调的是共同决定,也就是说,这不是配偶、成年子女、父母中的某一个或某一些人可以决定的。决定捐献也要采用书面形式(《民法典》第1006条第3款后段)。如果自然人生前明确不同意捐献,那么,在他死后别人无权改变他的决定。《民法典》强调,只能无偿捐献,不允许以任何形式对人体细胞、人体组织、人体器官、遗体进行买卖,这样的买卖也是无效的,不受法律保护(《民法典》第1007条)。这一禁止性规定,有助于维护我们的人身安全,维护人的尊严。

＊＊＊＊＊

今天,我们继续关注人格权,特别是其中的身体权。身体是否完好、是否健康,关乎我们的幸福指数。到目前为止,人类对于大多数疾病已经研究出了治疗的药物,可以让我们病愈如初,生龙活虎。然而,仍有一些疾病,人类束手无策。为了研制新药、医疗器械或者发展新的预防和治疗方法,就需要进行临床试验,这样的行为应当依法经相关主管部门批准,并经伦理委员会审查同意,相当于经过一个批准程序和伦理审核程序,以防止违背伦理道德行为的发生。不仅如此,而且由于属于新尝试,临床试验具有巨大的风险,因此,必须向受试者或者受试者的监护人告知试验的目的、用途,以及可能产生的风险等详细情况,并且经其书面同意。而告知受试者或者他的监护人以详细情况,则是为了保证同意是真正的同意,因为不知情的同意没有意义。另外,《民法典》第1008条第

2 款规定:"进行临床试验的,不得向受试者收取试验费用。"这是合理的。

  为了深入了解人类自身,更好地服务于人类的发展,与人体基因、人体胚胎等有关的医学研究和科研活动从来没有停止过。然而,从事这类活动应当遵守法律、行政法规和国家的有关规定,不得危害人体健康,不得违背伦理道德,不得损害公共利益(《民法典》第 1009 条)。2018 年 11 月 26 日,南方科技大学副教授贺建奎宣布一对名为露露和娜娜的**基因编辑婴儿**于 11 月在中国健康诞生,由于这对双胞胎的基因经过修改,她们出生后即能天然抵抗艾滋病毒(HIV)。这一消息迅速激起轩然大波,震惊了世界。基因编辑婴儿,不是别人做不了,而是不能做,因为在有关技术、风险等诸多问题尚未研究清楚的情况下,让基因编辑婴儿诞生本身也是极不负责的行为。中国科协生命科学学会联合体声明,坚决反对有违科学精神和伦理道德的所谓科学研究与生物技术应用。2019 年 12 月 30 日,基因编辑婴儿案在深圳市南山区人民法院一审公开宣判。贺建奎、张仁礼、覃金洲因共同非法实施以生殖为目的的人类胚胎基因编辑和生殖医疗活动,构成非法行医罪,分别被依法追究刑事责任。

  我们的身体由自己支配,谁也无权控制我们的身体、限制或者剥夺我们的行动自由。如果有人以非法拘禁等方式剥夺、限制我们的行动自由,或者非法搜查我们的身体,我们有权依法请求他们承担民事责任(《民法典》第 1011 条)。非法拘禁行为,同时受刑法调整,也就是非法拘禁会构成犯罪,目的是保护个人的行动自由。其他情形,即使不是拘禁,同样可能构成对我们行动自由的限制。比如,在 1986 年版《**西游记**》第 21 集"错坠盘丝洞"中,唐僧去盘丝洞化斋,结果被七个蜘蛛精捉住,孙悟空前去救师傅,他从当地土地公那里得知七个女妖精常在濯垢泉洗澡,所以,他化作老鹰,把七个女妖精的衣服全部叼走了,留下了骂声不断的七枝"出水芙蓉"。这个行为,好似与拘禁不同,但实际上也属于非法限制他人行动自由。因为,大家都知道,没有了衣服,哪也去不了。

  至于搜身,大家也比较熟悉,在坐飞机、地铁之前,都要进行安全检查,这属于依法检查。一位女士在超市买东西,在离开超市时,因被怀疑偷了东西而被保安带到办公室进行搜身,最终,也没有搜出任何东西,这就是典型的非法搜身行为,后来,超市被起诉承担损害赔偿责任。

我们的身体，是谜一般的存在，在异性之间，这层"谜"或许更深。人们对性的兴趣似乎在比较小的时候就自觉或不自觉地发生了，也许，这也正应了《孟子》中的那句话："食色，性也。"然而，有兴趣归有兴趣，如果牵涉他人，就必须尊重他人的意思。如果违背他人的意愿，以言语、文字、图像、肢体行为等方式对他人实施性骚扰的，将构成违法行为，受害人有权依法请求行为人承担民事责任。还是在《西游记》中，猪八戒的举动大家应该印象深刻，早有天蓬元帅调戏月宫嫦娥，而被罚下凡间堕入猪胎；而在孙悟空化作老鹰叼走七个女妖精的衣服回来之后，孙悟空把女妖洗澡的事告诉了猪八戒，猪八戒表示要去教训女妖，大家都知道猪八戒的小心思，猪八戒的骚扰行为主要是通过肢体动作。

有些男领导在办公室墙上布置了裸体画，名为艺术，女下属进去甚至不好意思抬头，这是以图像的形式骚扰女下属。有的是以语言，如色情段子或者短信骚扰，这些事，很多女性朋友也遇到过不少。性骚扰不限于男性对女性的骚扰，女性对男性也可能构成性骚扰。比如，某男士坐在办公室办公，突然一位女同事来到办公室，像蜘蛛精一样，向他展示身材和"肚脐吐丝"的功夫，如果男士如柳下惠一般，对此很反感，那么这时，这位女同事的行为就构成性骚扰。

性骚扰可能发生在陌生人之间，但更可能发生在存在权力、依从关系的人之间，如领导和下属、老板和员工、校长和教师、教师和学生之间。为了减少、消除性骚扰，机关、企业、学校等单位应当采取合理的预防、受理投诉、调查处置等措施，防止和制止利用职权、从属关系等实施性骚扰（《民法典》第1010条第2款）。

自然人的身心健康，不仅强调身体机能的健康，而且强调心理、精神层面的健康。身体无损害，不代表健康无损害。我们举个例子，在《倚天屠龙记》中，汝阳王之女赵敏手里的毒药名为"十香软筋散"，中了这个毒之后，很难说身体会受到什么直接的损害，但是，身体的机能却受到了影响，按小说中所写，全身筋骨酸软，无法发出内力，就属于导致身体机能失常。另外，强行灌输某种不良思想给他人，则是损害了他人的心理、精神层面的健康。

我们的生命权、身体权、健康权受到侵害或者处于其他危难情形的,公安机关、消防机关等组织或者个人有义务及时施救(《民法典》第1005条),这是公安机关、消防机关设立的理由之所在。另外,《民法典》鼓励见义勇为,弘扬社会正气。天津市在2017年颁布了《天津市见义勇为人员奖励和保护条例》,目的是让见义勇为的你、我、他敢于与不法行为作斗争,防止"英雄流血又流泪"的情况发生。另外,在生命权、身体权、健康权受到侵害时,我们可以正当防卫,保护自己。必须承认,身体练得棒棒的、会一点防身术,有时还是必要的。

Day 17

13. 姓名权·名称权

人们最喜欢听的是自己的名字。

今天我们聊人格权中的姓名权,姓名权用在法人、非法人组织身上,就是名称权。二者的功能在本质上是一样的。名字是做什么用的?就是在人际关系、社会交往中进行区分的,名字的好坏,也会带来不一样的效果。

有的名字非常好记,在我读书时,有一门全校选修课,班上好几位同学的名字,过了很多年我还记得,当然,只是恰巧同上一门课,不是同专业、同学院。比如,"圆周""黄金",这可不是虚构的。我当时听到班上同学的名字就在想,这名字真是挺好,因为名字的基本功能就是让别人记住,所以,如何起名字也是一门学问。这些年我也教过一些学生,有的名字看一遍就记住了,很有特色,如"初一""金珠玉",除了金子,就是珠玉,这可都是宝贝。有些人的名字比较大众化,比如,"刘伟""张娜""李萍",据说,叫这样名字的,在中国至少得有成百上千人,在我印象里,《射雕英雄传》里郭靖的妈妈,也叫李萍。有些名字则体现了特定时代的印记,如"振华",取振兴中华之意。

我们每个人都对自己的名字享有姓名权,有权依法决定、使用、变更或者许可他人使用自己的名字,但是有个限制,即"不得违背公序良俗"(《民法典》第1012条)。我们在日常生活中,经常要使用自己的名字,签收快递、会议签到、签订合同,等等。我们每天几乎都要叫很多人的名字,称呼同学、同事、朋友、孩子。我们偶尔也会变更自己的名字,一般我们的名字都是父母、祖父母或者外祖父母给起的,但当我们长大后,有的人因为各种原因,想换一个名字;而有些人进入影视圈后,会取一个艺名,这不需要更改身份证上的姓名。我们知道的很多演员的名字,其实是艺名,如成龙。许可他人使用自己的姓名的人,主要是公众人物,通常是商业使用。

有的人名字很特别,并因此而成为热点人物,其中一位叫"**赵 C**",英文字母 ABCD 的 C,他出生后户籍登记的就是这个名字,考大学时办理第一代身份证的名字也是"赵 C",他的父亲说这寄托了对孩子的希望,他认为,人一辈子至少要学会两种语言,首选汉语和英语,因此想在儿子名字上"做点英语文章"。他说,在英语中,C 是 China 的第一个字母,China 是中国的意思,C 又有"西方"谐音的意思,以此告诫儿子,希望他能到西方国家留学并学有所成,但又不能忘记自己是中国人。但赵 C 在更换二代身份证时,未能成功,被告知"C"无法录入系统。有些父母,还为孩子起了很有诗意的名字,如"**北雁云依**","北雁"是姓,"云依"是名,但被民警告知,这不符合办理出生登记的条件。还有的人叫"王者",有的叫"戎耀",近些年,更有人给孩子起名叫"王者荣耀"。

以前,给孩子起名,要么随父亲的姓,要么随母亲的姓,国内通常随父亲姓的比较多,这可以算是传统。近些年,随着女性在家庭中地位的提高,一些比较强势的女方可能要求孩子随她的姓;还有一些是父母姓氏各取一个字,这种做法也是存在的,但是,在法律上,这不会生成复姓,还是以第一个字为姓氏,比如,父亲姓黄,母亲姓杨,孩子就叫"黄杨聪""黄杨军",有的干脆就取"黄杨"作为名字。根据《民法典》,起名字,姓氏要么随父,要么随母,但又适当放宽了,在下列三种情况下,可以选取父母之外的姓氏:选取其他直系长辈血亲的姓氏,比如姥姥的姓;因由法定扶养人以外的人扶养而选取扶养人的姓氏;有不违背公序良俗的其他正当理由(《民法典》第 1015 条)。另外,少数民族的姓氏可以遵从本民族的文化传统和风俗习惯,在有些少数民族,孩子的姓是父亲名字的最后一个字。

法人、非法人组织享有名称权,与自然人类似,有权依法决定、使用、变更或者许可他人使用自己的名称(《民法典》第 1013 条)。不同点在于,法人、非法人组织的名称还可以转让(《民法典》第 1013 条),因为法人、非法人组织的名称具有一定的商业价值,自然人的名字没法转让,可能就算给别人，别人也不要。自然人的姓名权，法人、非法人组织的名称权受法律保护，他人不得以干涉、盗用、假冒等方式加以侵害(《民法典》第 1014 条)。山东省发生的盗用姓名上学的**齐玉苓案**就是典型，这严重损害了姓名权人的合法权益，改变了他人的人生轨迹，有学者称此为"人生规划权"，受害人有权要求损害赔偿。除了我们身份证、户籍上的姓名，有些人还有笔名、艺名、网名等，当这些名字具有一定的社会知名度时，如果被他人使用且足以造成社会公众混淆，那么此时，这些名字就可以受到类似于姓名的保护(《民法典》第 1017 条)。举个例子，大家都知道金庸，但实际上，"金庸"也只是笔名，金庸的小说非常受欢迎，于是，就有人以金庸的名义发表自己撰写的，而非金庸撰写的小说。金庸就曾怒斥某网站连载小说《昆仑奴》为冒名伪作。

　　需要注意，改名换姓，对以前签订的合同、实施的行为，在法律效力上是没有影响的(《民法典》第 1016 条第 2 款)，是你做的，始终是你做的，换了个"马甲"不还是你吗？

Day 18—19

14. 肖像权

> 第二个削肩细腰,长挑身材,鸭蛋脸面,俊眼修眉,顾盼神飞,文彩精华,见之忘俗。——《红楼梦》①

今天我们聊人格权中的肖像权。这三个字,是十二生肖的"肖"、图像的"像"、权利的"权"。肖像是什么?肖像就是通过影像、雕塑、绘画等方式在一定载体上所反映的特定自然人可以被识别的外部形象(《民法典》第1018条第2款)。你可能首先想到一张自己的照片,里面有自己清晰的脸,这当然是肖像,也是最典型的肖像。只不过,要注意,现在不再强调一定是"脸",即便影像中没有出现整张面部形象,但如果可以反映特定自然人的形象,并且可以被识别,那么,这样的外部形象同样构成肖像。比如,在疫情期间,大家出门都戴口罩,这时露着两只眼睛的照片形象依然构成肖像,或者说,有些人的形体动作,如一张侧影,也是肖像。

我们对自己的肖像享有肖像权,有权制作、使用、公开自己的肖像。比如,我们从小到大会有很多照片,现在有些人喜欢自拍,这就是制作肖像;等我们老了,可以把自己从小到大的照片进行编辑、展览,或者放在出版的书中,现在流行在书的勒口处放一张作者的照片,这属于使用肖像,同时也公开了肖像;有些朋友喜欢在微信、微博等上面公布自己的照片。当然,我们也可以许可别人使用我们的肖像(《民法典》第1018条第1款)。有一些婚纱摄影公司、广告公司可能看上了你的形象,就会请求使用你的婚纱照做广告,或者请你做广告模特。如果未经你的同意,不管

---

① (清)曹雪芹:《脂砚斋评石头记》,(清)脂砚斋评,上海三联书店2011年版,第27页。

他们是否以赚钱为目的,都不得制作、使用、公开你的肖像,否则,就会构成侵权(《民法典》第1019条第1款第2句)。

　　许可他人使用自己的肖像,有偿、无偿均可,我们自己决定,但在作出这一决定时要慎重。签订肖像许可使用合同更正式一些。如果当事人对肖像许可使用合同中关于肖像使用条款的理解有争议,那么,应本着有利于肖像权人的精神加以解释(《民法典》第1021条)。之所以如此,是因为要强调人格权保护优先。此外,如果对使用期限没有约定,或者约定不明,那么,双方当事人可以随时解除合同,但要给对方一定的缓冲时间,应当在合理期限内通知对方。即使对肖像使用期限有明确约定,当肖像权人有正当理由时,依然可以解除肖像许可使用合同,此时同样要给对方一定的缓冲时间。但需要注意,解除合同造成了肖像使用人损失的,是需要承担赔偿责任的,除非是由于不可归责于肖像权人的事由造成的(《民法典》第1022条)。前面我们提到过,姓名也是可以许可使用的,规则与肖像许可类似(《民法典》第1023条第1款)。

　　另外,他人无权丑化、污损我们的个人形象。有人把一些公众人物或者其他人丑化得不成样子,这就会构成侵权。现在技术进步了,公众人物的照片在网上随处可见,在这种情况下,有些人利用AI技术,也就是人工智能技术,在较早的时期,有所谓的合成技术,利用这种技术,可以随意和喜欢的公众人物"合影"。不仅如此,有些不怀好意的人,还会把个人的头像、声音无缝对接到一些色情影片当中,有这种遭遇的,不仅有好莱坞的演员,而且有中国的一些女演员。普通人的肖像也面临着这种风险。这种利用Deepfake(深度伪造)技术侵害个人的肖像权的行为,为《民法典》所明文禁止,在网上散播这种深度伪造的个人肖像的色情影片同时可能触犯刑法。

　　有时,我们会同意别人制作自己的肖像,甚至是一些特殊的肖像。一些美术学校用**人体模特写生**。人体模特是同意美术学校的师生制作自己的肖像的,而写生就产生了人体美术作品。需要注意,这些美术作品上,画的虽然是你,但这幅画可不是你的,它属于作画人。这里存在两个权利:一个是模特的肖像权,一个是作画人的著作权。反过来说,你画了人体画,著作权是你的;如果你喜欢模特的形象,而且对自己画的人体画也很满意,那么,你可以天天欣赏自己用心画的模特的人体画,但是,如果自己欣赏还不够,还想与天下人分享,正所谓"独乐乐不如众乐乐",你决定把人体画发表出来或者进行展览、出书等,这样做,你就侵权了,因为肖像权是模特的。当初模特只同意你制作肖像,并未同意你以发表、复制、发行、出租、展览等方式使用或者公开其肖像(《民法典》第1019条第2款)。"众乐乐"是好事,分享是一种美德,但出于保护模特的肖像权的需要,如果你真想"众乐乐",那么要事先征得肖像权人——模特的同意。在30多年前,人们的思想尚未开放,人体画展示是很敏感的,即使到了现在,展示模特的人体画,同样需要经过肖像权人的同意。其实,这不仅仅是肖像的问题,更涉及隐私的问题。有人指出,作画人可以在符合人体模特行业惯例的范围内使用模特的人体画,但行业惯例依然以已经对人体模特明示为前提,或者可以证明模特本人确实已经知悉,否则,不应以行业惯例为借口,艺术创作同样需要尊重人的人格权。

除了肖像,我们的声音也受到法律的保护,至于如何保护,参照肖像适用就可以(《民法典》第1023条第2款)。

* * * * *

今天,我们继续关注人格权中的肖像权。我们已经对肖像的概念、肖像权人的权利、肖像许可使用合同、人体模特的肖像使用问题等进行了分享,今天的内容则集中在对肖像的合理使用上。他人或者组织在使用我们的肖像时,原则上必须经过我们的同意,这凸显的是对人格权的保护。但是,《民法典》第1020条规定,在某些特殊情况下,使用个人的肖像,无须征得肖像权人的同意,其目的是在肖像权与其他权益之间进行妥当的平衡,也就是说,基于人群共处、相互容忍的必要,以及社会公众知情权的利益,肖像权的保护应受到一定的限制,比如,拍摄公众人物,拍摄风景、建筑时可以出现零星的人物影像。具体而言,这些例外主要包括如下行为:

第一种行为是,为个人学习、艺术欣赏、课堂教学或者科学研究,在必要范围内使用肖像权人已经公开的肖像。这是为了促进科学研究与文化进步。但需要注意,为了个人学习、艺术欣赏、课堂教学或者科学研究,使用的只能是他人已经公开的肖像,可能是报纸上、图书上的,或者曾经展览过,或者以其他方式公开的,而不能是尚未公开的,如果是尚未公开的,同样构成侵权。不仅如此,这种使用还必须在必要的范围内,比如,课堂之内,并且从目的来看,应为相对封闭的课堂,而不是面向不特定人的网络直播。

第二种行为是,为实施新闻报道,不可避免地制作、使用、公开肖像权人的肖像。新闻报道关注的核心主要是公众人物和公共事件。就公众人物而言,既包括党和国家领导人、政府及其有关部门负责人、人大代表、著名学者、艺术家、运动员、演员等,又包括异常幸运者或者厄运者。公众人物能够满足大众的兴趣,是新闻媒体报道的焦点。在金某某与杨某某等侵犯肖像权纠纷上诉案中,焦点人物是**溥仪**,也就是末代皇帝,由于其属于历史政治公众人物,因此,被告就末代皇帝溥仪的生活和政务活动的照片举办展览,不构成对溥仪肖像权的侵犯。集会、游行活动固然是重大公共事件,一些重大仪式,广大社会公众、媒体都会参与,同样会构成公共事件。参与该类会引起公众兴趣的集会、游行、仪式的人,不得就该事件的新闻报道主张其肖像权受到侵害。这种情形属于肖像权和新闻报道自由之间的平衡,而公众人物的肖像权尤其要受到限制。

需要强调的是,新闻报道自由限于善意使用,不能逾越肖像权本身的内容,如果肖像还涉及名誉、隐私等权益,则该类肖像的使用也会受到限制,甚至构成侵权。在域外的一些判决中,法院强调要阻却违法需要满足三个条件:事件的公共性、目的的公益性和手段的相当性。其中,手段的相当性在我国实践中,尤其应当重视。比如,媒体拍摄到一些年轻人在火车站或者公园里的不雅行为,如果是为了促进良好的道德行为和社会风尚使得其报道具有一定的公益性尚可成立,但这个事件是否具有公共性则值得怀疑;如果为了报道此事,直接把当事人的面部图像清晰地展示出来,则可能超出了必要的限度。

第三种行为是,为依法履行职责,国家机关在必要范围内制作、使用、公开肖像权人的肖像。这是在肖像权与国家机关事务执行之间进行的利益平衡。比如,由于罪犯逃离现场,公安部门发布了通缉令,当然要使用罪犯的肖像。在《水浒传》中,梁山好汉中相当一部分人都被通缉过,肖像上了墙。但这种情形同样强调在"必要范围"内,也就是要有个"度"。

第四种行为是,为展示特定公共环境,不可避免地制作、使用、公开肖像权人的肖像。这指的是什么呢?其实是指,在公共场所的影像、照片中出现了人,实际上,要找到一个杳无人烟的地方,没那么容易。比如,你想拍天津火车东站的场景,想拍水上公园的宏观景致,想让镜头中一个人都不出现,这可能很有难度。即使把人物拍进去了,实际上,因为你要拍的是火车站或者水上公园,里面的人物只是火车站或水上公园的点缀,所以这时,被拍进影像或者照片的人不能主张自己的肖像权受到了侵害。当然,这意味着,特定公共环境是拍摄对象,人物不能成为影像或者照片的重要组成部分。如果把人物拍得过大,以至于人们可以一眼认出来影像或者照片中的人物是谁,这时,就可能侵害了他人的肖像权。这种例外属于生活提出来的相互容忍的需求,这种情形在中国尤其具有现实意义。

第五种行为是,为维护公共利益或者肖像权人的合法权益,制作、使用、公开肖像权人的肖像的其他行为。这是一个兜底条款,范围较广,但同样有所限定,那就是为了公共利益或者肖像权人的合法权益。比如,为了寻找到失踪的家人,可能需要发布寻人启事,附上一张照片相对更容易寻找。

Day 20

15. 名誉权

> 名誉是人的第二生命。——格拉蒂

今天,我们关注的是人格权中的名誉权。名誉是对我们个人的品德、声望、才能、信用等的社会评价(《民法典》第1024条第2款)。生活在社会中,就会形成对个人的评价,名誉就相应地有好有坏,不过,每个人都希望有好的名誉。我们对自己的名誉享有名誉权,任何个人或者组织不得以侮辱、诽谤等方式侵害我们的名誉权(《民法典》第1024条第1款)。网上报道过**艾滋女事件**,有人恶意散播以前的女朋友是"风尘女子"的消息,并公布了几百个"嫖客"的电话,败坏了女生的社会形象,并让这几百个所谓的"嫖客"被人指指点点。尽管中国有句俗语,叫"苍蝇不叮无缝的蛋",但很多时候,这种行为就构成了侵害名誉权。利用AI人工智能换脸技术,将个人的头像和声音换到色情影片中的行为,同样会让被换脸的受害人欲哭无泪、欲辩无言,我们怎么才能证明这个色情影片中的人不是自己呢?里面明明就是你的脸、你的声音啊!事实上,基本无法证明。这种换脸行为侵害了当事人的名誉权,让其备受误解,乃至引来很多的骚扰和不怀好意的看客。名誉对每个人都很重要,因为,我们是社会中的人。

正因为我们是社会中的个人,所以,我们的行为要受到新闻舆论的监督。为了公共利益,新闻媒体实施新闻报道、舆论监督,影响个人名誉的,原则上不承担民事责任(《民法典》第1025条)。但是,这不是绝对的。如果所谓的事实是记者或者媒体人士捏造的或者歪曲的,这时,他们的报道不受法律的保护,因为捏造、歪曲体现的是主观的恶意。这种行为与新闻职业伦理是相悖的。

即使主观上没有恶意,报道、揭露的事实来自他人的说法,那么对于他人提供的事实,媒体也应当尽到合理的核实义务,因为不能别人说什么就信什么,作为媒体人,总是要进行一定的判断和思考的。那么如何判断是否尽到合理的核实义务了呢?至少需要考虑如下因素:内容来源的可信度,是来自内部人员,还是来自听风说雨的外部人士;对明显可能引发争议的内容是否进行了必要的调查;内容的时限性,时间如果不紧迫,就要进行更多的调查;内容与公序良俗的关联性;受害人名誉受贬损的可能性;核实能力和核实成本(《民法典》第 1026 条)。总之,要结合诸多因素综合判断。

另外,还要注意报道中是否使用了侮辱性的言辞,贬损了他人名誉。因为即使一个人的行为存在某种不妥当性,也没有必要上纲上线、动辄在道德上大加谴责、恶意抒发心中的情感。《圣经》里有个故事,意思大体是,有人捉到一位正在行淫的女士,也就是正在从事不道德的性行为的女士,大家准备拿石头砸死她。耶稣说,"如果你觉得自己从来没有做过错事,那就砸吧",结果大家都走开了。提到这个故事,只是想说,得饶人处且饶人。所以,在进行新闻报道、媒体监督时,要就事论事、以理服人,而不是站在所谓的道德制高点批判他人。不使用侮辱性的言辞,同样可以表达追求正义的态度。

个人有证据证明报刊、网络等媒体报道的内容失实,侵害其名誉权的,有权请求媒体及时采取更正或者删除等必要措施(《民法典》第 1028 条)。这是有必要的。媒体报道必须尊重事实,更正或删除不实内容对于维护受害人的名誉权是非常必要的。2019 年 6 月 16 日、6 月 17 日,为了泄愤,李某相继在自己**朋友圈**发布了对张某具有侮辱性、**诽谤**性的语言,其中一条还贴出了张某的照片。据悉,李某发布的朋友圈是对微信号内所有好友公开发布的,发布该朋友圈时他的好友有 700 人左右。张某发现后认为李某的行为有损其名誉和人格尊严,遂将其起诉至法院。法院经审理,判决李某以不屏蔽任何人的方式公开发布微信朋友圈向张某赔礼道歉、消除影响、恢复名誉,发布的道歉内容至少保留 10 日。这种判决得到了网友们的支持。

在发表文学、艺术等作品时,如果作品是以真人真事或者特定人为描述对象,含有侮辱、诽谤内容,侵害他人名誉权的,受害人有权依法请求该行为人承担民事责任。我们之前提到过的天津**荷花女**案件,就是典型。只是由于荷花女已经去世,因此是由荷花女的母亲主张权利。有些文学、艺术作品不以特定人为描述对象,仅其中的情节与特定人的情况相似的,作者不承担民事责任(《民法典》第1027条)。因为世间的事只有这么多种,作品中的情节总能在生活中有其基础和原型,甚至是无数的原型。正所谓,故事情节纯属虚构,如有雷同,纯属巧合。

除了单纯的社会评价,现代社会还出现了信用评价,我们在使用金融服务时,经常会产生信用等级;其实,我们进行民间借款时也会产生信用等级;网上购物结束之后有评级打分;发行债券、优先股的公司有所谓的信用评级;政府也存在信用问题。我们可以依法查询自己的信用评价,如果发现信用评价不当,当然有权提出异议并请求采取更正、删除等必要措施。信用评价人则应当及时核查,经核查属实的,要及时采取必要措施(《民法典》第1029条)。征信机构有义务妥当保管我们的信息。有人还主张信用权,但目前《民法典》把它放到名誉权下加以保护。

Day 21

16. 隐私权

没有隐私的生活，我不再是我，你不再是你。

今天，我们关注的是人格权中的隐私权。在以前的"熟人社会"，基本无所谓隐私，你家发生什么事，别人都知道。而进入现代社会中的人，对这个词可能再熟悉不过了。隐私对应的英文单词是"right to privacy"，它最早出现在美国法院的一些判决中，后来塞缪尔·D.沃伦与路易斯·D.布兰代斯根据遇到的隐私侵权案件在《哈佛法律评论》上发表了影响深远的论文《**论隐私权**》，这被认为是隐私权研究的开山之作，从此，隐私权的概念得到了广泛的传播，并受到前所未有的重视，布兰代斯后来还成了美国联邦法院的大法官。

在我国，谈到隐私，人们可能更多地想到"阴私"，阴天的"阴"，私人的"私"，仅仅指向与男女两性关系有关的生活秘密。实际上，隐私的范围非常广。所谓隐私，按照字面意思理解，也就是隐藏的、私人的事情，可以想象，很多私人的事情，我们都不愿意让别人知道。正因为涉及的是私人秘密，而与公共利益无关，所以，隐藏起来，也无可厚非。

隐私的核心内容是阴私，也就是与性有关的、私人的秘密，这个恐怕没有人会反对。比如，张三从小就有同性恋倾向，可他过着异性恋的生活，他可能不希望别人知道他的这种倾向。李四与张三曾经有过一段同性恋情，但别人也许并不能理解，他也不希望别人知道这回事。电视剧《**别和陌生人跳舞**》，可谓汇集各类隐私，比如，医术高超且帅气的医生李儒军和漂亮的电台节目主持人于萍萍的婚姻处于无性状态，这是他们夫妻的隐私，很多人认为的白马王子和公主从此幸福地生活在一起，被证实有时只是一种美好的期待；为了让生活充满刺激、重新燃起激情，他们走出了让他们永远担心且后悔的一步——与另一对夫妻一起走进了宾馆，尽管最后没有发生什么，但相关的画面已经被专门偷拍的宾馆工作人员朴卜录像，引发了朴卜的"敲诈之旅"；于萍萍后来还"精神出轨"，晚上总是找理由与年轻舞蹈老师约会；律师葛建彬有一间带锁的小屋，里面装的就是他的隐私世界；朱怡云嫁给邢飞雨、搬进医院家属院的缘由，也与性有关。

　　隐私大体可以归纳为四种类型。第一种是生活安宁。我们经常收到骚扰电话、垃圾短信、垃圾邮件或者其他的即时通信软件骚扰、传单骚扰，这便侵害了我们的生活安宁，属于侵害隐私权的行为。有的人为了报复他人，给他人打骚扰电话，这是典型的侵扰他人生活安宁；为了商业利益，有些公司打广告，推销自家的地图或者烤鸭，但是，居然把电话号码登错了，以至于准备买地图或者买烤鸭的人大量拨打错误的电话号码，他人的生活安宁受到严重的骚扰。还有人跟踪他人，也构成侵扰生活安宁。

　　隐私的第二种类型是私人空间，比如，我们的住宅，是最重要的私人空间，他人未经我们的同意不得进入、拍摄、窥视。当然，我们自己也要注意保护，该锁门要及时锁门，该拉窗帘要拉窗帘。不仅如此，我们出差住的宾馆、搭的帐篷，甚至包括洗手间的隔间，也属于短期或者临时性的私人空间。新闻报道过很多宾馆偷拍的事件，偷拍人无疑构成侵权，宾馆未能保证居住安全，则违反了义务。在 2000 年，宾馆的管理者或许还可以说，他们也不知道会有偷拍事件的情况发生；但是，现在，宾馆偷拍事件多有报道，旅客住到宾馆里，宾馆就有义务保证不发生偷拍事件。否则，旅客为什么要住到宾馆里呢？当然，旅客个人也要小心。

　　隐私的第三种类型是私密活动。与性有关的活动，基本都是在私密空间发生的，这样的活动，不仅对于普通人构成隐私，而且对于影视明星同样构成隐私。他人无权拍摄、窥视、窃听或者公开他人的私密活动。这些年发生了很多"**艳照门**"事件，这些事件无一例外都是对他人私密活动的拍摄、录制和公开，极大地侵害了受害人的隐私权，让很多受害人生不如死，因为，隐私的泄露使得他们失去了尊严，无法抬头做人，或需要极大的勇气。

隐私的第四种类型是私密信息。我们身体的私密部位当然属于隐私，典型的如偷看别人洗澡、偷拍女士裙底的行为均构成侵权。此外，我们的身份证号码、家庭住址、身体健康状况、电话号码等均属于隐私信息。有人说，电话号码就是用来联系的，电话号码不属于隐私，我要问的问题是，你希望所有人都把电话号码同你个人联系起来吗？尽管我们也会偶尔发名片，但不要忘记，我们更多时候只是给同行、朋友发，并且我们希望也能收到对方的名片，包括电话信息。未经个人明确同意处理个人私密信息的行为，构成侵害隐私权。

　　总而言之，我们享有隐私权，任何组织或个人不得以刺探、侵扰、泄露、公开等方式侵害我们的隐私权。享有隐私让我们轻松自如，让我们有更多的创造性。保护隐私对于个人身心健康、社会多样性和国家创新具有根本性的意义。国家和有关部门应加大隐私保护的力度。

Day 22

17. 个人信息保护

> 通信行程卡下线后已同步删除相关数据。——中国信通院

今天我们一起来关注人格权编的个人信息保护。需要注意,个人信息与隐私权被规定在同一章,置于隐私权之后,但是个人信息后面并没有"权"这个字,这意味着,民法典对个人信息的定位,只是人格利益,还未上升到权利的层面。

个人信息是什么呢?我们肯定也能说出来一些,比如,身份证号码、健康信息,等等。《民法典》对个人信息有法定的定义,具体而言,个人信息是以电子或者其他方式记录的能够单独或者与其他信息结合识别特定自然人的各种信息,包括自然人的姓名、出生日期、身份证号码、生物识别信息、住址、电话号码、电子邮箱、健康信息、行踪信息等(《民法典》第1034条第2款)。我们可以发现,这里的一些信息同时也是私密信息,属于隐私的范畴,也就是个人信息与隐私存在着交叉领域。对于属于私密信息的个人信息,要适用有关隐私权的规定;没有规定的,适用有关个人信息保护的规定(《民法典》第1034条第3款)。

我们的个人信息受法律保护。其他人处理我们的个人信息时,应当遵循三个原则,那就是要合法、正当、必要:合法强调的是形式合法性,正当强调的是实质合法性、具备合理性,必要则强调应符合比例原则。这意味着,处理个人信息,即使有法律依据,但如果不必要,则同样违反了《民法典》保护个人信息的要求,是违法行为。不知道大家手里的身份证是不是最新版的,大家想想,身份证上有你的什么?一种后来新增加的内容,对了,就是你的指纹。但是,制作身份证,**提取指纹**并不是绝对必要

的。事实上，一些国家或地区的政府部门因试图提取指纹而被诉至法院，这种提取指纹的行为及相关的规定被判违法、违宪。对照《民法典》处理个人信息的必要原则，《居民身份证法》中对于提取指纹的规定已经违反了《民法典》的规定，《民法典》是新法、个人权利的保护法，公安机关应遵循民法典的精神停止提取指纹，而立法机关则应尽快修订《居民身份证法》，废止、删除提取指纹的规定，与《民法典》的精神保持一致。

有些学校让孩子带回来一些表格，除了填写孩子的信息，还要填写家长的姓名、电话号码、身份证号码，要求填家长的姓名、电话号码尚具有一定的合理性，比如方便联系，但要求填家长的身份证号码则完全没有必要，不具有正当性，这同样构成过度处理个人信息，属于违法行为。

很多单位要求员工刷脸、刷指纹，而未提供其他的替代措施，如签字等，那么，这样的强制刷脸、刷指纹的行为，也是违法的，因为不具有必要性。另外，面部、指纹信息的收集和存储存在很大的风险；所以，各单位应尽快取消刷脸、刷指纹的规定和要求，并销毁员工的面部、指纹等个人信息，确保不会泄露和传播。

处理个人信息除了应符合合法、正当、必要原则，还应当符合以下条件：一是要征得当事人或者当事人的监护人的同意，但是涉嫌犯罪，法律、行政法规另有规定的除外；二是要公开处理信息的规则；三是要明示处理信息的目的、方式和范围，也就是应公开把个人信息收集走，要做什么用、怎么用，在多大范围内使用；四是不得违反法律、行政法规的规定，也不能违反和当事人之间的约定（《民法典》第 1035 条）。大家可以感觉到，民法典对个人信息的保护还是比较严格的，但是，与隐私权相比，还是差一点。在处理个人信息时，要征得当事人或者其监护人的同意，这里的用语是"同意"；而在隐私权保护的时候，用的是，只有经过"权利人明确同意"（《民法典》第 1033 条），其他人才能实施会涉及他人隐私的一些行为，比如，拍摄私密活动、进入住宅或者宾馆房间。这里用的是"明确同意"。也就是说，隐私权受到更严格的保护。

我们刚才提到了"个人信息的处理"，这是一个概括性的表述，包括个人信息的收集、存储、使用、加工、传输、提供、公开等。也就是说，个人信息处理已经包括了所有可能会触碰、影响我们个人信息的行为（《民法典》第 1035 条第 2 款）。

在处理个人信息时,有三种情况是不需要承担民事责任的:一是在我们或者我们的监护人同意的范围内合理实施的行为,这里的限定大家要注意,即"同意的范围内合理实施的行为",也就是说,对方的行为正是我们同意的,此时对方当然不用承担责任。二是合理处理我们自行公开的或者其他已经合法公开的信息,而且我们没有明确拒绝第三人处理自己的这些信息,处理这些信息也不会侵害我们的重大利益。三是出于维护公共利益或者我们的合法权益的需要,合理实施的其他行为,这也是被允许的(《民法典》第 1036 条)。

个人信息是我们自己的,所以,我们可以依法向信息处理者查阅或者复制个人信息;如果发现信息存在错误,有权提出异议,并请求对方及时采取更正等必要措施(《民法典》第 1037 条第 1 款)。这是我们的知情权和更正权。**档案**就是我们的个人信息,我们有权依法查阅、复制,这很重要,否则,档案里放进了什么,我们都不知道;写材料的人客观、公正与否,我们也不知道。所以,只有我们查阅、复制了自己的档案,才知道有没有得到客观公正的对待。在不允许查自己档案的情况下,如果有人在你的档案里塞了不该塞的东西,很可能你就突然、永久性失业了,这在以前也发生过。所以,当前保护自己的很重要的一个做法,就是在《民法典》实施之后,去查阅自己的档案。

如果信息处理者违反法律、行政法规的规定或者违反约定处理个人信息的,我们有权请求对方及时删除(《民法典》第 1037 条第 2 款)。信息处理者掌握着我们的信息,负有保密义务,不得泄露、篡改、提供给他人;但经过技术加工、无法识别特定的个人且不能复原的除外(《民法典》第 1038 条第 1 款)。此外,国家机关、承担行政职能的法定机构及其工作人员对于履行职责过程中知悉的个人隐私和个人信息,同样负有保密义务,泄露或者向他人提供构成违法行为(《民法典》第 1039 条)。

个人信息保护,重在落到实处。想了解更多,还可以查阅《个人信息保护法》。

Day 23

18. 所有权

> 一兔走,百人逐之,非以兔可分以为百也,由名分之未定也。夫卖兔者满市,而盗不敢取,由名分已定也。——《商君书》
>
> 风能进,雨能进,国王不能进。——法谚

今天我们来关注一下所有权。所有权是最重要的权利之一,也是我们从小就自然地体会到,但没有认真地思考过的一种权利。当我们说,"这个房子是我的""这部手机是我的""这份快餐也是我的""这台收音机还是我的"时,这里的"是我的",意思就是"我享有所有权"。

只不过,《民法典》意义上的所有权指向的对象是看得见、摸得着的有形的东西,我们刚才说的房子、手机、快餐、收音机,都看得见、摸得着。一般的房子都固定在土地上,不会动,一动,则不是地震,就是要塌了,这种不能动或者一动就受到严重影响的东西,民法上叫"不动产",也就是不能动的财产。至于手机、快餐、收音机,我们可以随意地带在身边,改变其位置,但手机还是那个手机,收音机也还是那个收音机,对于这样移动位置对物本身没有影响的东西,民法上称为"动产"。家里养的猫、狗,动物园的大象、狮子、猴子,它们自己就能动,也是动产。

在民法上进行这种区分,有特别重要的意义。大家想一下,如果你要买一栋房子,那么什么时候这栋房子才是你的?过户登记后。你支付了全款,但如果没有过户登记,房子依然不是你的。也就是说,不动产强调登记。而手机、快餐、收音机这些东西,同样是买,什么时候会变成你的?付完款就是你的了吗?不是。要等到对方把手机交到你手里,手机才开始成为你的。我们把物品从卖家之手交到买家手中的过程,叫作"交付"。

作为所有权人，我们对自己的东西享有全方位的、能想象得到的各种各样的权利（《民法典》第240条）。比如，我们通常会占有自己的房子，并且用于居住；如果家里条件允许，也可以把房子租出去，收取租金；当然，给朋友住也没有问题。我们可以对自己的房子进行装修；住了几年由于工作变动，可能会把房子卖掉，换一套新房子；如果需要一笔钱，还可以向银行借钱，把房子抵押给银行（《民法典》第241条）。如果是一块黄杨木，我们可以把它做成梳子，也可以雕刻成西施雕塑，还可以做成积木。无论是黄杨木，还是用它做成的梳子、西施雕塑、积木，都可以用来送人，如果不喜欢，也可以扔掉。

法律规定有些东西只能是国家的，无法为我们所拥有（《民法典》第242条）。比如，目前城市土地归国家所有，农村土地原则上归集体所有。在中国，采取的是土地公有制，那意味着，我们无法取得土地所有权。开发商可以从国家处取得土地使用权、盖房子，我们买房子，获得了房子的所有权，以及房子下面土地的使用权。再如，东北虎、大熊猫，属于珍稀动物，受法律的特别保护，也不能归个人所有。

对于我们的房子，原则上他人无权拿走，因为家是每个人的城堡，是安身立命之所。法律上有条谚语，叫"风能进，雨能进，国王不能进"。这里的国王说的就是公权力，就是政府及其工作人员。我们可能知道，网上有报道说，日本**成田机场**是日本最重要的国际机场，但是只有一条半跑道，这是因为机场中间有个农场，由日本农民高尾紫藤所有，他不同意将这块地卖给日本政府，而日本政府尊重他的意思。这就有了现在的成田机场的样子。

在中国，《民法典》规定，为了公共利益的需要，依照法律规定的权限和程序可以征收集体所有的土地和组织、个人的房子。这里强调的是，必须是为了公共利益的需要，如果征地只是为了商品房开发，就不符合这一条件，即使是国家也不能征收。另外，法律对征收规定了严格的权限、程序，征收时必须按规定来。征收集体土地、房子的时候，必须给予被征收人相应的土地利益补偿、安置补助、青苗费等补偿，并安排被征地农民的社会保障费用，保障被征地农民的生活。征收个人住房，还应当保障被征收人的居住条件（《民法典》第243条）。给被征收人的征收补偿费等费用,任何组织或者个人不得贪污、挪用、私分、截留、拖欠,否则都是违法行为,应追究法律责任。

此外,如果出现紧急情况,如抢险救灾,也可以依照法律规定的权限和程序征用组织、个人的房子。我们知道,在疫情防控期间,一些地方政府也征用了一些校舍作为隔离、治疗的场所。在房子使用后,当然应当返还被征用人。因征用而受到毁损、灭失的,应当给予所有权人补偿。这里说"补偿",没有用"赔偿",强调这里政府的征用是合法行为;如果是违法行为造成了损害,那就是"赔偿"。

Day 24

19. 按份共有

你有你的份，我有我的份。

今天，我们来聊所有权的特殊形式——共有。一般情况下，一个东西归一个人所有，比如我说，"这副眼镜是我的""这支钢笔是我的"，在这里，眼镜和钢笔只归我一个人所有，这是所有权最普遍的表现形式。

但你可能也听人说过"这东西是咱俩的"这种话。是的，这是一种共有样态的所有权形式(《民法典》第297条)。"共有"在生活中很常见。1999年，我在上大学的时候，宿舍有人提议买一台电脑，后来一商量，宿舍6人每人出1000元，买来一台电脑，这台电脑就是6个人共有的。这种共有叫按份共有(《民法典》第298条)，也就是按照每个人的出资份额确定自己在其中的利益，这种利益也是可以处分的。一台电脑，6个人用，会有一定的问题：假如没有约定，6个人都有使用这台电脑的权利(《民法典》第300条)。但6个人都想同一时间用怎么办？所以，必须对6个人使用电脑的时间和顺序作出安排。

事实上，我们6个人对电脑的使用进行了约定。当时，我读的大学周一到周五晚上定时停电，周六、周日全天供电，但大家也要上课，所以，周一到周五电脑的使用权，分给了5个人，周六、周日的时间拿出一个时间段给第六个人，剩下的白天时间6个人均分。这样，谁都可以用电脑，出资一样，每个人分配的电脑使用时间也基本一样，可谓公平。此外，某个时间段，自己不想用的，可以让给某一个特定的人用，这是他的权利。

假如后来其中一个同学自己又买了一台电脑，此时，就没有必要继续6个人共用一台电脑了，这时，他就可以把共有中他的1/6所有权转让给别人，就像自己卖东西一样，只是平时卖东西是卖整个东西，这里转让的是这台电脑的 1/6 权益，接手人和转让人享有相同的权利。大家可以想一想，这里接手这 1/6 份额的人是谁比较好？

转让这份额的人可能会说，"我的份额，我想给谁就给谁"。这是有一定道理的，但是，如果他想转给其他宿舍的同学，可能有些小麻烦，被转让人和其他 5 位同学熟悉吗？他们可以就使用电脑的事和睦相处吗？实际上，共有的人越多，关系越复杂。所以，《民法典》在这个问题上，规定了其他共有人在同等的条件下，享有优先购买的权利。也就是说，如果准备转让这 1/6 份额的同学提出 800 元的报价，那么，如果对面宿舍有同学想买这个份额，宿舍有一个"电脑迷"也想买这个份额，这时，《民法典》的意思是，要转给宿舍里的这位同学；当然，如果对面宿舍的同学提出，他出 900 元，而宿舍内的同学觉得价格偏高，放弃购买，这时，这 1/6 的份额就转给对面宿舍的同学(《民法典》第 305 条)。对面同学从此与其他 5 位同学形成了共有这台电脑的关系。共有的东西都存在这个问题，谁来用、怎么用的问题应商量清楚。

怎么商量呢？这里有 6 个人，在如何使用这台电脑的问题上，大家达成了共识。但毕竟是 6 个人，如果达不成共识怎么办？这时，可以参照《民法典》第 301 条，这个条款是用于解决处分共有财产或者对共有财产作出重大修缮、改变性质或用途时面临无法达成共识的困境的，应该说，如何使用电脑没有这一条款解决的问题重要，那么以这一条款的精神作为参照加以处理也是妥当的。

《民法典》第 301 条规定的是按照占份额 2/3 以上的按份共有人的意思来办，也就是电脑价值为 6000 元，6 个人均摊出资，所以，如果实在有争执，那么 4 个人在这里就可以形成多数，按照 4 个人的共同意见办，这样，另外 2 个人的意见就被忽略了，这是没有办法的办法。但是，即使按照这 4 个人，也就是 2/3 份额持有人的意思办，仍然不能损害其他 2 个人的利益。比如，4 个人商量剥夺另外 2 个人的使用权，这是无效的，不会得到法律的认可。

6 个人都有权利使用这台电脑，如果电脑出了故障，修理电脑，花的费用也是大家分摊，如果大家有约定怎么分摊，就按照大家的约定；如果没有商量过,那么按照占有的份额来分摊,这样和享受的利益也是一致的(《民法典》第 302 条)。毕业了,6 个人各奔东西,电脑还能用,怎么办?一人分一块做纪念,那太浪费了。所以,像电脑这种不能分或不宜分的共有财产,可以卖掉分钱,或者归其中一个人所有,对其他人作出补偿,可以是钱,也可以是请其他 5 个人吃一顿饭,只要其他 5 个人没意见(《民法典》第 304 条)。

Day 25

20. 共同共有

你的就是我的，我的就是你的。

今天，我们聊的依然是所有权的特殊形式——共有的第二种类型——共同共有。按份共有，我们应该已经大体清楚，它是两个以上的人按照份额对一个物享有所有权，就像我说的，宿舍 6 人各出资 1/6 共同享有一台电脑，这个份额是可以独立处分的，这是它的最大特点。

共同共有与按份共有相同，也是两人以上对一个物拥有所有权，其不同点则在于，按份共有，强调共有人的份额；而在共同共有中，是不分份额的，共有人对一个物共同拥有所有权（《民法典》第 299 条）。在按份共有和共同共有中，共同共有是相对少见的。几个人之间对某个物是共有关系，但到底是按份共有，还是共同共有？如果没有约定或者约定不够清晰，那么，除非存在家庭关系等特殊关系，一律按按份共有处理（《民法典》第 308 条）。

除共有人约定为共同共有外，在共同共有中，共有人之间一般都存在较为密切的关系，如家庭关系、合伙关系。夫妻之间对财产没有特别约定的，在夫妻关系存续期间，二人的工资、奖金等均是夫妻二人共同共有，即使一方工作收入很高，而另一方没有任何收入，但在法律上，二人对挣回来的钱的权利并没有任何不同。

在共同共有关系中，如果处分共有物，需要经过全体共有人的一致同意。比如，3 个人各出资 100 万元购买了一栋房子，里面 3 个单间，3 人约定为共同共有，一人一间居住使用。如果要卖这栋房子，需要经过 3 个人的同意。把这栋房子从自己居住改为商用，也需要经过 3 个人的同意。

这与按份共有不同,按份共有是份额的 2/3 同意就行,这里是所有共有人全体同意(《民法典》第 301 条)。当然,共有人另有约定的,按照约定。关于房子的物业费、水费、电费等,除非共有人另有约定,否则也是由共有人共同负担(《民法典》第 302 条)。共有人有约定且明确,就不需要适用法律,这就是以前说过的私法自治。

对于共有的物是否可以分割,原则上按照共有人的约定,共有人有重大理由需要分割的,可以请求分割;没有约定或者约定不明确的,按份共有人可以随时请求分割,而共同共有人则只有在共有的基础丧失或者有重大理由需要分割时才可以请求分割。比如,合伙企业的财产属于全体合伙人共同共有,在合伙企业存续期间,不能分割合伙企业的财产。如果合伙企业不开了,决定清算了,共有的基础已经丧失,合伙企业清偿完债务,财产有剩余的,合伙人可以主张分割剩余财产(《合伙企业法》第 21 条第 1 款)。如果分割造成其他共有人的损害,则需要赔偿(《民法典》第 303 条)。

在分割共有财产的问题上,共同共有与按份共有一样,首先尊重共有人的约定,由共有人商量怎么分,如果达不成协议,可以实物分割且实物分割不会减少物的价值的,就实物分割,比如,共有物是大米,直接分大米就可以;如果是一匹关羽骑的那类赤兔马,把马一分,就什么价值都没有了;共有物是房子,实物分割也不现实。这时,把马或者房子卖掉,分钱是一种方法;马或者房子归其中的一个或一些共有人,对其他共有人进行补偿也是一种方法(《民法典》第 304 条)。分割到实物的共有人,如果实物有严重的问题,那么其他共有人应分担这种损失。比如,张三和李四分割的是一匹良马,当初两人各出 5 万元买入,现在时价 8 万元,二人分割时马归张三,张三给李四 4 万元。但一天后,这匹马死亡,经检验得知这匹马生病已久,分割时已生命垂危。此时,李四需要分担张三得这匹马的损失,大体上,需要归还这 4 万元,因为这匹马在分割时已经没有价值。也只有如此,在共有人之间才是公平的,《民法典》第 304 条第 2 款明确了这一点。

如果几个人共同共有一条狗,但一直以来,几个共有人平时并未给这条狗戴嘴套,也未牵绳,以至于其中一个共有人在马路上遛狗时,这条狗咬了人，被咬的人并不存在过错，此时，谁来承担责任？是遛狗的共有人，还是几个共有人一起？在共同共有时，共有人关系密切，原则上他们要一起对被咬的人承担损害赔偿责任，这里并不存在所谓的份额。与此不同，按份共有的，如果被狗咬的人知道共有人之间是按份共有，如他们正好是邻居，则他应向共有人主张按份赔偿，几个共有人各付各的；如果不知情，共有人之间应承担连带责任，赔偿额超过自己份额的，可以向其他共有人追偿(《民法典》第 307 条)。

21. 建筑物区分所有权

> 区分所有建筑物是独宅独院所有的必要替代物。

今天,我们关注的话题是业主的建筑物区分所有权,它名字当中有"所有权",在本质上,这是所有权的一种特殊形式。说它特殊,就是因为建筑物区分所有权与一般的所有权有所不同。它们的不同之处,就在于"建筑物区分"带来的效果。

什么是建筑物区分？就是一栋超大的房子,内部区分为若干个独立的部分。现代社会的建筑物与农业时代的建筑物相比,就是这样。很久以前,人们的房子都是独门独院,农村现在依然如此,但是,在城市就不一样了,因为城市的土地有限。中国的城市,人口密集,每人都有一个独门独院的房子是不现实的。随着建筑技术的提高,便有了我们现在看到的楼房,而且似乎呈越来越高之势,这些楼房虽然是一栋大房子,但是在建造的时候被建成很多相对独立的单元房,一开始归开发商所有,但开发商盖房子并不是要自己住,而是要把房子卖给别人。一般社会大众也没有经济能力购买整栋楼,所以,开发商采取的是以单元房为单位卖出去的做法。

这样就形成了一种特殊的生活方式。那就是很多人只是拥有一栋楼中的一个单元房,比如,1号楼2门104室、3号楼4门502室,这个单元房是独立的,我们中的大多数人,买房就是买所谓的一个单元房。我们对这个单元房的权利和前面讲过的所有权是一样的。但是,我们的这个单元房和自己盖的平房不一样,平房本身是完全独立的,整栋房子都是你的。而现在住的单元房,如104室,它和103室是挨着的,两家共用一堵墙;

104室和204室也是挨着的,两家共用一个天花板(对204室而言是地板),也就是说,墙或天花板不是一家的,而是两家共有的。你准备在墙上安一件装饰品,以凹进墙的方式来做,如果挖得过深就挖到隔壁家了,这是不可以的。在自己的平房里,你想怎么挖就怎么挖,挖出窟窿、挖到透风也是你的自由。两家共有的墙就不能这么做。一般认为,墙的中间是两家行使所有权的分界线。

可能你会问,自己房子内的部分总是自己的吧?好像是这样。但实际上,《民法典》有特别规定。我们都知道,每个单元房都会有好几面墙,但有些墙起到支撑整栋楼房的作用,我们管它叫"承重墙",这些墙一动、一拆,整栋楼很容易就塌了。所以,虽然在你的家里,但这些墙是全楼业主共有的,谁都不能动。

有些业主总觉得屋子小,所以,把自己房子里的一面墙拆了,如果是承重墙,这首先是违法行为,侵害了全楼其他人的合法权益;危害更大的是,拆了承重墙,就是置整栋楼于随时倒塌的风险之中,置整栋楼的居住人于随时殒命的风险之中。说得严重点,是在危害公共安全,《刑法》规定了危害公共安全罪。而且,如果整栋楼都塌了,自己的房子、房子中的自己能幸免于难吗?所以,请住楼房的业主朋友们,不要随意拆自己房子中的墙,那实在是太危险了。俄罗斯有一部电影,叫**《危楼愚夫》**,里面的一栋危楼从地基到楼顶出现了裂缝,换作你,你敢住吗?而如果拆除承重墙,实际上就相当于人为地让楼房根基不稳,为人为己,我们都不应为了增加自己房屋的可利用面积,而人为地拆除房子里的承重墙。

刚才我们讲,有些墙是邻居共有的;承重墙是整栋楼的业主共有的。此外,楼的基础结构、外墙、屋顶、通道、楼梯、大堂,以及小区内消防、公共照明等设施、设备,避难层、设备层或者设备间等结构部分也属于业主共有(《建筑物区分所有权司法解释》第3条)。

为了让小区干净、安全,让小区内业主们的生活空间、生活状态更好,偌大的一个小区总是需要管理的,业主是小区的主人,对小区具有管理权。粗略而言,全体业主可以以召开业主大会的方式讨论小区内的重大事务,并选出业主委员会,负责小区内的日常事务(《民法典》第277条第1款)。业主可以自行管理小区,也可以聘请物业服务公司或其他人来管理小区(《民法典》第284条第1款)。从我国的实际情况来看,近些年新建的小区一般都是由专门的物业服务公司来管理。说是"管理",实际上,管理的是小区,对业主而言,物业服务公司的定位应是"全心全意为业主服务"。当大多数业主不满意时,当然可以更换物业服务公司(《民法典》第284条第2款)。

与所有权相比,建筑物区分所有权的权利构成更复杂,它由三个权利组成:对自己的单元房的专有权、对共有部分的共有权和对小区的共同管理权(《民法典》第271条)。

＊＊＊＊＊

我们今天继续聊建筑物区分所有权。这里涉及谁是业主的问题。可能你会说,"这还不简单？房子是我的,我就是业主"。这没错,那其他人是否也可能是业主？比如,买了房子、付了款、交了房,但是还没有进行过户登记的情况,在生活中也比较常见,因为从交房到过户登记需要一段时间。这时的买房人、住房人是业主吗？他也是业主,可以行使业主的权利(《建筑物区分所有权司法解释》第1条)。

业主对其专有的部分可以随意使用,比如自住,把墙涂成喜欢的颜色,出租,给朋友住,让房子闲置着,转让出去,等等(《民法典》第272条第1句)。专有的部分,就是单独所有的单元房内部空间这部分。楼顶设计根据规划文件专属于个人的除外,例如,顶层上面所谓的阁楼,其内部结构一般与顶层房间相同,同样可以居住使用,在交易过程中,基本由顶层的买受人一起拥有(《建筑物区分所有权司法解释》第2条第2款)。此外,按照建筑规划设计的停车位,业主购买之后或者买房附赠之后,可以专有,这样的停车位就是业主本人的。

就共有的部分而言,业主享有共有权,也承担相应的义务;业主不能以放弃权利为理由而拒绝履行相应的义务(《民法典》第273条第1款)。我们知道,电梯是业主共有的,住在一楼、二楼的业主不能说,"我从来不坐电梯";三楼、四楼的业主说,"每天爬三楼、四楼有助于健康,我也从来不坐电梯"。坐电梯是你的权利,不坐是你的自由,但以不坐电梯为理由而拒绝支付电梯维修费或者少交物业费,这是无法得到法律支持的。

小区建筑区划内的道路,属于业主共有,极个别的较宽广的重要道路属于城镇公共道路。建筑区划内的绿地,原则上同样属于业主共有(《民法典》第274条)。占用业主共有的道路或者其他场地用于停放汽车的车位,也属于业主共有(《民法典》第275条第2款),采取谁先停车谁使用的规则,个人无权加装地锁或者以花盆、板凳或其他物件的方式占为己用。需要注意的是,建筑区划内,规划用于停放汽车的车位、车库应当首先满足业主的需要(《民法典》第276条)。因为这些车位、车库作为附属设施,是为小区内业主的使用而存在的,所以,业主尚不够使用的,不得出售或者出租给小区以外的人使用。

2020年5月,有报道称,一位"**土豪**"业主花了几千万元一次性买入了小区内的**327个停车位**,致使该小区内其他业主要么无处停车,要么需要花更高的价格向这位"土豪"购买停车位。有人认为,开发商将未售出的停车位一次性全部卖给这位"土豪",双方的买卖合同你情我愿,属于合法行为。但是从《民法典》第276条的精神来看,所谓的首先满足业主的需要,强调的是开发商应按照"配置比例"出售或者附赠,开发商的上述做法不仅有失妥当,而且违法。因为在建筑区划设计之初,开发商就要考虑配备的停车位是否可以满足业主的需要,并且在实际上需要尽可能地满足每位业主对停车位的需求。

在停车位并未充分满足业主的现实需求及潜在需求的情况下,就将停车位打包转让给小区内的一位业主的行为,违反了其应按照配置比例满足业主的需要这一规定。"配置比例"强调的是,出售、附赠给业主的车位要与业主拥有小区内房屋套数成比例。这位"土豪"业主的购买行为也超过了正常停车必要的限度,远超过其按配置比例可以购买的停车位,这种行为大体可以纳入《民法典》第153条第1款,由于开发商与"土豪"业主的买卖行为背离了《民法典》第276条的规范意旨,损害了其他业主的合法权益,该行为违背这一强制性规定,买卖合同无效,双方之间发生返还价款和停车位的后果。另外,小区开发商与这位"土豪"之间的327个停车位的买卖行为是一种为善良正直之人绝不会做的行为,违反了法秩序所追求的结果,也属于违反公序良俗的行为,从而导致买卖合同无效。

对于建筑物专有的部分,即个人作为住宅或者商用的单元房,房屋所有人作为权利人当然可以转让,但是,前面提到的各种共有的部分和参与小区管理的权利是不能单独转让的。如果说,我把自己的房子卖了,但保留参与业主大会的权利,这是不能成立的。尽管业主的建筑物区分所有权是由独有的单元房享有的专有权、对共有部分的共有权和对小区的共同管理权三种权利构成,但是,这里的共有权和共同管理权是伴随着专有部分而生,随着专有部分的转让而一并转让的(《民法典》第273条第2款)。

* * * * *

今天,我们继续聊建筑物区分所有权。小区的房子是用于居住的,有些业主希望在家里经商或者从事类似活动,这可能引来很多陌生的面孔,导致人流、车辆增加,甚至会引发安全问题。之前有人在一个小区一层开了一家幼儿园,结果孩子连带家长,车来车往,严重影响了小区的正常出入,还发生了交通事故。这是应该努力避免的。对于这种把居住用房改为商用的行为,需要遵守法律法规及小区内部的管理规约。不仅如此,在遵守前述文件的基础上,还应当经过有利害关系业主的一致同意(《民法典》第279条)。

这里有利害关系的业主,是指本栋楼的其他业主;这里强调的是本栋楼其他所有业主的全体同意,这个要求比较高,以前的《物权法》没有写"一致",但在实践中仅有多数利害关系人的同意也是不够的,而《民法典》则对此直接从正面加以明确。至于本栋楼之外的其他业主,如果主张自己受到不利影响,如房屋价值变低、生活质量下降等,需要就此加以证明,否则,无法获得人民法院的支持。需要注意,如果业主比较鲁莽,事先没有征求其他有利害关系业主的意见,就私自把居住用房改为商用,那么,有利害关系的业主可以请求排除妨害、消除危险、恢复原状,人民法院对此也会加以支持,造成其他业主损失的,还要赔偿其他业主的损失(《建筑物区分所有权司法解释》第10条、第11条)。

业主是小区的主人,小区内的重大事务需要经过业主大会表决,比如,制定和修改业主大会议事规则;制定和修改管理规约;选举业主委员会或者更换业主委员会成员;选聘和解聘物业服务企业或者其他管理人;使用建筑物及其附属设施的维修资金;筹集建筑物及其附属设施的维修资金;改建、重建建筑物及其附属设施;改变共有部分的用途或者利用共有部分从事经营活动。此外,其他有关共有和共同管理权利的重大事项同样应经过业主大会表决(《民法典》第 278 条第 1 款)。《民法典》对业主大会的召开和表决改变了《物权法》的规定,在召开的问题上,需要由专有部分面积占比 2/3 以上的业主且人数占比 2/3 以上的业主参与表决,也就是说,面积和人数的"双 2/3"是开会的前提。关于开会和表决时的业主人数,按照专有部分的数量计算,也就是一套房子可以出一个代表,无论住几口人,都算作一个人;一个人拥有小区内多套房子的,只算一个人;开发商也是如此(《建筑物区分所有权司法解释》第 9 条)。

在满足开会条件的基础上,业主大会对前面的诸多事项进行表决。对于筹集建筑物及其附属设施的维修资金;改建、重建建筑物及其附属设施;改变共有部分的用途或者利用共有部分从事经营活动,这 3 类事项要求应当经参与表决专有部分面积 3/4 以上的业主且参与表决人数 3/4 以上的业主同意,这是"双 3/4"。而其他事项,要求"双过半",这降低了决议通过的条件,有助于业主大会形成决议,快速应对、处理小区事务(《民法典》第 278 条第 2 款)。

业主大会和业主委员会作出的决定,对小区所有业主都有法律约束力。但如果决定侵害了业主的合法权益,那么,受侵害的业主也不是必须容忍,而是可以请求人民法院撤销决定(《民法典》第 280 条)。"多数决"不允许以多数之名损害少数人的利益。

近些年出售的商品房,业主在买房之初事实上已经支付了建筑物及其附属设施的维修资金,该维修基金属于业主共有。维修资金经过业主的共同决定,可以用于电梯、屋顶、外墙、无障碍设施等共有部分的维修、更新和改造。在实践中,新建的小区都会有维修资金,但是这些资金都躺在账户上,无法使用,因为需要经过业主大会的多数同意,运行似乎有较大难度,使得这笔钱无法用于制度设计之初的目的。所以,《民法典》降低了开会表决比例,我们也期待这项变革可以发挥作用。

一些开发商或者物业服务企业在走廊、电梯等处设置广告屏、广告牌,从而获得广告收入,由于这是利用业主共有部分产生的收益,在法律上归业主共有,但允许物业服务企业扣除合理的成本(《民法典》第282条)。物业服务企业或其他管理人受业主委托,负责小区内的卫生、安全,业主在养宠物、垃圾处理等方面需要配合物业服务企业的管理(《民法典》第286条第2款);而物业服务企业则要接受业主监督、问询(《民法典》第285条第1款)。

Day 29

22. 相邻关系

与人方便,与己方便。——俗语

水应依旧流。——法谚①

今天我和大家聊的主题是相邻关系。相邻关系,按照字面意思来理解,大体上不会错,不过,它也不一定完全是邻居那样紧挨着的两家人的关系。实际上,相邻关系要处理的,就是大家基于日常生活的需要,相互之间如何给予方便和关照,从而实现和谐相处的目的的问题。因为,邻里之间,在用水、排水、通行、铺设管线、日照等诸多方面很多时候难免相互影响,此时,如果只想着自己,不考虑别人,是不妥当的。实际上,你怎么对待别人,别人就会怎么对待你。

相邻关系,实际上就是将个人的权利在邻里之间做出适当的限缩,给予对方方便,只不过这种方便也是《民法典》所要求的,你不能说,"既然这是我的权利,我就不同意"。《民法典》本着和谐互助的精神,提出了处理相邻关系的原则,那就是有利生产、方便生活、团结互助、公平合理,同时也要尊重当地的习惯或者邻里之间的习惯(《民法典》第288条、第289条)。相邻关系处理的问题在农村有更多体现,而在城市里,如用水、排水、通行似乎都与邻居没有太大关系,供暖、供水、供气的问题更是在开发商建房之初就已经解决了,房子之间的日照问题也是如此。

但也不是绝对没有相邻关系问题。比如,同一楼层的邻居之间,其中一户准备在门口安装两个摄像头,这固然有利于安全,但毕竟每天也会拍

---

① 郑玉波:《法谚(一)》,法律出版社2007年版,第146页。

摄到同层的邻居,人家不一定愿意。此时,妥当的做法,是征求邻居的同意,而不是说,"我在我的门上安装摄像头,你们管得着吗?"如果你这么想,邻居可能就会说,"你可以安,但绝对不能拍到我,否则我就把你的摄像头砸了。"到这一步,也许就真的发生争执了。

在农村,邻里之间会涉及用水、排水的问题。比如,有的村子里有很多人,家里还在使用井水生活,不是电视、电影中几米深的井,而是几十米深的地下水井,至少在 2018 年,我回宝坻老家时家里还喝井水。井大体上有 30 米深,压上来的水装到水缸里,用来洗衣做饭,有时也直接连接水管浇灌院子里的蔬菜。这种家庭的日常用水都没有问题。但是,如果有人使用高强度的水泵,把大量的地下水另作他用,使得其他人家的水井枯竭,影响人们的正常用水,这是不允许的。另外,一场暴雨下好几天,街道积满了水,如果你家在地势偏低的位置,就必须容忍雨水流经你家门口,因为"水往低处流"(《民法典》第 290 条)。

在农村,地块使用会涉及便利通行的问题。比如,你要到自己的地块上种地或者做其他的农活,如果你的地块位于一大片地的中间,远离马路、垄沟,也没有明显的田埂,那么,此时不经过别人的地块可能不太现实,总不能开一架直升机进去。此时,相应地块的权利人应当给予必要的方便(《民法典》第 291 条)。当然,如果走进去就可以达到目的,就绝不允许开一辆拖拉机进去,毕竟拖拉机会把途经的土壤压得过于硬实,不利于土地权利人的种植、翻耕。

在农村,还会涉及铺设管线、盖房等使用邻居土地的问题。典型的是盖房子,需要准备大量的砖块、瓦片、石灰等,出于盖房子的便利,这些砖块、瓦片很多时候不是放在自己的宅基地上,而是放到邻居的宅基地上,此时,邻居就不能说,"这是我的宅基地,不许放"。这么做就不妥当了。实际上,对方用这块宅基地放砖块、瓦片也只是临时的,几天工夫而已,当然,把房子盖起来之后,使用人还是要对放砖块、瓦片的地方进行清扫,不能把邻居的地面弄得乱七八糟(《民法典》第 292 条)。早些年很多农村家庭院子里还有菜窖,以前没有冰箱,就用菜窖放白菜之类的蔬菜,具有一定的保鲜功能。此外,还可能有其他的地面以下的挖掘、施工工作,那么,一定要与邻居的房屋、院墙等建筑物保持适当的距离,否则,可能会导致邻居房子、院墙开裂或者倒塌,这是要极力避免的(《民法典》第295条)。

在农村,盖房子还讲究将同一排房子盖得一样高,不能比邻居的房子高出一截。在家里种核桃树或者其他树,也要与邻居家保持一定的距离,防止树冠遮住邻居家的院子,以至于邻居家的一大片地面照不到太阳。尽管在家里怎么活动是个人的自由,但不能声响过大,影响其他人正常的休息和学习。排放过大的噪声也是违法行为。建筑施工时,则有必要防止粉尘漫天飞,做遮挡、洒水处理等都是必要的(《民法典》第294条)。

相邻关系,就是要相互给予方便,如果你方便了,但给邻居造成了损失,也是要赔偿的。这个大家需要清楚。

Day 30—33

23. 所有权取得

> 抛弃之物,归于先占者所有。——法谚①
>
> 人生,就是不断地取得所有权,并最终失去所有权。

我们如何取得所有权的问题,简单来说就是一个东西如何为你所有的问题,这里的"东西",在民法上的表述就是动产、不动产。比如,从超市里买来的台灯、手表和玩具车,是你的;从菜市场买来的生菜、土豆、大饼和凉皮,也是你的;从房地产开发商那里买到的房子,过户登记之后也会变成你的;在结婚的时候,亲戚、朋友送的礼金或者礼品也是你的。可见,我们一般通过买卖、接受赠送取得所有权。

租来的东西,不是你的;借来的东西,也不是你的;偷来的、抢来的,以这些违法行为占有别人的东西,并不会因为占有就变成你的。有些公职人员存在受贿行为,即使把受贿财产放在保险箱里,他们也无法取得受贿财产的所有权。除了个人所有,还有公有或者所谓的公家的东西,如果你趁别人不注意,把公家的东西装进自己的口袋,即使占有了10年,这个东西也不会变成你的。

在婚姻和继承的问题上:夫妻共有的财产,在离婚时,法院就财产问题进行判决,把原来夫妻共有的财产在二人之间进行了分配,判决生效之后,判决归你所有的东西,就是你的。比如,房子虽然原来登记在丈夫的名下,法院判决房子归妻子所有,这时即使还没有把不动产登记簿上的名字改成妻子的,房子依然是妻子的,但是,妻子还是应尽快把不动产登记

---

① 郑玉波:《法谚(一)》,法律出版社2007年版,第147页。

簿上的名字改成自己的，否则，容易引发问题。一来，如果妻子觉得，这栋房子是自己的"伤心地"，或者准备换个城市生活，卖掉这栋房子，卖房子之前，要先把房子登记到自己的名下才可以转手；二来，虽然房子是妻子的，但毕竟不动产登记簿上写的是前夫的名字，如果他把房子卖给了别人，那就麻烦了。所以，不动产登记簿上的名字应及时更改。另外，我们也可以通过继承取得财产。

还有哪些情形呢？在《西游记》中，石猴与其他猴子一起探索一汪清水的源头，群猴溯源而上，后来在尽头发现一条瀑布，瀑布后面是什么，猴子们都想知道，可是又不敢进去。这时，石猴勇敢地穿过瀑布，发现了后面的"花果山福地，水帘洞洞天"，有石锅、石碗、石凳，应有尽有，还能遮风挡雨，实在是一个猴子可以居住的好地方。石猴也因此而被其他猴子奉为大王，号称"美猴王"。这里的法律问题，一是猴子们说话算话，因为之前有猴子说——谁进得去、出得来，不伤身体的，就推它为王，石猴做到了，所以大家应践行诺言，在人类社会也是如此；二是，这个水帘洞属于无主山洞，也就是这个水帘洞当时是没有主人的，所以，猴子们可以通过占有的方式取得，从而成为水帘洞"洞主"。在我国，法律规定土地公有，不承认土地的先占取得。

我国《民法典》中增加了无居民海岛的内容，也就是岛上有山有水，就是没有人，对于无居民海岛，当然无所谓城市和农村，目前，《民法典》第248条规定，无居民海岛归国家所有，私人同样是无法占为己有的。

至于动产，很多国家的民法典规定，无主动产可以先占取得。在我国，《民法典》对此没有规定，不过，实践中是认可先占取得的。比如，我们作为垃圾扔掉的一些物品，如纸箱、矿泉水瓶、啤酒瓶等，或者尽管不是垃圾，但被我们扔掉的东西也不少，特别是搬家的时候，有些人甚至会扔掉柜子、桌椅之类的家具，因为搬新家之后准备换一套新的。这些被扔掉的东西，放在楼下或者垃圾桶附近，表明了放弃所有权。由于扔掉的东西仍具有一定的使用价值，有些东西就被别人捡走、收走了。在这里，捡走、收走的行为就是先占，也就是谁最先占有这些无主物，这些东西就归谁。有人喜欢钓鱼，对于钓到的鱼，也因为你先钓到而取得鱼的所有权。我小时候在农村长大，在雨水较少的时候，湖里的水接近干涸，正是抓泥鳅的好时节;我们也会摘取大自然的杰作,比如,蒲公英和狗尾草。抓泥鳅、摘蒲公英和狗尾草也属于先占,从而抓到的泥鳅、摘到的蒲公英、狗尾草就归我们了。

在农村,我们在自己的宅基地上盖房,找两三个村里的工人、木匠,几天工夫就把房子垒起来,一栋房子就出现了,这时,我们因为建造这栋房子而直接取得了房子的所有权;在城市,房地产开发商找施工队建房,建完之后,也是由开发商取得楼房的所有权,至于开发商又把楼房卖给谁,这是后话。

* * * * *

今天,我们关注的依然是取得所有权的方式——拾得遗失物。试想一下,如果我们捡到了别人丢的东西(或者称为拾得遗失物),应该怎么处理?我们从小就受过良好的社会主义美德教育,捡到东西要交公:上小学的时候,可能直接交给老师了;在马路上,捡到东西,可能就是按那首《一分钱》的儿歌来,"我在马路边,捡到一分钱,把它交到警察叔叔手里边"。没错,我们确实经常这么做。我们一边把捡到的东西交到公安等有关部门,一边自己丢东西。

谁都难免丢三落四。事实上,我也在公交车上忘记过自己的手提袋,好在里面只有一本书而已,但还是带来了很多不便,因为那天专门带书要到学校用。所以,我们还是要细心,记得自己带了什么。对于我们的遗失物,比如钱包,里面有身份证或者其他证件,那么,这时应该比较容易找到失主,捡到遗失物的人就可以与失主联系,请失主及时领取,物归原主,这是一种美德,同时也是法律上的义务;如果找不到失主,可以自己做个失物招领公告,或者交到公安等有关部门(《民法典》第314条)。有关部门收到遗失物后,如果也不知道失主的信息,则要及时发出失物招领公告(《民法典》第315条)。

在遗失物的所有人领取遗失物之前,无论是个人,还是公安等有关部门都需要妥善保管,不能当所有人来领取时,东西却已经毁损灭失了。如果由于故意或者重大过错,导致遗失物毁损灭失,是需要承担责任的(《民法典》第 316 条）。比如,捡到了他人丢失的一条狗,结果把狗关在家里,自己出去旅游两周,回来发现狗已经饿死了,这明显是不应该的。

有时,狗的主人或者其他遗失物的所有人会在报纸或者其他新闻媒体上发布悬赏广告,说明在哪个地方,丢失了什么样的一条狗,或者什么样的一个文件夹,里面有什么东西,请拾到的人与"××"联系,然后留下一个电话号码。一般还会留下一句话,叫"必有重谢"。这样有助于捡到的人尽快与物的所有人联系。悬赏广告是有法律效力的,不管遗失物的拾得人是否看到了悬赏广告,当物归原主时,悬赏广告的发布者都应该按照悬赏广告上的内容兑现承诺,《民法典》对此也有明确规定(《民法典》第 317 条第 2 款)。

如果悬赏广告里,只说"必有重谢",但没有具体说给多少酬谢,这个酬谢的额度就无从判断;但是,既然叫"重谢",那么,通常的"意思一下"的酬谢肯定不符合要求。有些国家或地区的法律直接赋予遗失物的拾得人可以请求物的价值的 5% 至 20%,甚至 30% 的报酬的权利,可供"重谢"不明时参考。

另外,当所有人领回遗失物时,例如丢的是一条狗,狗的所有人在领回狗时,需要向拾得人或有关部门支付他们在狗身上所花的必要费用,比如,这条狗吃了 3 天狗粮,狗粮的费用是需要按照通常价位支付的。但如果不属于必要费用,则没有义务偿还。例如,狗的拾得人很喜欢这只狗,所以,在保管期间,他让狗享受贵族般的待遇,喂的是天价狗粮,不仅如此,他还给这只狗做了美容,这样的花销就超出了必要费用的范围,狗的所有人来领取时是不需要支付的(《民法典》第 317 条第 1 款)。

拾到别人的东西,如果心生邪念,将遗失物据为己有,是违法行为。仍以拾到一条狗为例,尽管你喜欢狗,但如果将这条狗据为己有,那么,你没有权利要求狗的所有人支付狗粮的费用,即使狗的所有人曾发出过悬赏广告,你也没有权利要求对方兑现承诺(《民法典》第 317 条第 3 款)。

丢失的东西,可以物归原主是再好不过的。但有时,相对于物本身而言,如果领回东西的成本太高,遗失物的所有人也可能就放弃了。比如,丢了一把 10 元的普通雨伞,为了领回雨伞,再花好几个小时绕城跑一圈,有些人可能就觉得没有太大必要。有时,遗失物的所有人未注意到失物招领,以至于过了很久,这些物件最后还是没人领,仅仅放在那里,谁都不用,这就太浪费了。所以,这时,法律应当对遗失物的归属重新作出分配。在大多数国家,这样的遗失物归拾得人所有;在我国,《民法典》第318条规定,"遗失物自发布招领公告之日起一年内无人认领的,归国家所有"。实际上,交到公安等有关部门的遗失物通常价值偏低,如手表、雨伞等,这些遗失物价值有限,对国家也没什么大的作用,倒不如直接归拾得人所有,更符合让利于民的精神。

另外,在河边、海边拾到漂流物,在地底下发现埋藏物或者隐藏物的,与遗失物大体上作相同处理(《民法典》第319条)。

* * * * *

今天,我们关注的还是所有权的取得问题。在生活中,偶尔会发生这种情况:你把一件祖传瓷器借给了一个喜欢古董的同事把玩、鉴赏,但是,很长一段时间过后,瓷器还没有还回来,等你去要的时候,同事还给你了,但他言辞闪烁,让你感觉有点不对劲,把瓷器小心翼翼带回家后,你也没太在意。过了半年,你去逛古董展览现场,发现了一件和你的祖传瓷器几乎一模一样的瓷器,这让你觉得事有蹊跷。回去后,你联系这位同事,一开始,这位同事还不承认,当你把展览现场的情景告诉他,他终于承认,他把你的古董以假换真卖掉了。你一下就蒙了:他怎么能这样?此时,还能把祖传瓷器拿回来吗?

通常,我们可能会认为,"这是我的祖传瓷器,无论我的瓷器到哪,它都是我的东西,我都能把我的东西要回来"。这是一种朴素的法律感情,你的东西不能被别人想卖就卖了。确实,这事不应该发生,这个同事太过分了,你得让同事赔钱。或者你说,"这不是赔钱的问题,那可是我的传家宝,我要把属于我的东西拿回来"。但问题是,从你的同事这里买走瓷器的第三人——买家是否会同意,他也是花了不少钱的。如果这件瓷器的市场价是20万元,这位买家花了25万元买到,此时,买家估计不会答应你。他也是懂行的,知道这个瓷器是真正的古董,才花高价买来收藏的。你看,你想把传家宝拿回来,买家不想给你,那么,这里的关键就在于,瓷器到底该归谁?

这个瓷器是你的传家宝,在你手中的时候,这个瓷器是你的,这一点没有争议。当你把瓷器借给同事把玩、鉴赏的时候,瓷器也依然是你的,同事有归还的义务。问题就在于,在同事把价值20万元的瓷器以25万元卖给完全不知情的买家的情况下,买家也取走了这个瓷器,这时,这个瓷器还是你的吗?如果你能从买家那把瓷器拿回来,你的所有权得到保障了,但买家呢?从买家的角度看,如果花钱买来的东西,别人可以随意地说这是自己的然后拿走,那么他就不敢去买东西了。因为花钱买了也不一定就是自己的。谁是买家呢?不仅本案中的瓷器买家是买家,实际上,我们大多数人几乎每天都充当着买家的角色,买苹果、买电动车或者买房子,如果别人说不是你的就不是你的,你还敢买房子吗?

在这里,瓷器所有人的利益和市场上买家的放心买东西的利益发生了冲突,他们之间的利益保护难以两全,如果瓷器归你,买家就白买了;如果瓷器归买家,你就失去了传家宝。这意味着,法律只能保护其中一个人,让他拥有这件瓷器。那保护谁呢?瓷器在你同事手里,他要价30万元,最终25万元成交,买家也无法知道这瓷器是你的,否则,买家也不值得保护,法律一定保护你。也就是,买家在这里是无法被苛责的。那你呢?你把传家宝借给同事把玩、鉴赏,如果你不借给他,就不会被他卖掉了,也就是说,是你本人交友不慎,错误地相信了这个同事的人品,才会导致自己的瓷器在同事的手里被卖。在第三人买家和你之间,我们发现,如果非要保护其中一个人,让他拥有瓷器的所有权,应该是让买家取得,因为买家没有任何值得谴责的地方,也只有如此,我们才敢放心买东西,这一点很重要(《民法典》第311条第1款)。

《民法典》第311条明确规定了这种情况,在理论上,这种取得权利的方式被称为"**善意取得**",也就是说,如果你相信别人,并把自己的东西交到别人手中,结果让别人以市场价或者更高的价格给卖掉了,买家不知道东西是你的,而且拿走了这个东西,那么,这东西就归买家了。房子也是一样,如果自己的房子登记在别人名下,法院判决房子归你,你却没有变更不动产登记簿,结果,房子被登记名义人卖掉了,并且过户登记到买家名下,买家善意地相信了不动产登记簿,并付出了房子的公道合理的市场价格,此时,买家就可以取得房屋所有权。所以,提醒大家,自己的房子一定要登记在自己名下,否则,就存在被别人卖掉的风险。

传家宝成了别人的,无论是根据你与同事之间的借用合同,还是侵权责任的有关规定,同事都要赔钱,这是必须的;房子变成了别人的,无权处分你房子的人,也应该向你赔钱,这在法律上都没有问题(《民法典》第311条第2款)。但问题是,终究失去了原属于自己的东西,所以,结交值得信赖的朋友,把不动产登记在自己名下,对于保护自己是必要的。

* * * * *

今天,我们继续来聊所有权的取得问题,出卖他人的遗失物和添附(添加剂的"添",附加的"附"),这也是《民法典》的新制度。

我们先来看出卖他人遗失物。对于捡到的他人的东西,应该物归原主。如果拾得人占为己有,则遗失物的权利人有权追回遗失物(《民法典》第312条第1句)。但有时,拾得人捡到了东西自己也没用,比如一些专用的工具,所以,有些人就把捡到的东西给卖了。这在生活中也是比较常见的。遗失物被别人卖掉了,如果后来我们偶然知道了这个情况,可以找拾得人赔偿我们的损害。另外,无论出于何种原因,是拾得人告诉了我们,谁把遗失物买走了,还是我们在市场上正好碰见了买走我们丢失的东西的人,我们都可以主张把我们的东西还回来。但是,向买主主张归还原物,或者向拾得人主张损害赔偿,二者只能主张其一,不能既要求返还原物,又要求损害赔偿,那就相当于丢了个东西,却拿回来两倍的赔偿,也不公平(《民法典》第312条第2句主文)。

如果你从买方那里把丢失的东西拿回来,那他的钱岂不是白白打水漂了?确实,相当于他没有买到任何东西,需要向卖给他东西的人,也就是拾得人主张退还买卖遗失物时交的钱,因为当初拾得人把别人的东西卖了,实际上他是没有权利卖的,这导致买家什么也没有拿到,所以,拾得人必须退钱。

下面是一种特殊情况:如果买方是通过拍卖,或者向专门经营店一类的销售商买到了我们的遗失物,此时,就会发生应该保护谁的权利的问题。因为通过公开拍卖或者去超市或者专门经销商那里去买东西时,我们不可能怀疑这东西是捡来的。所以,在这种情况下,如果遗失物的所有人也可以直接把东西拿走,对于交易安全,也就是我们买东西时的放心度会造成极大的影响。所以,《民法典》规定在这种情况下,如果所有人想拿回遗失物,需要向遗失物的买方支付他当时所花的费用。可能你说,这岂不是相当于我自己花钱买回自己的东西吗?是这样的,你觉得这样的规定有没有意义?如果这东西市面上很多,就没有必要要回来。但如果这个东西陪伴了你几十年或者是未婚妻送的,那么这里面的情感价值就不是其他相同的东西可以替代的了。这时,更多人可能会倾向于把东西买回来(《民法典》第312条第2句但书)。

但你可能会觉得,这笔钱不应该你出。是的,这时,你有权向遗失物的拾得人追回这笔费用(《民法典》第312条第3句)。重要的是,《民法典》支持你把东西买回来。

前面说的是拾得遗失物的人把我们的东西卖掉的情况。对于盗窃的情况,《民法典》没有规定,但从利害关系来看,处理应是一样的。当然,盗窃物属于赃物,如果公安机关抓到了小偷,并且追回赃物,直接退还给我们,那当然更好。

下面,我们来看添附。添附有很多种类型,可以分为混合、附合和加工:

混合,就是两人或者多个人的东西混在一起,不容易区分,或者区分需要太高的费用,这时就发生了混合。混合的东西归谁,或者怎么分,大家可以思考。此时约定优先。

附合,是附加的"附",合并的"合",意思大体上就是一个人的东西与别人的东西连到了一起,并且不容易拆分或者不适合拆分。举个例子,在农村,一个人把别人几块比较规整的木头安到了自己的房子上做房梁,房子已经建筑完毕。这时,你说,"这些木头是我的,我要卸下来",木头确实是你的,但如果你把木头卸下来,恐怕房子也立不住,房子的人工和材料就全部浪费了。这就是附合,法律需要加以解决,这时木头与房子合为一体,通常就归房子的所有人了,房主向木头所有人支付木头的费用。

加工,就是饲料加工的"加工"。还是以木头为例,比如,有人未经你的同意,在你的一块1立方分米的普通原木上进行了雕刻,结果没过半个小时,雕刻出来一个漂亮有形的西施木雕,一件艺术品诞生了。问题是,西施木雕归谁?你的普通原木不值几个钱,但这个西施木雕作为艺术品就可以卖个好价钱,此时,雕刻人对木头赋予了更大的价值,木雕通常归雕刻人,雕刻人赔你的木头钱。当然,我更倾向于认为,无论是盖房的人还是雕刻的人,都是故意用了别人的木头,此时,应适当地多支付一部分赔偿,否则,就与强买强卖没有区别(《民法典》第322条)。

Day 34

24. 土地承包经营权

承包地，我的地盘我做主。

今天，我们关注一下土地承包经营权，尽管好像这只是农村才有的权利，但如果你生活在城市，这也并非绝对与你无关。且往下看，就知道了。

土地承包经营权，通常是指村民承包本村土地用于农业种植的权利，并且承包是以家庭为单位的，一家几口人，每口人可以承包几亩几分地（《民法典》第330条第1款），这叫口粮田。我小时候全家下地干活，无论是种玉米时的点种、薅苗、施肥，还是摘棉花、挖红薯、挖土豆、掰玉米，都有我的份，夏天到了，有时凌晨4点就起床下地，以免中午骄阳似火。

实际上，土地承包经营权指向的土地不仅包括农民集体所有的，还包括国家所有但由农民集体使用的耕地、林地、草地及其他可以用于农业的土地（《民法典》第330条第2款）。土地承包经营权，是用益物权，也就是以使用、收益为内容的物权，这个物权的性质很重要。物权，强调这个利益就是属于你的，谁也拿不走；如果是合同债权，那么，对方违约的，最多也只是赔钱。

以前，对于土地承包经营权到底是不是物权有争议，特别是《物权法》颁布之前，有时一些村里的个别负责人发现某些承包地甚至可以用于水果种植或者特殊开发，收益相当可观，于是就把土地承包经营权合同一把撕毁，导致土地承包经营权人得不到保护。为了保护农民，立法者把土地承包经营权规定为物权，从此，发包人通过合同、违约是无法拿走这一权利的。如果你把承包地经营得很好，别人只有羡慕的份，别无他法。

土地承包经营权人可以根据自己承包的是耕地、林地还是草地等,进行普通的农业种植活动:种树造林,或者养殖马牛羊、发展畜牧业(《民法典》第331条)。耕地的承包期最短,是30年;草地的承包期为30年至50年;而林地的承包期为30年至70年(《民法典》第332条第1款)。这种期限的长短是考虑到农民经营土地的稳定性,以及投资回报的周期。如果土地承包经营权期限届满,那么可以依照农村土地承包的法律规定继续承包(《民法典》第332条第2款)。需要注意的是,土地承包经营权的用地只能用于广义的农业生产,在经过相关部门批准前,不能用于非农建设(《民法典》第334条)。

与在城市里买房不同,土地承包经营权即使没有登记,只要土地承包经营权合同生效,这个权利就成立了(《民法典》第333条第1款)。但我依然建议大家登记。在土地承包经营权与别人互换,或者转让给别人时,接手方最好向登记机构申请登记,因为如果没有登记,不得对抗不知情的第三人(《民法典》第335条)。也就是说,当你的权利在与不知情的第三人发生冲突时,为了交易安全,可能你要作出牺牲。如果登记了,就不存在交易安全的问题了,法律当然保护你。

在承包期内,《民法典》不允许发包人调整土地,但因为地震、泥石流等严重毁损承包地的特殊情况下,才能依照农村土地承包的法律,适当调整承包的耕地和草地(《民法典》第336条)。在承包期内,更不允许发包人收回土地,除非法律另有规定(《民法典》第337条)。如果承包的土地被征收,土地承包经营权人可以获得青苗费等补偿(《民法典》第338条)。

随着城市化进程的加快,农村越来越多的人到城市里打零工或者寻找正式工作,有时会出现土地承包经营权人自己无法耕种的情况,这时,除了转让出去,还可以把土地经营权流转出去,如采取出租、入股或者其他方式(《民法典》第339条)。土地承包经营权转让出去的,原来的权利人就失去了土地承包经营权;如果是流转土地经营权,那么,土地承包经营权人本身不变,但是要受土地经营权的限制。不仅农村乡镇里的有想法的人可以取得,城里人也可以取得土地经营权,土地经营权是市场化的一种权利,取得了土地经营权,就可以在合同约定的期限内占有农村土地,自主开展农业生产经营并取得收益(《民法典》第340条),这为农业公司化生产,规模化、集约化经营提供了可能,从而获得更高的效益,农民则基于土地经营权流转合同获得收益、分红。土地经营权如果期限在5年以上,权利人可以申请登记,登记之后,可以得到更有力的保护(《民法典》第341条)。通过招标、拍卖、公开协商等方式承包的荒山、荒滩等土地,可以采取比一般的承包地更广泛的土地经营权流转方式,权利人可以抵押土地经营权。

Day 35

25. 建设用地使用权

建设用地使用权，权如其名，是在土地上建设、盖房的权利。

今天，我们聊的是建设用地使用权。这项权利的用途体现在"建设"这两个字上，也就是用一块土地盖房的权利。在中国，由于城乡二元结构，在农村，人们基本是自己盖房，在宅基地上盖房；在城市，是开发商取得使用建设用地的权利，盖了房再卖给别人住或者租给别人用。我们今天说的是开发商取得的这种权利。当然，建设的主要是房子，还可以是墙、车库、大坝等，具体建什么、怎么建，由权利人决定(《民法典》第344条)。

在城市，开发商进行建设，一般是在地表盖房，而且是盖楼房，此外，取得了建设用地使用权，还可以在空中或者地下进行建设。我们知道空中走廊、地下街等，也是基于建设用地使用权而进行的开发(《民法典》第345条)。开发商在开发建设时，同样不能改变原定的土地用途。我国土地资源有限，《民法典》强调要节约资源、保护生态环境(《民法典》第346条)。在建设施工的过程中，采取幕布遮挡、洒水等除尘方法是必要的，实际上，建设施工还需要注意噪声问题，如果施工声音较大，在居民区或者住宅楼附近，应避免在午休时间及夜间施工。

开发商对于工业、商业、旅游、娱乐、商品房等经营性用地的使用权，均是通过市场化方式取得的(《民法典》第347条)。只有公益性质的用地才能直接划拨，如政府机关用地。开发商的建设用地使用权必须登记，登记之后方才取得建设用地使用权(《民法典》第349条)。开发商的主要义务是支付土地使用权出让金(《民法典》第351条)，当然，开发商不能随意改变土地用途,需要改变的,应当经过有关行政主管部门批准(《民法典》第350条),开发商取得土地之后也不能让土地长期闲置,超过建设用地使用权出让合同约定的动工开发日期满1年未动工开发的,国家可以征收相当于土地使用权出让金20%以下的土地闲置费;满2年未动工开发的,可以无偿收回土地使用权。因为土地就是拿来用的,取得了土地的使用权之后就要利用起来。当然,因为洪水、地震等或者政府、政府有关部门的行为造成动工开发迟延的除外(《城市房地产管理法》第26条)。

建设用地使用权是一项市场化的权利,开发商除了可以自己占有、使用、收益(《民法典》第344条),还可以自由转让、交换、赠与、抵押或者出资入股(《民法典》第353条)。建设用地使用权有使用期限,比如,现在的住宅用地建设用地使用权的期限一般都是70年,早期试点时也曾出现30年或者更短的期限,在转让、交换、赠与等方式取得建设用地使用权的情况下,取得的建设用地使用权不能超过剩余的年限(《民法典》第354条)。开发商建商品房住宅,从拿地到交房,中间可能已经过去了3年,那么,住宅的建设用地使用权就是67年。

住宅建设用地使用权期限届满的,按照以前《物权法》的精神,70年届满后是自动续期。但续期是否需要支付费用,《物权法》没有规定,一些民法专家认为不需要支付费用,毕竟买一套房可能让全家人付出了一辈子心血。70年后再缴纳一次,总不合适。前几年,在一些地方,由于早期试点,年限审批得比较短,出现了土地使用权到期被收费的情况,这引发了广泛讨论。《民法典》对此予以回应,第359条第1款第1句重申了自动续期,第2句规定:"续期费用的缴纳或者减免,依照法律、行政法规的规定办理。"据此,这是要限制地方政府或者地方土地管理部门收费,也就是,如果收费,也只能由全国人民代表大会及其常务委员会制定的法律或者国务院制定的行政法规加以规定,地方没有权力自行决定收费。

还有一项重要的规定,就是开发商建设商品房住宅后,房子归谁?可能你说,"当然归开发商",没错,《民法典》第352条主文也是这么规定的,建设用地使用权人建造的建筑物、构筑物及其附属设施的所有权属于建设用地使用权人。而开发商开发的房子总是要卖的。以我之前的了解,有一些住户买了房,交了全款,住进了房子,但两三年过去了,仍然没有办理登记手续,没有拿到房屋产权证明。事实上,有专家指出,这与相关部门的一些做法,如只有小区入住率达到70%甚至更高时,才为各住户办理登记和房屋产权证明有关。在这种情况下,商品房的所有权到底归谁?如果秉持未过户登记,商品房就依然是开发商的观点,这对住户绝对不公平,未办理登记的原因不在住户,而且牵涉几百万人甚至上千万人的利益。因此,《民法典》第352条但书规定,"但是有相反证据证明的除外",说的就是这种情况。这样的住户,即使商品房没有登记到他们名下,他们仍然享有对商品房的所有权。

26. 宅基地使用权

在多年之前，我也有一块宅基地。

今天，我们聊的是宅基地使用权。之所以现在才说，是因为宅基地使用权在《民法典》中规定的内容非常有限，而且，现在国内很多地方都在展开宅基地使用权流转试点，这意味着，这项权利仍处于发展中，从可预见的未来看，这项权利会有很多变数。

不过，我们无法确切地预知未来，所以，我们还是从《民法典》出发来认识宅基地使用权，认识现行法中的宅基地使用权也会更具有现实意义。

宅基地使用权，实际上，主要针对的是农村土地上的产物。在城市里，在土地上盖房的权利，是所谓的建设用地使用权，如果以商品房建设用地作为观察对象，取得人就是房地产开发商。在农村，也有一项在土地上盖房的权利，叫宅基地使用权。长在农村的人都知道，在家里的儿子快到18岁或者已满18岁的时候，通常会根据当地的有关文件向有关部门申请一块宅基地，以备儿子盖房结婚使用。我小时候的伙伴也有很多依然住在农村，有些人有可能就一辈子定居在那里，正如费孝通在《乡土中国》中所说的，农民生于斯、死于斯，土地就是他们的命根。如果说土地承包经营权解决的是种地、吃饭问题，那么宅基地使用权解决的就是住房、睡觉问题。

在农村，宅基地使用权基本只是面向有儿子的家庭，因为女孩通常都会嫁出去。取得了一块宅基地使用权后，父母到了孩子可以结婚的年龄，就会为儿子盖房子，以前的说法叫"盖上三间大瓦房"。在传统的农村，这是必要的。我们在看陈忠实的小说《白鹿原》时，也可以感受到土地和房子对于农民的重要性。盖房的权利,用《民法典》的话说,就是宅基地使用权人依法对集体所有的土地享有占有和使用的权利,有权依法利用该土地建造住宅及其附属设施(《民法典》第362条)。

实际上,宅基地使用权对应的土地基本都是一块长条形的土地,除了要盖房子,通常还要盖院墙,把宅基地圈起来,这样做已是常态。我小时候,在我长大的村子里,很少有用砖垒起来的院墙,那时,都是用树枝、玉米秸秆、高粱秸秆编织而成的篱笆。篱笆在一些地方已经离我们的生活越来越遥远了。在院子里可能还会盖厢房,尽管宅基地使用权的主要目的是盖房,但是,在院子里圈定的宅基地上,经常还会附带地种些西红柿、黄瓜、茄子、辣椒、韭菜、水萝卜等常吃的蔬菜,特别是夏天,它们构成了农民的基本食物来源。很多城里人羡慕这一点,因为这些蔬菜健康、无公害,有些城里人甚至会与近郊的农民合作,偶尔去农村的田地里采摘一下。不管怎样,保障食品安全、无毒无公害,人人有责。

目前,农村的土地制度改革仍在进行中,关于种地的土地承包经营权已经初步完成分化,并在《民法典》中得以明文规定。而宅基地使用权的改革还在试点中。目前来看,宅基地使用权在《民法典》中的内容是比较少的,只是关于宅基地使用权的最基本的规则。而关于宅基地使用权的更具体的规则,则由《土地管理法》等特别法加以处理。对于宅基地使用权的取得、行使和转让,《民法典》明确指出适用土地管理的法律和国家有关规定(《民法典》第363条)。

总体上来看,宅基地使用权与建设用地使用权的功能相同,都是盖房。但是,宅基地使用权主要就是农民用来建设住宅及其附属设施;而建设用地使用权不仅可以用来建设商品房,还可以建设工业、娱乐、军事等用房。宅基地使用权申请,符合条件的,基本都可以获得批准,农村用房需求处于主导地位,而在建设用地使用权中,政府处于主导地位。宅基地使用权的成本相对比较低,而开发商取得建设用地使用权的费用通常比较高。我们偶尔听说某个开发商又"高价拿地"了,说的就是这个。宅基地使用权主要是为农民而设置的;而出让的建设用地使用权是完全市场化的一种权利。当然,宅基地使用权的财产价值会得到越来越多的肯定,这是不可避免的趋势。毕竟,宅基地使用权是农民的财产权。

"宅基地因自然灾害等原因灭失的,宅基地使用权消灭。对失去宅基地的村民,应当依法重新分配宅基地"(《民法典》第364条)。什么叫宅基地因自然灾害等原因灭失呢？比如,由于发生了较大的地质变动,原来宅基地的所在地已经变成了湖,宅基地都没有了,宅基地使用权当然消灭。不过,权利人仍然可以依法请求重新分配宅基地。在实践中,有些地方的宅基地使用权呈现收紧的态势,部分地区农村年轻人的数量下降,在农村即使有三间大瓦房,现在娶媳妇恐怕仍有难度,所以,越来越多的年轻人不得不在城里买商品房。

宅基地使用权,《民法典》并未要求登记。但如果已经进行了登记,那么,这样的宅基地使用权发生转让或者消灭的,就要及时办理变更登记或者注销登记(《民法典》第365条)。宅基地使用权进行登记,应该是大势所趋,我国近些年也在推动农村土地权利登记工作。

Day 37

27. 地役权

与人方便,自己方便。更多方便,约定上场。

今天,我们聊的是地役权。土地的"地",服兵役的"役",权利的"权"。这么晚才说它,是因为这个权利离我们似乎比较遥远。尽管这个权利也会在生活中出现或者使用,但是,它是在《物权法》中才被确立下来的。地役权,实际上是两块土地上的权利人进行某种约定,对对方权利指向的土地进行特别使用的权利。它的目的是通过利用他人的不动产,以提高自己的不动产的效益(《民法典》第372条第1款)。

需要注意,我国《民法典》上的地役权是约定产生的,这与相邻关系也有相似之处,大家可能还记得,相邻关系所要处理的,也是以相邻为主的不动产权利人之间如何互相给予必要的方便的问题。在法国,相邻关系被称为法定地役权,所以,二者相似也就不足为奇了。不过,二者之间的差异也是明显的,地役权是约定的,土地利用的弹性空间更大,不限于必要的范围内,只要双方愿意,就可以设定地役权。需要使用他人土地的地块,法律上称为"需役地",而给他人土地提供便利的地块,法律上称为"供役地"(《民法典》第372条第2款)。地役权有着源远流长的历史,在古罗马时期就有了,但在我国实践中,最常见的地役权是通行地役权,就是约定从对方地块上通行的权利;除此之外,还可以设定汲水地役权、安设管线地役权、眺望地役权。眺望地役权,就是为了保证视野,设定的地役权内容,即对方不能盖多高的楼或者从事其他影响自己视野的行为。需要注意,地役权还可以进行商业性使用,也就是限制在特定土地上营业的地役权,可以达到限制竞争的目的。地役权怎么用,大家可以进一步发挥想象力。

设立地役权时,当事人应当订立书面合同,这样权利义务也可以更清晰。合同中除了要有当事人的姓名或者名称和住所,涉及的供役地和需役地两块地分别在哪里、土地要做何使用、目的为何、准备使用多长时间、是否有偿、如何付款,这些内容通常来看也是必要的。另外,比较妥当的做法是,一并对双方当事人发生争议怎么解决作出安排(《民法典》第373条)。

地役权与建设用地使用权、居住权等权利不一样,建设用地使用权、居住权要进行登记,权利才能有效设立,而只要地役权合同生效,地役权就产生了。只是,当事人可以主动地向不动产登记机构申请登记。没有登记,在双方当事人之间不影响地役权的产生;但是,如果涉及第三人,那么,登记的好处就能凸显出来,那就是,如果地役权没有登记,是不能对抗善意第三人的(《民法典》第374条)。这里的善意,是指不知情也不应该知情。如果第三人是恶意,也就是第三人知道或者应当知道地役权人享有地役权,那么,这个地役权对他就也是存在的。第三人如果取得供役地上的土地权利,那么,这个权利上要受到地役权的限制。

地役权,因地役权合同产生,供役地权利人有义务按照约定允许地役权人利用供役地(《民法典》第375条)。地役权人根据地役权合同的约定使用供役地,即使享有地役权,也应当尽可能减少对供役地权利人物权的限制(《民法典》第376条)。地役权具体存续多长时间,双方当事人自己约定;当然,约定需要在自己有权利的范围内,比如,土地承包经营权、建设用地使用权的权利人在给别人设定地役权时,不能超过这些权利自身的剩余期限(《民法典》第377条)。举个例子,建设用地使用权,如果还有5年期限就届满了,就不能给别人设定10年期的地役权。

根据《宪法》和《民法典》的规定,我国的土地归国家所有或者集体所有,但使用者只能是具体的组织或者个人。这样,在国家或者集体和其他人之间设定地役权就可能对具体使用土地的组织或者个人造成影响。具体而言,一方面,如果土地上已经设立了土地承包经营权、建设用地使用权、宅基地使用权等用益物权,那么,未经这些用益物权人的同意,国家或者集体不得设立地役权(《民法典》第379条)。因为这些用益物权人是土地的现实使用权人,土地所有权人就不能单方面设定地役权影响用益物权人的权利。另一方面,在国家或者集体已经享有地役权或者负担地役权的情况下,又设立土地承包经营权、宅基地使用权等用益物权,那么,该用益物权人继续享有或者负担已经设立的地役权(《民法典》第378条)。也就是在地役权的问题上,用益物权人享有土地所有权人的地位;如果土地所有权人享有地役权,那么,之后取得土地承包经营权、宅基地使用权的人也可以继续享有地役权;如果土地所有权人之前已经为他人设定了地役权,那么,之后取得土地承包经营权、宅基地使用权的人也要为地役权人提供方便。

地役权是为了使用土地方便而设定的,必然依附于土地上的其他权利,所以,无法单独转让或者抵押,但可以和土地承包经营权、建设用地使用权等一起转让(《民法典》第380条);或者与土地经营权、建设用地使用权等一起抵押,变现时会产生一起转让的效果(《民法典》第381条)。如果需役地及需役地上的土地承包经营权、建设用地使用权等部分转让时,而转让部分涉及地役权,此时,受让人同时享有地役权(《民法典》第382条)。相反,如果供役地及供役地上的土地承包经营权、建设用地使用权等部分转让时,而转让部分涉及地役权,此时,地役权对受让人具有法律约束力(《民法典》第383条)。也就是说,涉及地役权实际行使或者负担的地块,即使其上的用益物权人发生了变化,但在上面的地役权依然存续,需役地的权利人继续享有地役权,而供役地的权利人继续负担地役的存在。

地役权处理的更多是土地使用权人之间的关系,地役权的行使需要按照法律规定或者合同约定,而不能给对方造成过重的或者不合理的负担,滥用地役权是不允许的。借用法学家郑玉波的话,那就是"缘边可行,勿横贯中心;徒步能达,莫驾车策马"①。也就是如果走边上即可,那么就不要从别人的地中间穿过去;如果走路穿行就可以到达目的地,那么就不要非得开车或者拉着马过去。如果说好了有偿使用,那么就要按期付款。需役地权利人至迟在供役地权利人在合理期限内两次催告之后支

---

① 郑玉波:《民法物权(修订八版)》,三民书局1980年版,第86页。

付,否则,供役地权利人可以解除地役权合同,地役权就消灭了(《民法典》第384条)。这对于保护供役地权利人也是必要的。

与宅基地使用权类似,地役权尽管不是必须登记,但是,如果登记了,那么,地役权变更、转让或者消灭的,就应当及时办理变更登记或者注销登记(《民法典》第385条)。也就是说,登记应与权利变动同步进行。

28. 居住权

居住权，让住有所居得到保障。

今天，我们一起关注的是《民法典》新增加的一项制度——居住权。居住权，正如字面所看到的，强调的是"居住"的利益。

居住，大家都很熟悉。大多数时候，我们居住在自己的房子里，拥有房子的所有权，当然可以随性居住；我们偶尔住在亲戚家，如小时候，住在自己的姥姥家是常有的事；有时，我们也会住在同学、朋友家。除此之外，很多人也有租房的经历，居住在租来的房子里，基于租赁合同，我们享有居住的权利。同样是居住，但租来的房子，有时住得没有那么安稳，因为出租一方可能会违约，选择赔钱、让你搬走，这在生活中也是有的。住自己的房子最安心，很多时候，并非每个人都拥有房子，都能住在自己的房子里。

住在别人的房子里，还想像住在自己的房子里那样安心，这在以前，可真没有什么好办法。在当初起草《物权法》的时候，有人想到这样一种情形，比如，在我家里，保姆照顾我们全家已经很多年了，而保姆家里也没有其他什么人，从感恩的角度想，干脆就不要让保姆走了，让她一直住在我们家就好了。这在房主在世的时候当然没有什么问题，你的房子由你说了算。但万一房主去世了，房主的继承人是否还会让保姆住下去，可能就不好说了。房子的新主人可能会说，"现在这是我的房子，我不同意你住下去"。这时，保姆只能搬出去，因为保姆享有的居住利益甚至不受债法的保护，更不要谈物权法的保护了。

《民法典》规定的居住权就解决了这个问题。居住权是一种物权，它与基于合同发生的债的关系最大的不同,就在于居住利益是有保障的,不存在对方当事人违约的问题——而这正是租赁关系让人担心之处。如果根据《民法典》给保姆设定了居住权,那么,无论以后房子是谁的,任何人都无权把保姆赶走,保姆就可以像住在自己的房子里一样安心。当然,居住权可不是为了单纯解决保姆居住的问题,这只是一个小例子。

实际上,在夫妻婚姻存续期间,夫妻居住的房子可能依然属于一方所有,根据夫妻关系固然可以居住;但如果为了更有保障,可以为不是房屋所有人的一方设定居住权。如果夫妻居住用房是男方父母提供的,并且男方父母才是所有人,此时,为了强化对居住的保障,也可以为夫妻中的女方,甚至男方设定一个居住权。对于其他人,只要房屋所有人愿意,也可以设定居住权。设定居住权之后,居住权人就可以对抗所有权人,也可以对任何其他人主张,也就是说,这个居住的利益,谁也拿不走。

此外,居住权还可以起到以房养老的作用。子女养老是传统做法,子女赡养父母的义务也有法律的明文规定。但有些老人不想给子女添麻烦,有些人也可能老年丧子,白发人送黑发人,此时,如果老人有房子,可以把房子卖掉,但在房子上设定一个居住权,卖掉房子换来的较大一笔钱可以用于有生之年的花销,而自己又不会因为房子变成别人的,就无处居住。因为,设定居住权之后,任何人,包括房屋所有权人都要尊重居住权。

居住权,可以按照合同约定,也可以根据遗嘱设定,居住权产生后,居住权人对他人的房子享有占有、使用的权利,以满足生活居住的需要(《民法典》第366条)。约定居住权,应当采用书面的形式订立居住权合同。一般而言,居住权合同包括以下条款:当事人的姓名或者名称、住所,也就是说,单位也可以为个人设定居住权;住宅的地理位置;居住的条件、居住要求;居住权期限,既可以约定一个具体的期间,比如20年,也可以是终生的;如果没有约定具体的期限,应该认为是终生的,居住权人可以住到去世为止;发生争议时的解决方法(《民法典》第367条)。

居住权原则上是无偿的,比如前面说的,为保姆设定居住权;为不是房子所有人的妻子或者儿媳设定居住权,当然,当事人另有约定的除外。像以房养老,卖掉房子的同时设定居住权,这个居住权实质上是有偿的,因为房子的卖价已经把居住利益扣掉了。需要注意的是,设立居住权,要进行居住权登记,和买房一样,居住权自登记时设立(《民法典》第368条)。只有约定,没有登记的,无法产生这里所说的居住权。单纯的约定,会面临违约的问题。

需要注意,居住权是为特定人而设立的,如前面的保姆、妻子、儿媳、自己,所以居住权不能转让,也不能继承。居住权是为了满足居住的生活需要而设置的,因此,原则上不可以用来出租赚钱,但当事人另有约定的除外(《民法典》第369条)。居住权期限届满或者居住权人去世,居住权消灭,这时,房屋所有权人就要尽快办理居住权注销登记。

Day 39

29. 占有

> 于同等主张时,占有人权利较强。——法谚①

今天我们来关注一下占有问题。占有是一种事实,每个人都占有着各种东西:占有自己的房子、占有自己的汽车、占有自己的收音机。占有不一定要把东西拿在手里、穿在身上、戴在脖子上、放在自己的房子里,把自己的汽车停在车库、自己的自行车停在楼下上锁,也是占有,这是基于所有权的占有,是行使所有权的方式之一,当然是合法的占有。我们也经常根据占有推测一个动产是谁的,如果是不动产,不能只看占有,更关键的是看登记簿,也就是房子、土地权利登记在谁的名下。

有的人占有着租来的房子,可能自住,也可能经商;占有着从图书馆或者朋友那里借来的书;占有着所任职公司的自己的办公室;等等。尽管房子、书和办公室不是自己的,但是,我们对这些财产的占有、使用都是合法的,这是基于某种债的关系,比如,租赁、借用,或者其他关系,如劳动关系、雇佣关系占有某些财产,这在生活中也很常见。这种情况下的占有及相关的权利义务关系,主要取决于占有的基础关系,也就是租赁关系、借用关系、劳动关系等。如果违反这些关系中的约定,就会构成违约或者其他违法行为。

有人占有着偷来的手机,也有人占有着抢来的项链,还有人占有着并且意图侵占着捡来的相机,这些是非法占有,不存在法律上的依据。在面对物的权利人时,他们必须放弃占有,甚至返还原物。如果知道自己没有

---

① 郑玉波:《法谚(一)》,法律出版社2007年版,第152页。

权利占有仍意图占有,或者本身就是违法占有,那么,就构成恶意占有。比如,张三的父亲是一位古董鉴定专家,李四找张三的父亲对一件传闻是唐代的古董进行鉴定,在此期间,张三的父亲病逝,张三明知道这件古董是李四的,依然占有,并无意返还,此时,张三的占有就构成恶意占有;如果他不知道,也没有理由知道自己是无权占有,就属于善意占有。

《民法典》在多种情形下都区分了善意占有和恶意占有。第一种情形是,在占有人因使用占有的东西时,致使该物受到损害的,恶意占有人应当承担赔偿责任(《民法典》第459条);而善意的占有人无须承担赔偿责任。依旧是前面张三占有李四古董的例子,张三由于知道古董是李四的,此时,他把该古董拿去展览,在展览过程中发生碰撞以致破裂,那么根据前面说的,张三需要承担损害赔偿责任。

第二种情形是,权利人的东西被其他人占有的,权利人可以请求返还原物及其孳息;但是,应当支付善意占有人因维护该物支出的必要费用(《民法典》第460条)。比如,放羊的孩子张飞的几只羊走丢,被周围村庄的刘备发现并赶回了自己的家里,后来张飞偶然得知此事,他可以要求刘备返还他的几只羊,不仅如此,这几只羊还生了小羊羔,这时,小羊羔需要一起返还。小羊羔就属于孳息,孳息是相对于原物而言的,从一物上衍生出来的东西独立之后,就是孳息,再如,种的核桃树上摘下来的核桃、乳牛的牛乳、从绵羊身上剪下来的羊毛。无论是善意占有人,还是恶意占有人,原物和孳息都要返还。我们知道,养羊是需要喂食草料的,否则羊就饿死了,如果刘备一直在寻找这几只羊的主人,并有各村的乡亲为证,这就意味着,羊是在刘备的羊圈里,但他无意要这几只羊,那就构成善意占有,这时,当张飞找他领回那几只羊和小羊羔时,刘备就可以向张飞主张返还草料钱。但是,如果刘备并非善意,而是要将这几只羊占为己有,那么,他就无权向张飞主张返还草料钱。如果刘备很喜欢羊,给每只羊都做了美容,美容的花费不属于在羊身上的必要费用,不管刘备是善意还是恶意,都无权请求返还。

第三种情形是,占有的东西毁损、灭失,该物的权利人请求赔偿的,占有人应当将因毁损、灭失取得的保险金、赔偿金或者补偿金等返还给权利人;权利人的损害未得到足够弥补的,恶意占有人还应当赔偿损失(《民法典》第 461 条）。举个例子，还是以张飞的几只羊被刘备捡到为例，张飞的几只羊在刘备那里，被关羽的狗给咬死了，关羽赔了刘备 1000 元，但这几只羊的市场价是 2000 元，如果刘备是善意的，找羊的主人找好几天了，就是还没问到张飞，这样，几只羊已经被咬死了，刘备只需要把关羽赔的 1000 元给张飞就可以了。如果刘备有私心，把这几只羊作为自己的羊来养，那么，刘备交出关羽赔的 1000 元还不够，还需要自己再补上 1000 元。可见，恶意占有人要付出更多。

占有作为一种秩序，法律是给予保护的，即使非法占有，法律也给予一定的保护。比如，刚才讲的刘备非法占有了张飞的几只羊，关羽知道这回事，所以，他就趁刘备不注意把这几只羊偷走了。此时，刘备可以向关羽请求返还，只是受 1 年的时间限制。如果关羽妨害刘备的占有，刘备还有权请求排除妨害或者消除危险（《民法典》第 462 条）。

Day 40

30. 登记

登记,天然适合于不动产的公示。

今天我们一起来关注登记。占有的对象既可以是动产,也可以是不动产,但占有主要是动产的权利表现形式。登记,既可以针对不动产,也可以针对动产,还可以针对权利。我们今天关注的登记,是不动产登记。不动产登记,大家应该都不陌生,因为无论是买房,还是房屋抵押,抑或设定居住权,或者建设用地使用权的取得、转让,都需要登记。

早些时候,有所谓的房屋登记和土地登记,近些年,房屋和土地登记逐渐合并,对房和地进行统一的不动产登记。这样,不仅登记机构可以缩减,而且登记效率可以提高、登记效果比原来更好,以前房地产抵押,虽有"房随地走、地随房走"的说法,但是由于房屋登记机构负责房屋登记,土地登记机构负责土地登记,因此,两边互相不知情,以至于真实的情况无法全面、及时反映出来。现在,这不再是问题。

登记的重要目的,是把不动产上的权利显示出来。其中,以合同的方式进行房屋转让、抵押,建设用地使用权的设立、抵押,居住权的设立,都需要将不动产上的权利进行登记;没有登记的,房屋、土地上的权利无法移转或者设立,这一点需要特别注意(《民法典》第209条第1款、第214条)。

另外,以买卖房屋为例,实际上,在买卖房屋和房屋所有权转移时有两件事发生,一个是房屋买卖合同的签订,一个是实施房屋买卖合同的履行行为,也就是买方支付价款,卖方为买方进行房屋的过户登记。买卖合同和过户登记相互独立。多年前,在相当长的时间内,如果房屋未办理过户移转登记,房屋买卖合同会被认定为无效。但实际上,这种认定是错误的,因为买卖合同在先,房屋过户登记只是买卖合同的履行,不应以合同事后未履行来否定在先合同的效力。现在,这个关系已经理顺了,买卖合同是买卖合同,买卖合同是否有效取决于买卖合同自身的效力;房屋所有权是否移转取决于是否已经过户登记,没过户的,所有权不移转,已经过户登记的,所有权发生移转。但是,即使房屋未过户登记,也不影响房屋买卖合同的效力(《民法典》第 209 条第 1 款、第 215 条)。对方不办理过户,可以追究其违约责任。

不动产登记机构实际上是提供服务的部门,应配合人们的登记需要进行相应的登记工作,不能借口找各种理由收钱,为了限制不动产登记机构的这种行为,《民法典》明确规定,登记机构不得有下列行为:要求对不动产进行评估;以年检等名义进行重复登记;超出登记职责范围的其他行为(《民法典》第 213 条)。不动产登记费按件收取,不能按照不动产的面积、体积或者价款的比例收取,这也是为了防止收取过高的登记费,其实,登记的工作与不动产的面积、体积和价款完全没有关系,据此收费确实没有道理(《民法典》第 223 条)。

不动产登记机构负责登记、管理的不动产登记簿是物权归属和内容的根据(《民法典》第 216 条第 1 款)。不动产登记机构会根据不动产登记簿制作不动产权属证书,人们习惯手里保存着证书,早期的是房产证,现在就是不动产权证,它们的效力是一样的。不动产权属证书记载的事项,应当与不动产登记簿一致;不一致的,以不动产登记簿为准,但有证据证明不动产登记簿确有错误的除外。比如,一对夫妻离婚,将夫妻共有的房屋判给了男方,但由于未办理变更登记,因此不动产登记机构登记的依然是夫妻两人共有的状态,而实际上,根据法院判决,这栋房子已经归夫妻中的男方了。这时,原有的登记就不再准确了。

权利人、利害关系人认为不动产登记簿记载的事项有错的,可以申请更正登记。不动产登记簿记载的权利人书面同意更正或者有证据证明登记确有错误的,登记机构应当予以更正。不动产登记簿记载的权利人不同意更正的,利害关系人可以申请异议登记。登记机构进行异议登记后,申请人应当积极行使诉讼权利,通过诉讼确认不动产的权属,申请人自异议登记之日起15天内如果没有起诉,那么,异议登记失效,也就是不再管用了。我们可以发现,异议登记就是起到临时保护的作用,有了异议登记,第三人从登记名义人那里无法善意取得,但也只有15天的保护期限。如果异议登记不当,造成权利人损害,权利人可以向申请人请求损害赔偿(《民法典》第220条)。

在签订买卖房屋的协议或类似协议时,可以按照约定向登记机构申请预告登记。预告登记后,未经预告登记的权利人同意,处分该不动产的,不发生物权效力。以买房为例,买方的买房权利进行了预告登记的,别人就买不走这栋房子了。这样就可以消除"一房二卖"对第一买房人的影响。需要注意,在预告登记后,如果债权消灭或者自能够进行过户登记之日起90天内买房人没有申请登记的,预告登记就失效了(《民法典》第221条)。因此,买房人要积极推进对自身权利的登记。

Day 41

31. 物权的保护

> 物被侵夺者应先予回复其物。——法谚①

今天我们聊一下物权的保护。之前我们讲了很多物权，一般的所有权、按份共有的权利、共同共有的权利、业主的建筑物区分所有权、土地承包经营权、建设用地使用权、宅基地使用权、地役权、居住权，以及在担保部分要说的抵押权、质权、留置权，这些都是物权。物权是我们重要的财产权利形式，所有权有助于我们每个人人格的自由发展。使用、收益的物权在我国有独特的意义，因为土地为国家、集体所有，但是国家和集体本身是无法使用土地的，所以，建设用地由开发商开发，把农业用地由农村村民用，很有必要。至于居住权，则有助于解决我国的住房问题。担保利益的物权则有助于交易的安全，特别是借款安全。

物权应该得到其他人的尊重，但是，在生活中，物权也会遭受他人的侵犯，这时如何去解决，就涉及物权的保护问题。总体来看，当我们的物权遭受侵害时，可以通过各种途径解决，比如，和解、调解、仲裁、诉讼（《民法典》第233条），其中和解重在当事人自己解决，如果双方都是讲道理的人，和解是很好的方式；如果双方不善于沟通，由第三方介入进行调解，也是可以的，调解人可以是长辈、村干部，也可以是法官或者社会上受到尊重的人士；如果有一方不讲理，或者双方都认为自己有理，可以申请仲裁或提起诉讼：诉讼完全依照法律来裁判，就此而言，仲裁比较灵活，也很公正。

---

① 郑玉波：《法谚（一）》，法律出版社2007年版，第141页。

如果当事人对物的主人有不同的说法,或者对于物权的内容发生争议,利害关系人可以请求确认权利。只有确认了这个权利是你的,你才可以作为权利人主张权利。我们下面所说的物权请求权就是只有物权人才能行使的权利。不是物权人,就没有物权请求权。比如,张三使用李四的名字买房,不动产登记机关登记的是李四的名字,但出钱买房的,以及住在房子里的都是张三。如果李四哪天对这栋房子有想法了,那么对于房子究竟是谁的,就会有争议,此时,可以向法院请求确认房屋所有权的归属(《民法典》第234条)。

物权是一种对物进行直接支配的权利,我们对所有权的感受最深,为了保障我们对物进行支配的权利,法律必须对别人侵犯我们的所有权的行为提供某种救济,否则,这项权利就是虚假的。为此,《民法典》规定了针对物权救济的物权请求权,一共有三种类型,我们以所有权为例,因为所有权最为典型,我们也最熟悉:

第一种叫返还原物请求权。当属于我们的东西被别人无权占有的时候,我们自然无法行使所有权,所以,必须让对方交出来(《民法典》第235条)。比如,你的一辆电动车被小偷偷走了,你就对电动车失去了控制力,不过,当你再次发现小偷骑着你这辆电动车时,就可以请求返还。即使小偷把这辆车借给第三人,你同样可以要求第三人返还。只要你可以证明这电动车是你的,从小偷那里借走这辆车的第三人就有义务还给你,因为第三人占有这辆车也缺少正当的法律依据。又或者有人出国多年,回来时,居然发现家里有了不请自来的住客,这时,房屋所有人当然有权利请求住客腾出房屋,尽快搬走;住客还造成了其他损害的,如墙壁被涂了怪异的颜色,所有人可以请求恢复原状,或者更换墙壁颜色;如果房屋被改成了露天的,所有权人可以请求修理,或者要求损害赔偿(《民法典》第237条、第238条)。

第二种权利叫排除妨害请求权。如果他人以占有以外的方式妨害了所有权人的权利行使,这时,可以要求排除妨害。比如,一辆车停在你的停车位旁边的位置,但过于接近你的停车位,以至于你的车无法驶入停车位,这时,你就可以要求排除妨害;我们在一些住户或者单位的门口也见过一些牌子,写着"影响出入,此处禁止停车",目的也是防止这样的妨害发生(《民法典》第236条)。

　　第三种权利,叫消除危险请求权。也就是说,排除妨害是针对已经发生的,而消除危险,实际上是针对妨害或者损害尚未发生的情况,但是,很多时候,如果发生损害就晚了,所以,如果危险已经存在,那么一定要提前说出来。比如,一棵大树已经倾斜了70°,就像比萨斜塔一直斜下来的感觉,一刮风下雨大树晃悠得厉害,如果大树未来可能倒下的方向就是你的院子或房子,那么,你可以请求对方消除危险。再如,邻居在自己的院子里挖菜窖或者打水井,但太靠近你的院墙了,你这边可以感觉到震动,以至于你的院墙有倾倒的危险,此时,你就可以要求对方消除危险,如加固土石,远离院墙施工。要求消除危险,不以之前危险曾经引发了损害为前提(《民法典》第236条)。

　　这三种权利,是物权的特殊保护方式,行使这三种权利,不考虑对方当事人是否有过错,有助于更好地保护所有权,保护物权。

Day 42

32. 合同通则之一般规定

一般规定是提取公因式的结果。

今天,我们谈的是合同通则的一般规定。《民法典》第三编是合同编,与德国、日本等国家的民法典不同,这种不同又会带来一些立法技术和法律适用上的问题,那就是原来在其他国家由债法总则规定的内容,也就是债法共性的内容,我们大体上要在合同编的通则部分加以处理。

合同,大家应该相对比较熟悉,我们这一辈子会签订或者接触各种各样的合同:在出生之时,可能涉及医疗合同,在医院里,在医生和护士的帮助下,我们顺利地来到了这个世界;来到这个世界之后,小时候,我们上了幼儿园、上了小学,后来又是中学、大学,涉及教育合同;我们可能还上了辅导班,涉及培训合同;我们会买零食、给家里买菜,涉及买卖合同;我们可能找了同学或者好朋友,借了本《西游记》的小人书,或者金庸的武侠小说,涉及借用合同;我们还会从图书经营者那里租来哈利波特、福尔摩斯的小说全集,涉及租赁合同;在你上初中的某天,就觉得自己长大了,你把小时候的玩具送给了弟弟妹妹,涉及赠与合同;你出门太急,没有带钱包和钥匙,正好碰上同小区的伙伴,一起去吃个早饭,你找他借了 10 元钱,涉及借款合同;你把车停到停车处,告诉看门的大爷,自己的车没法锁上,请他帮你看管一下,涉及保管合同。

放暑假了,你和父母去旅游,找了旅游公司为你们服务,涉及旅游合同;你们晚上住到酒店,涉及住宿合同;吃饭时,太开心了,以至于你像孙悟空听菩提祖师讲道时一样手舞足蹈起来,把汤洒到了衣服上,你要把衣服拿到洗衣店去洗,涉及承揽合同;你长大了,开始自己住了,你要交纳水电费,与电力公司、自来水公司之间涉及供电、供水合同;你的房子是由开发商开发的,这里涉及建设工程合同;你住在小区里,与物业公司之间会有物业服务合同;你的朋友向银行有一笔借款,找到你做保证人,这时要签保证合同。

你与几个朋友准备经商,不过不是以公司的形式,而是以合伙的形式,此时,最好签订一个合伙合同,以明确相互之间的权利义务;合伙需要购买大型设备,但没有钱,这时可以签订融资租赁合同,由第三方出资买入,合伙来租;合伙需要某些技术支持,此时可能签订技术开发合同,或者技术咨询合同;在经营的过程中,可以借助他人的力量实现合伙的目标,可能会签订行纪合同、委托合同;为了尽早拿到债务人的欠款,合伙把应收账款转让给保理人,保理人为此提供融资、催收等服务,这是保理合同;你从合伙办公所在地,乘坐公共汽车回家,或者从天津乘坐火车或飞机去广州,这是运输合同。

你觉得事业有成,该结婚了,但由于你一直专注于事业,以至于一个姑娘都不认识,到婚姻中介机构碰碰运气,也许能找到你的缘分,涉及中介合同;后来,你结了婚,这是"结婚合同";婚后,你们有了自己的小宝宝,但爱心让你们又收养了一个小孩,涉及收养合同;为了孩子面对这个世界的风险,你为孩子投了保险,涉及保险合同;后来,夫妻实在没有共同语言,谁也不想再继续将就,所以,你们离婚了,和平分手,涉及"离婚合同"。

由于经营不规范,你被立案调查,此时,你委托第三人照顾你的孩子,涉及监护合同;后来你决定再娶妻,但为了保证婚姻稳定,你与第二任妻子签订了夫妻忠诚合同;当你老了,回顾一生,决定写本《回忆录》分享给后来人,这时要签订出版合同;终于有一天,你去世了,此时,家人可能会为你举行纪念仪式,此时,要签订服务合同。

在前面的诸多合同中,我们一般把结婚、收养、监护、夫妻忠诚、离婚等与身份有关的这些合同,称为"协议",《民法典》也是用"协议"这个词,以与财产性内容为主的"合同"稍作区别。必须承认,这些与身份有关的合同也好,协议也罢,都有其特殊性,《民法典》有专门的婚姻家庭编,就是明证,婚姻家庭等规则中没有规定的,可以根据这些关系的性质参照适用合同编的规定(《民法典》第464条第2款)。

依法成立的合同受法律保护(《民法典》第465条第1款)。不夸张地说,合同就是当事人之间的"法律",一般而言,合同对第三人没有法律效力(《民法典》第465条第2款)。合同是当事人意思的体现,但有时当事人对合同条款的理解发生争议,此时,要结合相关条款、合同的性质、签订合同的目的、交易习惯,以及诚实信用原则加以解释,以确定合同条款的意思。有时,当事人来自不同的国家,所以,会有两种以上文字的合同文本,这时,两种文本的意思应认为具有相同的意思。两种文本要相互参照,加以理解(《民法典》第466条)。

有些合同,《民法典》有明确规定的,直接适用其规定。有些合同,法无明文规定,此时,适用合同编通则的规定,并可以参照最相类似合同的规定(《民法典》第467条)。

在债法里,除了合同,还有侵权、不当得利、无因管理等制度,这些既有特有的规定,也有一些在技术上没必要单独说,因为它们与合同作为债法的组成部分,相当一部分内容是相同的,所以,合同编通则部分关于债权债务的共性规定同样可以适用于侵权、不当得利和无因管理,这需要注意(《民法典》第468条)。

Day 43—44

33. 合同的订立

你情我愿≈合同成立。

今天,我们一起来关注一下合同的订立。我们经常订立合同,那么,合同是怎么订立的?订立的形式是怎样的?订立的内容主要有哪些?订立的过程又如何?

我们日常中即时交易的合同,大多是口头形式,比如,去市场买菜、吃顿早饭、去书店买几本书,都是"一手交钱一手交货"。一般来看,合同金额相对比较小,即时履行很方便。此外,我们也会签订书面合同,比如,我与南开大学签订的合同、公司与公司之间的订单。书面形式并不限于合同书,信件、电报、电传、传真等可以有形地表现所载内容的形式,也是书面形式。另外,随着信息技术的发展,我们也会使用电子邮件、电子数据交换等方式,这同样能够有形地表现合同的内容,并且,可以随时调取查用,这些形式,视为书面形式(《民法典》第469条)。

合同的内容,一定要展现你通过合同想直接实现的目的,为了明确法律关系,这通常包括当事人的姓名及相应的住所;标的;数量;质量;价款或者报酬;履行期限、地点和方式;违约责任;解决争议的方法(《民法典》第470条)。举个例子,甲公司向乙公司采购10台电脑,品牌是"联想",单价6000元,这些内容都是必要的,否则,合同就没办法履行。如果是委托合同、中介合同等,那么,就不是单价,而是报酬多少钱了。在前面的这些条款中,履行期限是很重要的,之前有位年轻人与一家公司签订合同,目标是促成这位年轻人出国,但没有约定履行期限,公司方一直说,"我们正在办",如果公司一直在办,3年、5年过去了,还没有办成,就不存在违约了吗？设置个履行期限，比较好判断。构成违约的情况，以及发生争议时是到法院解决，还是申请仲裁及在哪里仲裁，都要事先约定。有各类合同的示范文本，大家可以参考使用。但是，不管怎么样，你最关心、担心的事项一定要在合同里说清楚。

我们在订立合同的时候，可能不会想到合同是怎么成立的。但在理论上，还是有个程序，典型的就是要约承诺的程序(《民法典》第471条)。在商场、超市一般比较简单，而如果是在菜市场，或者图书批发市场，经常还会有问价的过程。比如，你会问，"西瓜多少钱一斤？"卖家说，"3块，不过马上就收摊了，给您算2块"。你说，"给我选一个大点的"。这就是要约。卖家说，"好"，或者直接选了一个大点儿的给你。这就是承诺。简单说，要约是把你想以什么样的条件订立合同的意思告诉对方；承诺，就是对方同意你的合同条件，让这个合同成立。

有些行为只是要约邀请，不是要约，也就是说，这个行为的目的是希望你发出要约。那样，就没办法通过你的承诺直接成立合同。比如，拍卖公告、招标公告、招股说明书、债券募集办法、基金招募说明书、商业广告和宣传、寄送的价目表都是要约邀请。一家服装店，模特身上的衣服展示，就属于商业广告；如果你喜欢法律类图书，是个大买家，一些出版社得知后，可能就会给你寄送图书价目表。房地产广告也特别多，在买房时，开发商可能会说，哪里准备建喷泉、哪里准备建游泳池、哪里又有商业街，可能说得天花乱坠，这都是商业广告。但是，当广告的内容符合要约条件时，构成要约(《民法典》第473条)，买房人可以对其直接承诺。如果事后未兑现，开发商就构成违约。

对要约作出承诺时，合同成立。承诺要及时，如果双方以对话的方式交流，那么，承诺要马上进行反馈；如果是以书信、传真等非对话的方式，承诺也要在合理期限内作出并到达(《民法典》第481条)。说到这里，我想到一件事——我很久之前在亚马逊网站买书，采取的是货到付款的方式：先在亚马逊上选好感兴趣的图书，然后下单，亚马逊尽快发货，买卖合同就成立了，收到图书后我有付款的义务。问题是，有时亚马逊也会缺货，那么，它能不能在我下订单一个月后，把缺的货补货之后再发出来，这里就存在疑问了。很多时候，要约方会规定一个承诺期限，比如，一周内给答复,这样比较好。现在比较方便,打电话聊上两句,意思就表达出来了。如果承诺是以书信或者电报等方式作出的,无论是要约方,还是承诺方,都存在路上的时间。《民法典》对于特殊情况还有规定,那就是接到要约的一方如果在承诺期限内发出承诺,按照通常情形能够及时到达要约人处,但是,因其他原因致使承诺到达时超过承诺期限的,除要约人及时通知受要约人因承诺超期不接受承诺外,承诺有效(《民法典》第487条)。这是为了保护承诺人,同时兼顾要约人的利益。要约人要注意到这一点。

无论是要约,还是承诺,都是可以撤回的,只要撤回的时间先于要约、承诺本身的到达时间,因为,有时没有想清楚,就发出了要约或承诺,这时就要及时撤回。如果是以书信的方式寄出,那么,可以以电话、短信等方式撤回(《民法典》第475条、第485条)。此外,如果对方还没有承诺,那么,要约也是可以撤销的。但有两种情况不可以撤销:一是确定了承诺期限,或明示不可撤销;二是对方有理由认为要约不可撤销,且为履行合同已经做了合理的准备工作(《民法典》第476条)。承诺之后,合同就成立了,也无所谓撤销了。

* * * * *

今天,我们继续关注合同订立的问题。一般情况下,当事人采用合同书形式订立合同的,合同自当事人都签名、盖章或者按指印时成立(《民法典》第490条第1款第1句)。也就是签名、盖章、按指印具有相同的效果,三者满足其一即可。只不过,有时在生活中,有些合同,当事人既要签字或盖章,还要按指印,比如,一些房地产公司在卖房时就提出这种要求。另外,即使未签名、盖章或者按指印,但如果当事人一方已经履行了主要义务,并且对方接受的,那么,在对方接受时,该合同便已成立(《民法典》第490条第1款第2句)。这相当于当事人已经用行为表明自己订立了合同,对此,我们可以说,行胜于言。这同样适用于法律、行政法规规定合同应当采用书面形式,或者当事人约定合同应当采用书面形式的情形(《民法典》第490条第2款),也就是说,在这种情况下,书面形式的要求无法阻止事实上合同已经成立,当事人不能以缺少书面形式为由反悔。

有时,当事人采用信件、数据电文等形式订立合同,还要求进一步签订确认书,那么,合同自签订确认书时才成立,确认书表达了当事人对合同内容的终局的、确定的意思(《民法典》第491条第1款)。除了采取合同书、信件、数据电文等形式订立合同,我们也经常在互联网交易,网购已经如此普遍,以至于我们不得不重视网络交易。如果当事人一方通过互联网等信息网络发布的商品或者服务信息符合要约条件,那么,当对方选择该商品或者服务并提交订单成功时合同成立,合同成立并不以付款完毕或者已经发货为条件,付款或发货已经是合同的履行了。比如,当当网、京东网的商品信息一般都是符合要约条件的,商品、售价、运费、数量等,都有了。但是,当事人对合同成立的时间另有约定的除外(《民法典》第491条第2款)。

有些合同,具有一定的国家干预色彩。比如,根据疫情防控、抢险救灾等需要,国家可能下达订货任务、指令性任务,此时,为了应对这些特殊的紧急需要,相关当事人应当依照有关法律、行政法规规定的权利和义务订立合同。以疫情防控为例,在特定的时期内,需要的产品主要是口罩、消毒液、核酸检测试剂,这便可能成为订货的对象。依照法律、行政法规的规定,有些人负有发出要约的义务,比如,在公司收购中,采取协议收购方式的,收购人收购或者通过协议、其他安排与他人共同收购一家上市公司已发行的有表决权股份达到30%时,继续进行收购的,应当依法向该上市公司所有股东发出收购上市公司全部或者部分股份的要约(《证券法》第73条第1款第1句)。另外,依照法律、行政法规的规定负有作出承诺义务的当事人,不得拒绝对方合理的订立合同的要求(《民法典》第494条),比如,出租车无正当理由不得拒载。

在签订正式的合同之前,有些当事人会签订认购书、订购书、预订书等,这些构成了将来签订合同的基础,我们称这一类文件为预约合同,预定的"预",合约的"约",也就是为了将来订立合同的合同。这类预约合同也是具有法律效力的,如果一方当事人不履行预约合同约定,拒绝订立合同,那么,对方当事人可以请求其承担预约合同的违约责任(《民法典》第495条)。在票据法上,也有所谓的票据预约。

在订立合同时,大多数情况下,是由双方当事人对合同进行商量、最终确定合同的内容。但如果一方当事人过于强势,比如,企业、事业单位与个人之间签订的合同,通常个人没有对等的谈判能力,因此,这时签订的合同条款基本就是企业、事业单位单方提供的,个人对此无修改的可能。这类合同条款我们称为"格式条款",即一方当事人为了重复使用而预先拟定,并在订立合同时未与对方协商的条款。比如,我们和银行订立的借款合同,合同条款是银行提供的;再如,我和南开大学订立的合同,合同是南开大学提供的。由于格式条款是一方当事人提供的,其条款通常均会有利于该方当事人,而不利于另一方当事人。

正因如此,《民法典》要求,提供格式条款的一方应当遵循公平原则确定当事人之间的权利和义务,并采取合理的方式提示对方注意免除或者减轻其责任等与对方有重大利害关系的条款,按照对方的要求对该条款予以说明。也就是说,首先条款应当公平;在此基础上,如果条款中有涉及免除或者减轻自己一方责任的,或者其他与对方有重大利害关系的,那么必须合理地提示对方注意这些条款,并让对方真正理解这些条款。如果没有这么做,以致对方没有注意到,或者没有真的理解这类条款,那么,对方可以主张这类条款不是合同的内容,不具有法律效力(《民法典》第496条)。

大家可能已经注意到,我刚才说,提供格式条款的一方当事人,应当遵循公平原则确定当事人之间的权利和义务,它的反面意味着,如果提供格式条款一方不合理地免除或者减轻自己的责任、加重对方的责任,或者限制乃至排除对方的主要权利,这样的条款与法律的公平精神相悖,是无效的(《民法典》第497条)。因此,任何一方当事人订立合同,都应寻求实现双方的共同利益,只有如此,才能共赢;违背公平精神,追求一方私利,不会得到法律的保护,也会败坏自己的形象,终将失去客户。

Day 45

34. 悬赏广告

商鞅城门立木,固为取信于民,但亦为悬赏广告。

今天,我们聊的是悬赏广告和缔约过失。合同成立,一般都是双方当事人意思达成一致的结果,所以,我们称合同为双方行为。但在现实生活中,还有所谓的悬赏广告。比如,自己的一条爱犬走失,或者丢了钱包,里面有自己重要的物品,身份证、银行卡、工作证等都在里面,这时,我们很可能会发布悬赏广告并声明:对捡到爱犬的人或者送还钱包者必有重谢。有时,也发布寻人启事,寻找家里走丢的老人;或者发布特殊的寻人启事,如为了抓捕某一要案的犯罪分子,公安机关会发布通缉令,并对提供犯罪分子重要线索或者抓捕有重要贡献者给予奖励。

悬赏广告,就是悬赏人以公开方式声明的,对完成特定行为的人支付报酬,完成该行为的人可以请求其支付的广告(《民法典》第499条)。比较有名的案子是作家悬赏一错千金案。2012年,作家张一一的书籍《带三只眼看国人》出版,他在腾讯微博公开表示,"为推广和普及中国地域文化知识,让14亿华人更了解中国各省人不同性格特点,兹郑重承诺凡挑出拙作《带三只眼看国人》1个错者即奖赏1001元",并提到了多位媒体人,称"请各位老师为我作证,绝不……要无赖不认账!"时任山西大学文学院副教授的白平,通过媒体得知该消息后遂网购此书,从中挑出了大量错误,要求对方按照在微博上发出的悬赏承诺——"一错千金"来兑现奖金。因双方协商未果,而诉至法院。2017年7月9日,北京市朝阳区人民法院作出一审判决,判令作家张一一向山西大学文学院副教授白平赔付人民币18018元。有人指出,做人要诚信。实际上,法律也要求悬赏广告行为人兑现其承诺。所谓"人而无信,不知其可也"。

　　对于悬赏广告,很多人认为这是一方当事人的行为,完成了悬赏广告中要求的行为人,无论完成行为时是否知道悬赏广告,均有权要求悬赏广告声明人兑现。不过,现在悬赏广告被放入了合同成立的部分,所以,如果按照这种体系设置,立法者似乎有意将悬赏广告认定为合同,是一种特殊的合同成立方式。不管悬赏广告的性质如何,悬赏广告都不是闹着玩的,发布了悬赏广告,是会产生法律效力的,要根据悬赏广告兑现承诺,这点大家一定要注意。良好的信用和形象需要多年经营,但一次不佳的表现就可能让人信用全失,切记。

35. 缔约过失

缔约过程中，要谨慎、诚信。

下面我们来看缔约过失，所谓缔约过失，按照字面意思来理解，就是在订立合同的过程中存在过错，并且导致另一方受到了损害。大家想一下，结果会怎么样呢？问题在于，合同还没有成立，也就无所谓违约责任。在早期阶段，对于受到损害的当事人是否要给予救济、为什么给予救济、如何救济是有一定的争议的，但这些问题在德国民法学发展的过程中已经基本解决了。按照100多年前德国著名法学家耶林的看法，当人们进入缔约谈判这一较为紧密的关系时，即使还没有签订合同，双方当事人也有互相关照的义务，保持诚实信用是必要的，信用是合同的基础。

我国《民法典》也正面规定了这个问题。当事人在订立合同的过程中，不得假借订立合同，恶意进行磋商，也就是根本没有订立合同的诚意，但依然表现得希望签订合同，最终表明，根本就不是如此，这可能让另一方当事人失去商业机会，付出更多的成本。就此，我想到一件事，就是大学生毕业找工作，其实，很多人都要投多份简历，面试多家单位，希望找到最合适的一家单位再去，那么多面试，当然离正式签合同还比较远，但前几年发生了一件事，影响比较大，就是一个硕士，考上了一所学校的博士研究生，因为考博有很大的不确定性，所以他还报考了地方公务员，并且成功被录用。问题出现了，如果他去读博，公务员的名额就作废了；如果他去当了公务员，学校的博士生名额可能也就浪费了一个。尽管不能说这位同学有多大恶意，但他太优秀了，以至于被两边都录取了。这也是一个问题，大家可以思考。

另外，在订立合同的过程中，不能故意隐瞒与订立合同有关的重要事实或者提供虚假情况,否则,就是欺诈。以虚假情况为基础订立的合同,明显不是当事人的真实意思。如果存在这种情况,或者其他有违诚信的行为,造成了对方当事人的损失,是需要赔偿的(《民法典》第500条)。

在订立合同的过程中,当事人可以接触到对方的商业秘密或者其他应当保密的信息,这些信息是通常不可能接触或了解到的,对于这些信息,获取的一方不可以泄露,更不可以不正当地使用。无论合同是否成立,都应如此。这属于商业秘密或者类似信息的保护问题。商业信息如此,个人信息同样如此。如果因为泄露或不正当使用,造成对方当事人的损害,当然要承担损害赔偿责任(《民法典》第501条)。

Day 46

36. 代理

事必躬亲,实不可能;假手他人,诚属必要。

今天,我们聊的是代理。代替的"代",管理的"理",不严格地说,将"代理"理解为"代替别人管理",大体上也不能算错。我们提到过法定代理人,你可能也听到过诉讼代理人,其实这些人都是替别人管理事务。

毫无疑问,只有自己最了解自己想要什么,我们通过自己的意思与他人之间发生法律上的联系,安排自己的生活、规划自己的人生。比如,去超市购物充实自己的物质生活、做个美容让自己更美丽动人、结个婚让自己的人生更圆满。但是,并不是每个人都有能力照顾好自己,典型的是,未成年人、精神病患者、植物人等,他们在法律上无法很好地照顾自己,所以《民法典》规定,由孩子的父母或者其他近亲属——这些与孩子最亲密的人——担任孩子的法定代理人,帮孩子作出法律上的决定。此外,有时,我们虽然有能力自己去做,但是由于事情太多、分身乏术,那么就需要委托其他人帮我们做,这就涉及委托代理人的问题。代理人主要负责处理合同之类的法律事务。但有些事不能代理,如结婚、离婚,这些事情的身份性太强,只能由本人亲自实施(《民法典》第161条)。

代理是三方法律关系,需要代理人帮忙的一方是被代理人,比如,小时候的我们作为未成年人,是被代理人,需要别人来代理我们作出决定;代理人则是代替别人管理事务的一方,在我们小时候,父母就是我们的代理人,带我们去医院看病、给我们买衣服,当然,也有可能委托别人代理我们去签合同;而所管理的法律事务则与第三人有关,如刚刚提到的去看病时的医院、买衣服时的卖家。当父母为了我们的利益、以我们的名义与医院之间建立医疗合同、与卖家之间建立买卖合同关系时,我们、我们的父母、第三方之间就构成了代理的三方关系。

无论是父母等法定代理人,还是委托代理人,都应该在代理权限的范围内行事。在代理权限内,代理人以被代理人的名义签订的合同或者从事的其他法律行为,对被代理人直接生效(《民法典》第162条)。如果超过权限,则构成无权代理,需要被代理人的认可。代理人不能同时代理两方当事人,也不得代理被代理人与自己进行交易,因为那样必然会发生利益冲突,通常来看,这将无法实现被代理人的最大利益,因为代理人经常会把自己的利益放在前面,或者他根本无法同时将双方当事人的利益最大化。如果真的发生了这样的情况,合同效力待定,除非经过被代理人事先的允许或者事后的追认(《民法典》第168条)。也就是说,发生了这样可能损害被代理人利益的情况,最后,合同或者其他法律行为的效力,还是由被代理人本人决定。

行为人没有代理权、超越代理权或者代理权终止后,实施的所谓代理行为,都是无权代理,如果被代理人没有追认,那么,这样的行为对被代理人是不发生效力的(《民法典》第171条第1款)。如果被代理人没有追认,与无权代理人订立合同的相对人岂不是很无辜?是的。但这也不意味着他就没办法保护自己。实际上,善意的、与无权代理人签订合同的人可以直接要求所谓的代理人履行债务,或者就其受到的损害请求所谓的代理人赔偿。不过,赔偿不能超过被代理人追认时他所能获得的利益(《民法典》第171条第3款)。另外,如果相对人知道或者应当知道行为人是无权代理,那么,他们之间按照各自的过错承担责任(《民法典》第171条第4款)。

在组织中,比如,公司的工作人员就其职权范围内的事项,以公司的名义签订的合同,直接对公司生效。而公司也可以对工作人员的权限范围进行限制,比如,订立10万元以上的订单需要公司董事会同意,但这样的限制,公司之外的、与公司打交道的人可能是无法知道的,此时,这种限制无法对抗善意第三人。也就是说,公司工作人员与第三人之间签订的合同对公司有效(《民法典》第170条)。

因为信赖你,才找你做代理人,所以,代理人应尽职尽责,实现被代理人的利益,更不能与别人串通损害被代理人的利益,否则需要承担赔偿责任、与串通人承担连带责任(《民法典》第164条)。此外,作为代理人的你原则上要亲自做事。如果需要转委托第三人代理,要经过被代理人的同意。被代理人同意后,可以直接指示第三人做事,作为代理人的你则需要保证转委托的第三人适合去做委托的事务,并且指示正确。如果被代理人没有同意你找第三人处理代理事务,那么,你需要就第三人的行为承担责任,除非是紧急情况,出于维护被代理人的利益所必需(《民法典》第169条)。

需要注意的是,如果行为人没有代理权、超越代理权或者代理权终止后,仍然实施代理行为,而相对人有理由相信行为人有代理权,这时,为了保护交易安全,法律规定代理行为有效(《民法典》第172条)。比如,你曾经跟相对人说过,授予行为人以代理权,后来由于各种原因,你并未授予行为人以代理权,对此你并未通知相对人,而行为人以"你的名义"与相对人订立了合同,就属于这种情况。再如,某员工长期代表公司签订合同,最近该员工离职了,但仍然拿着盖有公司印章的公司用纸,像以前一样,以公司名义与老客户签订合同,那么相对人就无法有效识别。所以,规范授权委托书、印章的使用很有必要。

37. 合同有效的条件

合同有效为原则，无须证明。

通常，合同都是有效的，合同的效力出现问题，只是少数情况。所以很少有国家的民法典规定，什么样的合同有效——它们只规定，哪些合同无效、哪些合同可撤销、哪些合同效力待定。但我国《民法典》还是从正面规定了民事法律行为有效需要具备的条件。"民事法律行为"这个词，大家可能不熟悉，其实，民事法律行为的最重要的形式就是合同，还有就是遗嘱，一般情况下，我们把民事法律行为理解为合同的代名词，也不存在特别大的问题，因为合同是民事法律行为的最重要、最典型的形式。既然如此，关于民事法律行为的规定，当然适用于合同，特别是我们熟知的财产性合同。

具备什么样的条件，合同才有效呢？主要有三个方面的要求：一是行为人具有相应的民事行为能力；二是意思表示真实；三是不违反法律、行政法规的强制性规定，不违背公序良俗（《民法典》第143条）。这三个方面都符合，合同就有效。我们接下来具体理解一下这三个方面的要求：

首先，行为人要具有相应的民事行为能力。行为人，就是签订合同的你、我、他，而民事行为能力，是一个民法上的术语，民法为了保护当事人，要求当事人在签订合同的时候必须有能力照顾好自己的利益，从而根据人们能否照顾好自己的利益把人分为三类：无民事行为能力人、限制民事行为能力人和完全民事行为能力人。

你想一下，哪些人无法照顾自己的利益？小孩子不能，精神病人不能，植物人也不能。对，是这样的，所以，《民法典》规定，不满8周岁的儿童,以及其他不能辨认自己行为的人属于无民事行为能力人(《民法典》第20条、第21条),不能签订合同,如果他们签订了合同,合同是无效的(《民法典》第144条),他们的利益由父母或者其他监护人来帮助实现。

　　8周岁以上的未成年人,以及不能完全辨认自己行为的成年人,属于限制行为能力人(《民法典》第19条主文前段、第22条主文前段),只能签订与他们的年龄、智力、精神健康状况等相适应的合同,比如,初中生可以买些文具、零食、蔬菜等。在法律上对他们有利益的,有好处的合同,也是可以签订的,比如,他们可以作为赠与合同的受赠人一方(《民法典》第145条第1款)。反过来,如果要赠与其他人,则是不被允许的。比如,我们听说一些孩子用父母手机上的钱对一些主播进行打赏,甚至好几万元都被打赏出去了,这样的行为是不具有法律效力的,除非已经事先经过了父母的同意或者事后得到了父母的认可(《民法典》第19条主文)。

　　满18周岁并且能够完全辨认自己行为、懂得利害关系的人,是完全民事行为能力人(《民法典》第18条第1款),他们可以独自签订有效的合同。未满18周岁,但已满16周岁,并且以自己的劳动收入作为主要生活来源的,可以认为他已经能够独立生活了,我们就得把他当大人对待了,所以,这样的人被法律视为完全民事行为能力人,同样可以自己签订有效的合同(《民法典》第18条第2款)。

　　其次,意思表示真实。意思表示,就是当事人将其内心的意思表达于外部的行为。我们可以想一下,我们签合同、立遗嘱、发布悬赏广告是不是把我们的意思表示于外部呢？意思表示就是这么个意思。所谓意思表示真实,就是当事人的意思表示是当事人内心的真实意思,也就是"我说的""我做的",就是"我想的",而且是内心深处的真实想法。那么,如果我受到了你的欺诈,比如,你告诉我,你有一幅古画,是唐伯虎真迹,我很信任你,于是高价从你那里购得,后来发现,那根本就不是唐伯虎的画,枉费了我对你的信任,所以我向你买那幅画的意思,就不是我的真实的意思,因为我要买的是唐伯虎的真迹,对此,你知我知。受胁迫签订的合同,同样不能代表当事人的真实意思。比如你与某开发商签订了商品房预售合同,商品房预计在3年后的12月31日建设完工,开发商与其他人签的合同交房日期写的都是3年后的12月31日,但在与你签订的合同上,尽管是与其他人相同的楼盘,但交房日期写的却是当年的 12 月 31 日,那么,在这里,开发商与你之间签订的合同明显属于笔误,并不是开发商的真实意思。这在实践中,也是发生过的。

最后,不违反法律、行政法规的强制性规定,不违背公序良俗。这是对合同效力的否定因素,如果合同违反了法律、行政法规的强制性规定,那么这样的合同无效。不违背公序良俗,举个例子,张某向王某租赁房屋,并直接表明其目的,是要用这个房子做毒品仓库使用,那么,这个租赁合同就有违公序良俗。再如,夫妻离婚,约定离婚后,孩子的父亲和祖父母永远不得再见孩子,这样的约定,同样违反公序良俗,不具有法律的效力。

如果上述三个方面都符合要求,那么,合同有效。

Day 48

38. 合同的无效

合同无效，不生当事人所追求的效果。

今天，我们一起来关注合同的无效。合同的无效是法律对合同效力的终极否定，一定是因为合同出了严重的问题，法律才否定当事人之间合同的效力。那么，什么样的情形会导致合同无效呢？我们需要注意以下这些情形，否则，合同可能就白签订了。

第一种情形是，当事人之间根本就没有那种意思，但却表演给人看（《民法典》第146条）。比如，刘备有一匹赤兔马，日行千里，他手下有几员大将：赵云、马超，都是虎将，但一匹赤兔马给谁呢？如果给赵云，马超可能有意见；如果给马超，赵云可能会有意见。为了避免产生这种人情关系问题，刘备就当着赵云的面表示，要把这匹赤兔马高价卖给马超，马超是有经济实力的，高价对于马超不算什么，而赵云付不起那个价钱，这样，赵云就无话可说。但实际上，刘备并不是真的要把赤兔马卖给马超，只是名义上的说法，实际上，还是把赤兔马送给马超的。对于刘备和马超之间的赤兔马买卖合同，看上去好像是有合意的，但实际上，这个买卖的合意是虚假的，所以，买卖合同无效。之后，要按照赠与合同来处理刘备和马超之间的关系。

我们在房地产领域经常听说"**黑白合同**"，这在多年之前就存在。一些当事人在买卖房屋时可能会签订两个合同：一个是到房地产登记机构登记备案时用的，税务部门会根据房屋交易价格来计算应缴税的情况；另一个合同是双方当事人实际履行的合同，两个合同的区别在于房价款的不同，当事人的目的是少纳一些税。也就是"白合同"是给官方机构看的,"黑合同"是当事人自己用的。这两个合同中的"白合同",同样属于虚假的意思表示,因为当事人并不是真的要以这个合同的价款来履行,这个合同因而无效;在当事人之间有效的合同是"黑合同"。当然,以这种方式逃避缴纳税款也是不对的。

第二种情形是,行为人与相对人恶意串通,损害他人合法权益的合同无效(《民法典》第 154 条)。比如,一位公司雇员作为采购员,与对方当事人恶意串通,以远高于市场价的价格采购对方的商品,然后"吃回扣",采购合同是无效的。翻开历史书,我们可以看到,1938 年,四国首脑签订了《慕尼黑协定》,规定捷克斯洛伐克必须在 10 天内割让苏台德地区,问题是捷克斯洛伐克并非慕尼黑协定的参与国,虽然这是国家间的协定,但如果忽略国际性的因素,那么,在定性上,也可以归入此类无效情形。

第三种情形是,违反法律、行政法规的强制性规定的合同无效(《民法典》第 153 条第 1 款主文)。举个例子,在金庸小说《神雕侠侣》中,杨过听说他的父亲为郭靖、黄蓉所害,而在他看来,杀父之仇不共戴天。在此情形下,他与金轮法王约定杀害郭靖。在法律上,这一约定就由于违反不得杀人的禁令而无效。在电视里,那是江湖;回到法律的视角,我们可以思考一下电视中的法律问题。但是,需要注意,法律、行政法规的强制性规定不导致该合同无效的除外(《民法典》第 153 条第 1 款但书)。比如,大家可能听过,欧洲一些国家有周末店铺不得营业的法律,如果周末开店并且与顾客建立了买卖关系,那么,这个合同有效吗?这个合同还是有效的,因为这些法律的立法目的并不是阻止合同生效,可能反而是希望零售业的员工可以在周末的时候得到休息。再如,一些单位可能会与女员工约定,**怀孕**就要**离职**;或者直接约定,女员工怀孕应主动提出辞职且不得要求任何劳动补偿。这样的约定就与保护劳动者,特别是保护女性劳动者的相关法律的规范目的相悖,约定无效。

另外,违背公序良俗的合同无效(《民法典》第 153 条第 2 款)。公序良俗,可以具体化为公共秩序和善良风俗。比如,在金庸小说**《倚天屠龙记》**中,张无忌为了救各大门派的众人,答应赵敏三件事,条件是不违背江湖道义。后来,我们知道,这三件事,第一件是带她去看屠龙刀;第二件,是不得与周芷若成亲;第三件,是一辈子为她画眉。他们之间的约定,其实就是合同。第一件事不存在任何问题;第二件事可能就有违公序良俗了,因为这违背了结婚自由,在法律上,张无忌想与谁成亲都可以,那是他的自由;第三件事可能也会有争议,因为这相当于拴住了一个人一辈子。当然,在爱情的世界里,这本来没什么,更像是海誓山盟的约定。只是,我们这里仅从法律的视角稍作观察。公序良俗经常与性、伦理道德相关。在《三国演义》中,吕布与李肃约定去投董卓,而不认义父丁原。这已经有违公序良俗,更何况他下手杀了丁原,穿越到现在,这就是故意杀人了。在《金瓶梅》中,西门庆与王婆关于勾引有夫之妇潘金莲的约定,以及害死武大后,买通验尸官件作团头何九而造假的约定,均有违公序良俗。

此外,如果在合同中约定,造成对方人身损害,不用负责,或者约定因为故意或重大过失造成对方财产损失,不用负责,这些条款,对于受害者相当于置他于"人为刀俎,我为鱼肉"的境地,这有极高的道德风险,为了保护受害的一方,这样的条款即使约定了,也是无效的(《民法典》第506条)。

39. 合同的撤销

> 合同撤销,让已生效者失其效力。

今天,我们一起来关注合同的撤销。所谓合同的撤销,就是合同已经生效了,但是存在可以撤销的事由,此时,有撤销权的当事人可以撤销合同,保护自己的权益。由于撤销权是一种权利,是否行使撤销权取决于权利人自己;但是,如果合同是否撤销长期处于不确定的状态,对于另一方当事人也不公平,因此,《民法典》对撤销权规定了行使期限。我们先来看一下,哪些合同是可以撤销的:

第一,基于重大误解而签订的合同,行为人有权请求人民法院或者仲裁机构予以撤销(《民法典》第147条)。此时,享有撤销权的当事人是产生了重大误解的一方当事人,另一方当事人不享有撤销权。比如,张三在一个饭局上偶然碰到一个人,这个人长得酷似他小时候的一个伙伴,便以为这是伙伴的孩子,随便聊了两句,留了个电话,临别时赠送给对方一块瑞士手表。后来得知,自己小时候的伙伴并没有孩子。此时,这里的赠与合同便可以撤销。这里是对当事人的身份发生了重大误解。

第二,基于欺诈而签订的合同,也是有瑕疵的。欺诈可能来自当事人,也可能来自第三人(《民法典》第149条)。所谓第三人,就是合同当事人之外的人。如果一方当事人以欺诈手段,使对方在违背真实意思的情况下签订了合同,那么受欺诈方可以主张撤销合同(《民法典》第148条)。比如,某古董商向顾客大力推荐其手里的古董,尽管古董只是高仿,但是,他拍胸保证,古董绝对货真价实、童叟无欺,在此情况下,一些顾客高价购得了他的古董。此时,这些上当受骗的顾客便可以主张撤销合同。如果是第三人实施了欺诈行为,使一方当事人在违背其真实意思的情况下签订了合同,此时,受到欺诈的当事人也受到了损害,他能否主张撤销呢?这要看对方当事人是否知道或者应当知道这个情况。有时,我们说,卖东西的一些人有"托",十个人围着看,有八个是"托",那么这时,这些"托"和对方当事人是一伙的,尽管欺诈并非他本人所为,但是,他知道这些"托"在欺骗你。

第三,基于胁迫而签订的合同。如果一方或者第三人以胁迫手段,使对方当事人陷于恐惧,基于此而在违背真实意思的情况下签订了合同,那么,受到胁迫的一方可以主张撤销合同(《民法典》第 150 条)。比如,有些不法分子在宾馆或者其他地方拍得了他人的隐私录像,或者取得了他人犯罪的证据,于是,向个人邮寄录像带,或者打电话给对方,表明自己手里的"牌"很厉害,要求对方将收藏的多幅名画赠与他。受胁迫人陷入恐惧,担心被曝光或者举报,此时,不得不咬牙将好不容易得来的名画赠与胁迫人。当然,这里的胁迫也可能是来自第三人,比如,在《三国演义》中,吕布施辕门穿杨之术,辕门射戟,一箭射中自己的方天画戟,化解了刘备的危机。这看上去很公平,但实际上,纪灵知道吕布的功夫很厉害,且自己在吕布的帐中,情势所迫,他不得不同意吕布的建议。如果刘备和纪灵签订了罢兵合同,那么,实际上,这个合同便是受到第三人的胁迫而签订的,可以撤销。

第四,一方利用对方处于危困状态、缺乏判断能力等情形,致使合同成立显失公平的,受损害方有权请求人民法院或者仲裁机构予以撤销(《民法典》第 151 条)。比如,张某的老母亲要做一个手术,需要一大笔钱,张某很是发愁,邻居王某得知了这一情况后,就提出张某可以把手里的一些罕见邮票卖给他,一手交钱一手交货,不过,要按市场价的 8 折成交。实际上,王某之前已多次提出要以市价买张某的邮票,都被张某拒绝。张某是孝子,现在又急需拿到钱,没办法,这次同意了。实际上,张某便是处于危困、紧迫的状态,这一交易也显失公平,因此,张某事后可以主张撤销这一买卖合同。

需要注意,撤销合同,不是一方当事人自己说撤销就可以撤销的,而是需要向人民法院或者仲裁机构提出。在之前的《民法通则》《合同法》

当中，前述这类合同还存在可以变更的选项，《民法典》未规定可变更，这意味着《民法典》实施后，这些合同只能向人民法院或者仲裁机构主张撤销，而不能主张变更。

合同被撤销之后，自始没有法律拘束力。就像这个合同从来不存在一样。合同的无效与此略有不同，尽管合同无效，也是自始没有法律约束力（《民法典》第155条），但是，无效的合同，是当然无效、绝对无效，也就是说，无效合同不需要一方当事人触发就是无效的，即使双方当事人认为合同有效，如果人民法院发现存在无效的情况，那么，也会宣布无效。

合同无效，存在部分无效、部分有效的可能。也就是说，部分无效，不影响合同的其他部分效力的，那么，其他部分有效（《民法典》第156条）。合同撤销，通常是整个撤销；其能否部分撤销，法无明文。从法理来看，如果合同内容可分时，应认可部分撤销。比如，甲受乙欺诈，将A、B两件古董分别以2000元和3000元的低价卖给乙，事后发现A古董为高仿赝品，仅值2000元；而B古董价值远高于3000元。此时，甲可以只撤销B古董这一部分。关于撤销期限，《民法典》进行了区分处理，大家需要注意，要及时行使权利：重大误解的情形是知道或者应当知道撤销事由之日起90天，欺诈、危困状态的情形是知道或者应当知道撤销事由之日起1年，胁迫的情形则是在胁迫结束后1年。另外，如果自合同生效已经过去5年了，那么，合同就不能撤销了（《民法典》第152条）。

Day 50

40. 合同的效力待定

*追认可使弱者转强。——法谚*①

今天,我们一起来关注合同的效力待定问题。前面我们已经说过合同的无效和合同的撤销:合同的无效,是合同自始没有法律拘束力;合同的撤销,是本来已经生效,但后来又被撤销了,而撤销之后也是自始没有法律拘束力。今天的所谓效力待定,就是字面的意思,也就是合同的效力仍然没有确定,既不是有效,又不是无效,也不是可撤销。但是,我们有进一步的方法确定合同的效力,因为,当事人总是需要一个确定的结果。

合同的效力待定,主要发生在下面的情形中:

一种情形是,限制民事行为能力人,也就是已满8周岁的未成年人,以及不能完全辨认自己行为的成年人签订的,与他们的年龄、智力、精神健康状况不相适应的合同,这样的合同便处于效力待定的状态。因为如果直接让合同有效,对限制民事行为能力人可能造成伤害;如果直接让合同无效,可能又干预得过头了,因为这样的合同也有可能并不损害限制民事行为能力人的权益;如果规定可撤销,尽管对限制民事行为能力人而言其效果要好过无效,但如果没有及时撤销合同的终局有效,限制民事行为能力人可能仍要承受不利的后果。因此,《民法典》规定此时合同的效果,需要等待限制民事行为能力人的监护人的意见,一般而言,父母是孩子的监护人,而配偶、父母、子女则是成年精神病人、植物人等的监护人,监护人的职责便是保护被监护人的利益。

---

① 郑玉波:《法谚(一)》,法律出版社2007年版,第67页。

比如,一个 12 岁的孩子善于画画,他的画得到了出版社的欣赏,遂直接到孩子所在的学校与这个孩子签订了绘画出版合同。签订出版合同涉及诸多权利义务关系,这不是一个 12 岁的孩子能考虑清楚的,所以,即使双方签了这个合同,其合同的效力也处于不确定状态。出版社可以与这个孩子的父母联系,请求他们在 30 天之内认可这件事。孩子的父母可以认可,也可以拒绝认可。但如果孩子的父母什么也没说,也没作任何表示,这时,《民法典》明确指出,要视为拒绝认可,这符合我们在此种情形下不表态的状况。因为什么都没有确定,所以,在孩子的父母认可前,出版社在善意的情况下也可以撤销合同并通知孩子的父母(《民法典》第 145 条第 2 款)。

　　第二种情形发生在代理关系中。代理涉及三方法律关系,里面的当事人分别称为本人、代理人、第三人。本人也被称为被代理人。代理人是为本人的利益服务的,代理人以自己的行为独立作出意思表示,并表明为本人的意思。比如,我请你代我采购一台液晶电视,要求价格不超过 5000 元,于是你到商场或网上商城采购,并表明是为我采购的,在这种情况下,我是本人,你是代理人,商场或者网上商城的卖家就是第三人。合同是你签订的,但你不是合同当事人,我才是合同当事人,你签订的合同对我直接发生法律效力,这就是代理。刚才我们讲,我对你的授权是不要超过 5000 元,结果,你花 6000 元买了台电视,这时你就超越了权限,你的代理就是无权代理。此外,还有可能你根本就没有代理权,因为我没有让你去签任何合同,结果你以我的代理人名义去签了,或者,你本来有代理权,但后来授权期限届满,这叫代理权终止,此时,你以我的代理人名义去签订合同,也属于无权代理,也就是你没有权利代理我。这时签订的合同,也属于效力待定。也就是说,如果我没有追认,你签订的合同对我是没有法律效力的(《民法典》第 171 条第 1 款)。

　　这对第三人是不利的。所以,第三人可以催告本人在收到通知之日起 30 天内予以追认,如果本人未作表示,《民法典》将此视为拒绝追认。在本人追认之前,善意的第三人可以撤销合同,并通知本人(《民法典》第 171 条第 2 款)。那么,什么是善意第三人呢?是指对无权代理并不知情的第三人。也就是说,如果第三人明明知道我没有授权给你,由你来代理我去签这个合同,仍和你签合同,此时,第三人就不是善意的。这里的善意,与"恶意"相对,没有问题,但善意还是恶意,不是生活中的"善恶",而是取决于是否知情及是否应当知情,知道或者应当知道真实情况的,是恶意;不知道也不应当知道的,是善意。这是交易中的善意、恶意的通常含义。恶意的人不值得保护。如果你代理我签的合同我没有认可,善意的相对人,也就是与你签合同的人可以要求你履行合同,或者就受到的损害请你赔偿。但这里的赔偿有个上限,就是最多不能超过我认可这个合同时相对人可以得到的利益(《民法典》第171条第3款)。因为,就算是有权代理,相对人最多也只能得到那么多利益。

　　第三种情形就是无权处分。直接举例子,我未经你的同意,把你的房子卖了,这个合同的效果如何?实际上,以前由《合同法》调整时有很多争议(《合同法》第51条)。现在,这样的合同是有效的。有效吗?你可能很诧异。对,有效,但我没办法给合同相对人过户,因为房子登记在你的名下。这样,相对人就可以向我主张违约责任。如果我要给合同相对人过户,则需要经过你的认可。如果你不认可,我和相对人达成过户的意思也没有用,不会发生房屋所有权转移的效力。关于转移房屋所有权,很多人认为是事实,也有人认为这是一个物权合同。如果将它理解为物权合同,就属于效力待定的合同,取决于当事人是否认可。

Day 51

41. 合同效力的特殊问题

> 欺诈与恶意不得使任何人享有利益。——法谚①

今天,我们一起来关注合同效力的一些特殊问题。

第一个问题是,合同什么时候生效,这很重要,因为合同一经生效,就在当事人之间发生法律效力。原则上来看,合同成立即生效,也就是说,合同的成立与合同的生效是同一个时间。但是,也存在例外,那就是法律对此有特别的规定,或者当事人对此有专门的约定(《民法典》第502条第1款),比如,双方当事人合同已经签完了,但是,约定合同在3个月之后生效。

有些合同关系着国家或者社会公共利益,所以,一些法律、行政法规规定,这些合同应当办理**批准手续**,因此,当事人应当按照这些规定办理。比如,探矿权和采矿权的转让需要经过矿产资源管理部门依法批准。在以前,如果未办理批准手续,这样的合同就不生效。这会产生进一步的问题,那就是,合同中约定履行报批义务的一方当事人如果没有进行报批,对方能否追究他的责任?合同还没有生效,因此,可能无法追究他的违约责任。这实际上也鼓励了负有报批义务的一方反悔。这种结果是不妥当的。因此,《民法典》意图正面解决这一问题,所以,明文规定"未办理批准等手续影响合同生效的,不影响合同中履行报批等义务条款以及相关条款的效力。应当办理申请批准等手续的当事人未履行义务的,对方可以请求其承担违反该义务的责任"。这很好地保证了另一方当事人

---

① 郑玉波:《法谚(一)》,法律出版社2007年版,第58页。

的合法权益,并有助于形成诚实信用的商业氛围。这一规定,不仅适用于合同的生效,而且适用于法律、行政法规规定的合同的变更、转让、解除等应当办理批准手续的情形(《民法典》第502条第2款至第3款)。

第二个是关于**无权代理合同**的问题。我们前面讲过,无权代理的合同是效力待定的,经过本人的追认,合同才能有效。追认是一种意思表达。但如果本人什么也没说,而已经开始履行合同义务了,虽然不是追认,但是可以"视为对合同的追认"。这也是之前《合同法司法解释二》对《合同法》的发展(《合同法司法解释二》第12条)。这种情形是本人已经履行合同义务,但实际上,还可能存在类似的一种情形,那就是,他接受了相对人的履行,二者在价值判断上应相同处理,所以,这也可以视为对无权代理合同的认可,《民法典》对此正面加以明确(《民法典》第503条)。

第三个是法人**越权经营**的问题。比如,一个公司在市场监督管理部门登记的经营范围是做啤酒饮料生意,但是,后来发现区块链、大数据很火,所以公司准备进军这些朝阳行业,就与其他人签订了一些这方面的合同,后来才发现,公司对此实属外行,不宜贸然进入,就想以公司签订合同超越经营范围为理由,主张合同无效。大家怎么看?这是不可以的。人民法院也不会仅仅以公司超越经营范围订立合同就认定合同无效,除非违反了国家限制经营、特许经营以及法律、行政法规禁止经营的规定(《民法典》第505条)。比如,前面的这家啤酒饮料公司签订了印钞合同,这样的合同无效。回到前面的例子,公司订立了区块链、大数据相关的合同,无法履行或者拒绝履行将构成违约,对方可以追究公司的违约责任。

可能你会说,公司的经营范围就没用了吗?实际上,这里的经营范围仍有意义,公司在经营范围内活动,才符合股东的投资预期,如果公司超越经营范围,股东可以追究公司高管的责任。另外,需要注意的是,公司的经营范围有扩张的趋势,因为将经营范围限定在一个狭小的领域内,有时会错失转瞬即逝的商机,如果调整公司经营范围需要修改公司章程,需要召开股东会,程序比较复杂,耗时较长。所以,《美国标准商事公司法》(Model Business Corporation Act)以及各州公司法早就对此进行了调整,《美国标准商事公司法》甚至提示,可以是"any lawful business",也就是公司可以在经营范围处先列举,再加上任何合法的生意。这样,公司高管就可以快速地作出决定,当然,在作出决定时需要进行市场预测、收集信息,科学决策。

第四个问题比较简单,是公司等组织内部的权力行使问题。具体而言,就是法人的法定代表人或者非法人组织的负责人,如果**超越权限**订立了合同,那么,除相对人知道或者应当知道其超越权限外,该代表行为有效,订立的合同对法人或者非法人组织发生效力(《民法典》第504条)。全权代表法人的人,我们称为法定代表人;而在非法人的组织体当中,我们把这个人叫作负责人。有时,公司章程或者内部决议可能会说,法定代表人对外独立签订的合同金额不得超过50万元,超过50万元的需要经过董事会决议。那么,这就是对法定代表人权限的限制。如果法定代表人对外独立签订了100万元的合同,那么就超越了他的权限,此时,合同对公司有效,除非合同的对方当事人知道或者应当知道,法定代表人超越了50万元的权限。

第五个问题很重要,即使合同不生效、无效、被撤销或者终止,都不影响合同中有关解决争议方法的条款的效力。也就是说,关于合同发生纠纷怎么解决的一些条款的效力与合同本身的效力无关。这属于**善后条款**,对此约定非常必要(《民法典》第507条)。

42. 合同的履行

一诺千金,重在履行。

今天我们谈合同的履行。合同签订了,只是开始;合同履行,才是我们的目的。只有合同得到了履行,我们签订合同的目的才能实现,并且,我们希望合同得到完美的、符合合同目的的履行。《民法典》对当事人履行合同也提出了要求,那就是要"按照约定全面履行自己的义务"。不仅如此,还应当"遵循诚信原则,根据合同的性质、目的和交易习惯履行通知、协助、保密等义务"。为了贯彻绿色原则,法律还提倡避免浪费资源,并要求不得污染环境和破坏生态(《民法典》第509条)。毕竟我们只有一个地球,我们更喜欢青山绿水,不是吗?

如果合同内容约定得明确,当事人应当如何履行,也就是履行的标准为何就会比较清晰。很多时候,对于质量、价款、报酬、履行的地点、期限、方式、费用等没有考虑得那么清楚,甚至没有约定,就此,《民法典》在第511条提供了补充性规定,也能大体平衡双方的合理利益。但从当事人的目的角度看,只有自己才是自己利益的最佳判断者,所以,大家在签订合同时,还是要尽量将前面的问题约定清楚。网络购物采取快递物流方式交付的,收货人的签收时间为交付时间;采取在线传输方式交付的,则以合同标的进入对方当事人指定的特定系统且能够检索识别的时间为交付时间(《民法典》第512条第1款至第2款)。

金钱之债、选择之债是《民法典》中的新内容,以前的法律中没有规定。但实际上,金钱之债非常普遍,几乎每天都在发生。我们买东西,对卖方而言就是金钱之债,也就是需要履行的是金钱债务。金钱债务比较特殊,不存在不能履行的问题,也就不可能因履行不能而导致违约。金钱之债,除非经过了诉讼时效,也就是债权的权利保护期间,才无须履行,这个期间通常是3年(《民法典》第188条第1款),或者,当事人被宣告破产,经过破产清算后,即使还有欠债也不用还了,这说的是公司等法人。大家可能已经知道,2020年8月31日深圳公布了《深圳经济特区个人破产条例》,这也意味着,在深圳,个人的金钱之债在满足法定的条件下也可以得到免除,这给个人提供了一个新生的机会。金钱之债,债权人可以请求债务人以实际履行地的法定货币履行,也就是不管合同中的计算单位是美元还是欧元,最后都可以要求以人民币履行,除非法律另有规定或当事人另有约定(《民法典》第514条)。

　　选择之债是指债的标的有多个,只要债务人履行其中之一,债就算履行完毕。比如,在《三国演义》中,大家知道,曹操劝关羽降曹,但关羽提出三个条件:一是只降汉帝,不降曹操;二是细心照顾刘备的二位夫人;三是一旦知道刘备的下落,便去寻他。曹操欣赏关羽的忠义和武功,对关羽很是不错。这对关羽形成了一个隐形的债务,关羽有多种债的标的可以选择:一是降曹,这是曹操期待的,但这件事也许对吕布而言,很容易过自己思想这一关,对关羽,太难了;二是为曹操做些事,我们知道,袁绍的大将颜良、文丑均为名将,在与曹操对战时均被关羽挥刀斩于马下。尽管不是正式的合同之债,但这里只是想让大家理解,选择之债,选择一种加以履行即可。这样的债务,通常债务人享有选择的权利,也就是他要履行哪一个,他自己决定(《民法典》第515条第1款主文)。事实上,关羽选择了第二条路径,以报曹操的恩德之债。当然,后来,关羽又在华容道放了曹操一马。需要注意,享有选择权的人要及时行使选择权,否则,这项选择权可能丧失,移转到对方手里(《民法典》第515条第2款)。选择之债,权利人做了选择之后,要通知对方且不能变更,除非对方当事人同意。享有选择权的当事人在进行选择时,要选可以履行的标的,方符合合同目的,这是常态(《民法典》第516条)。

　　《民法典》还完善了按份债权和按份债务,也就是债权人享有的债权、债务人承担的债务都有确定的份额,按份债权人不能收取自己份额之外的债权,债务人也无须承担自己份额之外的债务,并且增加了一项内容,如果份额难以确定,就视为份额相同(《民法典》第517条)。《民法典》细化了连带债权和连带债务,连带债权的债权人是多个,每个人都可以收取全部债权;连带债务的债务人是多个,每个债务人都有义务清偿全部债务。这是一种比较特殊的债权债务关系,在某种意义上,可以说,连带债权扩大了每个债权人的权利,连带债务增加了每个债务人的负担,所以,连带债权、连带债务都需要有法律的明文规定,或者当事人的特别约定才可以成立(《民法典》第518条)。举个例子,一对夫妻养了一条狗,这家先生未牵狗绳、未给狗戴嘴套就出来遛狗了,结果狗把邻居咬伤了。这时,这对夫妻就要承担连带债务。邻居既可以找这位先生要钱,也可以找这位先生的夫人要钱,两人都有义务支付全部损害赔偿额度。夫妻二人中,一人支付后,另一人在相应额度内免责。连带债权、连带债务比较复杂,遇到纠纷需要多看看《民法典》条文(《民法典》第519条)。

* * * * *

今天我们继续聊合同的履行。合同一般都是向对方当事人履行,也一般都是由当事人的一方履行,但是,也存在一些特殊的情况,那就是,合同可能是向第三人履行,也可能是由第三人履行。比如,一位先生在七夕节订了一束花,请花店送到某女士的办公室,这里,这位先生和花店是合同的当事人,但是,在履行合同时,是将花送到合同之外的这位女士那里。这位女士并非合同当事人,这在生活中也是经常发生的。七夕节是中国传统的节日,对于一些男女具有重要的意义,如果花店由于订单太多,忘记给这位女士送花,或者在花上的标签上错标了送花人的名字,那么,花店要对谁承担责任呢?答案是要向这位先生承担违约责任(《民法典》第522条第1款)。通常,如果这位先生与花店约定这位女士也可以直接请求花店送花,那么这位女士的地位就与买花先生的地位相当,如果花送错了,她也可以直接追究花店的违约责任(《民法典》第522条第2款)。

债务还可能由第三人履行,原因是多方面的。比如,甲公司与乙公司签订了煤炭买卖合同,甲公司为卖方,乙公司为买方,但是,双方约定由丙公司向乙公司供应煤炭,按时送货;由丁公司向甲公司支付煤炭款。也就是买卖双方当事人既不亲自履行煤炭的交付义务,也不进行货款交接,而是由当事人之外的丙公司和丁公司履行。为什么出现这样的情况,可能你也想到了。情况可能是:丙公司是甲公司的供应商,与其先把煤炭运送给甲公司,再由甲公司运送给乙公司,不如直接由丙公司向乙公司交付。而之所以由丁公司向甲公司付款,是因为丁公司欠了乙公司一笔款项,正好与煤炭款一致,这样,当丁公司向甲公司付款后,乙公司和丁公司之间的债权债务关系也消灭了。在这样的合同关系中,如果丙公司没有交付煤炭或者交付的煤炭质量或数量不符合甲公司与乙公司之间的约定,那么,甲公司构成违约;如果丁公司迟迟没有向甲公司付款,超过了款项交割时限,那么,乙公司构成违约。也就是说,约定由合同之外的第三人履行,但第三人不履行债务或者履行债务不符合约定,债务人应当向债权人承担违约责任(《民法典》第 523 条)。

另外,如果债务人不履行债务,第三人对履行该债务具有合法利益,那么第三人有权向债权人代为履行;除非根据债务性质、按照当事人约定或者依照法律规定只能由债务人履行。比如,张三向银行借款,并将自己的一处房产抵押给银行,后来他又将该房产转让给李四。2 年之后,张三的借款到期但未能按时向银行还款,此时,购得房产的李四就属于对该债务的履行具有合法利益的人,因为,尽管他是房屋所有人,但其房产上附着的抵押权依然还在,如果张三不还款,银行可以拍卖李四的房屋而就变价的款项优先受偿。所以这时,李四为了防止银行拍卖他的房子,可以代替张三向银行还款。银行接受李四的还款后,对张三的债权就自动转给了李四,这是法定移转,也就是,发生了这样的情况,债权自然移转,除非银行与李四另有约定(《民法典》第 524 条)。

为了平衡当事人之间的利害关系,民法典重申了《合同法》已有的同时履行抗辩权、先履行抗辩权,在我们对对方当事人没有足够的信心时,这两种抗辩权的存在有利于保护自己的利益,尤其要注意这两种权利的及时行使。同时履行抗辩权,是指当事人互负债务,没有先后履行的顺序,那么应当同时履行。一方在对方履行之前有权拒绝对方的履行请求,一方在对方履行债务不符合约定时,也有权拒绝对方相应的履行请求(《民法典》第 525 条)。而先履行抗辩权,则是针对有先后履行顺序的债权债务关系的。有先后履行顺序的,应当先履行债务的一方没有履行,那么,后履行一方有权拒绝他的履行请求,先履行一方履行债务不符合约定的,后履行一方也有权拒绝其相应的履行请求(《民法典》第526条)。此外,如果应当先履行债务的一方,有确切证据证明对方,经营状况严重恶化;转移财产、抽逃资金,以逃避债务;丧失商业信誉或者有与此类似的情形的,可以中止自己一方的履行。否则,自己履行了,付出的就可能打水漂了,所以,既然对方出现了严重的问题,那么为了保护自己,可以暂缓履行。但如果没有确切的证据,那就无权中止履行(《民法典》第527条)。中止履行的,要通知对方,让对方知道你的担心,如果对方为履行提供了担保,也就是你的利益得到了保证,此时要恢复履行。但自己中止履行了,对方在合理的期间内既没有恢复履行能力,又没有提供适当的担保,这表明对方将不履行债务。此时,中止履行一方可以解除合同,并追究对方的违约责任(《民法典》第528条)。切记,保护自己,重在自己。

经济的、政治的、社会的、法律的诸多因素处在不断变化之中,合同成立后,如果合同的基础条件发生了当事人在订立合同时所无法预见的并且不属于商业风险的重大变化,继续履行合同对于当事人一方明显是不公平的,那么此时,受不利影响的当事人可以与对方重新协商。如果对方是通情达理之人,友好协商经常能解决问题;如果在一段合理的期限内仍然无法协商一致,则无须一直等下去,而是可以请求人民法院或者仲裁机构变更或者解除合同(《民法典》第533条)。如果是商业风险,则是每个人都需要承受的,比如,对于单纯的房价上涨,卖方不能说自己卖得太便宜了,不公平,这是无法得到法律支持的。

43. 合同的保全

> 债务人的财产，不该减少的不能让它减少，该增加的要让它增加。

今天，我们聊的主题是合同的保全。之后，我们还会讲担保，特别是物权的担保，即通过将债务人或者第三人的一些财产圈定的方式，对债权人债权的实现提供具有确定性清偿的保障。与债权人的债权额对应着的圈定的那些财产价值，在债务人不能清偿时，归债权人支配。

担保中的保证则是通过引入第三人，将第三人的财产一起用来清偿债务。这样，用于清偿债务的就既有债务人的财产，也有第三人的财产。

这里的保全，则是指向债务人的财产。在债务数量特定的情况下，债务人的财产越多，那么，债权人的债权就越安全。比如，一个人欠了你25万元，这也不是个小数目，但是，债务人有500万元的财产，你可以放心，债务人可以按时还债。

实践中，也可能有另一种情况，如果债务人有500万元的财产，但最近债务人在低价出售财产，或者将其财产无偿转让给他的子女，这样，到头来，你的25万元如果不及时要回来，最终能否拿回来就不一定了。这里存在一个债务人的财产不当减少的问题：如果不欠别人钱，没有债务，把自己的财产想给谁就给谁，没人管；但现在，债务人欠了一屁股债，有财产不用来还债，而把财产低价出售或者无偿赠给别人，这里的恶意就很明显了。当这种行为影响债权的实现时，就对债权人构成了损害，因为那些财产本来应该用于还债的，相当一部分要归属于债权人。所以，《民法典》否定债务人的这种损害债权人利益的行为，并支持债权人把这些不当转出的财产拿回来。

具体而言,这包括两种情况:一种情况是债务人放弃债权、放弃债权担保、无偿转让财产,或者恶意延长其到期债权的履行期限,这些行为,当影响债权人的债权实现时,债权人可以请求人民法院撤销债务人的行为(《民法典》第538条)。另一种情况是债务人以明显不合理的低价转让财产、以明显不合理的高价受让他人财产,或者为他人的债务提供担保,而影响债权人的债权实现,此时,当债务人的相对人知道或者应当知道该情形的,债权人可以请求人民法院撤销债务人的行为(《民法典》第539条)。明显不合理的低价、明显不合理的高价本身就暗示着存在恶意,因为这在交易中是极不正常的。

债权人撤销的目的,就是保障自己债权的实现,所以,撤销权的行使范围"以债权人的债权为限",就像前面说的,如果你有25万元的债权,债务人有500万元的财产,他赠与子女200万元,但并没有对你的债权产生影响,所以不能撤销这个赠与;如果后来他只剩下200万元财产,一下子全部赠与自己的子女,此时你也不能撤销全部赠与,只能撤销里面25万元的赠与,因为你对其他175万元没有合法利益。另外,为行使撤销权的必要费用,由债务人负担(《民法典》第540条),因为这也是由于债务人自己的不当甚至不法行为引起的。

需要注意,为了保证法律关系的稳定,《民法典》特别规定了撤销权行使的期限,那就是"自债权人知道或者应当知道撤销事由之日起一年内"(《民法典》第541条第1句)。如果过了很多年才知道呢?如果再行使撤销权,同样会影响法律关系的稳定,所以,除了1年的期间,还有一个5年的期间,也就是说,如果债务人的行为已经过去了5年,那么,即使你才发现,也不可以行使撤销权(《民法典》第541条第2句)。前面债务人的这些行为被撤销后,与之前我们讲可撤销的法律行为是相似的,自始没有法律约束力(《民法典》第542条)。

这是债权人的撤销权,保障债务人的财产不被不正当地减少。还有另一种情况,就是债务人的财产应增加却没有增加。在债务人本身财产充裕的时候,增加不增加无所谓;但如果债务人手里的财产比较少,不足以清偿你的债权,那么,该增加却没有增加,就与你存在利害关系了。比如,张三欠李四50万元,李四欠王五20万元,李四没有钱还王五,问题是,张三欠李四的50万元早就该还了,张三不还,李四也不去要。这就属于李四的财产应增加却没有增加,损害了王五的利益,因为如果李四向张三把钱要回来,就可以清偿对王五的负债。此时,《民法典》为了保障王五的债权,赋予他以自己的名义代位行使李四对张三的权利,只要这个权利不是专属于李四的就可以行使,另外,行使这个权利需要向人民法院请求(《民法典》第535条第1款)。请求行使的权利既可以是刚才举的例子中的债权,也可以是担保物权。至于行使的债权额的范围,与撤销权一样,以自己的到期债权额为限(《民法典》第535条第2款第1句)。按照刚才说的例子,王五只能向张三要20万元。我们把王五的权利叫作债权人的代位权,也就是"代债务人之位"行使"本属于债务人的权利"的意思。需要注意,如果张三有理由拒绝李四,那么,他同样可以以这些理由拒绝王五(《民法典》第535条第3款)。

此外,尽管债权人的债权还没到期,但债务人的债权或者与该债权有关的从权利存在诉讼时效期间即将届满或者未及时申报破产债权等情形,影响债权人的债权实现的,债权人可以代位向债务人的相对人请求他向债务人履行、向破产管理人申报或者作出其他必要的行为(《民法典》第536条)。因为这个时候,即使自己的债权没有到期也不能再等了,否则债务人的权利过了诉讼时效或者债务人的债务人——公司都破产清算了,就为时已晚。债权人的代位权,就是把第三人欠债务人的钱直接拿到自己这里来,对于保障债权人的债权很重要。

44. 合同的变更和转让

> 合意生成的合同,可合意加以变更。

今天,我们聊的主题是合同的变更和转让。合同是双方当事人意思表示达成一致的结果,是双方共同意思的反映,所以,合同生效之后,任何一方当事人不得单方变更合同,否则该变更不具有法律效力。比如,一些高校**职称评聘**的条件,两年一小变,三年一大变,并且基本上都是提高评聘的条件,这样的行为属于单方变更合同条款,即使这些评聘条件未写入合同中,但因为这是博士毕业生们进入某一特定学校必然考量的最重要的因素之一,是合同的基础性事实,所以这个规则就是隐形的合同条款。所以,高校单方面提高评聘职称的条件,对于已入校的教师构成单方变更合同内容,尽管不应具有法律效力,但由于学校的主导、强势地位,在实践中却得以实施。既然一些大学不能自觉践行法治与合同精神,那么,教育部作为教育主管部门,应维护教师的合法权益。实际上,教育部于2020年7月15日公布的《教育部关于进一步加强高等学校法治工作的意见》,已经对高校提出了一定的要求,《民法典》亦应成为高校的行动指南。根据《民法典》的规定和精神,大学职称的评聘条件不具有溯及力,但教师可以主动选择适用新的评聘条件,有争议时,适用教师入职时的评聘条件,此外,在外审时,学校应明示新、老教师评聘条件的差异。变更合同,必须经过双方当事人的一致同意(《民法典》第543条)。变更的内容约定不明确的,推定为没有发生变更(《民法典》第544条)。

合同中当事人的地位可以转让。具体而言,债权人的债权可以转让,债务人的债务也可以转让,债权债务还可以整体转让。这么说,实际上要告诉大家，不仅在合同的债权债务关系中，当事人的地位可以转让，而且侵权之债、不当得利、无因管理等债权、债务关系中的当事人地位也可以转让。我们先来看债权转让。

我们可以卖房子、卖早饭、卖菜、卖家电、卖书，可卖的东西太多了。实际上，债权也是可以卖的。比如，你欠我2万元，我是债权人，你是债务人，那么，我就可以把"我对你的2万元债权"卖给别人。但是，有些债权不能转让，可能是法律规定不得转让、当事人约定不得转让，也可能根据债权的性质不得转让（《民法典》第545条第1款）。比如，我请你为我画一幅肖像，这个就不能转让，因为画肖像有一定的人身性因素。需要注意，当事人之间的约定不得转让，第三人很难知道。所以，即使当事人有约定，也不得对抗善意第三人，也就是不知情的第三人可以认为"当事人之间的不得转让的约定"不存在。如果是金钱之债，就像刚举的例子，你欠我2万元的这种情形，那么第三人即使知道当事人之间的约定，也可以接受债权的转让，也就是你和我约定"这2万元的债权不能转让给别人"，但我还是把这2万元的债权卖给了我的同事，即使这个同事知道咱俩之间的约定，他依然可以取得对你的2万元债权（《民法典》第545条第2款），也就是，你还钱就还他。

我把对你的2万元债权转让给同事后，应该通知你，这样你才知道，再还钱，不是还我，而是还他。但如果没有通知你，那么这个债权转让对你不发生效力，这样，你可以直接把钱还给我（《民法典》第546条第1款）。我把债权转让给同事之后，我的同事就取得了对你的2万元债权，如果这里还有担保的权利，那么，这位同事一样享有担保权。比如，为了担保你的借款，你把一条精致的珍珠项链质押给我，即使我没有向我的同事移转占有，这位同事同样享有这条珍珠项链上的质权。如果你到期未能还债，他可以变卖项链在2万元的范围内优先得到清偿（《民法典》第547条）。可以想象，债权转让不应该使债务人处于更不利的地位，因此，债权转让对债务人的抗辩权、抵销权等权利没有影响（《民法典》第548条、第549条）。如果因为转让债权，导致债务人履行增加了费用，那么，这笔钱应该由债权转让人（让与人）负担，这是比较合理的（《民法典》第550条）。

不仅债权可以给别人，债务也可以让别人承担。还是以你欠我2万元为例，我是债权人，你是债务人，本来你要还我2万元，但你把这笔债务转给了你的一位同事来承担。这与债权转让有所不同，问题在哪里呢？那就是，你的同事的还债能力我是不知道的，当初把钱借给你，是因为我对你有所了解。所以，谁来还债很重要。如果你想把债务让给你的同事，那么必须经过我的同意(《民法典》第551条第1款)，如果经过了我的同意，事后你的同事还不起钱，这怪不得别人。如果我没有表示同意，那么，视为不同意(《民法典》第551条第2款)。还存在另一种情况，你还是债务人，但你的同事想跟你一起还债，原因可能是你们正在谈恋爱，其实理由并不重要，所以，他通知我你们两个准备一起还债，如果在一段时间内，我没有反对，那么，债务到期，我可以要求你们两个人一起还债，这时你们之间是连带债务(《民法典》第552条)。

这里大家可能听到，我强调了"我没有反对"。说明什么呢？说明要尊重我的意思。本来你欠我钱，现在别人想和你一起还钱，对我是好事，但即使如此，还是要尊重我的意思，也就是**好处不能强加于人**。这更意味着，坏处，也就是不利益，更不能强加于人。个人、私组织没有权利这样做，政府有关部门除了有法律明确规定且具有足够的正当性、必要性之外，也没有权利这样做。有一些机关，要求特定职业的人员每年**必须**参加多少个小时的**公益活动**，并将此作为考核指标，这种做法与《民法典》中**利益不能强加于人，不利益更不能强加于人**的精神，与习近平总书记2020年5月29日在中央政治局第二十次集体学习时的讲话内容直接相悖。习近平总书记在主持学习时强调，各级政府不得违背法律法规随意作出减损公民、法人和其他组织合法权益或增加其义务的决定。建议有关机关切实贯彻《民法典》和习近平总书记的讲话精神。

另外，当事人协商一致，债权和债务可以一起转让。公司合并、分立时，原公司的债权、债务则由合并、分立后的公司享有和承担，这属于债权、债务的法定移转。

45. 合同权利义务的终止

目的已达,手段消灭。——法谚[1]

今天,我们关注的是合同权利义务的终止,这大多也适用于因侵权、不当得利、无因管理而产生的债权债务关系。

在正常情况下,债权债务因债务得到履行而自然终止。就像你从我这里借走2万元,说好年底还,到了年底,你按时偿还,这就是债务的正常履行。我们在饭店点菜,饭店上菜的名目、质量都符合要求,这也是正常履行。当然,如果吃了饭店的饭菜引发了食物中毒,那么,饭店虽然履行了,但是履行有瑕疵,不符合约定或不符合食品安全规定,就会引发后续的责任。我们在网上购物,下了单、付了款,对方按时发货,我们收到的就是当时买的,且和网上的说明一致,那么,这也是正常履行。不过,**网上购物也有风险**,之前我在网上私人店铺购买了一本很有研读和收藏价值的书,对方优惠了几元,还痛快地答应了包邮,但邮寄的根本不是我买的那本书,而是一本"白给都没人要"的书,我把这个情况告诉对方,对方竟然还不承认。后来,我又在这家店铺买了一本书,你可能会说,"你怎么不长记性呢?"我下完单付完款,发货前,给对方留了信息说,开封快递时会使用手机录像。后来网购有疑虑的时候,我也确实如此操作。因为有争议时,要用证据说话才能服人。第二次在那家店铺购物,就没出现第一次的问题。

---

[1] 郑玉波:《法谚(一)》,法律出版社2007年版,第134页。

如果只有一笔债务,清偿的当然就是这笔债务,或者虽然是多笔债务,但内容不同,债务人履行的债务是哪一笔,都比较清楚。如果当事人间有多笔种类相同的债务,而债务人的履行又不足以消灭全部债务,此时,债务人可以说明其到底履行的是哪笔债务。在民间借贷中,多次借贷是存在的,而债务人清偿的到底是哪笔,很多时候没有说明。此时,要怎么处理?实际上,他清偿的是哪笔债务很重要。比如,甲和乙之间有借贷关系,甲是借款方,乙是借出方,甲从 2019 年开始每个月向乙借入 10 万元,甲有了闲钱也不定期地随时还钱,他们的借款是按月计息的,并且每个月的生息相对独立,可以"利滚利",所以,当甲在 2019 年 8 月还钱时,他还的是 3 月的,还是 4 月的,或者是 7 月借入的那笔钱,效果相差甚远。以前的《合同法》没有提供规则,《合同法司法解释二》提供了比较具体的规则,《民法典》又为当事人没有约定、没有指定时,提供了比较妥当的规则,那就是,"债务人未作指定的,应当优先履行已经到期的债务;数项债务均到期的,优先履行对债权人缺乏担保或者担保最少的债务;均无担保或者担保相等的,优先履行债务人负担较重的债务;负担相同的,按照债务到期的先后顺序履行;到期时间相同的,按照债务比例履行"(《民法典》第 560 条第 2 款)。这个规则较好地平衡了甲乙之间的利益,当你借入多笔债务时,可以把这个条款再认真看一下。如果除了本金,还有利息和实现债权的费用,除非当事人另有约定,那么依照实现费用、利息、本金这样一个顺序履行(《民法典》第 561 条)。

此外,债务可能因为抵销而消灭,前面例子说,你欠了我 2 万元,后来由于其他原因,我又欠了你 2 万元,那么,这 2 万元和 2 万元就抵销了,实际上就是以较小的那个数额抵销,履行剩下的债务就可以了。如果我欠你的是 1.5 万元,那么,你再还我 5 千元就可以了。可以抵销的除了金钱之债,也可以是其他同种类的、品质相同的债务。需要注意,这里被抵销的对方债务一定是已经到期的,否则就可能侵害对方的期限利益。当事人约定不能抵销的,当然不能抵销(《民法典》第 568 条第 1 款)。即使标的物种类、品种不同,但双方协商一致,也可以抵销(《民法典》第 569 条)。比如,甲欠乙 10 万元,乙欠甲一批货,双方一商量达成一致,互相抵销,两清了。主张抵销,应告诉对方(《民法典》第 568 条第 2 款),因为别人还等着你履行呢。

有这么一种情形,债务人准备履行债务,但债权人无正当理由拒绝受领或者下落不明,债务人想履行但是没办法履行,又或者债权人死亡但还没有确定继承人、遗产管理人,债权人丧失民事行为能力但还没有确定监护人,这样,对方就无法受领。对于这样的情况,债务人就可以采取提存的方式终结债务。并不是什么都适合提存,如果提存费用过高,就不合适;如果是生鲜食品,不易保存,也不合适。在这种情况下,可以把东西依法变卖或者拍卖,将所得的价款进行提存(《民法典》第570条)。提存之后,在提存的范围内视为已经交付标的物(《民法典》第571条第2款)。提存后要及时通知债权人或者他的继承人、遗产管理人、监护人、财产代管人(《民法典》第572条)。提存后,有孳息的,归债权人;提存费,由债权人负担;提存后的毁损灭失的风险由债权人承担(《民法典》第573条)。

债务还可能因为免除而终止。比如,一个同事欠你2万元,你看他生活过得并不好,所以,你对他说,"2万元不用还了,你也挺不容易的",这位同事也没反对。那么,你们之间的债务终结,除非他说,"那怎么行,一定要还钱,好借好还,再借不难,你不能瞧不起我"。我们可以看到,只有免除的意思还不够,还需要对方接受(《民法典》第575条)。这就是我们前面说的,**利益、好处不能强加于人;不利益更不能强加于人**。

此外,如果债权和债务归于同一人,那么通常,债务消灭。比如,甲公司欠乙公司100万元,后来,甲公司合并了乙公司,甲乙公司间债权债务消灭(《民法典》第576条)。

* * * * *

订约在己,解约不在己。——法谚①

---

① 郑玉波:《法谚(一)》,法律出版社2007年版,第111页。

今天，我们继续关注合同权利和义务的终止。上次我们讲到，适用于所有的债权债务关系的终止，今天，我们聊的是专门针对合同的"合同解除"。

合同生效之后，一方当事人不得随意解除合同。除非当事人对解除达成一致，或者满足法律规定的条件（《民法典》第 562 条、第 563 条）。

当事人对解除达成一致，这叫"约定解除"。既可以是事后的协商一致，也可以是事先就解除合同的事由进行约定，当解除合同的事由发生时，有解除权的一方当事人可以解除合同。比如，数年前，某高校与新入职的青年教师签订了合同，工作年限 6 年，并进一步约定，4 年之内，青年教师未达到学校副教授评聘条件的，学校有权解除合同，如果任职期间违反**计划生育规定**生育子女的，学校有权解除合同。我们看到，在合同里，高校一方是享有解除权的当事人，而青年教师未达到学校副教授评聘条件，或者违反计划生育规定生育子女，则属于约定的解除条件，当满足这些条件时，学校就可以解除合同。

合同的约定解除体现的是当事人的意思，当事人自己决定合同的命运。合同的法定解除，是法律对合同形势的判断，直接赋予当事人解除合同的权利。在下面四种情况下，当事人可以解除合同：一是发生不可抗力导致不能实现合同目的，比如，当事人约定的是房屋装修合同，但由于地震，需要装修的房屋已经倒塌；二是在合同履行期限届满前，当事人一方明确表示或者以自己的行为表明不履行主要债务，这时，尽管也可以等待合同届满，追究对方的违约责任，但是，等待没有任何意义，合同的履行已经不可期待；三是当事人一方迟延履行主要债务，并且经过催告后，在合理的期限内仍然没有履行的；四是当事人一方迟延履行债务或者有其他违约行为致使不能实现合同目的的，比如，甲学校向长期合作的乙公司定制某类器材设备，要求 5 月 8 日送货上门，以供 5 月 9 日举行的校内运动会使用，结果，乙公司迟延送货，以至于学校相关设备缺失，最终导致相应的比赛无法开展（《民法典》第 563 条第 1 款）。

此外，如果是以持续履行的债务为内容的不定期合同，那么，当事人可以随时解除合同，但是应当在合理期限之内通知对方（《民法典》第 563

条第 2 款)。刚刚说的这种可以随时解除的合同,只针对不定期合同,并且要持续履行。比如,高校与教师间的不定期合同,教师提供的授课是持续履行的。这里之所以要求要在合理期限之内通知对方,是为了给对方一定的缓冲时间,以应对合同解除带来的问题。

需要注意,解除权可以单方面地改变法律关系,让合同不复存在,影响法律关系的稳定,因此,这种权利不宜长期存在。就此,如果当事人约定了解除权的行使期限,期限届满,当事人没有行使,解除权消灭。如果当事人没有约定呢?此时,根据《民法典》的规定,自解除权人知道或者应当知道解除事由之日起 1 年内不行使,或者经对方催告后在合理期限内不行使的,解除权消灭(《民法典》第 564 条)。意思就是,如果知道自己有权利解除合同,那么,就要尽快行使这项权利。

当事人解除合同,要让对方知道,可以通过打电话、发短信、挂号信函等方式通知对方。比如,在《西游记》电视剧中,由于孙悟空打死了白骨精变成的村姑,唐僧很生气,想要解除他与孙悟空之间的"师徒合同",唐僧明确地表达了他的意思,通知到达时合同解除,经过孙悟空的请求,唐僧说"下不为例,如果你再犯,我就不客气"。后来,孙悟空的正义感"爆棚",又接连打杀了白骨精变成的村妇的父母,唐僧一气之下把孙悟空赶走,告诉他,"我不再是你的师父"。孙悟空对此有异议。如果我们对合同解除有异议,任何一方当事人都可以请求人民法院或者仲裁机构确认解除行为的效力(《民法典》第 565 条第 1 款)。当然,当事人也可以不通知对方,直接以提起诉讼或者申请仲裁的方式依法主张解除合同(《民法典》第 565 条第 2 款前段)。在我的印象中,后来,孙悟空在观音菩萨的陪同下,回到了唐僧身边。在《西游记》中,观音菩萨在某种意义上就相当于公权力机构或者其代表。

合同解除,法律关系就终止了。具体会发生什么样的后果呢?合同解除后,尚未履行的,不再履行;已经履行的,根据履行的具体情况和合同的性质,可以请求恢复原状、采取其他补救措施,并有权请求赔偿损失(《民法典》第 566 条第 1 款)。如果合同是因违约而解除的,解除权人还可以请求违约方承担违约责任,但是当事人双方另有约定的除外(《民法典》第566条第2款）。合同解除后,合同中结算和清理的条款依然有效（《民法典》第567条）。另外,债权债务关系终止后,当事人应当遵循诚实信用原则、交易习惯,履行通知、协助、保密等义务（《民法典》第558条）。比如,唐僧在赶走孙悟空时,如果真的要解除与孙悟空的"师徒合同",那么,唐僧应摘掉孙悟空头上的紧箍,孙悟空也确实有此要求。这就是合同终止后唐僧的义务。

46. 违约责任：继续履行和采取补救措施

> 合同目的的实现，比赔偿损失更重要。

今天，我们聊的是违约责任。合同是当事人根据自己的需要签订的协议，是当事人为自己制定的法律。合同签订、生效了，就要履行。如果不履行，或者虽然履行了但不符合约定，会怎么样呢？此时就会构成违约，违约一方应当承担继续履行、采取补救措施或者赔偿损失等违约责任（《民法典》第577条）。

违约，不仅包括当事人不履行的情况，也包括履行不符合约定的情况。前者是当事人根本就没有履行行为，比如，当事人一方明确表示，将不履行合同义务或者以自己的行为表明将不履行合同义务。如果你向一个卖家买了一套房，交了全款但并未过户，而此时你却发现，这位卖家竟然把房子又高价卖给了第三人，并且已经办理了过户。此时，卖家已经以行为表明，他对你将不履行合同，这时，你就可以直接追究对方的违约责任。这种违约形态，在法律上的术语叫**预期违约**，也就是根本还没到合同履行期，但对方已经确定违约了（《民法典》第578条）。另外，涉及的标的还可能是钱，比如，当事人一方未支付价款、报酬、租金、利息，或者不履行其他金钱债务的，对方当事人可以请求其支付（《民法典》第579条）。这种金钱之债，不存在无法履行的问题。

对于非金钱债务的违约，一种责任形式是继续履行。因为这对另一方当事人具有重大的意义，当事人签订合同的目的就是要得到合同履行的结果，这本身不是钱能解决的问题。通常，另一方当事人恰恰是付出金钱的一方，他希望得到的就是用钱换到另一种东西。所以，对于非金钱债务,一方当事人不履行或者履行不符合约定,另一方当事人就可以请求继续履行(《民法典》第580条第1款主文)。但有三种情形是例外。第一种情形是在法律上或者事实上不能履行,比如,要交付的是知名画家张大千的一幅画,但由于该画已经被火烧毁,又或者法律修订使标的物变成了不可流通物。第二种情形是债务的标的不适合强制履行或者履行费用过高,比如,某公司请一位艺人到天津演出,这位艺人的债务便具有人身性,他不唱歌、表演,不能强迫他,或者你请一位画师给你画一幅肖像画,但画师反悔,你也不能强迫画师作画。履行费用过高的情形,比如,甲乙双方买卖的标的是电影《泰坦尼克号》里罗斯的"海洋之心",偏偏在交付之前掉进了太平洋,此时,"海洋之心"不是绝对不能捞上来,但在太平洋里找到并把它捞上来的成本太高,这就属于履行费用过高。第三种情形是债权人在合理期限内未请求履行,这意味着,当事人要主张继续履行,应当趁早(《民法典》第580条第1款但书)。存在前述三种情形之一,以至于无法实现合同目的时,当事人可以向人民法院或者仲裁机构主张终止合同权利义务关系,但对方当事人的违约责任,还是要承担的(《民法典》第580条第2款)。

刚才提到,有些债务不适合强制履行,如装修房屋,不能强迫别人干活。此时,如果债务人自己不装修或者装修不符合约定,那么可以找其他装修队或者一些工人对房屋进行装修,由债务人负担因此而发生的费用(《民法典》第581条)。

债务人履行了合同,但是履行不符合约定,那么此时,对违约责任有约定,当然按照约定来;没有约定,但就责任承担达成协议的,按协议来。如果既没有约定,也没有达成协议,通常要根据标的性质以及损失的大小,采取各种补救措施,债权人可以合理选择请求对方承担修理、重作、更换、退货、减少价款或者报酬等违约责任(《民法典》第582条)。比如,在租赁合同中,房屋漏雨,此时承租人可以请求出租人修理;在承揽合同中,承揽方的工作成果不符合约定,可以要求承揽人重作;在书店购买法律类图书,竟然发现图书的页码混乱,可以要求更换、退货。如果在网络上购物,有些问题,但又没有那么严重,不想过于折腾,那么可以要求商家减少价款。我在网上曾经购买号称"小损"的一本外文书,大小的

"小",损害的"损",标注"八五品",图书的图片不够清晰,拿到手之后,发现一本书400页,从前往后,每一页,在相同的位置上都有一道2厘米长的划痕,也就是说,这道划痕是划破整本书的,将此定性为"小损",恐怕任何买方都不会认可,我要求对方补偿10元。这就是减少价款。其实,这不是钱多少的问题,而是我们的权利问题,我们有权利拿回应得的东西。如果是劳务合同,工作做了,做工还可以,但并非完全符合约定,此时,可以要求减少报酬。

Day 59

47. 违约责任：赔偿损失

> 赔偿损失，让守约方没有法律上的损害。

上次我们聊的是违约责任中的继续履行和采取补救措施，今天继续聊违约责任的第三种责任形式，也是实践中重要的、广泛采用的责任形式——赔偿损失。

当事人一方不履行合同义务或者履行合同义务不符合约定的，在继续履行或者采取补救措施之后，如果对方还有其他损失，那么，应当赔偿对方的损失（《民法典》第583条）。损失怎么计算呢？不是你随口一说自己有多少损失，对方就必须赔给你，而是应当相当于因违约所造成的损失，包括合同履行后可以获得的利益；但是，有一个限制，那就是不得超过违约一方订立合同时预见或者应当预见的因违约可能造成的损失（《民法典》第584条）。也就是说，违约损失采取的是可预见规则。比如，供电企业的线路出现问题，导致停电，以至于一家小鸡孵化公司的小鸡孵化全部失败；一个教授的论文在电脑上才写完，刚要放松一下，准备保存文档，偏偏此时停电，功夫白费了。这些损失，恐怕不是供电企业所能预见的。对于自己的损失，当事人要承担举证责任。

为了减轻这种举证责任，当事人可以在合同中直接约定，一方违约时应当根据违约情况向对方支付一定数额的违约金，也可以约定因违约产生的损失赔偿额的计算方法（《民法典》第585条第1款）。这样相对简单一些，方便操作。但有时，当事人实际遭受的损失与约定的违约金数额相差甚远，以前，如果二者的差距达到30%，那么，根据《合同法》第114条和相关的司法解释，当违约金过高或者过低时，按照违约金来会因此遭受较大损失的一方请求人民法院或者仲裁机构予以适当减少或者增加,人民法院均会调整。但《民法典》第585条对此作出调整,现在,存在前述约定的违约金与实际损失相差较多时,是否调整的权利归属于人民法院或者仲裁机构(《民法典》第585条第2款),这种做法是较为合理的,因为约定过高的违约金,通常有特别的目的。比如,商人之间约定的违约金,人民法院或者仲裁机构一般不宜介入。这基本也是大陆法系国家商法典的普遍规定。此外,需要注意,当事人就迟延履行约定违约金的,违约方即使支付了违约金,仍然需要继续履行债务(《民法典》第585条第3款)。

除了物保、人保可以作为债权的担保,定金同样可以用作债权的担保。当一方当事人违约时,适用定金罚则。需要注意,定金合同自实际交付定金时成立。当事人实际交付的定金数额多于或者少于约定数额的,以实际交付的为准。法律对定金的数额设置了上限,也就是不能超过合同标的额的20%。如果超过会怎样呢?超过的部分不产生定金的效力(《民法典》第586条)。债务人履行债务的,定金应当抵作价款或者收回。所谓的定金罚则,就是在当事人违约时,"给付定金的一方不履行债务或者履行债务不符合约定,致使不能实现合同目的的,无权请求返还定金",而"收受定金的一方不履行债务或者履行债务不符合约定,致使不能实现合同目的的,应当双倍返还定金"(《民法典》第587条第2句)。也就是定金可以作为违约的代价。另外,这里需要注意,一定是违约导致了不能实现合同目的,这是实质要件。举个例子,双方当事人约定9点在银行门口交付现金,但负有交付现金义务的一方当事人晚了5分钟,这也是履行义务不符合约定,但是,这对对方当事人的合同目的没有实质性影响,所以这时,对方当事人就不能主张适用定金罚则。

有时,当事人在合同中既约定了违约金,又约定并交付了定金,此时,如果一方当事人违约,如何追究违约责任呢?对方当事人可以选择适用违约金或者定金条款。如果定金不足以弥补一方违约造成的损失,那么,对方还可以请求赔偿超过定金数额的损失(《民法典》第588条)。举个例子,房屋买卖合同当事人,约定的定金是2万元,但卖方违约造成的损失却是10万元,此时,买方除可以要求定金的2万元外,还可以要求额外的8万元,如此,其损失才能得到弥补,这样也才公平。

时间因素也是重要的,未按时履行属于迟延履行,同样构成违约。债务人按照约定履行债务,而债权人没有正当理由拒绝受领,这时构成受领迟延,属于债权人违约,如果债务人为此增加了履行的费用,那么,该笔费用可以要求债权人承担。因为债务人该做的都做了,是债权人受领迟延,所以在受领迟延期间,债务人无须支付利息(《民法典》第589条)。受领,从字面含义理解为"接受领取",大体上是合理的。

有时违约不能归咎于当事人,可能是水灾、地震、战争、疫情及管制等原因造成的。一般来看,这种不能预见、不能避免且不能克服的情况,叫"不可抗力"。导致一方合同不能履行的,要根据不可抗力的影响,部分或者全部免除责任;但是,如果是迟延履行后发生不可抗力的,违约责任要照负。发生不可抗力,导致合同不能履行时,要及时通知对方,以尽可能减轻给对方造成的损失;主张不可抗力的,要提供必要的证明(《民法典》第590条第1款)。这里的及时通知是一项义务,需要注意。

有时,一方当事人违约是第三人的原因造成的,此时,不影响当事人自己违约责任的成立,至于当事人和第三人之间的纠纷,要另行处理(《民法典》第593条)。

一方当事人违约后,对方应当采取适当措施防止损失的扩大,而不能任由损失扩大。这在学理上被称为"不真正义务",因为如果是真正义务,违反了义务要向对方承担责任;如果违反了不真正义务,没有采取适当措施以致损失扩大,就扩大的损失没有请求赔偿的权利,也就是要承受自己不采取适当措施的损失。当事人因防止损失扩大而支出的合理费用,有权要求违约方负担(《民法典》第591条)。

前面讲的都是一方违约,实践中还有双方违约。如果当事人双方都违反合同,那么各自承担相应的责任。此外,当事人一方违约造成对方损失,如果对方对损失的发生存在过错,那么可以减少相应的损失赔偿额(《民法典》第592条)。也就是说,这个损失的发生,双方的因素都参与其中,这时非违约方也要就自己的过错造成的后果承担损失,而不是由违约方负全责。

48. 合同类型

主要目的不同,合同类型有异。

一切行为,皆应依行为人之意思而判断。——法谚①

前面我们就合同法,或者说是债法的共性规则进行了一定的解读,从今天开始,我们来看具体的合同类型。先从宏观上看一下这些合同类型。《民法典》合同编第二分编"典型合同"部分共规定了19种合同,所谓典型合同,就是在法典中有法定名字的合同类型;我们后面讲的主要就是这些合同,它们在我们的生活中也是比较常见的,所以,由《民法典》对这些常见的合同中的重要问题作出规定,特别是对当事人之间的权利义务作出某种安排,应该说,《民法典》关于合同的规定大体上较好地平衡了当事人之间的利益,如果一方当事人的约定偏离《民法典》中一些条款的设计,那么,就可能对另一方当事人不公平,这是需要注意的。

在19种合同中,新增加的合同有4种,分别是保证合同、保理合同、合伙合同和物业服务合同。但客观地说,这些合同也不完全是新的,只是在合同编第二分编"典型合同"部分,以新面目出现。实际上,保证合同的内容之前规定在《担保法》中,有关合伙的内容之前规定在《民法通则》的个人合伙(第31条)、合伙型联营(第52条)部分,《民法典》总则编并未延续《民法通则》的做法,而在民事主体部分删除了个人合伙、合伙型联营的内容,《担保法》《民法通则》在《民法典》于2021年1月1日施行之日起同时废止,因此,保证、合伙的内容被移入"典型合同"部分加以规定。

---

① 郑玉波:《法谚(一)》,法律出版社2007年版,第60页。

物业服务合同，以前在国务院公布的《物业管理条例》中已经有所提及，还根据物业服务合同的阶段分为前期物业服务合同和物业服务合同，这次纳入《民法典》后增加了很多新内容。至于保理合同，实践中已经有很多应用，早在2012年，商务部就发布过《商务部关于商业保理试点有关工作的通知》，天津市地方金融监督管理局也于2019年4月24日印发了《天津市商业保理试点管理办法（试行）》（已失效），以规范保理公司的行为，促进保理行业的发展。保理合同这次进入《民法典》，是"货真价实"的新合同。

除了新合同需要引起我们的注意，我国《民法典》的特殊之处还在于，它是一部民商合一的民法典，所谓民商合一，就是把民事合同和商事合同一起规定，都纳入《民法典》当中。我们从1999年的《合同法》就已经这么做了，《民法典》只是对此的延续。而在其他国家，如法国、德国、日本、韩国，它们有专门的商法典，商人之间的商事合同在商法典里有专门规定，此外，在民事主体和商人之间订立的一些合同，用到商人身上时也会有一些特别的规定，这些不同的规定实际上提高了商人的义务，因为商人被假设为"精明的"、可以很好地照顾自己的利益。但我国《民法典》没有专门作出这种区分，所以，我们看到，《民法典》中的一些合同是纯民事的合同，一些合同是纯商事的合同，还有一些可能在民事主体和商人之间都会产生。

例如，赠与合同就是纯民事合同，商人在经营活动中通常不会进行赠与，因为这与商业的本性不符，商业就是要追求利润，即在法律的框架下，通过自身的经营运作，合法地获取利润；而像保理合同、融资租赁合同、仓储合同、行纪合同、中介合同就是纯商事合同，这些合同的一方当事人是典型的商人，在我国则经常表现为公司的形式，比如，保理公司、中介公司，从事保理业务、融资租赁业务、仓储业务、行纪业务、中介业务的，都属于公司的营业范围，属于营业行为，目的就是通过此等行为获取利润。

而买卖合同，既可以发生在普通的民事主体之间，也可以是商业行为的一环，比如，在大学里，之前在毕业之际有所谓的毕业卖书，买方和卖方都不是商人，卖方没打算赚钱，实际上可能也不会赚钱，所以，像这样的一个买卖行为就是纯民事的买卖；而如果是一个零售商向一个批发商进货,这样的买卖发生在商人之间,是一个纯商事的买卖。此外,还有所谓的单方商行为的买卖,也就是,买卖的一方当事人是商人,这在生活中是最常见的,比如,我们去超市、商场,在当当网、淘宝网上买东西,我们是消费者,而对方可是商人,再如,我们偶尔清理一下家里,把废旧图书报纸、衣服、矿泉水瓶卖给废品收购者,别忘了,对方是要高价卖出的,所以,即使是收废品的人,也是商法意义上的人。我们看到,同样都是买卖,但还是存在一定的差异。在商人之间的买卖,可能不存在特别保护问题,但是,如果我们作为消费者去向商家买东西,此时,就要受到《消费者权益保护法》的特别保护。所以,从这点我们就能发现,将民事和商事完全一体对待处理可能会不妥当,要特别注意。

此外,从另一个角度看,合同可以分为移转所有权的合同、移转使用权的合同、信用型的合同、服务型的合同、组织型的合同、好意型的合同。买卖属于移转所有权的合同,租赁属于移转使用权的合同,借款属于信用型的合同,委托、承揽、中介属于服务型的合同,合伙属于组织型的合同,赠与属于好意型的合同。此外,《民法典》没有规定的会员合同、加盟店合同属于组织型的合同,借用合同也属于好意型的合同。

Day 61—63

49. 买卖合同

> 无有价金,不成买卖。——法谚①

今天,我们关注合同中最重要的合同类型——买卖合同,它在生活中的使用如此之普遍,我们每个人一辈子都要签订无数个买卖合同,买菜、买水果、买房、买电脑、买日用品,所以,买卖合同被规定在典型合同中的第一个。

买卖合同,是两方当事人,买方和卖方之间的合同。卖方要把手里的东西卖出,换成钱;买方则希望用钱换成卖方手里的东西。在这里,买方交钱,就算把该做的都做了;卖方,需要把东西交给买方,还要让买方取得物的所有权(《民法典》第595条)。如果是蔬菜、水果、电脑,它们是动产,交付给买方即可;如果是房子,只给了钥匙是不够的,还需要过户登记,把房子登记到买方的名下,这事才算完成。有时,有些东西还有相应的资料、单证,比如,一些狼犬,有所谓的血统证明书,这个东西是要一起交给买方的(《民法典》第598条)。

我们几乎每天都在买卖,买早点、买衣服、买烟酒,但签字的买卖合同我们可能没有做几单。这些相对日常、较为便宜的东西,基本上就是"一手交钱、一手交货"。对于比较贵的东西,如电脑、房子,我们可能会签订一个正式的书面合同。如果是给公家买东西,合同、发票之类可能都是需要的。在买卖合同中,我们大体关心的事项有:买的是什么;买多少;质量如何;多少钱;何时交货;在哪交货;包装如何;如何结算;等等(《民法

---

① 郑玉波:《法谚(一)》,法律出版社2007年版,第126页。

典》第 596 条)。这些内容有时需要写清楚,出现争议时,可以拿合同说话。

在实践中,有时,卖家卖的东西他自己没有,或者他卖的东西是别人的。这样的合同有效吗?大家想一下……比如,卖家需要根据买家的需求现做,做好后给你;再如,4S 店和你签订了买卖汽车的合同,4S 店自己并不生产汽车,而是根据你的需求从国外合作的公司那边进口;又如,在房地产市场中,张三把自己的房子以 180 万元卖给了李四,约定 15 天之后过户;李四在第六天的时候,又以 200 万元的价格把这个房子卖给了王五,李四卖的房子,现在可还不是他的房子。这样的合同有效吗?你可能觉得没问题,其实,真的没问题。

当然,还有可能是,你把我的一本签名图书给卖了,注意,只是签名,不是送给你的,我们小时候经常在自己的书上写上自己的名字,我把书借给你,你把这本书卖给了你同宿舍的兄弟,约定 10 天后交书。这位兄弟知道,你卖的书是我的,那么,此时的买卖合同有效吗?以前,在《合同法》的框架下,是有争议的;现在,《民法典》承认这个合同是有效的。但如果 10 天之内,你没有从我这里取得这本书的所有权,那么,你无法交书,并且,即使你交书,这位兄弟知道书还是我的——这样的实际情况,他也无法取得所有权。但是,你的这位兄弟可以追究你的违约责任,因为你答应 10 天内交书,有义务移转书的所有权给他(《民法典》第 597 条第 1 款)。

从原则上来看,卖方卖东西,要保证他对卖的东西享有所有权或者处分权,第三人对此不享有权利(《民法典》第 612 条),只有这样,交易才能顺畅。但如果买家知道或者应当知道交易的东西上存在其他人的权利,那么,出卖人不承担前面的这种保证。比如,卖家出卖一栋房屋,但该房屋上为银行设定有抵押权,此时,买方是知道的,那么此时,卖方自然无须保证,也许哪一天银行会行使抵押权(《民法典》第 613 条)。如果买方买一幅画,本以为这幅画是卖方的,后来得知这幅画是卖方的一位朋友的,并且并未授权卖方出售,此时,买方为了保证自己的利益,可以终止支付款项,但卖方为此提供了足额的担保的除外(《民法典》第 614 条)。

买的东西,有时蕴含着知识产权,属于知识成果。比如,我们买了一个软件,但我们实际上只是享有这个软件的使用权,软件中的知识产权并不属于我们。比如,我们买了两本书,书作为一个物,是我们的,但是书作为著作权的成果,著作权并不因此归我们所有。又如,你买到了一封名人信函,此时,你也只是取得了信函这个物的所有权,但信函中体现的著作权,乃至隐私权仍是信函书写者的,需要注意(《民法典》第 600 条)。

"一手交钱、一手交货",这很简单。较为复杂一点的交易会涉及交货时间、交货期限,如果当事人有约定,按照约定来就可以,如果约定的是时间点,就按时间点交货,比如,"9 月 24 日上午 10 点在我的办公室";约定的也可能是一个期限,比如,"本周三至周五的工作时间,地点还是我的办公室"。如果过了时间、过了期限,对方当事人没交货,则构成违约(《民法典》第 601 条)。前面说的地点在我办公室,这属于履行地点(《民法典》第 603 条第 1 款),只有明确履行地点,才方便履行合同。

* * * * *

今天我们继续关注买卖合同问题,其中第一个重点问题是**买卖合同的风险负担**,这是一个较为复杂且重要的问题。所谓风险负担,通常就是指价款的风险负担,也就是买卖的东西因不可归责于双方当事人的原因而发生毁损或者灭失时,买方是否仍然需要支付价款的问题。这对当事人利益有重大影响。

买东西,交付的节点很重要。《民法典》规定的风险负担规则就是以交付为根据的,也就是交付之前,风险由卖方承担;交付之后,风险由买方承担。这是什么意思呢?以买卖古董为例,买卖双方已经签订了古董的买卖合同,约定 5 天后交货。但在第四天,古董因为地震碎裂了,这是在交付之前,所以,卖方无权请求买方付款;如果是在交给买方之后发生的,则买方必须付款。一般就是按这个规则来,除非法律或者当事人另有约定(《民法典》第 604 条)。

但如果是由于买方的原因致使买的东西未能按照约定的期限交付,此时,买方自违反约定时起承担毁损、灭失的风险,还是以前面的古董买卖为例,卖家如约把古董送上门,然而买家竟然将此事忘记,出远门旅游,结果,第二天发生地震,古董破碎。在这种情况下,尽管卖方已经不可能交付原来的古董了,但是依然可以要求买家付款(《民法典》第605条);而且,如果卖方已经按照约定或者法律规定将标的物放置于交付地点,买方违反约定没有收取,那么,标的物毁损、灭失的风险同样自违反约定时起由买方承担(《民法典》第608条)。基本可以理解为,买方应及时收货,否则,无正当理由拒绝收货,货物坏了、没了,买方还是要付款的。但是,如果是货物不符合质量要求,导致不能实现合同目的,此时,买方可以拒绝接受标的物或者解除合同。由于这个原因,买方拒绝接受货物或者解除合同的,货物的毁损、灭失的风险由卖方承担(《民法典》第610条)。

有些货物可能尚处在由承运人运输的途中,此时,如果买的货物就是正在运输的货物,那么,除非当事人另有约定,否则,货物毁损、灭失的风险,自合同成立时起由买方承担(《民法典》第606条)。需要运输的货物,卖方按照约定将货物运送至买方指定的地点并交付给承运人后,货物毁损、灭失的风险由买方承担(《民法典》第607条第1款)。前面提到有关货物的单证、资料,也要一起交付,如狼犬的血统证书。但如果这类证书、资料没有交,而货物已经交了,那么,风险依然移转(《民法典》第609条)。需要注意,风险承担是风险承担,违约责任是违约责任,如果买方已经承受了风险,不影响因为卖方履行义务不符合约定时,买方主张卖方承担违约责任的权利(《民法典》第611条)。

第二个问题是货物质量及其检验。当事人履行合同义务应当符合约定,卖方交货当然要符合双方当事人约定的质量要求,如果卖方为此提供了说明或保证,那么,卖方的货物还需要达到其自己承诺的标准(《民法典》第615条)。如果当事人对质量没有约定或者约定不明确,可以翻阅《民法典》第511条第1款第1项,国家、行业标准要求的交付的货物质量大体上平衡了双方当事人的利益,也是妥当的(《民法典》第616条)。卖方交货质量不符合约定,当然构成违约(《民法典》第617条)。有时,当事人会约定减轻或者免除卖方对标的物瑕疵承担的责任,也就是如果交的货物有问题,卖家少负或不负责任。当事人有约定的就按约定,但是,这以卖家也不知道货物存在瑕疵为前提,如果卖方明明知道货物有问题,但故意或者由于重大过失而没有告诉买方实情,此时,卖方是不能主张减轻或者免除责任的;卖方主张的,法律不予支持(《民法典》第618条),这是新规定。

买方收货后,通常会对货物进行检查,这是常态(《民法典》第620条)。有时,当事人会明确约定检验期限,这时,买方就必须核查、检验,发现问题及时告知。如果发现问题而没有告知,就会被认为没问题(《民法典》第621条第1款)。即使没有检验期限,如果买方发现了问题,也要及时与卖方联系,这才合理;如果有问题,不闻不问,不与卖方联系,也会被认为货物没问题。当然,有质量保证期的,卖家当然要保证货物在保质期内没问题(《民法典》第621条第2款)。但是,如果卖方明知货物有问题,那么就不能拿检验期限说事,因为恶意的行为人不受法律保护(《民法典》第621条第3款)。

有些东西无法快速检验,即使有检验期限也只能做到表面检验,比如,买《民法典》释义图书,几千页,收货后只能看看图书有没有破损,如果存在图书缺页,或者页码混乱的情况,一时可发现不了。买到一本书,不可能从头到尾把页码核查一遍,或者把内容从头到尾先读一遍,实际上真有法学同行碰到过这种问题,我也碰到过图书目录居然印错的情况。对于这样的情形,即使约定了检验期,也只能作为外观瑕疵的异议期(《民法典》第622条)。此外,《民法典》对签收时的送货单、确认单的情况也有规定(《民法典》第623条)。

* * * * *

今天,我们关注的还是买卖合同。出于对绿色、环保的要求,《民法典》买卖合同这一章增加了以下方面的内容:在包装问题上,规定了发货如何包装,一般是有约定的按照约定,当事人的意思最重要,如果没有约定,那么要按照行业标准,有通用包装的,要采用通用包装,如果没有通用包装,应当采取足以保护标的物且有利于节约资源、保护生态环境的包装方式(《民法典》第619条)。比如,在网上买书,不管新书还是旧书,卖家的包装都必须把书保护好,不能让买家收到书发现书有磕碰;在此基础上,如果是二手书,买家通常也不介意内部采用用过的信封乃至废旧报纸包装,这是符合节约资源的精神的。

此外,有些商品依照法律、行政法规的规定或者按照当事人的约定,在标的物有效使用年限届满之后,是应当予以回收的,对于这些标的物,卖方就负有自行或者委托第三人对标的物予以回收的义务(《民法典》第625条)。这也是出于对环保、可再生的要求,要比买方单纯地将这些东西作为废弃物、垃圾直接扔掉要好得多。

有时,卖家多发了货,此时,对于多交付的部分,买方可以接收,也可以拒绝接收,因为他没有接收的义务。但如果买方接收,则需要按照约定的价格支付价款;如果拒绝接收,还是要及时通知卖家,以便卖家取回,或者进行其他处置(《民法典》第629条)。

在一些交易中,我们会采取**分期付款**的方式,这样可以减轻支付的压力。特别是大额标的交易,对于年轻人而言,更愿意分期付款,当然,现代的趋势似乎是越来越多的东西都可以分期。但卖家的利益也是需要得到保障的,如果是分期支付,后来买家不继续支付了,这时可能就会出现问题。也就是买方把东西拿到手了,也使用着,却并没有把价款按照约定支付给卖方。为了平衡买卖双方的利益,《民法典》规定,分期付款的买方,如果没有支付到期价款的数额达到全部价款的1/5,经催告后,在合理期限内仍未支付到期价款的,此时,卖方可以请求买受人支付全部价款或者解除合同。也就是说,本来分期是为了减轻买方压力,卖方则需要更长的周期才能拿到全款,但是,买家连分期支付都做不到,并且应付未付达到标的总价款的1/5时,卖方的利益需要得到保护,买方的期限利益就会丧失,甚至卖方可以解除合同(《民法典》第634条第1款)。与《合同法》相比,这里新增了一个催告和合理期限,是为了给买方一个弥补的机会。如果合同都不存在了,那么,买方对标的物的使用就缺少了正当性,此时,卖方就可以要求买方支付标的物的使用费(《民法典》第634条第2款)。

买东西的时候,有时我们会凭**样品**进行**买卖**。此时,卖方交付的标的物应当与样品及其说明的质量相同(《民法典》第635条)。如果样品存在隐蔽瑕疵,买方对此不知情,那么,即使卖方交付的标的物与样品相同,其质量也至少要达到同种物的通常标准(《民法典》第636条)。也就是说,与样品是一样的,不能成为降低交付的标的物的品质的理由。除非买方知道隐蔽瑕疵的存在,这里的"知道",如果发生争议,需要由卖方加以证明,无法证明,则推定为不知道。

刚毕业的大学生找工作的时候,单位可能会约定试用期。买东西的时候,东西的好坏,有时是需要试用才能得知的,这样的买卖就是**试用买卖**。试用有助于检验商品的好坏、好用程度。为了明确试用的期限,可以约定一个试用期(《民法典》第637条)。试用买卖的买方在试用期内,可以购买标的物,也可以拒绝购买,他有选择的自由,这和工作试用期类似。如果试用期限届满,买方对是否购买标的物没有作出表示的,视为购买(《民法典》第638条第1款)。这是一种推定,因为买方既不退回,又继续使用,不就是要买吗?另外,试用买卖的买方在试用期内已经支付部分价款或者有对标的物实施出卖、出租,设立抵押权、质权等行为的,法律将此认定为买方同意购买(《民法典》第638条第2款),因为,如果不想买这东西,就不会做出这样的行为!另外,试用买卖的当事人如果对标的物使用费没有约定或者约定不明确的,被认为是免费使用,卖方无权请求买方付费(《民法典》第639条)。而在试用期间内,试用物品发生毁损、灭失的风险,由卖方承担,也就是非因买方的原因,物品发生毁损、灭失,尽管是在买方那里发生的,但买方无须支付价款,也无须赔偿(《民法典》第640条)。

有时,即使买方未付清全款,卖方也会让买方占有和使用,但为了保护自己的利益,可能会约定在买方付清全款或者履行完义务之前,东西还归卖方。这就是所谓的**所有权保留**,这样的约定是有效的。但需要注意,卖方的所有权保留,要尽量登记。如果没有登记,不能对抗善意的第三人(《民法典》第641条第2款)。所有权保留中的卖方就是为了在特殊情况下,如买方不按约定支付价款,即使给了宽限期仍然如此,或者买方存在将标的物出卖、设定质权等情况,此时,双方可以商量,卖方有权取回标的物,无法达成一致的,参照担保物权的实现程序(《民法典》第642条),变价受偿(《民法典》第643条)。这意味着卖方的权利并不是真正意义上的所有权,而只是担保意义上的所有权。这是《民法典》的一个重大变化。

买卖合同是有偿合同的典型,当其他有偿合同没有规定时,可以参照买卖合同的有关规定处理(《民法典》第646条);至于互易、互换,也就是以物易物,比如,我拿琵琶换你的笛子,这样的合同只涉及物的所有权移转问题,与买卖合同适用相同规则(《民法典》第647条)。

Day 64

50. 供用电、水、气、热力合同

> 拒绝供电,是一种放逐,而这是不允许的。

今天,我们一起关注供用电合同。我们每天都在用电,如果没有电,很多人可能已经无法生活或者无法工作,比如,依靠电脑日常工作、学习、生活的一群人。在疫情期间,学生上课也是在网络上,如果没电,电脑就没法用,不是每个学生都有手机的,况且,手机也是需要充电的。现在手机功能强大了,如果手机没电了,很多事情真的不好办或者办不了。我们的日常生活需要用电,工作场所以及很多工作都需要用电,总之,我们每天都在用电。

我们似乎很少去思考签订一个供用电合同,但很多人都有过交电费的经历。所谓供用电合同,其实就是如名称所显示的,供电人向用电人供电,而用电人为此支付电费的合同(《民法典》第648条第1款)。在中国,供电公司是供电人,其他人,包括各种组织,都是用电人。由于供电行业关系每一个人,正所谓关系国计民生,所以,供电行业是垄断的,也就是说,供电这件事只能由特定的供电公司来做。正因为如此,供电公司也负有特殊的义务,那就是当用电人合理地提出要订立供用电合同时,供电人不能拒绝(《民法典》第648条第2款);否则,这将导致某些人处于"无电时代",这是不被允许的。在其他合同中,是否订立合同是你的自由,但是,在供电的问题上,供电人的自由几乎不存在。

很多人可能见过供用电合同,就像供暖合同一样,每家每户应该都有这个合同。去供电公司买电,经常是带着购电证和购电卡,而如果是去交暖气费,还需要带着供暖合同。当然,各个地方可能也会有些差别。正式的供用电合同一般包括供电方式、质量、时间、用电量、地址、性质、计量方式、电价、电费的结算方式、供用电设施的维护责任等条款(《民法典》第649条)。我们普通人最关心的其实是电价,也就是多少钱一度电。电价的高低直接影响我们的权益,总体来看,民用电价较低,商用电价较高。因为居民用电属于民生问题,而商业用电属于发展问题,商业本身就是以营利为目的的。

毫无疑问,供电人要按照国家规定的供电质量标准和约定安全供电。如果未做到这一点,给用电人造成损失的,要承担损害赔偿责任(《民法典》第651条)。在供用电这件事上,一个引人注意的问题是停电。在我小时候,家里经常停电,所以,我对煤油灯和蜡烛的印象很深刻。到后来,电力供应相对稳定,基本上每天都有电了。现在,我们每天都在用电,但也偶尔会有断电的时候。一个原因是,供电人要对供电设施进行定期检修、临时检修,另一个原因是,依法限电或者因为用电人违法用电等,供电人需要中断供电,这时要按照国家有关规定事先通知用电人,如果没有事先通知用电人而直接中断用电,造成用电人的损失是需要承担赔偿责任的(《民法典》第652条)。也就是说,这里存在一个通知义务,以便用电人可以提前作好准备,而不是在断电的时候用电人正在用电做重要的事。

生活中的断电,也有很多是自然灾害等原因造成,此时供电人应当按照国家有关规定及时抢修。未能及时抢修,导致用电人损失的,供电人应承担损害赔偿责任(《民法典》第653条)。这种情况下的义务是抢修,并且要及时,这是供电人的基本职责。有时也会出现人为的操作导致断电,比如,在地下挖掘时,没有注意到电缆,而导致挖断电缆而断电,国内较早的因此引发诉讼的事件发生在重庆市。这样的事,在网络上搜一下,似乎还不少。因为电缆挖断而断电,附近的医院受到影响而将挖掘公司和供电公司诉至法院,要求赔偿营业损失,大家觉得这是否可以得到支持呢?

这里实际上涉及这样三种法律关系,挖掘公司与供电公司的关系、供电公司与用电人医院的关系,以及挖掘公司与医院的关系。挖掘公司挖断了供电公司的电缆,侵害了供电公司的物权,要求赔偿,双方也达成了一致,材料费还是要赔的;在供电公司与用电人医院之间,这次断电并非供电公司造成的,供电人也采取了及时抢修的措施,恢复了用电,所以最后,供电公司没有责任;至于挖掘公司与用电人医院之间,尽管存在着一定的牵连,但关系还是远了点,因果关系过于远,而且营业收入具有不确定性,且难以预见,所以这样的利益目前不予保护。这也是美国、德国的通常做法。比如,甲、乙二人发生了一起交通事故,阻碍了交通,导致有的人上班迟到,有的人误了飞机,还有其他各种结果,难道甲、乙二人需要就这所有的结果负责吗? 答案是不用。

用电人要及时交电费,这本身没有问题。生活中的感觉是,你的电费账户里余额不多的时候,就会断电一次,比如,在还剩最后5度电的时候。因为断电了,你就会看看,原来是该交电费了,所以,基本上,我们日常不会欠电费,因为如果不提前交电费,是没法用电的。但我个人觉得,应该采取更进步、更合理的措施提醒用户支付电费,而不是以断电的方式。可能一些在电脑上工作,文档没保存的人会很赞同我这个观点。比如,可以采用短信或者其他用电人可以看得见、听得到的方式,提醒他该交电费了。

关于供用电合同我们就说这么多,而关于供用水、供用气、供暖(或称为供用热力)这些合同,与供用电合同类似。

Day 65

51. 赠与合同

千里送鹅毛,礼轻情意重。

虽已赠与,但仍将赠与物保留于自己之手者,非属完全赠与。——法谚①

今天,我们来看赠与合同。赠与,大家都不陌生,我们都曾经赠与过别人东西或者接受过别人的赠与。比如,爸爸可能赠与我们旱冰鞋、玩具汽车,妈妈可能赠与我们毛绒玩具,同学到外校交换回来时可能会赠与我们笔记本、便笺纸。最近,孩子说想要读《射雕英雄传》,所以,我国庆节给孩子的礼物就是金庸的这部小说。这些都是赠与。

在学界,同行之间赠书也是比较多的,最近,我就收到了很多朋友的赠书,比如,拉伦茨的《法学方法论》全译本,这是德国法学界非常重要的一本书,是讲如何适用法律的,几乎是法律专业人士的必读书。在结婚或者举行其他盛典的时候,亲戚朋友可能也会有一些赠与行为,你的闺蜜可能赠你小饰品,你的婆婆可能赠给你家传项链,你的先生可能赠给你情定终身的戒指。也有人会热心赠与陌生人,这就是所谓的公益赠与。尽管都是赠与,但在法律上还是会有不同的对待,特别是涉及公益方面的赠与。

赠与,就是把东西送给别人,别人也表示接受(《民法典》第657条)。赠与尽管是给别人好处,但我说过,**即便是好处,也不能强加于人;坏处、不利益,更不能强加于人**,无论是个人,还是组织,都是这样。即使是政府

---

① 郑玉波:《法谚(一)》,法律出版社2007年版,第128页。

有关部门,没有法律规定,也不能给人民附加义务。习近平总书记于2020年5月29日在中央政治局第二十次集体学习时的讲话中也特别强调了这一点。

赠与就是白送给别人东西,完全是赠与人的好意,所以,我们不能对赠与人要求太多。在赠与的财产所有权移转之前,赠与人可以反悔,可以撤销赠与(《民法典》第658条第1款)。比如,我和你说,准备把手里的一本《民法典》送给你,你同意了,但在我把这本《民法典》交到你手里之前,我反悔了,我说,"还是算了,那本《民法典》我自己留着用了"。这就是撤销。受赠人没有什么特别的损失,最后没有送给你《民法典》,你不要太介意。但是,如果赠与经过了公证,或者赠与具有救灾、扶贫、助残等公益、道德义务的性质,那么,这样的赠与就不能撤销(《民法典》第658条第2款)。因为公证是有权威性的,赠与人是经过深思熟虑的,而且,更不能拿赠与救灾、扶贫开玩笑。

对于这些不可撤销的赠与合同,如果赠与人不交付赠与财产,受赠人是可以请求交付的(《民法典》第660条第1款),因为这已经成为受赠人确定的权利。正因为如此,如果赠与人有一些怪念头,比如,"我生你的气了,就算把东西毁掉,也不会给你",赠与人故意或者由于重大过失致使这些应当交付的赠与财产毁损、灭失,是要承担赔偿责任的(《民法典》第660条第2款)。意思就是说,对于不可撤销的赠与,尽管财产尚在你名下,但终局的利益已经大体上归属于受赠人了。如果赠与人不是出于故意或者重大过失,导致赠与财产毁损、灭失,也不能过分苛责他,东西没了,那就没了吧。毕竟人家是无偿赠与的。

赠与可以附义务。如果赠与附义务,那么,受赠人要履行约定的义务(《民法典》第661条)。比如,甲对乙说,"这架钢琴送给你,但你在最近1个月的周末要辅导这个小孩的作文"。这就是附义务的赠与。买卖的东西可能含有瑕疵,赠与的财产也是一样。但因为东西是白送的,所以,赠与人对赠与财产的瑕疵没有责任。如果赠与附加了义务,那么,赠与人要在附义务的限度内承担与出卖人相同的责任。如果赠与人故意不告诉受赠人赠与物存在瑕疵,或者保证没有瑕疵,由此造成受赠人损失的,要承担赔偿责任(《民法典》第662条)。比如,张三送给李四一辆自行车,这辆车张三用了2年,他知道这辆自行车的车闸已经基本失灵了,但没有告诉李四,这就是张三的不对了,因为,这会增加李四骑行自行车发生交通事故的风险。如果李四第一次骑就由于车闸没刹住出事了,张三是有责任的。当然,李四在最开始使用这辆自行车时,也需要注意车闸是否完好,因为这对于一辆自行车可能是最重要的事了。

赠与人是一片好意,但如果受赠人恩将仇报、背信弃义,还有什么理由赠与他呢?所以,如果受赠人严重侵害了赠与人或者赠与人近亲属的合法权益,或者对赠与人有扶养义务却不履行,或者不履行赠与合同约定的义务,那么,赠与人可以行使撤销权,时间是自知道或者应当知道撤销事由之日起1年内(《民法典》第663条)。如果因为受赠人的违法行为导致赠与人死亡,或者丧失民事行为能力,那么,赠与人的亲人(主要指其继承人或者法定代理人)可以撤销赠与。撤销的时间限制是6个月(《民法典》第664条)。赠与一旦撤销,受赠人占有赠与财产便不具有正当性,赠与人可以要求返还(《民法典》第665条)。

有一种特殊情况,就是赠与人签订赠与合同后,自身的经济状况显著恶化,严重影响其生产经营或者家庭生活,那么,赠与人就可以不再履行赠与义务(《民法典》第666条)。因为在这种情况下还要求赠与人付出"大爱",是不合理的,也是不人道的。

Day 66

52. 借款合同

有借有还,再借不难。

今天,我们一起关注借款合同。这也是很常用的合同。不是每个人都有足够多的财富可以供自己支配,特别是当我们有较大的开支时,比如,买房子,通常,除了会向银行借款——公积金贷款和商业贷款,还会找自己的亲戚朋友借钱。这里,我们找银行借钱,就是一类商事合同,银行就是靠往外借钱收取利息营利的,出借款项是银行的一项业务,银行也是商人,并且我们说,它是大商人,在合同关系中不需要特别的保护,因为银行有足够的实力和能力保护自己。另外,我们还找亲戚朋友借钱,这属于自然人之间的借款,这样的借款合同属于民事合同,我们往外出借金钱时,通常都是不收取利息的。亲戚里道、朋友熟人,怎么好意思要利息呢?但银行可是收取利息的。这就是商事借款合同与民事借款合同的区别,《民法典》中同时规定了这些借款合同。

相应地,银行作为出借方的借款合同都是书面合同,而普通人之间的合同则可能并没有书面的形式,亲戚朋友之间借钱,签书面合同的可能性比较小,但借款人应该主动提出签个合同,因为出借方通常不会好意思说,"我们签个借款合同吧"。如果这么做,借款人通情达理还好,如若不是,可能会说,"你说什么?找你借点钱还要签合同,你不相信我吗?那我不借了"。本来的好兄弟、好姐妹,可能因为借钱,从此成了陌路人。

在借款合同中,借款金额、用途、利率、期限、还款方式,这几点还是比较重要的(《民法典》第668条)。如果找银行借钱,通常,借款人要提供与借款有关的业务活动和财务的情况,甚至包括会计师审核的文件。毕竟,银行的钱主要来自储户,所以,还是要谨慎、再谨慎。我国也有专门的《商业银行法》规定:"商业银行开展信贷业务,应当严格审查借款人的资信,实行担保,保障按期收回贷款。"(《商业银行法》第 7 条第 1 款)。我们买房时找银行借款,要么是公积金贷款,要么是商业贷款,以房屋进行抵押也是常有的事。

在借款时,出借方不能提前把利息在本金中扣除(《民法典》第 670 条第 1 句)。这在民间借贷中是存在的,如果发生争议,预先扣除的利息不能算入借款本金,要按照实际的借款数额确定返还本息(《民法典》第 670 条第 2 句)。商业性的借款合同成立之后,出借人(也就是贷款人)要按照约定的日期、数额提供借款,否则造成借款人损失的,需要给予赔偿。如果贷款人已经提供了贷款,但借款人未依照合同的约定收取借款的,也就是说,借你的钱你该收却没收,问题就在你了,因此,借款人要按照约定的日期、数额支付利息(《民法典》第 671 条)。

出于保护贷款的安全,贷款人可以按照约定检查、监督借款的使用情况,借款人应当配合,定期提供资金的使用情况的说明或资料,如财务会计报表(《民法典》第 672 条)。掌握了这些情况,贷款人可以安心一些。并非每个借款人都把钱按照约定的用途使用,当然,如果在借款之初就是这么想的,借款人就构成欺诈了;偏离借款用途使用借款,会超出贷款人的预期,造成更多的风险,所以,如果借款人未经过贷款人同意改变了借款用途,那么,贷款人可以停止发放后续的借款、提前收回已发放的借款,或者干脆解除合同(《民法典》第 673 条)。

对于支付利息的期限有约定的,当然按照约定来。如果没有约定或者有约定但不明确,事后又无法达成共识的,那么,支付利息的时间与在租赁合同中支付租金的时间是相同的,《民法典》提供的备选方案是一样的:借款期间不满 1 年的,在返还借款时一并付息;如果借款期间超过 1 年,那么,每满 1 年支付一次利息,剩下不满 1 年的,在最后返还本金时,一并支付一次利息(《民法典》第 674 条)。如果没有约定还款期,或者不明确,事后又无法达成一致的,那么,这样的借款,借款人可以随时还钱;贷款人可以催告借款人返还,但要给对方一定的准备时间(《民法典》第 675 条)。通常,为了有确定的预期,借款人会与贷款人约定还款期限。

借款人如果未能按照约定返还借款,就构成违约,需要按照约定或者国家有关规定支付逾期利息(《民法典》第676条)。如果借款人提前返还借款,那么要按照实际的借款期计算利息,这是比较公平的,因为贷款人可以再次放贷出去;但是,当事人对此另有约定的除外,毕竟,重新放贷需要时间、程序(《民法典》第677条)。

对于借款期限,双方当事人可以合意改变,届满后,借款人还要使用借款的,可以向贷款人提出展期(《民法典》第678条),通常,这对贷款人没有坏处。

前面说的适用于商事借款,特别是银行放款或者其他商人放款。而如果是我们普通人之间借款,也就是找亲戚朋友借钱,无论有没有书面的合同,借款合同都在出借人实际提供借款时成立(《民法典》第679条)。这也就意味着,也许,朋友已经答应要借钱给你,但在把钱交给你之前,可以自由地反悔。毕竟,普通人之间的借款经常是无偿的,里面有很多感情的因素。借款合同,如果未约定利息,就视为无利息。对于银行,或者其他商人放贷,则必然会约定利息。但利息也不能过高,否则会构成高利贷。《民法典》明确表达了禁止高利贷的态度(《民法典》第680条)。最高人民法院也为此调整了受保护的民间借贷最高利率,这值得注意。

Day 67—68

53. 保证合同

一个篱笆三个桩,一个好汉三个帮。

今天,我们一起关注保证合同。保证,和抵押权、质权、留置权、定金一样,具有担保的功能,这些制度之前都规定在《担保法》中,如今,抵押权、质权、留置权规定在《民法典》物权编担保物权分编,属于物保;定金规定在《民法典》合同编通则分编的违约责任部分,而保证则被作为合同的一种类型规定下来。保证属于人保,也就是重在保证人的信用。在合同签订过程中,特别是在借款合同中,为了保障债权的实现,我们也经常签订保证合同,也就是"保证人和债权人约定,当债务人不履行到期债务或者发生当事人约定的情形时,保证人履行债务或者承担责任的合同"(《民法典》第681条)。保证人有时是兄弟姐妹,有时是公司的法定代表人个人或者关联公司,目的是扩大承担责任财产的范围,从债务人的财产承担责任扩张到连带用其他人的财产承担责任。

保证合同是从属于主债权债务合同的合同,因此,主债权债务合同无效的,保证合同也无效,但是法律另有规定的除外(《民法典》第682条第1款)。需要注意,在但书,也就是"但是"后面,和以前《担保法》第5条第1款的规定不同,之前是保证合同另有约定的,按照约定,现在改成了"法律另有规定的除外",也就是只有法律才能规定例外,当事人作出除外的约定不再具有法律效力。

在接受担保时,需要注意,并非谁都可以担当保证人。国家机关原则上不能为保证人,学校、幼儿园、医院等以公益为目的的非营利法人、非法人组织也不能为保证人(《民法典》第683条)。也就是只有在个人或者公司给你作保时,你才可以稍微放心些。

保证合同可以是单独订立的书面合同,也可以是主债权债务合同中的保证条款,此外,也可以由第三人单方以书面形式向债权人提供保证,如果债权人接收且未提出异议,保证合同成立(《民法典》第685条)。最后一种情形,与免除别人的债务、主动替别人还债的规定类似,强调的依然是"**好处不能强加于人**",替别人作保也得债权人愿意才行。好处不能强加于人,坏处,也就是不利益,更不能强加于人,这个理念要注意。

保证的方式有两种:一种是一般保证,一种是连带责任保证(《民法典》第686条第1款)。当事人在保证合同中约定,债务人不能履行债务时,由保证人承担保证责任的,为一般保证(《民法典》第687条第1款)。当事人在保证合同中约定保证人和债务人对债务承担连带责任的,为连带责任保证(《民法典》第688条第1款)。可见,一般保证中保证人的风险比较小,而连带责任一直是比较重的责任,正因为如此,《民法典》明确规定,"连带责任,由法律规定或者当事人约定"(《民法典》第178条第3款)。基于此,《民法典》对在当事人对保证方式没有约定或者约定不明时,究竟认定为何种责任进行了修改,《担保法》规定了按照连带责任保证承担保证责任(《担保法》第19条),而《民法典》将此调整为按照一般保证承担保证责任(《民法典》第686条第2款)。这是一个比较大的变化,需要特别注意。

刚才提到一般保证和连带责任保证中,保证人的风险和责任不同。具体而言,就是一般保证的保证人在主合同纠纷未经审判或者仲裁,并就债务人财产依法强制执行仍不能履行债务前,有权拒绝向债权人承担保证责任(《民法典》第687条第2款主文)。意思就是,先就债务人的财产来,只有在实在没有办法的情况下,才轮到保证人还债。什么时候才属于债权人"没有办法"了呢?有三种情形:一是债务人下落不明,且无财产可供执行,如果有财产可供执行,人不见了没关系,直接执行财产就可以,这样就与保证人无关了;二是债务人经济状况出现严重问题,人民法院已经受理债务人的破产案件,都要破产了,自然是发生了资不抵债或者清偿不能的情况;三是债权人有证据证明债务人的财产不足以履行全部债务或者丧失履行债务能力。当债务人的财产出现以上三种情况时,一般保证人就需要承担保证责任(《民法典》第687条第2款但书),但是,这样的情况还是比较少见的。另外,如果保证人自己书面表示放弃前面所说的拒绝的权利,是他的自由,既然放弃了,那么,就直接还债吧。

而在连带责任保证中,当连带责任保证的债务人不履行到期债务或者发生当事人约定的情形时,债权人可以请求债务人履行债务,也可以请求保证人在其保证范围内承担保证责任(《民法典》第688条第2款)。也就是说,保证人与债务人在应履行债务这一点上地位是相同的。与一般保证相比,连带责任保证中保证人可以被请求还债的时间节点大大提前了。

保证人为了保护自己的利益,可以要求债务人提供反担保(《民法典》第689条)。也就是说,我给债务人履行债务提供了保证,债务人也要给我保证人提供一些担保。另外,与最高额抵押权类似,在保证这里,也可以约定最高额保证,参照适用关于最高额抵押权的规定(《民法典》第690条)。

* * * * *

今天,我们继续关注保证合同,这次我们具体谈的是保证责任问题。

首先,就是保证的范围问题,你为别人的债务履行提供了保证,那么,都保证什么呢?也就是说,责任范围如何呢?保证的范围包括主债权及其利息、违约金、损害赔偿金和实现债权的费用(《民法典》第691条第1句)。这是默认的,如果保证人不想承担这么广泛的责任,那么可以就此作出特别的约定。另有约定的,按照其约定(《民法典》第691条第2句)。

其次,就是保证的期间问题,保证人可以在保证合同中对保证期间作出明确的约定。因为没有人希望一辈子都给别人作保,对此总得有个限制。需要注意,保证期间不发生中止、中断和延长的问题(《民法典》第692条第1款)。约定了多长时间,就是多长时间。不过,需要注意,"约定的保证期间早于主债务履行期限或者与主债务履行期限同时届满的,视为没有约定;没有约定或者约定不明确的,保证期间为主债务履行期限届满之日起六个月"(《民法典》第692条第2款)。这是《民法典》的特别规定。之前《担保法司法解释》还有个"3年"的规定,这次没有得到保留,所以,我们可以不考虑3年的规定了。前面提到保证期间为主债务履行期限届满之日起6个月,这里的主债务履行期限就变得很重要,如果这个时间节点很明确,就按照这个节点来;如果债权人与债务人对主债务履行期限没有约定或者约定不明确,此时,保证期间自债权人请求债务人履行债务的宽限期届满之日起计算(《民法典》第692条第3款)。这样,保证期间的起算点问题就解决了。

刚刚说了保证期间,它的作用是督促债权人及时行使权利,这也是保证人责任的限度。如果一般保证的债权人未在保证期间对债务人提起诉讼或者申请仲裁,那么,保证人不再承担保证责任;如果连带责任保证的债权人未在保证期间请求保证人承担保证责任,那么,保证人不再承担保证责任(《民法典》第693条)。这意味着,就算有了第三人提供保证,债权人同样要积极要求债务人履行,积极行使自己在保证合同中的权利,否则,保证人的保证责任消灭,债权人保障债权的目的就可能落空。

最后,保证合同除了有所谓保证期间,还有所谓的保证债务的诉讼时效。一般保证和连带责任保证诉讼时效的起算点不同,"一般保证的债权人在保证期间届满前对债务人提起诉讼或者申请仲裁的,从保证人拒绝承担保证责任的权利消灭之日起,开始计算保证债务的诉讼时效。连带责任保证的债权人在保证期间届满前请求保证人承担保证责任的,从债权人请求保证人承担保证责任之日起,开始计算保证债务的诉讼时效"(《民法典》第694条)。也就是说,在保证期间,债权人通过及时行使权利触发了保证债务,但依然要及时实现这个保证债务,否则,它也受到诉讼时效的限制,那就是要适用3年的诉讼时效期间。总之,无论是保证期间,还是诉讼时效,都要求债权人要及时行使权利,否则权利的效力会减损,甚至可能无法得到实现。有权利,及时行使权利就对了。

在签订保证合同后,保证人的责任就相对确定下来。债权人和债务人未经保证人书面同意,协商变更主债权债务合同内容,减轻债务的,保证人仍对变更后的债务承担保证责任;加重债务的,保证人对加重的部分不承担保证责任。也就是说,在保证人未参与、未同意的情况下,债权人和债务人只能进行有利于保证人的变更,如果变更不利于保证人,那么,保证人对不利的部分不用承担责任。至于债权人和债务人变更主债权债务合同的履行期限,未经保证人书面同意的,保证期间不受影响(《民法典》第695条)。

在保证合同之外,主债权债务可能会发生移转。债权人转让全部或者部分债权,未通知保证人的,该转让对保证人不发生效力(《民法典》第696条第1款)。这意味着,如果想让保证人继续对这个债权接手的受让人保证,那么,必须将此事通知保证人。保证人与债权人约定禁止债权转让,债权人未经保证人书面同意转让债权的,保证人对受让人不再承担保证责任(《民法典》第696条第2款)。这是保证人将保证的对方锁定的情形,受让他人的债权时需要注意这一点。

而如果债权人未经保证人书面同意,允许债务人转移全部或者部分债务,那么,保证人对未经其同意转移的债务不再承担保证责任,因为保证具有某种人身依赖性,可能我们只是给关系比较亲密的人作保,一旦更换债务人,通常并无为其提供保证的意思。当然,债权人和保证人另有约定的除外(《民法典》第697条第1款)。第三人加入债务的,也要跟着债务人一起还债,对保证人没有坏处,这时,保证人的保证责任不受影响(《民法典》第697条第2款)。

在一般保证中,保证人在主债务履行期限届满后,向债权人提供债务人可供执行财产的真实情况,此时,债权人要去执行这笔财产,这构成债权人的不真正义务,如果债权人放弃或者怠于行使权利致使该财产不能被执行,那么,会产生对债权人不利的后果,那就是保证人在其提供可供执行财产的价值范围内不再承担保证责任(《民法典》第698条)。意思就是,你连债务人的财产都不执行,现在又想让保证人就这部分财产价值负责,没有道理。

有时,可能出现存在2个以上保证人的情况,此时,保证人应当按照保证合同约定的保证份额,承担保证责任;如果没有约定保证份额,那么,债权人可以请求任何一个保证人在其保证范围内承担保证责任(《民法典》第699条)。也就是说,如果是多个保证人作保,为了降低自己的风险和责任,各个保证人应该明确约定各自的份额,否则,即使事后承担了保证责任,再向债务人追偿,就会在更大的额度范围内承担追偿而无所得的风险;而且,这种追偿权还受到"不得损害债权人的利益"(《民法典》第700条)的限制。这意味着,保证人的追偿权要后于债权人的债权全部实现。

在债权人向保证人主张保证责任时,保证人可以主张债务人对债权人的抗辩,即使债务人放弃抗辩也是如此(《民法典》第701条)。这意味着,债权人应该履行义务,也必须履行义务,否则,债务人的抗辩会传导给保证人。另外,如果债务人对债权人享有抵销权或者撤销权,保证人可以在相应范围内拒绝承担保证责任(《民法典》第702条)。

Day 69—70

54. 租赁合同

> 租赁,有偿使用,返还本物者。

今天,我们一起关注租赁合同。在一辈子中,我们总是在特定时间租赁过什么东西。我在上大学本科的时候,有一台别人的 DVD 放在我们宿舍,重要的是,当时每个宿舍里是有电视机的,这可谓是一大福利。这意味着,我们可以在电视上播放想看的电影,我们也没有浪费这个机会,宿舍的兄弟租来了好多影碟,各种题材、各个国家的电影都有,武侠的、恐怖的、科幻的、爱情的,美国的、日本的、我国港台地区的,比如,《星河舰队》《狮子王》《变相怪杰》《赌神》《赌侠》《倩女幽魂》《唐伯虎点秋香》《我是谁》,等等。此外,我也租赁过学校的周转房。其实,我们很多人都租过房子,特别是在刚刚毕业落脚一个新城市的时候,这种情形格外常见。

租赁合同与买卖合同明显不同。买卖合同,我们经常是买方,要取得买的那个东西的所有权,而租赁合同,我们大多数人是承租方,去租别人的东西,只取得这个东西的使用权(《民法典》第 703 条)。而无论是买别人的东西,还是租别人的东西,都是要付费的,前者叫"价款",后者叫"租金",毕竟,天上不会掉馅饼,免费的午餐总是很少的。

如果我们租的东西价值比较低,一般不签书面的合同,就像前面我们去租影碟,或者很多人小时候曾经租过武侠小说,通常交个押金问题就解决了。如果影碟坏了、小说丢了,那么,是需要赔钱的,押金就起到了担保的作用(《民法典》第 714 条)。而如果我们租赁的是重大设备或者房子,那么,通常都会签个正式的租赁合同,比如,设备租赁合同、房屋租赁合同。在这些合同中,一般会约定是什么设备、哪栋房子;自住还是商业性使用;租赁的期限是3年还是10年;租金多少、怎么支付、何时支付;租赁物的维修;等等(《民法典》第704条),当然,也经常会约定违约责任,甚至可能包括转租等问题。在租赁合同中,有时也会约定押金。

需要注意的是,《民法典》重申了《合同法》对租赁期限上限的规定,那就是租赁合同不能超过20年。如果约定超过了20年,超过的部分无效。当然,20年届满,双方当事人有意继续合作、续租合同的,当然也是可以的,但是,续租的合同还是不能超过20年(《民法典》第705条)。这个20年的上限给予了当事人在20年届满时重新思考的机会。租赁期限在6个月以上的,应当采用书面形式;如果没有采用书面形式,又无法确定租赁期限的,会被认为是不定期租赁(《民法典》第707条)。有些租赁合同还要求备案登记,比如,房屋租赁合同,即使没有登记,也不影响合同的效力(《民法典》第706条)。因为房屋租赁合同备案登记只是管理性登记,用于国家有关部门掌握相关数据,也可以据此进行征税,或者将此作为国家制定房屋政策的参考。

租赁物的好坏很重要,东西坏了或者不好用,会影响租赁目的的实现。出租人要保证租赁物一直处于适于租赁的状态(《民法典》第708条)。如果租赁物坏了,出租人要负责维修,当然,有时合同也会约定由承租人自己修理,有约定就按约定来。没有约定,维修义务就是出租人的(《民法典》第712条)。如果出租人没有及时维修,那么,承租人可以自己维修或找人维修,但维修费应由出租人来负担。如果因为维修导致一段时间不能使用,承租人可以要求延长租赁期限或者减少租金。但是,如果租赁物由于承租人的过错需要维修,那么,出租人是没有维修义务的(《民法典》第713条)。

使用租赁物必然会发生损耗。如果租赁的是新房,租赁期为5年,5年过去了,房子肯定已经不再是新房,这是正常损耗,出租人不能要求承租人恢复原状。其他物件的租赁也是如此。这里的关键就是,承租人对租赁物的使用就是一种正常、合理的使用,所以,承租人不用负责(《民法典》第709条、第710条)。但如果承租人没有按照租赁物的性质或者约定的方法来使用,那么,由此造成的损耗,承租人是需要赔偿的。比如,租赁的是一匹马,是用来在竞技比赛中使用的,结果,承租人拿它用来拉砖或者做类似的体力活(马拉砖这活,在我小时候还是很常见的),如果导致马发生了损害,承租人就要赔偿(《民法典》第711条)。

租来的房子能否装修、改造、增加他物?稳妥起见,还是要经过出租人的同意。如果未经出租人同意,出租人可以要求恢复原状或者赔偿损失,因为你的装修固然自己喜欢,但可能正是出租人厌恶的颜色和式样(《民法典》第715条)。

租来的东西有时也会被转租给第三人,这同样最好经过出租人同意,否则就是承租人给自己找麻烦。如果背着出租人自己转租,出租人是可以解除合同的(《民法典》第716条第2款)。如果经过出租人的同意,那么一切顺畅,承租人与出租人的合同不受影响,但如果第三人造成租赁物的损失,承租人还是要赔偿的(《民法典》第716条第1款)。承租人转租,尽管没有经过出租人同意,但如果出租人知道或者应当知道,在6个月之内没有提出异议,这就会被认为他同意了(《民法典》第718条)。超期转租,租赁了5年,已经住了2年,结果,转租给第三人时签的依然是5年,这就超过了你的权限,超过的2年对出租人没有效力,但是,出租人认可的除外(《民法典》第717条)。

在出租人同意转租的情况下,如果承租人拖欠租金,转租到房子的第三人(也叫次承租人)可以代为交租甚至违约金。并且代交的钱,可以抵销他应向承租人支付的租金。对于超过其应付的租金数额的部分,可以向承租人追偿(《民法典》第719条)。

* * * * *

今天,我们继续关注租赁合同,这类合同比较常见,需要对它有更多了解。对出租人而言,主要义务是交付租赁物,并保证租赁物一直处于适合租赁的状态。而对承租人而言,我们知道,最重要的是交租金。很多时候当事人会约定什么时候交租金,以及怎么交租金:是按月交,还是按年交;是交现金,还是转账。比如,我之前租赁南开大学的周转房,是一个月一交,交的方式实际上是由学校从工资里面直接扣掉。如果当事人对交租金的期限没有约定,或者约定不明确,事后又未协商一致,那么,根据

《民法典》的规定,租赁期限不满1年的,在期限届满时交一次就可以;如果是在1年以上,那么,每满1年交一次,余下的期限再交一次(《民法典》第721条)。

如果承租人没有正当理由却未支付或者迟延支付租金,出租人可以请求承租人在合理期限内支付,也就是法律要求适当的宽限期,这也是考虑到没交租金的各种原因,如果出租人已经等你交租金了,在合理期限内,承租人还是不交租金的,出租人就不用客气了,他可以把租赁合同直接解除(《民法典》第722条)。

如果由于第三人对租赁物主张权利,以致承租人无法使用租赁物,那么,承租人可以主张减少租金或者不付租金。因为出租人要防止这种情况的发生,保证自己出租的东西没有人能正当地主张权利才可以。碰到第三人主张权利的情况,承租人不能自己私下处理,要让出租人知道这个情况,也就是说一定要通知他(《民法典》第723条)。如果发生前面的情形,第三人对租赁物主张所有权,或者租赁物被法院或行政机关查封、扣押,以致承租人无法使用租赁物,那么,承租人的目的落空,可以解除合同(《民法典》第724条)。

有时,东西尽管租出去了,出租人还是会转让租赁物,比如,房子已经出租了,但出租人把房子卖了,这是偶尔发生的。问题是,如果房主换人了,那么,之前承租人与原房主签订的租赁合同,对于新房主有法律效力吗?这很重要。新房主当然希望租赁合同对他没有拘束力。在古代,新房主可以不管租赁合同,他会对承租人说,"那个租赁合同不是我签订的,你和谁签订的就找谁去。现在这房子是我的"。这种说法也会得到法律或者司法机关的支持。到了现在,这种做法改变了。一般认为,承租方通常是弱者,为了保护弱者,在租赁期间,即使租赁物的所有权发生移转,就像我刚才说过的情况,租赁合同对于新的租赁物所有权人也是有效的。我国《民法典》还强调了一点,那就是,承租人还需要已经根据租赁合同占有了租赁物,要注意,是已经占有了租赁物。如果签订了房屋租赁合同,但尚未交房,也就是承租方未占有房子,出租人就把房子卖掉,还办理了过户,那么此时,租赁合同对房屋的买方就不具有法律效力(《民法典》第725条)。当然,现代社会的承租人不一定都是弱者,实际上,有些银行也是租赁办公场地的,我前几年就碰到过一次,因为银行的办公地点换到街对面去了,两个地方相距四五百米,我询问后才得知,原来的租赁合同已经到期。

在出租人出卖租赁房屋时,法律赋予了承租人优先购买的权利,这是什么意思呢?就是,如果有第三人想买这栋房子,尽管承租人现在住在这栋房子里,但毕竟不是房屋的所有人,而中国人似乎更喜欢拥有自己的房子,所以此时,如果承租人也想买下这栋房子,也就是2个以上的人都想买这栋房子,那房子卖给谁呢?对于出租人而言,只要买方的条件相同,卖给谁对他都无所谓。但是,承租人已经住在这栋房子里了,为了简化法律关系,也是方便承租人更好地使用房子,《民法典》规定,要把房子卖给承租人。所以,出租人在出卖租赁房屋时,要在出卖之前的合理期限内通知承租人,好让承租人想想是否购买,或者筹措一下资金,等等(《民法典》第726条第1款主文)。

如果出租的房屋有按份共有人也想买,此时,按份共有人优先。大家可能还记得,按份共有人也是有优先购买权的,这里与承租人的优先购买权发生了冲突,《民法典》为此进行了排序。如果出租人的近亲属想买,承租人也不享有优先购买权。实际上,出租人卖给近亲属的价格中经常包含了亲情的成分,那个价位是不可能卖给其他人的(《民法典》第726条第1款但书)。当出租人通知了承租人,承租人就要尽快决定是否购买,如果15天之内没有明确表示,出租人也不能一直等你,这时,不作明确的表示,就会被认为放弃优先购买权(《民法典》第726条第2款)。在出租人拍卖租赁房屋时,至少要在拍卖的5天之前通知承租人,以便于承租人决定是否参加竞拍(《民法典》第727条)。出租人没有通知承租人行使优先购买权的,承租人可以要求损害赔偿,但这并不影响出租人与第三人之间的房屋买卖合同的效力(《民法典》第728条)。

如果双方当事人没有约定租赁期限或者约定不明,且事后又未能达成一致,会被认定为不定期租赁,任何一方都可以随时解除合同,但是要提前通知对方,给对方一定的准备时间(《民法典》第730条)。在租赁期间,承租人死亡的,生前与他共同居住的人或者共同经营的人可以继续按原来的租赁合同租赁(《民法典》第732条),这样安排,对出租人没有不利影响,又会保障生前与承租人共同生活或共同经营的人生活的稳定性,是合理的。租期届满,承租人应当返还租赁物(《民法典》第733条)。尽管租期届满,但承租人继续使用,出租人没有异议,可以认为原来的租赁合同继续有效,只是后面变成了不定期租赁(《民法典》第734条第1款)。此外,如果租期届满,不仅承租人想继续租,第三人也想租,那么这时,应该让承租人优先租赁(《民法典》第734条第2款),这更有利于承租人的生活安定或者经营预期。

Day 71

55. 融资租赁合同

融资租赁合同,融资、租赁结合之商事合同。

今天我们聊的是融资租赁合同。这个合同,听上去叫租赁合同,但是,如果真的按照租赁合同来处理,那么经常会产生不公平的结果。因为刚才你也听到了,"租赁"的前面还有"融资"两个字。实际上,日常生活中一般不会用到它,但是,如果哪一天你经营商业,想使用一台比较昂贵的机器,但一时之间又拿不出那么多钱,也许,你就会想到今天所说的融资租赁合同了。也就是说,融资租赁合同,兼具融资和租赁的功能。融资,是因为自己一时没有那么多钱,所以要融资,但找谁融呢?找出租人。你要用的租赁物,其实出租人也没有,只不过他有钱,所以,你可以看好租赁物、出卖人,然后去找出租人,让他去买,再出租给你用。你看,这是不是一个不错的选择?这样的合同以及很多比较复杂的合同一般都是商人为了解决自己的需要想出来的,后来,用的人多了,法律就会对这类合同进行规范,以更好地调整当事人之间的关系、平衡当事人之间的利益。

大家已经注意到了,融资租赁合同涉及三方当事人:出租人、承租人和出卖人。因为这里要使用租赁物的是承租人,所以,出卖人、租赁物是由承租人自己来选的,承租人选好了,出租人出资购买,提供给承租人使用,承租人为此支付租金(《民法典》第735条)。当然,这里的租金通常比较高,要保证出租人赚到钱,因为出租人就是为了承租人才去买的(《民法典》第746条)。租赁物动辄几百万元甚至上千万元,所以,《民法典》要求融资租赁合同应采用书面的形式,并且当事人应尽可能作出详尽的约定,特别是租赁物的检验、租赁期限、租金构成,以及租赁期满租赁物的归属(《民法典》第736条)。实际上,保有租赁物并非出租人的目的,出租人的目的是通过为承租人提供融资,进而将租赁物专门提供给承租人使用并获得利润。当事人订立的融资租赁合同必须是真实的交易,如果当事人以虚构租赁物的方式订立融资租赁合同,那么,合同无效(《民法典》第737条)。

实践中,有些租赁物的经营使用需要取得行政许可,那如果出租人没有取得这种许可,是否会影响他所签订的融资租赁合同的效力呢?不会的,因为这种行政许可只是要规范、管理出租人的行为,并无意干预具体的交易关系(《民法典》第738条)。由于要用租赁物的是承租人,因此,在出租人、承租人、出卖人的三角关系之间,有些事就不需要那么曲折。比如,在交货的问题上,通常出卖人要按照约定直接向承租人交货(《民法典》第739条),而不是先交给作为买方的出租人,再由出租人交给承租人。如果出卖人交付的标的物严重不符合约定,或者过了履行期,经出租人或承租人催告后在合理期限内仍然未能交付,那么,承租人可以拒绝受领,并把这个情况告诉出租人(《民法典》第740条)。

此时,比较快捷、妥当的解决办法是承租人直接向出卖人索赔,但是,因为他不是买方,所以,最好在三方之间约定承租人的索赔权,出租人作为买方应对承租人行使权利提供协助(《民法典》第741条)。但索赔不影响承租人向出租人支付租金的义务。因为出卖人和租赁物都是承租人找的,所以,那边出问题,不能影响出租人的权益。这意味着,如果承租人依赖于出租人的技能确定租赁物或者出卖人,或者对租赁物的选择进行了干预,那么,出租人也是有责任的,承租人可以请求减免租金(《民法典》第742条)。在索赔的过程中,如果出租人不提供必要的协助,或者出租人明明知道租赁物有问题却没有告诉承租人,承租人还可以要求出租人承担责任(《民法典》第743条第1款)。

在出租人与承租人之间是租赁关系,名义上,租赁物归出租人所有,但实际上,出租人只负责把租赁物买回来、租出去,很多事情都不负责。在实质意义上,承租人在租赁物上有更多、更大的利益,这个租赁物就是为承租人存在的。承租人在占有、使用租赁物期间要负有保管、维修的义务(《民法典》第750条);租赁物造成第三人损害的,出租人也无须负责(《民法典》第 749 条)。买回来的租赁物不符合约定或者无法使用,出租人也不负责,除非出租人影响了承租人选择出卖人或者租赁物(《民法典》第 747 条)。出租人无正当理由不能收回、干扰承租人占有和使用租赁物,还应保证不会由于自己的原因影响承租人对租赁物的使用,否则,承租人可以请求出租人赔偿损失(《民法典》第 748 条)。在租赁期间,租赁物毁损、灭失的,承租人也要继续支付租金。当然,法律另有规定或者当事人另有约定除外(《民法典》第 751 条)。可见,承租人占有、使用租赁物是常态,出租人只具有形式上的所有权,出租人对租赁物的所有权,应当进行登记,这是出于保护自己的需要,否则,无法对抗善意第三人(《民法典》第 745 条)。

在承租人租金支付出现严重问题,甚至私自以转让、抵押等方式处分租赁物的情况下,出租人可以解除合同(《民法典》第 753 条);如果由于出卖人、买卖合同等问题导致融资租赁合同无法履行的,出租人和承租人都可以解除合同(《民法典》第 754 条)。如果买卖合同出问题并非出租人造成,那么,他可以要求承租人赔偿损失,但如果出卖人已经赔偿了损失,承租人不再承担赔偿责任(《民法典》第 755 条)。

最后一个关键问题是,租赁期限届满后租赁物的归属问题。对此,有约定的按约定;约定不明且无法协商一致、无法确定当事人的意思的,租赁物归出租人(《民法典》第 757 条)。如果约定归承租人,而最后承租人无力支付剩余小部分租金,那么,出租人可以收回租赁物,但只能取得相当于所欠租金的价值,超额的价值应返还承租人(《民法典》第 758 条)。如果租期届满,承租人只需支付象征性价款,那么,《民法典》将此视为约定承租人履行完租金义务后归承租人所有(《民法典》第 759 条)。总之,要实现利益平衡。在融资租赁合同无效的情形下,租赁物原则上归出租人,有约定则按约定。承租人原因导致合同无效的,出租人无意所有或租赁物对承租人有更大效用的,租赁物归承租人,由承租人给予出租人合理补偿(《民法典》第 760 条)。

Day 72

56. 保理合同

保理保理,保付代理。

今天我们关注的是保理合同,保护的"保",理解的"理"。保理合同是《民法典》新增加的合同类型,很多人对它可能不是很熟悉,因为它实际上也是一种商事合同,在商业实践中应用得较多,那么,什么是保理合同呢?

保理合同,是应收账款债权人将现有的或者将有的应收账款转让给保理人,保理人提供资金融通、应收账款管理或者催收、应收账款债务人付款担保等服务的合同(《民法典》第761条)。保理合同的双方当事人,一方是保理人,另一方实际上是享有应收账款的债权人。在理论上,债权人可以自己直接去收账,在生活中,很多人都是如此,但是,保理合同则提供了另外一种思路,你没必要自己去收账,而是由保理人来帮你处理。但保理人可不是"活雷锋",而是商人,因此,他是要收费的,替别人提供服务是其业务。

保理人提供多样化的服务,最主要的就是为债权人提供资金融通、对应收账款进行管理或者催收、对应收账款债务人付款进行担保,这意味着,应收账款的债权人可以提前从保理人这里拿到钱,或者使应收账款的收取更有保证。总之,收款这事,不是必须自己亲自去跑的。

保理合同也涉及第三人,比较复杂。保理合同的内容一般包括业务类型、服务范围、服务期限、基础交易合同情况、应收账款信息、保理融资款或者服务报酬及其支付方式等条款。《民法典》要求保理合同采用书面形式(《民法典》第762条)。其实复杂合同的当事人也大多采用书面形式。应收账款,不管是现有的,还是将有的,都应该是真实的。如果应收账款的债权人与债务人虚构应收账款作为转让标的,与保理人订立保理合同,应收账款债务人不得以应收账款不存在为由对抗保理人,但是保理人明知虚构的除外(《民法典》第763条)。明知的情形在交易中总是不受法律保护的。

保理人的重要工作之一就是向债务人收取应收账款。但你又不是债权人,债务人凭什么向你履行呢?所以,保理人向应收账款债务人发出应收账款转让通知的,应当表明保理人身份并附有必要凭证(《民法典》第764条)。这样法律关系就清楚了,一旦债务人向保理人履行,债务即消灭。而一旦应收账款债务人接到应收账款转让通知,那么这时,应收账款的债权人实际上就已经是保理人了,这个债权在某种程度上已然独立于应收账款债权人和债务人之间的法律关系。所以,应收账款债务人接到应收账款转让通知后,应收账款债权人与债务人无正当理由协商变更或者终止基础交易合同,对保理人产生不利影响的,对保理人不发生效力(《民法典》第765条)。

在保理合同的条款中,可以约定有追索权的保理或者无追索权的保理。两者比较,在无追索权的保理中,保理人承担更高的风险,但收益也可能更高;在有追索权的保理中,保理人承担的风险较低,而其收益也相对较低。这也符合金融市场风险越大,收益越高的原理。具体而言,在所谓的无追索权的保理中,保理人只能向应收账款债务人主张应收账款债权,这意味着这笔债权能否成功回收、能收回多少,完全是保理人自己在冒险,收不回来,也要自己承担。故而,保理人取得超过保理融资款本息和相关费用的部分,无须向应收账款债权人返还(《民法典》第767条)。这是风险的代价,实际上,应收账款债权人是把这一收不上来的风险转嫁给了保理人,让保理人保有超过保理融资款本息和相关费用的部分,也是合理的。

而在有追索权的保理中,保理人不仅可以向应收账款债务人主张应收账款债权,还可以向应收账款债权人主张返还保理融资款本息或者回购应收账款债权,这意味着,保理人只是为应收账款债权人提供了融资,完全可以将交易的风险限制在应收账款债权人和自己之间,无须承担应收账款债务人清偿不能的风险。正因如此,保理人承担的风险较低。如果保理人向应收账款债务人主张应收账款债权,在扣除保理融资款本息和相关费用后有剩余,剩余部分应当返还给应收账款债权人(《民法典》第766条)。

你可能已经发现,保理其实处理的就是债权转让问题,在保理合同的专章中没有规定的,适用债权转让的规定(《民法典》第769条)。债权转让会有一个特别的问题,就是多重让与,也就是说,债权人对他的债权进行了多次转让,那么,债权归谁呢？法律保护谁呢？《民法典》第768条规定,"应收账款债权人就同一应收账款订立多个保理合同,致使多个保理人主张权利的,已经登记的先于未登记的取得应收账款；均已经登记的,按照登记时间的先后顺序取得应收账款；均未登记的,由最先到达应收账款债务人的转让通知中载明的保理人取得应收账款；既未登记也未通知的,按照保理融资款或者服务报酬的比例取得应收账款。"如果你是保理人,那就要注意,自己的权利有没有登记,什么时候登记的,是否及时通知了债务人,这些都很重要。

57. 承揽合同

让专业的人,做专业的事。

今天,我们一起关注的是承揽合同。承揽合同在日常生活中也是很常见的,如零件加工、衣服洗涤、皮鞋修理、纪念品定作、图书印刷、机械测试、产品检验等都属于承揽合同。承揽合同,就是承揽人按照定作人的要求完成一定的工作,并交付工作成果,而定作人为此支付报酬的合同(《民法典》第770条)。承揽合同的双方当事人分别叫承揽人、定作人,我们更多的时候是定作人,寻找承揽人,把我们自己做不好、不好做的工作交给专业的承揽人,比如,手表维修、汽车修理,因为我们并非对这些工作都在行;再如,图书印刷,也许工作并不难,但问题的关键可能是我们没有必要的设备,而设备可能是昂贵的,或者我们没有必要专门去买。另外,有些人出于防范孩子坠落、小偷光顾等风险的目的,可能会给窗户加装防护栏,我们走在路上,抬头望一下两边的楼房,偶尔就能看见一些住户加的防护栏,这项加装防护栏的工作,也是承揽,而且具有一定的危险性,不是谁都有胆量去做的。

承揽合同一般包括承揽的标的、数量、质量、报酬,承揽方式,材料的提供,履行期限,验收标准和方法等内容(《民法典》第771条)。比如,为了纪念法学院成立几十周年,一些院校根据新生的人数为新生定作了院庆纪念品,这个人数对应的院庆纪念品的数量就是承揽的数量。当然有人说,不能只给新生,老生也要给,否则,这不是差别对待吗?学生还分新生、老生吗?这不合理。还有人说,老师对此也是期待的,理论上老师应该也有纪念品,否则就会得出,在院庆的问题上,学院认为学生更重要的结论。这种纪念品的发放对象,也涉及法律上的平等问题,学院应该好好考虑,作出妥当安排。像前面说的加装的护栏,如果安装,一定要非常结实,不能不到半年,护栏从天而落,那可就太危险了,承揽合同中的质量很重要。

承揽这事,一般都是承揽人以自己的设备、技术和劳力,完成承揽的主要工作(《民法典》第 772 条第 1 款)。也就是原则上不能假手他人。因为我找的就是你来做这件事,我相信的是你的能力和水平。比如,你请一位画师,根据你的照片画一幅肖像画。这位画师的画你见过,简直是惟妙惟肖,所以,画画这件事只能由画师本人来完成,至于调色、磨墨这些准备工作,是画师本人来还是画师的助手来,就相对不那么重要。但如果画师竟然让自己的徒弟来绘制,那么,他就要就徒弟绘制的油画对你负责,但即使如此,你如果没有同意这件事,也是可以解除合同的(《民法典》第 772 条第 2 款)这是因为,不是什么工作都可以代劳的。如果是根据本人绘制画像,或者其他一些承揽工作,需要定作人的配合,那么,定作人有配合的义务。画师来了,你总是没时间,画师也没办法给你画像,画像合同可以适当地顺延,如果你还不配合,画师就可以解除合同(《民法典》第 778 条)。

有些时候,承揽的材料是定作人提供的,那么,原则上,承揽人不能私自更换定作人提供的材料(《民法典》第 775 条第 2 款前段),如果材料真有问题,要直接通知定作人。如果定作人提供的图纸或者技术要求不合理,承揽人同样要及时通知定作人,定作人则有必要及时回应(《民法典》第 776 条)。另外,承揽人不得更换不需要修理的零部件(《民法典》第 775 条第 2 款后句)。这是基本的职业操守和道德,否则,为了多赚钱,就给人家以新换旧,那和骗子、强盗没有什么两样,这是为人所不齿的。

承揽人的工作做完后,应向定作人交付工作成果。如果承揽人交付的工作成果不符合质量要求,那么,定作人可以合理选择,请求承揽人承担修理、重作、减少报酬、赔偿损失等违约责任(《民法典》第 781 条)。比如,前段时间,我去修理自行车,起因是连着脚蹬的"车大腿"掉了,我便去一家自行车修理处维修,师傅三下五除二就安好了,但没过两个礼拜,我还没骑几次,"车大腿"就又掉了,我又去师傅那里,师傅快速安好后,就打发我走。不久后,类似的情形又发生了,我感觉脚蹬不听使唤了,所以,第三次去师傅那里,又是一通修理,修好后,师傅说"行了,你走吧",他也不好意思要钱,因为他知道,修理后是不应该这么快就出问题的,事实上,因为他的修理尚未达到应有的质量要求,他有免费修理的义务。在这里,是因为承揽工作质量未达到要求,我选择的就是对方的后续修理。

  在承揽合同中,定作人如果不支付报酬等费用,那么,承揽人对他完成的工作成果享有留置权或者有权拒绝交付,留置权是一种担保物权,只要当事人没有特别约定排除,那么,承揽人就享有这种权利(《民法典》第783条)。工作完成后,承揽人交付前,要妥善保管工作成果(《民法典》第784条);并保守定作人的秘密,不得留存复制品、技术资料等(《民法典》第785条)。我们很多人在结婚时,可能会去拍一套婚纱照,摄影公司一方未经你的同意,也没有权利留存你的婚纱照。

  我们能想到,定作人在承揽人完成工作前,应该可以随时解除合同,这是定作人的需求所决定的,如果定作人不需要了,承揽工作自然应停止,否则,就是在无谓地浪费资源。但是,如果因此造成了承揽人的损失,也是需要赔偿的(《民法典》第787条),因为工作可能已经做了一半,承揽人的劳力、材料等都是有损失的。

58. 建设工程合同

安全第一,预防为主。口号无用,从严治理。

今天,我们一起关注建设工程合同。建设工程,大家应该也不是很陌生,因为城市里盖房子,涉及的就是我们所说的建设工程问题。听到建设工程,我们可能首先想到开发商、施工队、包工头、农民工等,是的,建设工程合同涉及的就是这些人的问题。不过,建设工程合同不仅仅是施工问题,而且包括建设工程的勘察、设计,甚至还有监理的问题,只是监理适用委托合同及其他法律、行政法规的规定(《民法典》第796条)。我们的很多朋友,都可能与建设工程有着千丝万缕的联系。

总体来说,建设工程合同是承包人进行工程建设,发包人支付价款的合同(《民法典》第788条第1款)。可见,这种说法尤其适合于建设工程施工合同,施工无疑是建设工程中最重要的一个环节。建设工程合同应采用书面的形式(《民法典》第789条),事实上,我们在涉及比较复杂、金额较高的重大事项时,通常也会采用书面的形式,可以起到明确权利义务、固定说法的作用,也有助于后期发生争议的解决。

发包人可以与总承包人订立建设工程合同,也可以分别与勘察人、设计人、施工人订立勘察、设计、施工承包合同。但是,发包人不得将应当由一个承包人完成的建设工程支解成若干部分发包给数个承包人(《民法典》第791条第1款)。也就是一个承包人能做的活,不能两个或者更多的承包人做。尽管承包人经发包人同意,可以将自己承包的部分工作交由第三人完成,但是,就其完成的工作成果,承包人与第三人要承担连带责任。另外,承包人不得将其承包的全部建设工程转包给第三人或者将其承包的全部建设工程支解以后以分包的名义分别转包给第三人(《民法典》第791条第2款)。《民法典》禁止承包人将工程分包给不具备相应资质条件的单位。禁止分包单位将其承包的工程再分包。建设工程主体结构的施工必须由承包人自行完成(《民法典》第791条第3款)。层层转包或分包,房屋质量就无法确保了。我还记得多年前看中央电视台的《今日说法》节目,节目中显示,被调查的楼房,用铁棍往楼房地板上使劲一捅,地板就被捅出来一个洞,上下两层楼居然被铁棍轻而易举地打通了,这样的楼房我们又如何敢住呢?所以,禁止转包、分包有其意义,而承包人符合建筑专业要求、保证房屋质量更是重要。如果承包人将建设工程转包、违法分包,那么,发包人可以解除合同(《民法典》第806条第1款)。

有时,可能会发生建设工程施工合同无效的情况,此类情况的处理比较复杂。《民法典》对此增加了新规定,这里的建设工程质量如何是一个关键问题。也就是说,如果建设工程经验收合格,可以参照合同关于工程价款的约定折价补偿承包人(《民法典》第793条第1款)。如果建设工程经验收不合格,此时,承包人可以对建设工程进行修复,修复后的建设工程经验收合格的,发包人可以请求承包人承担修复费用;修复后的建设工程经验收仍不合格的,承包人无权请求参照合同关于工程价款的约定折价补偿(《民法典》第793条第2款)。另外,发包人对因建设工程不合格造成的损失有过错的,应当承担相应的责任(《民法典》第793条第3款)。可见,即使合同无效,但如果房屋质量建设得没问题,承包人基本上也是能拿到报酬的,只是依据不同,这是比较合理的。

建设工程的质量关乎发包人的形象、声誉,也涉及房屋质量出问题时的责任承担,所以,发包人可以随时对作业进度、质量进行检查,但是,不能妨碍承包人正常作业(《民法典》第797条)。建设工程竣工后,发包人要及时验收。验收没问题,要按照约定及时支付价款(《民法典》第799条第1款),以便施工队的工人们尽快拿到报酬。如果发包人未按照约定支付价款,承包人可以催告发包人在合理期限内支付价款。发包人逾期不支付的,除根据建设工程的性质不宜折价、拍卖外,承包人可以与发包人协议将该工程折价,也可以请求人民法院将该工程依法拍卖,承包人可以就该工程折价或者拍卖的价款优先受偿(《民法典》第807条)。大家也知道,建设工程竣工验收环节很重要,经验收合格后,方可交付使用;未经验收或者验收不合格的,不得交付使用(《民法典》第799条第2款)。毕竟房屋质量事关人们的生命财产安全,必须保证房屋的质量和居住安全。之前有新闻报道,某居民楼建成不到20年就发生粉碎性坍塌,这样的事绝不应再次发生,有关责任人也应该受到法律的严惩。

如果发包人提供的主要建筑材料、建筑构配件和设备不符合强制性标准或者不履行协助义务,致使承包人无法施工,经催告后在合理期限内仍未履行相应义务,承包人可以解除合同。合同解除后,已经完成的建设工程质量合格的,发包人应当按照约定支付相应的工程价款;已经完成的建设工程质量不合格的,且修复后仍不合格的,无权要求支付相应的工程价款(《民法典》第806条第2款至第3款)。建筑材料、建筑构配件和设备要达到法律或者国家有关规定的强制性标准,这很重要,无论是发包人提供,还是承包人自己购买、使用,都需要保证建成的楼房具有抗八级地震的能力,否则,如果发生七级地震,房屋就发生倒塌,发生人身或者财产损害,发包人和承包人都需要承担损害赔偿责任以及其他责任。

希望建设工程勘察人科学勘察、设计人用心设计、发包人妥当发包、承包人严谨施工、监理人认真监督,让我们每个人都能住得安全。

Day 75

59. 运输合同

　　承揽工作，专业运输。

　　今天，我们聊的主题是运输合同。运输合同有客运和货运之别，客运就是运人，货运就是运货。我们平时出门坐大巴、火车、轮船、飞机形成的合同，都属于客运合同；如果我们把一批货从天津运到北京或者沈阳，签订的运输合同就是货运合同。正如我们小区里的电梯，有时也分为客梯和货梯。

　　运输合同，其实就是承运人把旅客或者货物运输到目的地，旅客、托运人或者收货人支付票款或者运输费用的合同(《民法典》第809条)。承运人就是承担运输业务的一方，通常都是公司；旅客，就是出门的你、我、他；托运人是把运输货物托付给承运人的人。出门坐飞机时，大家应该有托运行李的经历，这时，你就是托运人，到了目的地，再去领自己的行李，当然，托运的收货人也可能是其他人。比如，你请朋友在厦门采购一批货物，他直接在厦门办理托运，货物运输到天津，你是收货人。具体谁来付费，由当事人约定，既可以托运人付费，也可以收货人付费，但如果托运人未付费，那么收货人就要付费，如果拒绝付费，那么承运人可能就会扣住货物，这属于留置权，即运输人享有的留置权(《民法典》第836条)。

　　从事公共运输的承运人有一项义务，与供用电合同类似，对于旅客、托运人通常、合理的运输要求，不得拒绝(《民法典》第810条)，也就是其负有强制缔约的义务。就像我们经常听说的，出租车不能拒载，否则会构成违法。出租车司机不能仅仅因为乘客要去的地方与自己回家的方向不一致而拒绝载客。承运人有义务在约定的期限内或者合理的期限内将旅客或者货物运输到约定的地点(《民法典》第 811 条)。就旅客运输而言,如果是火车,通常都是准点的;如果是大巴、出租车,则路况有时较为复杂,同样应当在合理的期限内将旅客运送到目的地。有些大巴司机出了车站后,为了揽到更多的旅客,甚至停靠在路边 10 分钟,而不是直接驶向目的地,这种做法恐怕不够妥当。承运人应当走约定的路线或者通常的路线(《民法典》第 812 条),对于出租车司机而言,在没必要的时候绕弯或者转圈是属于违规的。

在实践中,出现了个别旅客霸占座位的情况,这是不文明甚至是违法的行为。针对这种情况,《民法典》特别规定,"旅客应当按照有效客票记载的时间、班次和座位号乘坐"(《民法典》第 815 条第 1 款第 1 句)。《民法典》的这项新规定强调,旅客要按照车票上所写的座位号乘坐,而不能霸占其他旅客的座位。最近,火车上的列车员经常核对旅客及其座位号,即使列车较空,列车员也会注意谁没有坐在自己的位置上。当然,如果你坐在一个临时无人的座位上,给手机充电,这也是可以的,但是,一旦座位上的旅客出现,你就无权继续占有相应的座位,非特定座位的旅客必须给特定客票座位的权利人让座。在法律上,那个座位的使用权是专属于特定旅客的,比如,如果你的座位是 4 车厢 5C,那么你就无权坐在 4 车厢 5A 的位置上,如果这一座位的旅客不介意,你们当然可以互相换位置坐。但明显,这两个座位的利益是不同的,5A 是挨着车窗的,可以更多地使用小桌板,并可以侧靠在车窗上;5C 则出入更方便。

一个大家比较关心的问题是,车票丢了怎么办?以前不好办。现在客票大多是实名制的,这样的客票丢失后,旅客可以请求承运人挂失补办。承运人不得二次收取票款和其他的不合理费用(《民法典》第 815 条第 2 款)。(五年后的今天)只要已经购买车票,丢失的就只是那张纸,不影响旅客凭身份证进站、上车、出站。当然,出门应趁早,要留出富余的时间,否则可能赶不上火车或飞机,有一次,我匆匆忙忙到了车站检票上车,没一分钟火车就开了,那次,实在是太过紧张了。路上匆匆忙忙,有时是比较危险的,大家一定要注意。如果发现由于自己没安排好时间,可能赶不上火车、飞机了,那么,应当按照约定的期限内办理退票或者变更手续，如果逾期办理，那么，承运人可以不退票款，并且不再承担运输的义务，如果火车都开出去了，你说你要退票，这是不被接受的。但如果提前好几天，就发现自己已经另有其他重要安排，几天后无法乘车或者坐飞机了，一般来看，在相应的票务系统里都是可以办理退票的。

公共运输涉及大众的人身财产安全，所以，旅客不得携带或者在行李中夹带易燃、易爆、有毒、有腐蚀性、有放射性以及可能危及运输工具上人身和财产安全的危险物品或者违禁物品(《民法典》第818条)。另外，承运人应当严格履行安全运输义务，并告知旅客可能存在的注意事项、风险，比较典型的是飞机客运，旅客也应配合飞机上乘务人员的要求，做好手机、电脑、其他电子设备的关机、开启飞行模式等的调控工作，以及规范小桌板的使用及调整，目的是让每个人平平安安飞上天，平平安安落地。在飞机不能正常起飞、无法运输时，则需要说明情况、安置旅客，根据乘客的要求安排改签或者退票；由此造成旅客损失的，航空公司要承担赔偿责任，但不可归责于航空公司的情形除外(《民法典》第820条)。

Day 76—79

60. 技术合同

> 知识就是力量,技术就是财富。

今天,我们一起来关注技术合同,技术合同听上去十分"高大上",初次听到时直接就把我给唬住了,可能是我对它的关注不够。不过,近期,我自己又认真地学习了一下,所以,今天我们一起来看看技术合同的一般问题。

技术合同是围绕着技术展开的,是就技术开发、转让、许可、咨询或者服务订立的确立相互之间权利和义务的合同(《民法典》第843条)。可见,技术合同是一组以技术为标的的合同群。

技术合同一般由项目名称,标的的内容、范围和要求,履行计划、地点、方式,技术保密,技术成果的归属、收益分配、验收标准和方法,以及名词和术语的解释等条款组成(《民法典》第845条第1款)。实际上,比较专业、严谨的合同,在合同文本开头或者最后,都会对相关名词和术语进行界定,我在阅读英文合同时,特别有这种体会。另外,与履行合同有关的技术背景资料、可行性论证和技术评价报告、项目任务书和计划书、技术标准、技术规范、原始设计和工艺文件,以及其他技术文档,当事人也可以将其纳入合同,作为合同的组成部分(《民法典》第845条第2款)。而如果技术合同涉及专利,则需要把专利的名称、申请人、权利人、申请日、申请号、专利号、有效期等一并加以标注(《民法典》第845条第3款),以让合同内容更加清晰,让权利义务的边界更加明确。

技术合同都是有偿合同,这符合人们对知识付费的印象。当然,如果你有分享和博爱的精神,愿意与天下人无私分享,社会自然是欢迎的。根据技术合同的开发、转让、许可、咨询或者服务等环节的不同,相对人需要支付的对价的称谓也略有不同,比如,技术转让时一般叫价款,技术开发、技术咨询或者技术服务,一般叫报酬,如果是技术许可,一般叫使用费。这是在不同类的法律关系中的习惯性叫法,这些费用、对价,如何支付,双方当事人可以自由约定,既可以采取一次总算、一次总付或者一次总算、分期支付,也可以采取提成支付或者提成支付附加预付入门费的方式(《民法典》第846条第1款),或者任何其他双方能想到的方式。

至于如何提成支付,法律为此给当事人提供了一些框架以供参考,比如,可以按照产品价格、实施专利和使用技术秘密后新增的产值、利润或者产品销售额的一定比例提成,也可以按照约定的其他方式计算。提成支付的比例可以采取固定比例、逐年递增比例或者逐年递减比例(《民法典》第846条第2款)。提成支付涉及另一方的销售、财务等问题,不看会计账簿等材料怎么能知道提成多少呢? 所以,享有技术的一方应有权利查阅对方的相关会计账目。《民法典》的说法是"当事人可以约定查阅有关会计账目的办法"(《民法典》第846条第3款),我们不能据此推论,只有约定了,才可以查阅有关会计账目。实际上,这个查阅权是根据提成支付的条款直接加以解释就可以得出的,可以认为,《民法典》在此只是善意地提醒,提前约定查阅的办法,这有利于后面无争议地实施。

大多数技术成果属于个人,完全是个人投入、研究的产物,而有一些技术成果属于职务技术成果,哪些技术成果构成职务技术成果呢? 执行法人或者非法人组织的工作任务,或者主要是利用法人或者非法人组织的物质技术条件所完成的技术成果才是职务技术成果(《民法典》第847条第2款)。职务技术成果的使用权人、转让权人,当然可以就该项职务技术成果签订技术合同(《民法典》第847条第1款第1句、第848条)。法人或者非法人组织订立技术合同转让职务技术成果时,职务技术成果的完成人享有以同等条件优先受让的权利(《民法典》第847条第1款第2句)。也就是说,如果有多个人均对这项技术成果感兴趣,准备买走它,开价、支付方式等条件相同,那么,完成这项职务技术成果的人可以优先取得,这项优先的权利也可以认为是对他的研究的鼓励。

完成技术成果,这是个人对社会进步的推进,完成人当然有权利在有关技术成果文件上写明自己是技术成果完成者,并参评、接受有关组织颁发的荣誉证书、奖励。

邓小平说过,科学技术是第一生产力。技术在工业进步和社会发展上的重要性毋庸置疑,因此,签订技术合同,不能阻碍科学技术的进步,相反,合同的内容应既要有助于知识产权的保护,体现对人才、智力投入的重视,又要有助于科学技术的进步,成果研发、转化、应用和推广(《民法典》第844条)。《民法典》反对技术垄断,禁止侵害他人的技术成果,所以,非法垄断技术或者侵害他人技术成果的技术合同无效(《民法典》第850条)。

* * * * *

今天,我们一起继续关注技术合同,关注其中的技术开发合同。技术开发合同与其他技术合同的不同点,在于强调了"开发"环节的内容,重在研究开发。具体而言,技术开发合同是当事人之间就新技术、新产品、新工艺、新品种或者新材料及其系统的研究开发所订立的合同(《民法典》第851条第1款)。技术开发合同,一定不是自己开发,否则就无须签订开发合同,而是找别人开发,或者找别人和自己一起开发,毕竟,人多力量大、人多智慧高,有能力而参与开发也算是一件幸福的事,所以,技术开发合同包括委托开发合同和合作开发合同(《民法典》第851条第2款)。这类合同涉及的利益较为复杂,所以,要采取书面形式(《民法典》第851条第3款)。另外,当事人之间就具有实用价值的科技成果实施转化订立的合同,法律无专门规定,可直接参照适用技术开发合同的有关规定(《民法典》第851条第4款)。

委托开发合同的双方当事人分别是委托人和研究开发人,也可以简称"研发人"。委托人在整个技术开发合同履行过程中,一般都会在研发之初即提供技术资料,提出研究开发要求,拨付研究开发经费,配合研发人进行必要的协作工作,在研发成果开发成功后,接受研究开发成果,并按照约定支付报酬(《民法典》第852条)。而研发人则主要负责研究开发工作,具体就是按照约定制定和实施研究开发计划,合理使用研究开发经费,按期完成研究开发工作,交付研究开发成果,提供有关的技术资料和必要的技术指导,帮助委托人掌握研究开发成果(《民法典》第853条)。与其他合同一样,合同签订后,双方当事人应切实履行约定的义务,如果当事人违反约定造成研究开发工作停滞、延误或者失败,应当承担违约责任(《民法典》第854条)。

在合作开发合同中,合作精神的贯彻非常重要。当事人应当按照约定进行投资,包括以技术进行投资,分工参与研究开发工作,协作配合研究开发工作(《民法典》第855条)。双方当事人应秉持着最大的诚意,推进研发的顺利进行,如果双方都小肚鸡肠,合作就无从谈起。当然,道德约束是不够的,所以,合同这种"法锁"的功能就显得非常重要,因此,合作开发合同也要把双方当事人的权利义务约定清楚。这意味着,如果合作开发合同的当事人违反约定造成研究开发工作停滞、延误或者失败的,应当承担违约责任(《民法典》第856条)。

技术开发合同的目的是开发新技术、新产品、新工艺、新品种或者新材料及其系统研究开发,但在技术开发合同履行的过程中,如果这样的技术已经由他人公开,致使技术开发合同的履行没有意义、失去价值,那么,当事人可以解除合同(《民法典》第857条)。在实践中,经常发生的一种情形是,由于出现无法克服的技术困难,致使研究开发失败或者部分失败,必须承认,人类在某些特定的时间节点,无法解决所有的问题,对于这种研发失败的风险,双方当事人最好进行明确的约定,应如何承担,以及由哪一方来承担。如果没有约定或者约定不明确,当事人可以后续协商,如果终究无法达成一致,风险由当事人合理分担,这里强调的是实现一种公平妥当的结果(《民法典》第858条第1款)。在技术开发合同履行的过程中,如果一方当事人发现了前面所说的这种可能使研究开发失败或者部分失败的情形时,那么,应当及时通知另一方并采取适当措施以减少损失;没有及时通知并采取适当措施,致使损失扩大的,应当就扩大的损失承担责任(《民法典》第858条第2款)。无法克服的技术困难不能归咎于谁,但是,当事人之间的协助、通知,及时止损,这些工作是可以做到的,如果未做或者未能妥当处理就会引发法律责任。

对于委托开发合同中作为工作成果的发明创造,原则上,申请专利的权利属于研究开发人。也就是说,谁研发的,申请权就归谁,但法律另有规定,或者当事人另有约定的除外。研究开发人取得专利权后,委托人可以依法实施(《民法典》第 859 条第 1 款)。如果研发人不打算自己申请专利,而是将此申请权转让,此时,委托人享有以同等条件优先受让的权利。也就是在同等条件下,要照顾委托人,这是因为这项技术是应委托人的要求研发的,由委托人获得最符合当事人的目的(《民法典》第 859 条第 2 款)。

与委托开发完成的发明创造形成鲜明对比的是,合作开发的成果,申请专利权属于合作各方共有;一方转让这种申请权的,其他各方享有以同等条件优先受让的权利。当然,当事人也可以对此另行约定(《民法典》第 860 条第 1 款)。原则上,一方放弃申请权的,可以由合作的另一方申请;但放弃专利申请权,不影响放弃方免费实施专利的权利(《民法典》第 860 条第 2 款)。在少数情形下,合作开发的一方可能不同意申请专利,此时,任何一方都不得申请专利(《民法典》第 860 条第 3 款)。对此,最好能在合同中提前约定。

对于研发完成的技术秘密成果,除专利申请权,以及如果申请顺利可能取得专利权及进一步的实施专利权之外,还会涉及该成果的使用权、转让权和收益分配问题,这些问题最好都在合同中进行约定,可以防止争议和潜在的纠纷;没有约定或者约定不明,事后达成一致也没问题。如果终究无法确定时,《民法典》为此提供了备选方案,那就是在没有相同技术方案被授予专利权前,当事人均有使用和转让的权利,但是,委托开发的研究开发人不得在向委托人交付研究开发成果之前,将研究开发成果转让给第三人(《民法典》第 861 条)。

* * * * *

今天,我们一起继续关注技术合同,关注其中的技术转让合同和技术许可合同。因为技术开发不是目的,只有把技术用起来,才能提高生产率,带动经济的发展。技术可以自己用,也可以让别人用;如果有了技术,自己不用或者使用得不够充分,秘而不宣、将技术束之高阁,就浪费了,不如把技术转让给别人,或者允许别人同时使用这项技术,无疑可以给技术的权利人带来收益,而且对整个社会也是有好处的。

具体而言,技术转让合同是合法拥有技术的权利人,将现有特定的专利、专利申请、技术秘密的相关权利让与他人所订立的合同(《民法典》第862条第1款)。而技术许可合同是合法拥有技术的权利人,将现有特定的专利、技术秘密的相关权利许可他人实施、使用所订立的合同(《民法典》第862条第2款)。也就是说,前者是把技术上的权利转让给别人之后,自己就没有了;后者则是自己依然拥有技术上的权利,只是让别人使用而已。忽略有形、无形的差异,在双方当事人的利益格局上,技术转让合同相当于买卖,而技术许可合同大体上相当于租赁。另外,集成电路布图设计专有权、植物新品种权、计算机软件著作权等其他知识产权的转让和许可,与此作相似处理即可(《民法典》第876条)。而如果涉及进出口问题,则需要注意法律、行政法规的特别规定(《民法典》第877条)。

根据技术转让的标的种类,技术转让合同包括专利权转让、专利申请权转让、技术秘密转让等合同(《民法典》第863条第1款)。与此类似,但略有差别,技术许可合同包括专利实施许可、技术秘密使用许可等合同(《民法典》第863条第2款)。两相对比,可以发现,技术许可中,并无对应的专利申请权一项,因为专利申请权只能转让,不存在许可与否的问题。而无论是技术转让合同,还是技术许可合同,都应当采用书面的形式(《民法典》第863条第3款)。口头约定,事后容易发生争议。另外,与之前强调的技术合同应促进科学技术进步的精神相一致,技术转让合同和技术许可合同尽管可以约定实施专利或者使用技术秘密的范围,但是不得限制技术竞争和技术发展(《民法典》第864条)。如果双方当事人作出这样的约定,那么,相关的条款是无效的;如果排除相关条款,则当事人不会订立合同,那么,整个合同也是无效的。

专利权是一种有时间限制、由官方机构授予的垄断权,过了专利权的存续期限,专利权消灭。目的是让更多的人都可以免费使用专利技术。因此,专利实施许可合同仅在该专利权的存续期限内有效。如果专利权有效期限届满或者专利权被宣告无效,那么,专利权人不得就该专利与他人订立专利实施许可合同(《民法典》第865条)。因为这里缺少许可的"标的",专利都不存在,许可何来?在当事人签订了专利实施许可合同后,许可人当然有义务允许被许可人实施专利,交付实施专利有关的技术资料,提供必要的技术指导(《民法典》第 866 条)。而被许可人则应当按照约定实施专利,支付使用费,需要注意,被许可人无权允许第三人实施该专利(《民法典》第 867 条)。如果不是独家许可,像这样允许第三人使用的权利是由专利权人拥有的;如果是独家许可,专利权人也无权再允许第三人实施专利。

技术秘密转让合同的让与人、技术秘密使用许可合同中的许可人与专利实施许可合同中的许可人地位类似,同样需要按照约定提供技术资料,进行技术指导,保证技术的实用性、可靠性。此外,还有保密义务,这与专利实施许可合同不同,因为技术秘密是未公开的,所以需要保密;而专利是公开的,不存在保密的问题(《民法典》第 868 条第 1 款)。但是,除非当事人另有约定,否则,保密义务不影响许可人申请专利(《民法典》第 868 条第 2 款)。

技术秘密转让合同的受让人、技术秘密使用许可合同的被许可人,则有权按照约定使用技术,支付转让费或者使用费,被许可人还要承担保密义务,因为这个技术秘密是别人的,别人只是允许你使用,并未允许你公开。《民法典》一并要求技术秘密转让合同的受让人也承担保密义务(《民法典》第 869 条),对此,我有些疑问,如果技术秘密已经完全转让给了受让人,是否保密,似乎就应该由受让人自己决定。当然,一般来看,受让人会保密,否则,属于自己的技术秘密公开了,对其经营可能没有什么好处,甚至会给自己带来更大的市场压力。如果转让人希望保密,还是以在合同中写明这样的条款为妥。

无论是技术转让合同,还是技术许可合同,其中的让与人、许可人当然需要保证自己是所提供的技术的合法拥有者(《民法典》第 870 条前段),否则,受让人或者被许可人按照约定实施专利、使用技术秘密侵害他人合法权益的,由让与人或者许可人承担责任,对此,《民法典》还规定当事人另有约定的除外(《民法典》第 874 条)。尽管看上去是奉行私法自治理念,但是这样规定的理由并不充分,除非受让人或者被许可人事先就知道让与人或者许可人根本不是相关技术的合法拥有者,如果是这样,技术转让合同或者技术许可合同的双方就都是恶意的,甚至可能构成共同侵权,在这种情况下,允许侵权的双方约定对于被侵权人不利,如此规定也不妥当。此外,让与人、许可人还需要保证所提供的技术完整、无误、有效,能够达到约定的目标(《民法典》第870条后段)。这是一种最佳的状态。而作为另一方当事人的受让人、被许可人则应当按照约定的范围和期限承担保密义务(《民法典》第871条)。

当事人违约的,要承担违约责任。此外,如果许可人未按照约定许可技术,应当返还部分或者全部使用费(《民法典》第872条第1款),转让的情形与此类似(《民法典》第872条第2款)。被许可人未按照约定支付使用费的,要补交使用费并按照约定支付违约金,否则,应当停止实施专利或者使用技术秘密,交还技术资料(《民法典》第873条第1款),受让的情形与此类似(《民法典》第873条第2款)。属于独家许可的,未经另一方同意授权第三方实施专利或者使用技术秘密的,当然要停止这种违约行为(《民法典》第872条第1款、第873条第1款)。

另外,对于实施专利、使用技术秘密后续改进的技术成果,如无特别约定,原则上归改进方;对此,当事人如果有不同的想法,可以在合同中加以约定(《民法典》第875条)。

* * * * *

今天,我们一起继续关注技术合同,关注其中的技术咨询合同和技术服务合同。因为技术问题对于内行而言,也许是比较简单的问题,但是,对于外行人而言,却是很复杂的,即使有文本可供参考,但有时看上去也是像看"天书"。在实践中,技术咨询很有必要,另外,技术服务也有其需求。这就与律师为当事人提供法律咨询、法律服务大体上是一样的。

所谓技术咨询合同,就是当事人一方以技术知识为对方就特定技术项目提供可行性论证、技术预测、专题技术调查、分析评价报告等所订立的合同(《民法典》第878条第1款)。在技术咨询合同中,双方当事人与委托合同中的名称相同,也是称为委托人和受托人,作为技术咨询合同的委托人一方,就是把自己的问题比较清晰地表达出来,当然也要把相关的技术背景材料及有关技术资料提供给受托人,只有如此,受托人才能更有针对性、成本更低地进行研究进而得出结论,委托人接受受托人的工作成果,并向受托人支付报酬(《民法典》第 879 条)。技术咨询合同是有偿行为,这也体现了知识的力量,为了获得知识,有时我们不得不支付一定的费用。技术咨询合同的受托人在接受委托后,应当按照约定的期限为委托人解答问题,或者完成相应的咨询报告,所提出的咨询报告应当达到约定的要求,也就是说,应符合当初订立合同的目的,委托人在订立合同时关注的问题在咨询报告中均得到较为明确的说明和论证(《民法典》第 880 条)。

如果由于技术咨询合同的委托人没有按照约定提供必要的资料,以至于影响工作进度和质量,其不接受或者逾期接受工作成果的,委托人已经支付的报酬不得追回,而未支付的报酬仍然应当支付(《民法典》第 881 条第 1 款)。问题出在委托人一方,委托人不能把归咎于自己身上的原因导致的后果推在受托人身上,让对方承受不利,这是不被允许的。而如果技术咨询合同的受托人未按期提出咨询报告或者提出的咨询报告不符合约定,那么,他应当承担减收或者免收报酬等违约责任(《民法典》第 881 条第 2 款)。咨询也是要达到特定效果的,所以,受托人需要认真对待咨询事宜,提交审慎研究后的咨询报告。

另外,咨询报告仅供参考,至于做什么样的决定,还是要委托人自己来做。这就像婚姻咨询,婚姻咨询师也只是提供一些无倾向性的意见,是离婚还是维持婚姻,最终要咨询人自己决定。与此类似,技术咨询合同的委托人按照受托人符合约定要求的咨询报告和意见作出决策所造成的损失,由委托人自己承担,当然,如果当事人另有约定,就按约定(《民法典》第 881 条第 3 款)。当事人的特别约定会给受托人带来更多的压力,但有助于提高咨询的质量和效果。

而所谓技术服务合同,就是当事人一方以技术知识为对方解决特定技术问题所订立的合同,但是不包括承揽合同和建设工程合同(《民法典》第 878 条第 2 款)。由于承揽合同和建设工程合同也是提供某种服务,只不过它们都是独立的合同,技术服务合同作为技术合同的一种类型,还是要将它与既有的其他合同类型调整的范畴加以区分。在技术服务合同中,当事人同样称为委托人和受托人。总体而言,技术服务合同的委托人应当按照约定提供工作条件,完成配合事项,接受工作成果并支付报酬(《民法典》第882条)。这是委托人的义务。与此相应,技术服务合同的受托人应当按照约定完成服务项目,解决技术问题,保证工作质量,并传授解决技术问题的知识(《民法典》第883条)。应该说,技术服务合同属于服务合同的下位类型,其关键点就在于"技术"二字,服务就是围绕特定的技术问题展开的。

与技术咨询合同类似,在技术服务合同中,如果委托人不履行合同义务或者履行合同义务不符合约定,影响工作进度和质量,不接受或者逾期接受工作成果,那么,支付的报酬不得追回,未支付的报酬应当支付(《民法典》第884条第1款)。而如果受托人未按照约定完成服务工作,那么,受托人应当承担免收报酬等违约责任(《民法典》第884条第2款)。

此外,在技术咨询合同、技术服务合同履行过程中,还涉及新技术成果的归属问题,这大体可以分为两种情形:一种是受托人利用委托人提供的技术资料和工作条件完成的新的技术成果,这时归受托人;另一种是委托人利用受托人的工作成果完成的新的技术成果,这时归委托人。当然,这只是法律的模式归属,当事人可以对此进行特别约定(《民法典》第885条)。

关于技术咨询合同和技术服务合同中,受托人在正常开展工作时所需的花费,如果没有特别的约定或者约定不明确的,是由受托人负担的(《民法典》第886条)。因为通常,双方当事人在确定咨询或者服务的报酬时,受托人也已经将自己的付出多少考虑在内。当然,有约定的按照约定。

Day 80

61. 保管合同

短期需要,临时保管;长期需要,专业保管。

今天,我们一起关注保管合同。保管合同的双方当事人在法律上分别称为寄存人和保管人,把东西交出去的一方是寄存人,收受东西、负责保管的一方是保管人。在保管合同中,保管人负责保管工作,并最终负有返还保管物的义务(《民法典》第888条第1款)。我们在生活中,偶尔就会使用保管合同,有时是因为临时有事,请别人保管一下自己的东西,很快就回来取;有时是因为东西比较贵重,我们可能专门找专业的人进行保管。比如,如果你有几块金条,放在家里可能不安全,也许放在银行的保险柜里会让你安心一点。在《简·爱》中,主人公罗彻斯特的祖传珠宝就保管在伦敦的一家银行里,他告诉简·爱,这些珠宝是留给他的新娘的。我们去超市、商场的时候,经常会把随身携带的一些物品存放在超市、商场指定的场所,这视为保管,除非当事人另有约定或者交易习惯(《民法典》第888条第2款)。我们在住宾馆的时候,一些宾馆规定中午12点之前或者下午2点之前就要退房,否则,就要起算新的一天的房费了。但我们的事情还没有办完,可能还需要在宾馆继续开会或者有其他事务,这时,在一般情况下,我们都可以把收拾好的行李交给宾馆前台,请他们保管。

保管,是有偿还是无偿呢?这要看当事人之间的约定。比如,你把金条或者贵重物品存放在银行的保险柜中,这个一般都是有偿的,但如果是我们日常的一些保管行为,基本都是无偿的。包括前面说的,在宾馆住宿时离开之前那段时间的保管,超市、商场储物柜的保管,同学、同事、朋友之间的临时保管。总之,有偿,要明确约定,寄存人就需要支付保管费;如果双方当事人对保管费没有约定或者约定不明确,事后既无法达成一致意见,又无法根据合同条款或者交易习惯合理地得出有偿的结论来,那么,都视为无偿保管(《民法典》第889条第2款)。

　　保管合同属于实践性的合同,它与诺成性的合同相提并论。所谓实践性的合同就是必须实际地进行了财产的交付,合同才算成立。就保管合同而言,要等到保管物已经交付,保管合同才成立,当然,当事人之间另有约定的除外(《民法典》第890条)。而其他大多数合同基本都是诺成性的合同,只要双方当事人意思达成一致,合同就成立。比如,我们之前说过的买卖合同、租赁合同。仓储合同,我们下次会讲,它与保管合同很像,但它也是诺成性的合同。大体上可以这样理解:保管合同基本上属于民事合同,而仓储合同是纯粹的商事合同;保管的物件一般相对较小,而仓储的东西一般都是货物,所占空间也较大。正因如此,仓储合同都是有偿的,仓储活动是商人的营业行为,那一定是要收费的。

　　从法律的角度看,当我们向保管人交付保管物时,保管人应当向我们出具保管凭证(《民法典》第891条)。其实,这对学法律的人来说是很正常的,通常,你向其他人交出去一个东西,那一定要拿回来一个东西,否则如何证明这件事曾经发生呢?万一发生争议,不是要讲究证据吗?所以,谨慎一点好。当我们把物品存放在超市、商场的储物柜当中时,储物柜会自动生成一个码,这就是凭证,并可以用来开储物柜。在多年以前,一些火车站或者公共场所附近有专门的自行车保管处,基本的操作就是,我们把自行车停放好,保管人会在自行车车把上挂上一个牌子,同时再给我们发一个牌子。这个牌子可以认为就是自行车寄存的凭证,我们拿着牌子去取车。而像宾馆的一些临时保管则没有凭证,但说实话,宾馆也要小心,千万不能让其他人把寄存人存放的物品拿走了,如果有个凭证就会好一些。

　　无论有偿还是无偿,保管人都应该妥善保管。如果当事人还约定了保管场所或者方法,那么,除非发生紧急情况或者是为了维护寄存人的利益,保管人不得擅自改变保管场所或者方法(《民法典》第892条)。

　　如果保管物的保管需要采取特殊保管措施,寄存人需要将这种情况告诉保管人,否则,因此致使保管物发生损失的,保管人不负责,不仅如此,如果造成了保管人的损失还需要赔偿,除非保管人知道或者应当知道,并且没有采取补救措施(《民法典》第 893 条)。保管人原则上不能将保管物交给第三人保管,当然,寄存人同意的除外。未经同意转交第三人保管,一旦保管物发生损失,保管人是要赔偿的(《民法典》第 894 条)。此外,需要注意,保管人负有保管的义务,但并没有自己使用或者允许第三人使用的权利,当然,如果寄存人说没问题,那就没关系了(《民法典》第 895 条)。

在保管的过程中,如果有第三人向保管人就保管物主张权利,保管人要及时通知寄存人,除非第三人对保管物依法采取了保全或者执行措施,否则,保管人要把保管物交还寄存人(《民法典》第 896 条)。在保管期间,如因保管不当导致保管物发生毁损、灭失,保管人要承担赔偿责任,但如果是无偿保管,就不能对保管人过于苛刻。意思是说,在无偿的情况下,只有保管人存在故意或者重大过失时,才需要承担赔偿责任(《民法典》第 897 条)。保管的如果是现金或者其他贵重物品,寄存人要告诉保管人,保管人也要验收,否则,寄存人存了两张白纸,但是说存的是一沓现金,那保管人就亏大了。如果你有个信封,里面是现金,让别人保管一下,但你根本没说里面是什么,结果,信封被一阵大风刮跑了,那么,你就不能说,里面有多少钱,让对方赔钱,这无法得到支持(《民法典》第 898 条)。

如果是有偿保管,那么,寄存人应按照约定支付保管费(《民法典》第 902 条第 1 款);如果寄存人未支付保管费或者其他费用,保管一方可以留置保管物,当然,当事人另有约定除外(《民法典》第 903 条)。

62. 仓储合同

仓储合同,是商事保管。

今天,我们一起关注仓储合同。仓储合同与保管合同具有一定的"亲缘关系",可以认为,仓储合同是特殊的保管合同,因为其在实践中具有重要性,有自己的一些特色,并适于采取一些较为特别的规则,因此,它不再栖身于保管合同中,而是独立出来成为一种与保管合同并列的合同加以规定。事实上,《民法典》将仓储合同规定于保管合同之后,并且二者是紧挨着的,这也表明了二者之间的关系,在仓储合同章的最后一条,也就是第918条明确规定,"本章没有规定的,适用保管合同的有关规定。"这是在告诉我们,保管合同具有一般性,仓储合同具有特殊性。

在保管合同中,双方当事人分别叫寄存人和保管人。而在仓储合同中,双方当事人分别叫存货人和保管人(《民法典》第904条)。你有没有发现,其实都是一方做保管工作,另一方寄存或者存储东西,在一般的保管中,叫作寄存人;在特殊的保管,也就是仓储中,叫作存货人。根据这个名称,我们也能看出一些差别来。那么所谓的存货人,存的是什么?存的是"货物"。而寄存人寄存的是什么?我在讲保管合同时说了,寄存的基本都是比较小、占用空间少的东西,而货物一般占用空间都相对较大。在保管合同中,既可以找普通人保管,也可以找专业的人保管;在仓储合同中,存货这件事,其实只有企业才做。所以,仓储合同是商事合同。

与此相适应,商人之间说话就要算数,因此,仓储合同双方当事人的意思表示达成一致,仓储合同就成立了(《民法典》第905条);交付保管物时,保管合同才成立。仓储合同,保管人是企业,仓储货物是它的营业活动,因此,是必然收费的;保管合同,则因具体情况而不同,并且原则上是无偿合同,也就是没有约定或者约定不明的情况下,只要无法得出有偿的肯定结论,就是无偿的。

保管的东西一般不具有危险性,而仓储的货物有些经常是危险物品或者易变质的物品,如果储存的是这类物品,那么,存货人应当说明该等物品的性质并提供有关资料。因为这些物品需要特别保管,给予特别的注意。如果存货人没有说明、没有提供相关资料,那么,保管人可以拒收仓储物,也可以采取相应措施以避免损失的发生,因此而产生的费用也由存货人负担。所以,存货人要说清楚存的到底是什么,有什么特别的事项。对于保管人而言,如果提供储存易燃、易爆、有毒、有腐蚀性、有放射性等危险物品的服务,那么,还必须具备相应的保管条件(《民法典》第906条)。

仓储物入库时,保管人要确认仓储物的具体情况,需要知道入库的物品、入库的数量与之前约定的是否一致,有问题要及时与存货人沟通。如果验收后,发生仓储物的品种、数量、质量不符合约定的情况,那么,保管人是要承担赔偿责任的(《民法典》第907条)。可见,接手、验货是个重要的环节。而存货人交付仓储物后,保管人要给存货人一个凭证,可以是入库单、仓单等(《民法典》第908条),这表明他收到了你的货。

仓单是商业实践中很重要的一种凭证,它是用来提取仓储物的凭证。原始的存货人或者仓单持有人在仓单上背书,并且经过保管人签名或者盖章的,可以转让仓单(《民法典》第910条)。接手仓单的权利人,可以拿着仓单提货。我们刚才提到一个词,说存货人或者仓单持有人要在仓单上"背书",其实,就是这张单据的合法权利人在仓单的背面写上特别事项,表明把提货的权利转给别人的意思,这在汇票、本票、支票中也是广为使用的。目的是证明取得仓单的合法性、正当性。仓单上一般记载下面的事项:一是存货人的姓名或者名称、住所;二是仓储物的品种、数量、质量、包装及其件数和标记;三是仓储物的损耗标准;四是储存场所;五是储存期限;六是仓储费用;七是仓储物已经办理保险的,其保险金额、期间以及保险人的名称;八是仓单的填发人、填发地、填发日期(《民法典》第909条)。

在仓储的过程中,如果保管人发现入库仓储物有变质或者其他损坏的,要及时通知存货人或者仓单持有人(《民法典》第 912 条),以便作出妥当处置。如果仓储物的变质或者其他损坏,还危及其他仓储物的安全和正常保管,那么,这时保管人要催告存货人或者仓单持有人作出必要处置。如果情况紧急,不能再等了,那么,保管人有权作出必要的处置,但是,事后应将这些情况及时告知存货人或者仓单持有人(《民法典》第 913 条)。

与保管合同一样,仓储的东西最终是要提走的。如果仓储期限没有约定或者约定不明,那么,存货人或者仓单持有人可以随时提货,保管人也可以随时让存货人或者仓单持有人提货,但是,要给对方必要的准备时间(《民法典》第 914 条)。存在仓储期的,存货人或者仓单持有人可以提前提货,但仓储费不减,如果逾期提货,要加收仓储费(《民法典》第 915 条)。这一点,也凸显了仓储合同是商事合同。仓储期届满,保管人可以催告存货人或者仓单持有人尽快提货,超过合理期限仍然没有提货的,保管人可以将仓储物提存(《民法典》第 916 条),这和债的履行说的提存是一样的。

至于在仓储期,如果因保管人的保管不善导致仓储物毁损、灭失,保管人当然要赔偿。但如果是因为仓储物本身的自然性质、包装不符合约定,或者超过有效储存期造成仓储物变质、损坏的,保管人对此不负责(《民法典》第 917 条)。所以,存货人或仓单持有人要注意妥善包装、及时提货。

Day 82

63. 委托合同

受人之托,忠人之事。

今天,我们一起关注委托合同。委托合同在生活中很常见,我们经常委托他人做事,可能委托他人照看我们的孩子,委托他人投递信件、取个快递,委托他人代理我们去签订一个合同或者参加民事诉讼,等等。委托合同的双方,分别称为委托人和受托人,委托人表达委托的意思,受托人答应为委托人去做所委托的事。归纳起来就是,委托合同是委托人和受托人约定,由受托人处理委托人事务的合同(《民法典》第 919 条)。

在委托受托人做事时,我们有可能请他做一件事,也可能是几件事,还有可能是笼统、概括地处理一些事务(《民法典》第 920 条),比如,请人处理婚姻筹备的一切工作。如果处理相应事务,需要费用,妥当的做法是预先支付,不能让别人提前垫付费用。如果受托人垫付了处理委托事务的必要费用,这个钱以及利息最后都需要委托人来出(《民法典》第 921 条)。

受托人在给我们做事时,应当按照我们的指示去做。如果需要变更指示,要征得我们的同意。毕竟这是我们的事,受托人要尊重我们的意思。但如果情况紧急,来不及和我们取得联系,也需要在妥善处理委托事务后,及时告诉我们这个情况(《民法典》第 922 条)。

受托人在处理委托事务时应该亲自去做。因为我们找的是他,信赖的是他。只有经过我们的同意,受托人才能找第三人处理委托事务。我们也可以事后对此加以追认。经过了同意或者追认,就可以直接指示第三人按照我们的要求去做。这时,原来的受托人就从中脱身,但第三人是他选的,他也给予第三人处理事务的要求,如果选任人不妥,或者指示出现问题,受托人是需要承担责任的。如果对由第三人来处理我们的事务,我们没有同意,也没有追认,那么,受托人要为第三人处理事务的后果承担责任。当然,在紧急情况下,受托人为了维护我们的利益委托第三人来处理的除外(《民法典》第 923 条)。受托人处理完事务,要告诉我们处理结果(《民法典》第 924 条)。

在涉及与第三人订立合同的委托事务中,受托人以自己的名义,在我们的授权范围内与第三人订立合同,如果第三人在订立合同时知道受托人和我们之间的关系,那么,这个合同就可以直接约束我们和第三人,当然,有确切证据证明该合同只约束受托人和第三人的除外(《民法典》第 925 条)。在受托人以自己的名义与第三人订立合同时,第三人不知道受托人与我们之间的关系,如果受托人因第三人的原因无法对我们履行义务,受托人要把这个情况告诉我们,这时,我们可以从幕后走到前台,直接行使受托人对第三人的权利。但是,有一种例外,那就是第三人与受托人订立合同时如果知道背后是我们就不会订立合同的情形(《民法典》第 926 条第 1 款)。如果是我们的原因导致受托人无法对第三人履行义务,受托人将这一情况告诉第三人,第三人既可以向受托人主张权利,又可以向我们主张权利,但是只能二选一,并且选定了之后不能再变(《民法典》第 926 条第 2 款)。我们行使受托人对第三人的权利时,第三人对受托人可以拒绝履行的理由也可以向我们主张,与之相对,第三人向我们主张权利的,受托人可以拿来拒绝第三人的理由,我们也可以主张,不仅如此,还可以以我们有权拒绝受托人为由抗辩(《民法典》第 926 条第 3 款)。

委托合同可以有偿,也可以无偿。有偿的,委托事务完成,我们要按照合同约定向受托人支付报酬。如果是非受托人的原因,导致委托合同解除或者事务没法完成,依然需要支付相应的报酬,当然,合同中另有约定的,就按照约定(《民法典》第 928 条)。在有偿的委托合同中,受托人承担更高的义务,收人钱财,就需要把事办好,如果因受托人的过错造成我们的损失,那么,我们可以要求损害赔偿。但如果是无偿的,受托人出于一片好心,就不能对受托人要求太高,只有在受托人存在故意或者重大过失,其实就是不可原谅的过失时,才可以要求损害赔偿(《民法典》第

929条第1款)。另外,如果受托人超过我们对他的授权范围行事,造成我们的损失,受托人当然要赔偿(《民法典》第929条第2款)。

在委托合同中,委托人或者受托人都可以随时解除合同。也就是说,在委托合同中,解约自由。但是,因解除合同造成对方损失的,除不可归责于该方当事人的事由外,有偿委托合同的解除方需要赔偿对方的直接损失和合同履行后可以获得的利益,即使是无偿委托,合同的解除方仍然需要赔偿因解除时间不当造成的直接损失,但是,也仅限于这一点。有偿、无偿,对合同双方当事人权利义务的影响还是很大的(《民法典》第933条)。

在委托合同中,发生一方当事人死亡、终止等情况,那么,委托事务就此结束,但为了当事人的利益有必要继续执行的除外(《民法典》第934条)。

64. 物业服务合同

业主选我做服务,我当服务为业主。

今天,我们一起关注的是物业服务合同。如果你生活在城市里,并且住在空间相对有限的小区里,那么,物业服务这个词,相信你一定对其深有体会。你可能对物业服务很不满意:它竟然擅自停水、断电,不管基于什么的原因,这么做都是很过分的,甚至超出了法律容许的限度;你也可能对小区的物业服务很是满意:在疫情期间,物业服务公司在疫情防控工作中兢兢业业,并且还提供了一些便民服务,让你体会到当业主的感觉。其实,以前,物业服务合同被称为物业管理合同,但"管理"似乎有误导人的嫌疑,以至于生活中真的出现了极个别的物业管理公司及其员工把自己凌驾于业主之上的情况,摆出一副管理的做派,甚至对业主恶语相向,这是不对的。实际上,物业管理主要是管理物业,而不是管理业主,相反,物业服务公司作为业主委托的管理人,应服务于小区的业主,为业主的利益着想,而不是损害业主的利益。后来,我们在用词上作出调整,改成物业服务合同,也是希望物业公司能够明白,它们的目的是为业主提供更好、更全面、更让人满意的服务,而不能动辄摆出一副管理业主的面孔。

物业服务合同,其实就是物业服务人在物业服务区域内,为业主提供建筑物及其附属设施的维修养护、环境卫生和相关秩序的管理维护等物业服务,业主支付物业费的合同(《民法典》第937条第1款)。需要注意,物业服务人不仅仅包括通常的物业服务企业,而且包括其他管理人,因为管理物业有几种模式,可以业主自己管理,也可以委托他人管理,委托的他人可以是物业服务企业,也可以是其他管理人,所以,物业服务合同不一定是我们与物业服务企业签订的(《民法典》第937条第2款)。

物业服务合同的内容一般包括服务事项、服务质量、服务费用的标准和收取办法、维修资金的使用、服务用房的管理和使用、服务期限、服务交接事项等条款。具体包括哪些内容,取决于小区业主与物业服务人签订的合同。另外,物业服务人公开作出的有利于业主的服务承诺,为物业服务合同的组成部分。话不能空放,面对很多人的公开承诺也不允许开玩笑,这是需要注意的。事实上,物业服务人与业主已经进入特定的关系中,物业服务人必须保证自己的公开承诺值得信赖,并予以兑现(《民法典》第938条第1款至第2款)。这点也是《民法典》相比之前国务院颁布的《物业管理条例》所新增加的内容。物业服务合同较为复杂,所以,应当采用书面形式(《民法典》第938条第3款)。

为了保证小区的环境和秩序,在开发商的房子全部卖出之前,开发商就经常已经与物业服务人订立了物业服务合同,我们管这叫前期物业服务合同。随着房屋销售越来越多,买房和入住的业主就越来越多,业主可以组成业主大会并选举自己的业主委员会,而与自己选聘的物业服务人订立物业服务合同。无论是前期物业服务合同,还是物业服务合同,尽管不是每一个业主都全程参与表决、签订,但是,这样的合同,对全体业主具有法律约束力(《民法典》第939条),这是团体生活的必然结果。在实践中,有时,前期物业服务合同中的物业服务人与开发商存在千丝万缕的联系,所以,在买房或者交房的同时,就会与每个业主签订物业服务合同。这经常是物业服务人提供的格式合同,这样的合同及其条款可能对业主不利,发生争议时,它的正当性要受到人民法院的审查。

在前期物业服务合同约定的服务期限届满前,如果业主委员会或者业主与新物业服务人订立的物业服务合同生效,那么,前期物业服务合同终止。因为开发商毕竟不能代表购房或者入住的业主的利益,所以,当新的物业服务合同生效时,开发商与物业服务人签订的前期物业服务合同就终止了(《民法典》第940条)。

物业服务人不能将其应当提供的全部物业服务转给第三人来做,或者将全部物业服务支解后分别转给第三人来做。因为无论是开发商还是业主,选定的都是你这个物业服务人,而不是别人。所以,要自己来做。当然,部分专项服务事项是可以委托给专业性服务组织或者其他第三人来做的,但是,对业主负责的依然是物业服务人(《民法典》第941条)。

物业服务人负有按照约定和物业的使用性质,妥善维修、养护、清洁、绿化和经营管理物业服务区域内的业主共有部分,维护小区秩序的义务,并采取合理措施保护业主的人身、财产安全。对于小区内违反有关治安、环保、消防等法律法规的行为,物业服务人应当及时采取合理措施制止、向有关部门报告(《民法典》第942条)。另外,物业服务人应当定期将服务的各方面情况,如服务人员、收费标准、项目、利用小区进门大厅、电梯、走廊等获取的经营收益情况等以合理方式向业主公开并向业主大会、业主委员会报告(《民法典》第943条)。

* * * * *

今天,我们继续一起关注物业服务合同的有关问题。业主的主要义务就是按照约定向物业服务人支付物业费(《民法典》第944条第1款)。物业服务人应按照约定和承诺为业主提供到位的服务,而物业服务人把该做的都做了,那么,业主就不能以没有接受或者无须接受相关的物业服务为理由拒绝支付物业费。比如,小区里的电梯需要维护,一楼、二楼、三楼的业主就不能说,"我从来不坐电梯,所以,我要扣掉这部分对应的物业服务费",这是无法得到支持的。业主如果没有正当的理由,违反约定逾期不支付物业费,那么,物业服务人可以催告不交费的业主在合理期限内支付;合理期限届满业主仍不支付的,物业服务人也可以用法律手段来保护自己的合法权益,那就是,物业服务人可以提起诉讼或者申请仲裁(《民法典》第944条第2款)。有些物业服务人采取停止供电、供水、供热、供燃气等方式催交物业费,这样的方式是违法的,我国《民法典》对此加以明文禁止,物业服务人也要知道自己行为的界限(《民法典》第944条第3款)。

业主在装饰装修房屋的时候,要事先告知物业服务人,并遵守物业服务人提示的合理注意事项,配合物业服务人进行必要的现场检查(《民法典》第945条第1款)。业主在修饰装修时,不能对房屋内的墙壁随意进行大的改动,因为这涉及承重墙对整栋楼房的支撑问题,敲掉了承重墙,整个楼都可能会坍塌,所以,业主切不可为了增加自己户内的可利用面积而私自对墙壁进行大的改动。而且装饰装修应该避开人们的休息时间,比如,早上8点之前,晚上9点之后不宜动工,中午也应停工2小时,尽管自己装修方便了,严重影响他人休息也是不对的。在不适当的时间噪声过大,会构成违法。小区内低头不见抬头见,还是不宜让自己变得太讨厌,不是吗?事实上,《噪声污染防治法》有专门规定,在已竣工交付使用的住宅楼进行室内装修活动,应当限制作业时间,并采取其他有效措施,以减轻、避免对周围居民造成噪声污染(《噪声污染防治法》第66条)。

另外,业主转让、出租自己的房子,给别人设立居住权或者依法改变共有部分用途的,应当及时将相关的情况告知物业服务人,以方便物业服务人与业主进行对接,并提供管理和服务(《民法典》第945条第2款)。有些新建设的小区实行较为严格的管理,不是这个小区的人进出都要登记,甚至还要同时打电话与业主确认或者只能由业主带入,这么做会更加安全。在这样的小区,业主其实也要注意是否有可疑人员跟随进入小区、进入楼里。

业主聘用物业服务人的,业主当然可以解聘物业服务人,不过业主要走必要的程序,不是单个业主解除物业服务合同,而是进行共同生活的小区业主整体可以解除物业服务合同。在解聘的时候,应当提前60天或者根据合同约定的时间通知对方,有助于平衡双方的利益,并且解除通知要采用书面形式(《民法典》第946条第1款)。但解除合同造成对方损失的,除不可归责于业主的事由外,还是需要赔偿损失的(《民法典》第946条第2款)。

物业服务合同即将届满,业主可以共同决定续聘,较正式的续聘当然还是以继续签订合同的形式(《民法典》第947条第1款)。如果原来的物业服务合同期限届满,业主没有表态,但是也没有另外聘请其他物业服务人,而物业服务人也继续提供物业服务,那么,原来的物业服务合同继续有效,只是从原来的物业服务期限届满之日起,合同为不定期合同(《民法典》第 948 条第 1 款)。对于这样的不定期合同,物业服务合同双方当事人都可以随时解除,不过,也要给对方一定的缓冲和解决问题的时间,所以,《民法典》要求要提前 60 天书面通知对方(《民法典》第 948 条第 2 款)。在物业服务期限届满前,如果物业服务人不打算续聘,要在合同期限届满前 90 天或者合同约定的期限书面通知业主或者业主委员会(《民法典》第 947 条第 2 款),同样是为了给予业主寻找新的物业服务人留出必要的时间。

　　如果物业服务合同终止,原来的物业服务人需要做好善后事宜,不能继续占有物业服务用房、相关设施、物业服务所必需的相关资料等,物业服务人需要将这些交给业主委员会、决定自行管理的业主或者指定的人,配合新物业服务人做好交接工作,并如实告知物业的使用和管理的情况(《民法典》第 949 条第 1 款),否则,无权请求业主支付物业服务合同终止后的物业费,不仅如此,如果造成业主的损失,还需要一并赔偿(《民法典》第 949 条第 2 款)。另外,在新旧物业管理人交接之前,不能出现空档期,在新的物业服务人或者决定自行管理的业主接管之前,原来的物业服务人应当继续提供服务,而对此期间的服务也可以请求支付物业费(《民法典》第 950 条),这样做,物业服务就得到了比较好的衔接,也是公平的。

Day 85

65. 行纪合同

行纪合同,贸易委托独立商人之合同。

今天,我们一起关注行纪合同。行纪合同是纯粹的商事合同,我们讲过,委托合同既可以是有偿的,又可以是无偿的,有偿的委托合同大体上属于商事合同,而无偿的委托合同,就是属于日常的民事合同。而行纪合同都是有偿的,在有些国家被直接规定在商法典当中。行纪合同与委托合同很像,但又不是委托合同,或者可以说,行纪合同是一种特殊的委托合同,因为它特殊,所以,在委托合同之外,在《民法典》中位于委托合同之后,紧接着委托合同(物业服务合同是委托合同的子类型)又规定了行纪合同,不过,行纪合同没有规定的,参照适用委托合同的有关规定(《民法典》第960条)。

在行纪合同中,双方当事人与委托合同中的称呼略有差别,一方是委托人,另一方是行纪人。《民法典》第951条规定:"行纪合同是行纪人以自己的名义为委托人从事贸易活动,委托人支付报酬的合同。"通过这个概念,我们也可以发现,行纪合同中行纪人也是为委托人做事,只不过所要做的事的范围大大缩小了,在委托合同中,没有特别的限制,而在行纪合同中,做的事就是贸易活动,所以,它体现了商业性。比如,我们请行纪人给我们买东西、卖东西,行纪人也是以自己的名义去买卖,在与第三人的关系中,他对合同直接享有权利、承担义务。只不过最后,他还是要把买回来的东西、卖掉东西换来的钱交给我们。如果第三人不履行义务导致我们受到损害,是行纪人承担赔偿责任,而不是第三人(《民法典》第958条)。

行纪人是商人,行纪人处理委托事务支出的费用,由行纪人自己负担,当然,当事人另有约定的,按照约定执行(《民法典》第952条)。这与委托合同又有所不同,是不是?

如果交给行纪人的委托物存在瑕疵或者容易腐烂、变质,比如,我们请行纪人出售的是水果、蔬菜这些东西,有些已经坏掉了,发生这种情况,经过我们的同意,行纪人可以处分这些水果;如果不能与我们及时取得联系,行纪人也是可以合理处分的(《民法典》第954条)。

通常,无论是请行纪人给我们买东西还是卖东西,我们都会有一个底价,并将此告诉行纪人,以保证达到最基本的预期。行纪人如果低于我们指定的价格卖出或者高于指定的价格买入的,应当经过我们的同意;即使未经过同意,行纪人补偿这一差额的,买卖对我们同样发生效力。行纪人高于我们指定的价格卖出或者低于我们指定的价格买入的,可以按照约定增加报酬;没有约定或者约定不明确,由当事人协商,最终仍无法确定的,好处归委托人(《民法典》第955条)。

在替我们买东西或卖东西的时候,行纪人原则上不能自己作为卖方或者买方,因为这会导致他的利益和我们的利益相冲突。比如,我们请行纪人给我们买电脑,结果他把自己的电脑卖给我们,我们希望买得便宜点,他希望自己的电脑卖得贵一点。发生这种事情,就无法很好地保护我们的利益了。但是,如果行纪人卖出或者买入的是具有市场定价的商品,除我们有相反的意思表示外,行纪人自己也可以作为买方或者卖方。不仅如此,行纪人还可以请求我们支付报酬(《民法典》第956条)。因为在这种情况下,行纪人没有利用他的身份侵害我们的利益,是完全按照市场定价交易的,而这正是我们的目的。

当行纪人按照约定买入委托物之后,我们应当及时收取。如果经行纪人催告,我们在没有正当理由拒绝收取的情况下,行纪人可以将委托物提存,由第三方保管。另外,委托物不能卖出或者我们委托人撤回了出卖,经过行纪人催告,如果我们不取回或者不处分委托物,行纪人同样可以提存委托物(《民法典》第957条)。总之,行纪人占有委托物或者买回物具有临时的性质,他终究要把卖不掉、不再卖或者买回来的东西交给我们，这属于合同履行的问题，如果我们不收取，那么，为了让合同履行，他可以采取提存的方式解决履行的问题。

在行纪人完成或者部分完成委托事务的，我们需要向行纪人支付相应的报酬。如果逾期不支付报酬，那么，行纪人为了保障自己的报酬，可以留置委托物，当然，约定不能留置的除外（《民法典》第959条）。

Day 86

66. 中介合同

月老牵线,喜鹊搭桥。

今天,我们一起关注中介合同。它在《合同法》中的名字叫"居间合同","居间"就是居于当事人之间的意思。不过,有人反映,居间合同还是不易于理解,所以,在编纂《民法典》的时候,最终把居间合同改成了中介合同,改了之后,就很好理解了。中介在我们的生活中发挥着重要的作用。在买卖房屋的时候,大多数人不是直接从开发商那里买房,而是寻找房地产中介。走在大街上,我们总能看到各家房地产中介公司,它们为房屋买卖提供信息,为当事人牵线搭桥。

不仅如此,在婚姻的问题上,尽管强调男女双方最好有一定的了解,自由恋爱,但是实际上,如果错过了最佳的谈恋爱的时期,或者由于各种原因没有顺利进入婚姻殿堂,那么,正式的婚姻中介或者亲戚朋友中的"红娘"就要发挥作用了。不可否认,"红娘"、中介很重要,相当一部分人其实就是通过热心的"红娘",以及婚姻中介公司找到了自己的另一半,当然,每个人的幸福也要自己去主动寻找。

中介合同是商事合同,所以,会涉及中介费的问题。具体而言,中介合同是中介人向委托人报告订立合同的机会或者提供订立合同的媒介服务,委托人支付报酬的合同(《民法典》第961条)。在房屋买卖中,常见做法是由卖方向房地产中介公司支付佣金,而买方是不用花钱的。尽管买方不花钱,但是,买方也会与中介公司、卖方之间签订三方合同,所以,作为中间人的中介公司,应当就有关订立合同的事项向委托人如实报告。中介人故意隐瞒与订立合同有关的重要事实或者提供虚假情况,损害委托人利益的,不得请求支付报酬并应当承担赔偿责任(《民法典》第962条)。在房屋买卖中,房屋是否为"凶宅",属于影响房屋价格、购房意愿的重要信息,对此,中介人需要调查清楚,并诚实地告知另一方当事人。

中介人提供的信息很重要,以房地产中介合同为例,如果房地产中介公司促成了房屋买卖合同的成立,委托人应当按照约定支付报酬。合同中对房地产中介公司的报酬没有约定或者约定不明确,如果双方事后又无法达成合意、无法终局确定的,那么,要根据房地产中介公司的劳务合理确定。也就是说,即使根本就没有提报酬的事,只要你找的是房地产中介公司,就一定是有偿的,因为房地产中介公司作为商人,它提供的服务都是有偿的。关于中介费到底谁来付的问题,如果没有明确的约定或者交易惯例,因中介人提供订立合同的媒介服务而促成合同成立的,由该合同的双方当事人平均负担中介人的报酬(《民法典》第963条)。这是一种补漏的规则,当事人有约定的就按约定来,而房地产中介合同中则有卖方支付佣金的惯例。

如果中介人努力但最终并未能有效促成合同的成立,实际上,这在生活中是常态,我们很少见到买方看了一次房就直接购买,也很少看到有人见了第一个约会的对象就直接结婚。此时,因为并未成功促成合同的成立,中介人无权请求支付报酬。但是,中介人可以按照约定请求委托人支付从事中介活动支出的必要费用(《民法典》第964条)。需要注意,这以有约定为前提。在促成交易成功的情况下,中介人为此而付出的中介活动费用,是由中介人自己负担的(《民法典》第963条)。这正是它的基本业务的成本。

在生活中,有时会发生这样的情况,那就是委托人接受了中介人的服务,利用中介人提供的交易机会或者媒介服务,但是却绕开中介人直接订立合同。这在前些年发生过,就是在房地产中介服务过程中,房屋买方和卖方背着房地产中介公司直接签订了合同。那么,此时,委托人是否应支付报酬呢?《合同法》中对此没有明文规定。因为《合同法》立法之初也没有想到过会发生这样的事,但是,这在生活中发生了。你觉得,是否要支付报酬呢?实际上,这里相当于委托人利用了中介人的服务,才实现交易的,那么,根据诚实信用的原则,委托人当然要支付报酬(《民法典》第

965条)。委托人背着中介人订立合同的这种情形,被称为"跳单",这样的案件具有一定的特殊性和典型性,后来被列入最高人民法院指导性案例,供各级人民法院参考。在跳单的情形下,委托人应当向中介人支付报酬的规则,最终也被《民法典》规定下来。当然,如果买方、卖方并非基于中介人提供的服务而达成交易,那么,委托人就无须支付报酬。

与行纪合同类似,中介合同在没有规定时,也是参照适用委托合同的有关规定(《民法典》第966条)。这显示的同样是中介合同与委托合同的亲缘关系。

Day 87

67. 合伙合同

心往一处想,劲往一处使。共同做事业,责任共担当。

今天我们一起关注合伙合同。合伙,大家应该都不陌生,在做生意的时候,除采取开公司、个人独资企业、个体工商户的形式之外,有时我们也会采取合伙的形式。1986年公布的《民法通则》规定了个人合伙和企业联营;后来,我国颁布了《合伙企业法》。《民法通则》中民事主体部分关于合伙的规定,在编纂《民法典》时,没有被保留,而是在合同编中从合伙合同的视角加以重新规定。

合伙合同是两个以上合伙人为了共同的事业目的,订立的共享利益、共担风险的协议(《民法典》第967条)。合伙人通常具有较为密切的关系,如好兄弟、好姐妹,因为如果没有密切的、相互信赖的关系,几个人很难走到一起。之所以合伙,通常是因为几个人有共同的目标和追求,而且,集多人之资本、智慧、能力也远比一个人更容易成功。正所谓,"三个臭皮匠,顶个诸葛亮"。成立合伙企业后,几个人便可以向着共同的目标携手前进。

为了让合伙的事业开展起来,该出资的一定要出资,否则,没有原始资本,很多事情都做不了。所以,合伙人应当按照约定的出资方式、数额和缴付期限,履行出资义务(《民法典》第968条)。合伙人出资后,作为出资的财产,以及因合伙运营过程中取得的收益和其他财产,属于合伙财产。合伙合同终止前,合伙人不能请求分割合伙财产(《民法典》第969条)。合伙财产与合伙人的个人财产具有相对独立性。什么意思呢?就是原则上,合伙的财产是合伙的财产,合伙人个人的财产是合伙人个人的财产。举个例子，如果合伙有对外负债，那么，合伙的债权人首先要向合伙主张权利、主张还钱。如果合伙可以清偿债务，不能跨过合伙，直接找合伙人要钱；当然，如果合伙的全部财产也不够还债，那么，合伙人要对合伙的债务承担连带责任。也就是，合伙对外欠的债、没还的债，合伙人要用自己的钱来还，并且没有上限。当然，如果超过自己应当承担的份额，可以向其他合伙人追偿(《民法典》第973条)。

合伙人也可能对外负债，此时，合伙人的债权人只能找合伙人要钱，而不能直接找合伙要钱，更不能行使合伙人在合伙中享有的权利，比如执行合伙事务等。但是，如果合伙有利润，那么，合伙人的债权人可以代位行使利益分配请求权，这个权利可以认为是债权人的代位权在合伙合同纠纷中的应用(《民法典》第975条)。

前面说，合伙合同终止前，合伙人不能请求分割合伙财产，那么，这是否意味着，合伙人投入合伙的财产就永久锁定在合伙中了呢？这不是绝对的。实际上，合伙人可以向其他人转让他在合伙中的全部或者部分财产份额。向谁转让呢？这个问题很重要。因为合伙人之间的熟悉度、相互了解很重要。因此，如果转让给其他合伙人，没有问题，但如果要把合伙财产份额转让给合伙人之外的人，那么，这时要经过其他合伙人全体的一致同意。因为合伙可是共享收益、共担风险的，其他合伙人必须确保接手合伙财产份额的人靠谱，是个可以合作的人。当然，如果合伙人之间对此有特别约定，那么，按照约定来(《民法典》第974条)。在签订合伙合同时，想作出什么特别安排，都要写到合同里，提前留出后路。

合伙人就合伙事务作出决定，原则上应当经全体合伙人一致同意，但合伙合同另有约定的除外(《民法典》第970条第1款)。合伙事务也是由全体合伙人共同执行。不过，合伙人可以全体决定，或者在合伙合同中直接约定，委托一个或者几个合伙人执行合伙事务。在此情况下，其他合伙人不再执行合伙事务，但是，不执行合伙事务的合伙人有监督执行的权利(《民法典》第970条第2款)。合伙人也可以分别执行合伙事务，执行事务合伙人可以对其他合伙人执行的事务提出异议；提出异议后，其他合伙人应当暂停该项事务的执行(《民法典》第970条第3款)。提出异议的目的不是找茬，而是努力作出更科学、合理的决定，实现全体合伙人的最大利益。合伙人在执行合伙事务时,原则上是没有报酬的,相当于给自己打工,但毕竟全体合伙人一起受益,当然也一起承担风险,所以,如果执行合伙事务人希望能够有报酬,那么,需要在合伙合同中作出特别约定(《民法典》第 971 条)。

合伙的盈利和亏损怎么分配,最好在合伙合同中明确作出约定,这是最重要的一件事。万一没有约定或者约定不明确呢?此时,首先由合伙人协商;如果协商不成,那就按照合伙人实缴出资比例分配、分担,这也是较为公平的;如果由于各种原因,连出资比例都无法确定、证实,那么,由合伙人平均分配、分担(《民法典》第 972 条)。如果合伙合同终止,尚有剩余财产,也是像刚说的这样来分配(《民法典》第 978 条)。

合伙可以约定期限,也可以不约定。不约定或者约定不明,最终无法确定的,视为不定期合伙。不定期合伙合同,可以随时解除,但要提前通知其他合伙人。定期合伙届满可以继续开展合伙事务的,没有人反对,合伙合同就继续有效,只是这时后续的合同算作不定期合同(《民法典》第 976 条)。合伙人死亡、丧失民事行为能力或者终止的,合伙合同终止,这对合伙可能构成重大影响;如果合伙不想因为这事就终止合伙合同,那么,可以在合伙合同中提前对此作出不终止的约定,当然,有些合伙的事务不宜因一个合伙人的问题而终止,这样的合伙合同也不终止(《民法典》第 977 条)。

Day 88

68. 不当得利

> 任何人不得基于他人之损失而得利。——法谚①

今天我们一起关注不当得利,不好的"不",正当的"当",得到的"得",利益的"利",连在一起就是"不当得利"。根据字面的意思,就是得到了某种利益,但是却缺少正当性,也就是没有法律根据。最常见的获得利益的法律根据可能就是合同了,我们根据合同,接受对方当事人的履行、得到想要的利益;另外,自己建房、善意取得、继承等也是取得利益的法律根据。实际上,我们都知道,利益总是相对有限的,如果你得到了某种利益,通常,就有人失去了这种利益。对于这种缺少法律根据而得到的利益,你觉得,要怎么处理才好呢?直接让得到利益的人保有了吗?这样做是否公平呢?如果失去利益的人是你,你愿意吗?大家可以想想这些问题。

直接让获得利益的人保有不当的利益明显有失公平,因此,这时,失去利益的一方有权利让得到利益的一方返还利益。如果套用一些西方俗语或者谚语,那就是,"最终还是要让上帝的归上帝,让恺撒的归恺撒",让每个人各得其所。这样的一种制度,就是不当得利制度,与合同、侵权、无因管理、缔约过失等一起构成了债的发生原因,也就是,发生这样的情况,会产生债权债务关系(《民法典》第118条)。在不当得利中,失去利益的一方是债权人,得到不当利益的一方是债务人,债权人可以向债务人主张返还(《民法典》第985条主文)。

---

① 郑玉波:《法谚(一)》,法律出版社2007年版,第90页。

但是,下面三种情况是例外,并且它们都是新内容:一是为履行道德义务进行的给付[《民法典》第985条但书(一)]。也就是说,尽管我们向他人给付没有法律上的义务,但是在道德上是妥当的,那么,这样的一种给付,就不能要回。比如,侄子已经成年并成家,但日子过得并不好,你看不下去,所以,给他5000元,就不能事后又要他还钱,这就不妥当。要注意,这里不是赠与、借贷等合同关系,否则对方获得利益就有法律依据了。如果是借贷,那当然事后要还钱了。

二是债务到期之前的清偿[《民法典》第985条但书(二)]。比如,你之前向我借了一笔钱,说好年底还,也就是债务年底才到期,结果你最近手头比较宽裕,现在就把钱还给我了,那么,你不能事后又以债务还没到期为由再把钱要回去。因为你本来就欠我钱,我收受了你现在还的钱,是具有正当性的,只不过对你而言,提前还钱的行为让你丧失了期限利益。

三是明知无给付义务而进行的债务清偿[《民法典》第985条但书(三)]。所谓明知无给付义务,就是明明知道自己不欠别人钱,但仍然把钱塞给人家,大体就是这个意思。这样就不能往回要,因为这是你在什么都明白的情况下,故意给人家的,这和误以为欠钱而转账给别人有本质区别。

有时操作失误,也会引发不当得利。学校里也有这样的情况,在同学们交学费时,如果是现金交费或者现场交费可能不会出现问题,但现在很多是采取银行卡网络交费,输入自己的学号,就完成了,省事是省事了,不过,也有学生输入时没注意,输错了一个号码,结果替另一个同学交了学费。这位输错学号的同学并无为另一位同学交费的目的,单就学校的收费系统而言,另一位同学无须再交费,此时,无须交费的同学也会构成不当得利,应予返还错误输入学号的这位同学。如果另一位同学不知情,自己又交了一次学费,那么,学校收受了一个学号对应学生的两次学费,对第二笔学费,学校构成不当得利,应予返还。

有时,获得利益的人并不知道而且不应当知道取得的利益没有法律根据,而取得的利益已经不存在了,此时不用返还该利益(《民法典》第986条)。这里体现的是对善意获得利益的人给予的某种保护。需要注意,这里强调的是取得的利益已经不存在了,这个利益是可以改变形式的。如果取得的利益被卖掉,或者交换了别人的东西,那么这时,利益依然存在,只不过改变了形式,仍然需要返还。

前面说的是,得利人不知道也不应当知道,他取得利益没有法律依据的情况。如果他知道或者应当知道取得的利益没有法律依据,此时,受损失的人可以请求得利人返还其取得的利益并依法赔偿损失(《民法典》第987条)。也就是说,知道自己对某种利益不具有正当性的人,要尊重别人的利益,否则,不仅需要返还所取得的利益,还需要赔偿别人的损失。比如,前些年发生过很夸张的事,有人竟然把别人的房子卖掉并过户了,当然,这里房主既没有授权卖房,也不认识卖房的人。卖房的人获得了房价款,不具有正当性,房子的所有人遭受了损失,他就可以要求对方返还利益、赔偿自己的损失。

如果得利人把取得的利益送人了,那么,他没有利益了,而第三人无偿取得得利人本该返还的利益,尽管有赠与合同在,但这个利益本该归属于别人,所以,受损失的人可以请求第三人在相应范围内承担返还义务(《民法典》第988条)。第三人不能以东西是别人送的为由抗辩。其实,正因为是别人送的,当第三人与受损失的人的利益相互冲突时,才需要保护受损失的人。

69. 无因管理

> 管理他人之事，需特别注意。——法谚①

今天我们一起关注的是无因管理，因是原因的"因"，这里大体上也可以理解为原因，无因管理，意思就是"管理人没有法定的或者约定的义务，为避免他人利益受损失而管理他人事务"（《民法典》第979条第1款）。既然没有法定的或者约定的义务，本来可以"事不关己，高高挂起"，但社会中有很多热心的、"爱管闲事"的人，在别人需要帮助时，尽管别人并未求助，他们也主动地帮助别人。这或许就是我们的俗语常说的"远亲不如近邻"，热心的"近邻"经常帮我们做一些事情。当然，这种管理他人事务的行为，远不限于"近邻"，只要热心，谁都可能出手。

比如，在农村老家，我出了趟门，没有关大门，本以为几分钟就回来，结果很久没回，邻居见到这个情况，把我的大门关上了，这是无因管理，只不过是举手之劳而已，法律可能就不过多介入了；秋天我家院子里晒着玉米，天看上去阴沉沉的，似乎要下雨了，邻居看我还没回来，帮我把玉米收到筐里，放到厢房里，这也是无因管理；在马路上有人晕倒，你马上打120送人去医院，还好心好意垫付医药费，这样的行为同样是无因管理。在电影《离开雷锋的日子》中，里面的一些场景也是无因管理，比如主人公——雷锋的战友乔安山回忆，雷锋生前给他的妈妈寄钱治病，这是无因管理；乔安山路上救起一位被车撞伤的老人，并将老人送到医院抢救，这也是无因管理。

---

① 郑玉波：《法谚（一）》，法律出版社2007年版，第88页。

管理人没有法定的或者约定的义务，为避免他人利益受损失而管理他人事务，就构成无因管理。比如，警察遇见抢劫犯，应该上前阻止、抓捕，这是警察的法定义务所在，所以不构成无因管理；但如果不是警察，而是个普通人，他见义勇为，就构成无因管理。同样，如果你雇保镖贴身保护你的人身和财产安全，在遇到危险时，保镖该出手时就出手，也不构成无因管理，因为按照雇佣合同，他就是要保护你的。

在发生无因管理时，就像不当得利、合同、侵权一样，也会产生债权债务关系，具体而言，那就是管理人可以请求受益人偿还因管理事务而支出的必要费用，不仅如此，管理人因管理事务受到损失的，可以请求受益人给予适当补偿（《民法典》第979条第1款）。像前面所说的，将路上碰到的晕倒的人送到医院，垫付医药费，这样的花费就属于必要费用，可以要求受益人返还。如果管理人比较迷信，不是把需要救治的人送到医院，而是花钱请人进行"跳大神"等封建迷信活动，那么，这笔费用就不是必要费用。不仅如此，如果因为管理方法不当，耽搁了病情，还需要承担损害赔偿责任。

管理人管理他人事务，应当采取有利于受益人的方法。中断管理对受益人不利的，无正当理由不得中断（《民法典》第981条）。还是前面的例子，本来晕倒的人在主干道上，比较容易发现，结果，你把他抱上车，又反悔了，但车正经过较为偏僻的地段，如果这时你把昏迷不醒的人放在这样的地段，明显不妥当，因为你放下去他就可能因为该地段偏僻、少有人走，而失去救治的机会。

至于管理人因管理事务受到损失的情形，在见义勇为时是比较常见的。为了抓住抢劫犯、小偷，阻止殴打他人或者耍流氓的行为，见义勇为的人可能因此而受伤需要支出医药费、产生误工费等损失，这样的费用就是管理人的损失，可以请求受益人给予补偿。在抢劫犯、小偷等违法行为人跑掉或者无力承担时尤其如此，也就是，这时受益人必须给予补偿。如果抓到了违法行为人，已经赔钱了，那么见义勇为行为人的损失就得到了填补，此时，受益人可以给予适当补偿（《民法典》第183条）。

需要注意，有时管理事务不符合受益人的真实意思，此时，管理人不享有前面所说的权利，但是，受益人的真实意思违反法律或者违背公序良俗的除外(《民法典》第 979 条第 2 款)。这是什么意思呢？通常，热心管理别人的事务对别人是有好处的，但是有时你做的刚好与受益人想的完全相反，这时，并未给受益人带来利益，所以，管理人不能要求对方支付相应的费用。比如，我们很多时候就怕"屋漏偏逢连夜雨"，所以，好心的邻居把你的老旧、漏雨的房顶进行了装修，但你正想着这个房子太老旧了，并且事实上天一见晴，你就把房子拆了，就属于上述情况。当然，如果你不拆，又继续居住使用，说明你"心口不一"，此时，要以实际获得的利益范围为限向热心的邻居支付为你装修漏雨屋顶的必要费用(《民法典》第 980 条)。

　　前面说，雷锋给乔安山的妈妈寄钱治病，这也构成无因管理。对于这些类似的情况，如果别人为你的贫苦年迈的母亲花钱治病，你说，"你去找我的母亲要钱，我是不会还的"，这种行为就有违公序良俗，因为你是有赡养、救助老母亲的义务的，人家是给你的母亲花钱治病，你就不能以前面的话为借口，拒绝偿还人家救治自己母亲所花的费用。当然，如果对方说不用还，就是另一种情况了，这属于债务的免除，你可以不还，也可以坚持要还，否则，你会觉得欠下了人情。

　　另外，管理人管理他人事务，能够通知受益人的，应当及时通知受益人。毕竟，这是别人的事。如果管理的事务不需要紧急处理，应当等待受益人的指示(《民法典》第 982 条)。也就是介入别人的事，原则上要尊重本人的意思。事情处理完，管理人应该把管理的情况告诉受益人。管理事务取得的财产，要一并转交给受益人(《民法典》第 983 条)。

　　如果管理人管理事务经受益人事后追认，那么，从管理事务开始时起，适用委托合同的有关规定，但是管理人另有意思表示的除外(《民法典》第 984 条)。这说的是无因管理和委托合同的关系，也就是无因管理可以转化为委托合同关系，但管理人可以选择不进入委托合同关系。

70. 担保

> 无保不如有保。人保不如物保。——法谚[①]

今天,我们从宏观上聊一聊担保问题。人与人之间难免会相互借款、买卖,熟人之间,钱借就借了,甚至连借条都不用打;在熟悉的交易对手之间,买的东西赊就赊了,因为,人们之间的熟识和信用已经足够了。其实,以前我去买早餐,出门太匆忙忘了带钱,也没带手机,发生赊欠早餐费的情形也是有过几次的,解决方法就是下次来时一起付账。但是,当交易发生在陌生人之间,或者尽管是熟人、老客户,但属于大额借款、大额交易,这时,你敢这么做吗?此时,我们可能需要一个担保。

大多数人买房的时候,都会向银行贷款,而银行会要求借款人提供房屋抵押,也就是,为了担保借款人能够按时还债,银行要求借款人在自己或者他人的房子上为其设定抵押权,买过房的人可能会碰到过这种情况。在开发商开发建设的时候,更需要庞大的资金支持,它们不仅通过预售商品房获取资金,而且会从银行借款,把建设用地使用权,或者连带正在建设的楼房,一起抵押给银行。船舶公司、航空公司,为了拿到银行的贷款,可能把船舶、飞机抵押给银行。一些小公司甚至会以公司的成品、半成品、原材料等东西一起抵押给银行,以获得银行的贷款。可以说,在现代社会,银行是最大的出借人,也是最大的担保权人,而房地产则是最重要的担保物,至于动产,无论是船舶、飞机这样昂贵的东西,还是一般的产品、设备,都可以用于抵押。这里的担保权是抵押权。

[①] 郑玉波:《法谚(一)》,法律出版社2007年版,第136页。

我们可能听说过"P2P"（peer to peer lending），现在经商的风险很大，个人与个人之间的借款纠纷也很多，想通过 P2P 增加点收入可以理解，毕竟谁都希望挣得越多越好，但是，你把钱放出去了，能收得回来吗？有些 P2P 许诺的利息很高，比如，年投资回报率40%、60%，甚至有些案件中还出现过月息 15%，平时聊天，一些人讲到有的更夸张——周回报率100%，简直"没有最高，只有更高"。但是，很多时候，正是"你想要他的利息，人家可是想要你的本金"，所以，谨慎投资很有必要。借出去的钱，最好能有担保，比如，值钱的古画、古董、金银饰品，或者股票，有这类东西押给你，你往外借钱才可以相对放心。这种把东西押给你的担保权叫质权，质量的"质"。

船舶在海上发生了碰撞，要进行维修才能再次出海，船舶得到了修理，不给维修费，维修公司肯定不同意；朋友运输一批货物给你，约定货到付款，如果拒付运费，你肯定拿不到货。船舶维修公司也好，运输人也罢，为了保证收到维修费、运费，都会把船舶、把运输的那批货扣下，作为收船、收货的保障。船舶维修公司、运输人享有法律明确认可的权利，足以担保债务人支付维修费、运费，这项权利被称为留置权。

此外，当卖家出售一些较为贵重的商品时，有时根据买家的支付能力采取分期付款的方式，对买家而言，可以分多期小额付款，减轻支付的压力，同时，卖家又已经交付了商品，方便买家使用。但由于卖家未拿到全款，有时卖家为了保证自己的利益，会约定在买家付清全部价款前，商品仍然归卖家所有。以货车为例，卖家有必要交付货车，交付货车买家才能跑货运赚钱、还钱，但可以约定在把货车全款支付完毕之前，卖家依然享有货车的所有权，自支付清价款之日起，货车所有权移转给买家。这是**所有权保留**。

另一种担保方式，是债务人或者第三人与债权人订立合同，约定把自己的财产形式上转让到债权人的名下，以供债务的担保。如果债务人按时清偿债务，债权人将该财产返还给债务人或第三人；如果债务人到期没有清偿，债权人可以对财产拍卖、变卖、折价偿还债权。这样的约定是**让与担保**，也就是以把财产让给对方的名义进行担保，如果让与的是动产，就是以所有权让给对方，担保按时还债。用所有权担保与所有权保留是一样的，只不过一个是留下所有权做担保，一个是让出所有权做担保。如果不能按时还债，东西就归债权人所有——这种约定无效，债权人据此主张财产归自己所有的，也无法得到人民法院的支持，但债权人可以主张拍卖、变卖这一财产以清偿对自己的债权。

除了这些担保方式，当事人还可以找保证人，如果保证人财力雄厚、信用良好，保证人担保也是不错的方式；在合同中，当事人还可以约定定金、违约金，以推进、担保合同的履行。前面这些担保方法，不仅银行可以用，商家可以用，我们普通人也能用。

为了保障我们的债权能够按时收回、实现，建议大家积极采用前面的担保方式。

* * * * *

今天，我们更深入一些地了解担保。担保有两大形式，我们通常称为"人保"和"物保"：找个财力雄厚、信用良好的保证人，凭借的是这个保证人的信誉，属于人保，在实践中，也有夫妻互保的；用具体的物件，特别是房子、飞机、设备、半成品拿来担保，则属于物保。人保，重在人的信用；物保，则强调物本身的价值。

物保，有一个学名，叫"**担保物权**"，抵押权、质权、留置权都属于担保物权，它们都是用来担保债务履行的，特别是在借款、买卖等活动中，债权人为了保证自己的债权能够实现，可以要求债务人设定担保物权，或者如果第三人愿意，一般都是债务人的亲戚、朋友，那么也可以由第三人提供担保物，设定担保物权(《民法典》第387条第1款)。是债务人自己担保，还是第三人提供担保，对债权人所追求的目的而言，没有本质区别。第三人为债务人提供担保的，还可以要求债务人给自己设定担保，这叫**反担保**(《民法典》第387条第2款)。毕竟，第三人给你担保了，替你还了债，他自己的利益也要保障，此时，反担保就起到这个作用。

物保的好处就在于，它是一项物权，如果将来债务人还不了债，履行不了合同，债权人可以直接就担保的财产进行拍卖、变卖，并且优先于其他债权人受偿。这里有两个要素值得强调：一个是，担保物权的实现，无须债务人的特别配合,这体现了物保支配的性格;另一个是,如果债务人或者提供担保的第三人还有其他债权人,物保的债权人可以比其他的债权人先取得卖掉担保物换来的钱(《民法典》第386条)。

设定担保,一般都要签订担保合同。除了抵押合同、质押合同,所有权保留合同、让与担保合同等也属于担保合同,这些合同都是当事人自己想到的,想用哪种担保就签订哪种合同。至于留置权,那是依据法律规定在承揽、运输、保管等情况下当然产生的,不需要签合同。这些担保合同是为了担保一个债务履行而存在的,所以,具有从属性,一般无法单独存在。如果担保合同所担保的债的合同是无效的,那么担保合同也会随之无效,除非法律有特别规定(《民法典》第388条第1款)。担保合同被确认无效的,债务人、担保人、债权人有过错的,根据其过错各自承担相应的民事责任(《民法典》第388条第2款)。

需要注意的是,如果当事人没有特别约定,抵押权、质权这些担保物权的担保范围包括主债权及其利息、违约金、损害赔偿金、保管担保财产和实现担保物权的费用(《民法典》第389条)。比如,张三向李四借了200万元,约定年息5%,使用期1年,双方约定,任何一方违约,须向对方支付违约金10万元。张三以自己的一个小单间为李四设定了担保,不仅如此,张三也向王五借了200万元,年息同样是5%,但他们是朋友,没有设定担保。后来,张三股市投资亏损,以至于最后只剩下这个小单间,这时,还债的时间也到了。张三没还钱,李四也没有留情面,为了确保自己的合法利益,拍卖了张三的小单间,房子卖了250万元,现在有两个债权人,李四和王五,原始借款都是200万元,主债权都是200万元+5%年息的10万元,也就是张三基于借款合同1年后欠李四和王五各210万元。根据我们前面所说的,基于合同,张三违约,违约金10万元,如果张三迟延履行,因为是金钱之债,所以每天会产生按照银行同期存款利率产生利息,为了方便,我们假定产生利息是1万元;如果李四没有其他损害,房子无须保管,但拍卖房子花了5万元,那么,拍卖张三房子得到的这250万元到底怎么分?由于王五没有担保物权,所以,必须先让李四拿,李四的主债权210万元、违约金10万元、利息1万元,拍卖花费5万元,最后,李四拿走221万元,拍卖公司拿走5万元,只剩下24万元,也就是说,张三的朋友王五，尽管也借给了张三 200 万元，但最后只能拿到 24 万元。当然，张三欠王五的其他钱，并非一笔勾销了，只是不知道他什么时候才能还，因为他已经一无所有了。

担保期间，如果房子发生毁损、灭失，但因之前投了财产保险，得到了保险金；或者由于拆迁，房屋被征收得到补偿款等，尽管房子不在了，但有物保的债权人可以就这类保险金、赔偿金或者补偿金等优先得到清偿。如果被担保的债权履行期还没到，可以在提存机关将这笔钱提存（《民法典》第 390 条），免得这笔钱之后又不知道到哪里去了。

* * * * *

今天，我们继续聊担保。担保至少涉及三方法律关系，很多时候问题比双方关系更复杂。第三人为债务人履行债务提供担保，通常第三人与债务人之间存在着较为密切的关系，你想，如果我跟你关系不是那么熟、那么好，你欠别人钱，我怎么可能去给你做担保？你不履行债务，不还钱时，我替你还钱，图什么？但设定担保之后，这个担保的权益就归属于债权人了，有了担保，债权人相对而言就可以"高枕无忧"了。

有一种情况是，债务人把自己的全部债务或者部分债务让给别人，这叫**债务承受**，承担的"承"，受理的"受"，其实，本来你是债务人，要还钱，现在，你把还钱这事让别人来做，如果你全部让出去，还钱这事就与你无关了；如果你让出去一半，那么你就再还一半。比如，张三欠李四 2 万元，张三把 1 万元债务让给了王五，那么，结果就是，张三需要还 1 万元，王五需要还 1 万元，实际上，谁还李四这 2 万元都无所谓，拿到的钱总数不变。问题是，王五的资产、信用直接影响李四的权益能否实现，如果王五自己连一顿饭都吃不饱，让他还 1 万元，有点难度。所以，张三把债务让出去，不管是全部，还是部分，必须经过李四同意。如果李四同意了，最后王五还不起 1 万元，就怨不得张三了。问题是，原来有人为张三的 2 万元提供担保，现在李四同意张三把全部或者部分债务让出去，这时给张三的债务提供担保的人还需要承担担保责任吗？原则上来看，人家给张三提供担保，是因为与张三关系好，并且了解张三的情况，如果张三还不起钱,担保人必须替他把钱还上。现在李四同意张三把债务的全部或部分让给王五承担,王五的情况,担保人是不了解的,他也无意为王五提供担保,所以,未经担保人同意,担保人只就张三的债务承担担保责任;让给王五的,与他再无关联(《民法典》第391条),这是债权人需要注意的。

前面讲过,担保债务的履行既可以用人保,找个保证人,也可以用物保,设定抵押权、质权等,有的时候,债务人为了担保债务的履行,应债权人的要求,确实会同时提供人保和物保。人保,就是其他人作保,直接增加了总的还债信用;物保,可能是债务人自己提供房产进行抵押作保,用股票设定质权作保,也可能是由债务人的亲戚朋友、合作伙伴拿财产作保,如果最后债务人真的还不起债了怎么办?无论是人保的保证人,还是物保的抵押人或者质押人,他们无疑都需要承担担保责任,问题是,他们承担担保责任时,相互之间是否有先后的顺序呢?

如果保证人和物保的担保人对于这件事有明确的约定,谁先来、谁后来,当然直接按当事人的约定,法律原则上尊重当事人的意思;但如果没有约定,或者约定得不够清晰呢?这时,如果物保的担保人就是债务人自己,就是既是债务人,又自己给别人提供财产进行抵押、质押的这种情形,这时,为了简化法律关系,就由债务人自己提供的物保承担担保责任,因为债本来就是债务人的,既然他自己提供了房产抵押,把房子卖了,就直接可以还钱,了结债务,这当然是比较省事的。如果这时就由保证人还钱,保证人还了钱,还需要再去找债务人还钱,后续的法律关系就多了一层,这是没有必要的。

如果物保也是由债务人之外的第三人提供的,这时,债权人要实现债权,既可以找保证人,也可以找物保的担保人,随他自己的意思。不管是物保的担保人,还是保证人,当他替债务人还钱、履行债务之后,他都可以再要求债务人偿还。毕竟,人家本来是不该出这个钱的,只是为了债务人才自己出资帮债务人清偿债务,所以还了之后,物保的担保人或者保证人就变成了债权人,可以就替债务人清偿的金额向债务人追偿。但这个时候,债务人还不起钱的风险,就由物保的担保人或者保证人承担了,只有当债务人终于承担了这笔钱,所有法律关系才最终消灭。

对债权人而言,前面的情形,是担保人履行了担保责任,债权得到了实现,担保物权的目的已经达到,自然消灭;在主债权消灭时,债都不存在了,担保的抵押权等权利自然也随之消灭;如果债权人放弃担保物权,对担保人当然是好消息。对于后两种情形,只要担保物权消灭,担保人就不再需要承担担保责任。

Day 93—95

71. 抵押权

抵押权之全部,存在于抵押物之全部,并存在于其各部。——法谚①

时间在前,权利较强。——法谚②

今天,我们关注担保中的抵押权。先要考虑的问题,就是什么财产可以用来抵押?实际上,我们能想到的,一切有价值的、我们有权转让的东西都可以。常见的主要有房产、建设用地使用权、在建工程,这是不动产以及不动产上的权利,至于动产,则包括船舶、飞机、生产设备、原材料、半成品、产品,此外,海域使用权也是可以抵押的,海域使用权很像建设用地使用权,只是一个指向的是海域,一个指向的是土地,对海域使用权,我国有专门的规定。此外,只要不是法律、行政法规禁止抵押的财产,就都可以用于抵押(《民法典》第 395 条第 1 款)。而且,前面提到的这些财产,还可以一起抵押(《民法典》第 395 条第 2 款),一些有关联的财产一起抵押价值更高,可以获得更多的贷款。

哪些财产不能抵押呢?一是土地所有权,根据法律,土地要么是国家的,要么是集体的,为了防止土地私有,现行法规定土地所有权不能抵押;二是宅基地、自留地、自留山等集体所有土地的使用权,但是法律规定可以抵押的除外;三是学校、幼儿园、医院等为公益目的成立的机构的教育设施、医疗卫生设施和其他公益设施;四是所有权不明、使用权不明或者

---

① 郑玉波:《法谚(一)》,法律出版社 2007 年版,第 150 页。
② 同上。

有争议的财产;五是已经依法被查封、扣押、监管的财产(《民法典》第399条)。

在抵押的时候,就不动产抵押而言,我国采用的是房地一体抵押。在城市,以房屋抵押的,该房屋占用范围内的建设用地使用权一并抵押;以建设用地使用权抵押的,该土地上的房屋一并抵押。对此,《民法典》有明确规定。如果当事人没有一并抵押的,未抵押的财产视为一并抵押。也就是不管当事人的意思如何,房和地都是一起抵押的,随着不动产登记机构的统一和信息网络化,房地一体抵押已经完全可以实现(《民法典》第397条)。在农村,与城市略有不同,目前,乡镇企业、村企业的建设用地使用权不能单独抵押,但以乡镇企业、村企业的厂房等房屋抵押的,其占用范围内的建设用地使用权一并抵押(《民法典》第398条)。随着城乡一体化的推进,农村规则与城市规则趋同化、统一化是必然的。

不仅企业需要融资,超市、小饭馆、咖啡店等个体工商户,以及农业生产的经营者在经营的过程中也可能面临扩张或救急的融资需求,此时,它们可以将现有的和将有的生产设备、原材料、半成品、产品一起抵押,抵押之后,一切可以照旧正常进行,该加工的加工、产品该卖的卖,也只有如此,才会不断有资金进账和利润,也更有利于还款。如果到了还款期限,债务人不履行到期债务或者发生当事人约定的实现抵押权的情形,债权人可以就抵押财产确定时的动产优先受偿(《民法典》第396条)。

在实践中,有时,债权人在债务履行期限届满前,可能会与抵押人约定,如果债务人到期不履行债务,抵押财产直接归债权人所有。迫于借款的紧迫性和经济上的压力,抵押人很可能会同意前面这样的条款,但也很可能会产生不公平的结果。这种条款被称为"**流押条款**",流动的"流",抵押的"押",你不按时还钱,你抵押的东西就变成我的了,就是这个意思。你是不是觉得这里存在一些经济胁迫的因素?

在设定质权的时候也是如此,也许,一个同事找你借20万元,你得知他有一件唐代的古董,市值30万元,你一直想从他那买过来,只可惜他一直不卖。所以,趁这次他找你借钱,你可能就会说,把你那件古董押给我,如果不能按时还钱,那件古董就归我,你也不用还钱了。如果这位同事急用钱,又没有其他借钱的方法,可能就答应你了。这被称为"**流质条**

款",流动的"流",质量的"质"。流押条款与流质条款内容是相似的,分别针对抵押和质押的情形。根据这种条款,如果真的还不起债,自己的房子或者古董就归债权人所有,总有种被胁迫的感觉。

正因如此,以前的《物权法》是明文禁止这种行为的,就算约定了也是无效的,目的是保护债务人、抵押人或者质押人。但需要注意,在一些其他有商法典的国家,在商人之间签订的这类流押条款、流质条款都是有效的,为什么呢?因为商人被假设成精明的、能够很好保护自己利益的人,不需要法律的特别保护。我国目前没有区分普通人和商人,但《民法典》这次进行了调整,那就是如果约定了这种条款,抵押权人只能依法就抵押财产优先受偿(《民法典》第401条),也就是要进行清算,不是说同事欠了你200万元,到期还不起,用来抵押的300万元的房子直接就归你了,而是要把多出来的100万元退回去。

* * * * *

今天,我们继续关注抵押担保。当我们借钱给别人时,以担保的方式对我们的债权加以保护非常必要。在以抵押作保之时,需要注意以下四点。

一是,要保证我们享有的**抵押权已经依法设立**,并且尽可能具有较强大的效力。也就是说,如果抵押权没有有效设立,起不到担保的作用。在《民法典》上,抵押权的设立需要具备一定的条件,不动产和动产有不同的条件。不动产上的抵押权设立与买卖房屋是一样的,一定要办理登记,办理登记抵押权才设立,只是订立了抵押合同,起不到设定抵押权的作用。以房子盖到一半的在建工程进行抵押,以及建设用地使用权这类不动产上的物权进行抵押也要登记(《民法典》第402条)。

对于动产,比较简单,只要签订的抵押合同生效,动产抵押权就算设立成功。那是不是就不考虑登记的问题了呢?只能说,不登记不影响权利成立,但是,登记有强化权利的效果,具体而言,就是登记之后,动产抵押权可以对抗善意第三人,而如果没有登记,在与善意第三人利益发生冲突时,动产抵押权就不受保护了(《民法典》第403条)。登记之后,你优先受保护。善意第三人,指的就是不知道,也不能期待他知道你在动产上享有抵押权的人。

即使如此,出于对交易安全的考虑,也就是让每个人都可以放心买东西的考虑,《民法典》规定了一个例外,那就是,如果有买家在企业或者商家的正常经营活动中把抵押财产买走,并且已经支付合理的价款,那么,该买家就能取得所有权,这意味着你的动产抵押权消灭了(《民法典》第 404 条)。这种情况下,牺牲动产抵押权是没有办法的办法。

二是,在接受不动产抵押,特别是房屋抵押时,最好核实房子是否已经**出租**给别人**使用**了,也就是拿来抵押的房子是否正在出租,租房一方是否已经住进了房子,这其实并不复杂,只要设定抵押时,提前去抵押的房子走一圈,与房子里的人聊聊天,特别是居住人并非抵押人时,这是非常有必要的,通过这个简单的调查,大体就能了解到出租的情况。之所以要调查,是因为在抵押权设立前,如果房子真的已经租出去,租房一方也已经入住了,那么,这样的租赁关系是不受抵押权影响的(《民法典》第 405 条)。这意味着,如果将来债务人不能按时还钱,到时行使抵押权,拍卖房子时可能会受到影响,也就是房子上的租赁会跟着,拍卖已经出租的房子可能拍不出好价钱,或者没有人愿意接手这样的房子。

三是,抵押期间,**抵押人**可能会**转让抵押财产**,在《民法典》实施之前,这是不被允许的,或者说,要经过抵押权人的同意才能转让。现在,《民法典》允许转让。实际上,抵押财产的转让,特别是当抵押财产是房子时,这个转让,对抵押权人或者说债权人影响不大。为什么呢?因为,房屋抵押权设定在这个房子上,即使房屋过户卖给了别人,抵押权还是在这个房子上。这意味着,房屋转让不影响抵押权的存在和将来抵押权的行使,所以,《民法典》允许转让(《民法典》第 406 条第 1 款)。当然,当事人之间有约定的,还是要按照约定来。毕竟,如果房子是债务人的,他不还钱,你拍卖他的房子,也许还能下得去手;如果已经转让给第三人了,也许你考虑到冤有头、债有主,就手软了。

在允许转让的前提下,法律要求抵押人在**转让抵押财产**时及时通知抵押权人。这时,作为抵押权人能够证明抵押财产转让可能损害自己的抵押权的,可以要求抵押人提前还钱,毕竟抵押财产卖了,抵押人有钱了,或者也可以将转让的价款提存,也就是由独立的第三方保管。抵押财产转让的价款如果足够还债,剩余的部分当然归抵押人所有;如果抵押财产转让的价款不够还债,不足的部分,债务人依然要还(《民法典》第406条第2款)。如果抵押财产转让就是市场价,抵押人和抵押权人就转让价款也已经清算完毕了,那么买受人抵押财产上的抵押权也需要办理涂销手续。

四是,在抵押期间,如果抵押人的一些行为会导致**抵押财产价值减少**,抵押权人为了保护自己的利益,有权要求抵押人停止该等行为;抵押财产价值已经减少了的,抵押人应恢复抵押财产的价值,或者提供其他担保,目的是恢复抵押权人的担保权益。如果抵押人不配合,导致抵押权人的担保利益实质受损,那么,抵押权人有权要求债务人提前还债(《民法典》第408条)。其实,只有让债权人安心,他才愿意等债务人久一点;如果风险太大,抵押人又不配合,那么,提前还债符合债权人的利益,这也算是对债务人的惩罚。

* * * * *

我们继续关注抵押担保,今天我们主要聊抵押权的顺位和受偿顺序。

需要注意的是,不是设定了抵押权,你的债权就有了保证,但可以肯定的是,有抵押权总比没有好。实际上,**抵押权**是存在**顺位**的,也就是一个财产上可以设定多个抵押权,而多个抵押权通常是有个先后顺序的。以房屋抵押为例,抵押权登记在先,那么这个抵押权顺位也在先,在拍卖、变卖抵押财产,清偿债务之时,先清偿抵押权在先那个人的债权,顺位在后,清偿顺序也在后。但你想,抵押财产的价值是一定的,顺位越靠后,抵押财产起到的担保作用就越有限。比如,债务人有一栋价值500万元的房子,先后向张三和李四各借款400万元,并先后以这栋房子为二人的债权作抵押,最后债务人还不起债,只有这栋房子。这时,拍卖这栋房子还债,张三和李四的债权都是400万元,但房子只能卖500万元,怎么还?张三和李四一人一半?李四当然希望这样。但是,不是这样还的。因为张三先设定的抵押权登记在先,所以,张三要拿走400万元,剩下的才归李四。所以,这个顺位还是需要注意的。

我们看到，顺位在先也是一种利益。这种利益就像权利一样，也可以放弃。还是以前面的张三和李四为例，假如张三一直爱着李四，这次本来他可以拿400万元，但他对债务人和李四说，让李四先拿，这样，李四就拿到400万元，张三只拿100万元。也许李四一感动，就嫁给了张三。

如果抵押权人在三个以上，可能会更复杂一些，但原理是一样的，放弃权利，是你的自由；放弃顺位，也是你的自由。不仅如此，顺位还可以互换，比如债务人为张三、王五和李四分别设定了抵押权，张三的债权是100万元，王五的债权是400万元，李四的债权是500万元，三人的抵押权分别是第一顺位、第二顺位、第三顺位。张三为了表达对李四的爱意，说，"咱俩的抵押权互换一下顺位，你先受偿，我换到第三顺位"。结果，抵押财产房子最后只卖了500万元，那会怎么样呢？更换顺位之后，如果李四拿走500万元，张三和王五就啥都没有了。李四高兴了，但王五不愿意。因为，按照正常顺位清偿，张三拿走100万元，王五也能拿到他的400万元，凭什么张三和李四一商量，就剥夺了他的400万元呢？这肯定不行。《民法典》对此有专门规定，抵押权人之间，顺位可以换，但是，如果没有经过其他抵押权人的同意，不能让其他抵押权人因此而蒙受不利。如前例，张三和李四互换顺序，就会使王五蒙受400万元的损失，这必须经过王五的同意，否则，对王五不生效力。没有经过王五同意，李四可以在张三原来享有利益的范围内，收走100万元，剩下的400万元还是王五的（《民法典》第409条第1款）。

作为抵押权人，一般情况下，放弃抵押权、抵押权顺位，或者变更抵押权使得担保利益减损时，必须考虑清楚。如果债务人以自己的财产设定抵押，抵押权人放弃抵押权、抵押权顺位或者变更抵押权的，那么，根据《民法典》的规定，其他担保人在抵押权人丧失优先受偿权益的范围内也将免除担保责任，也就是说，自己放弃或者减损的那部分担保权益将全部丧失：自己作出的选择，其他担保人没有理由还为此负责。当然，其他担保人愿意，承诺仍然提供担保的除外（《民法典》第409条第2款）。

抵押权的顺位关乎受偿的顺序，但是受偿的顺序并非仅由顺位决定。所谓受偿顺序，就是在拍卖、变卖抵押财产时，卖得的价款先还谁的问题。具体而言，受偿分两种情形，第一种情形是同一财产向两个以上债权人抵押的,拍卖、变卖抵押财产所得的价款依照下列规则清偿:抵押权已经登记的,按照登记的时间先后来,这个就是我前面讲的顺位问题;抵押权有的已经登记,有的没有登记,这时,已经登记的先于没有登记的;抵押权没有登记的,按照债权比例清偿(《民法典》第414条第1款)。

举个例子,债务人共有四个债权人,并为他们设定了抵押权,甲、乙、丙的债权都是100万元,丁的债权是300万元,其中甲登记在先,乙登记在后,丙和丁没有登记,那么,按照我们前面的介绍,应该是在登记的抵押权人甲和乙之间,甲先受偿,乙后受偿;在甲乙和丙丁之间,甲乙的抵押权登记了,丙丁的抵押权没有登记,那么,甲乙优先于丙丁受偿;在丙和丁之间,二人都没有登记,那么,二人顺序一样,按债权比例受偿,100万元比300万元,是1∶3。如果抵押财产拍卖后得款300万元,那么,甲先拿100万元,乙第二位拿100万元,丙丁按照1∶3分剩下的100万元,那就是:丙拿25万元,丁拿75万元。

第二种情形,就是同一抵押财产既设立抵押权,又设立质权的,这时,按照登记、交付的时间先后确定清偿顺序。这里比较的时间,是登记和交付的时间先后,如果抵押权根本没有登记,动产抵押是可能的,那么,此时,质权当然在先受偿。

72. 最高额抵押权

> 最高额抵押权,担保一揽子债权的抵押权。

今天我们继续关注担保问题,具体而言,聊的是抵押担保中的最高额抵押权。

你可能没有听说过最高额抵押权,因为平时用不到。什么时候会用到呢?取决于你的业务多不多、大不大,随着你的事业一天天做大,就更可能用到最高额抵押权。如果你是银行的老客户,经常需要找银行融资,或者总是与特定的债权人之间有频繁的经济往来,那么,你可能需要多次去银行,或者为合作伙伴签订抵押权合同、设定抵押权、借款还清、涂销抵押权,一套手续下来需要很长时间,这些时间和精力,如果能省下来做点什么都好。

一般的抵押权,在债务清偿完毕之后即消灭。没有债务,还要抵押权做什么?但我刚才说了,如果是与合作伙伴之间有频繁的交易,现在的债了结了,但可以预见,几个月之后还要借款,那么这时,我们能不能让抵押权一直延续呢?商业上的需要促成了这种习惯性的做法,最后,法律把它确认下来,这就是我们今天所说的——最高额抵押权。

与一般的抵押权相比,最高额抵押权是债务人或者第三人对一段时间内将要连续发生的债权提供担保财产进行的抵押,并且具有一个比较高的债权限额,目的就是减少不必要的手续,很像把多次抵押合并到一起,省略中间的步骤,只要最开始的抵押权设定,和最后的抵押权实现(《民法典》第420条第1款)。举个例子,一个中小企业在发展过程中,获取资金总是一个大问题,无论是扩大规模,还是应对公司困境,都需要引入资金，从银行贷款是常见的方法。它可以为银行设定一个500万元的最高额抵押权，这意味着，在500万元以内，这个中小企业可以自由地贷款，中间不再需要每贷款一次，就设定一个抵押权，因为500万元的抵押担保已经在那了，银行可以放心放款。当然，不是说企业只借钱，不还钱，而是企业可以根据自己的利润情况及时还钱。也就是说，欠的钱，该还的还，也只有如此，你的500万元最高额抵押才可以一直发挥作用，如果企业只是不停地贷款，500万元也撑不了太长时间。正常的企业发展，不是钱砸得越多越好，不能让企业的资金闲置着。赚到钱，还银行，这是有借有还；只借不还，企业就出问题了。

我们看到，最高额抵押权是就未来可能连续发生的多个债权，或者说是对一揽子债权所进行的担保，至于最高额到底要定多少，担保哪些债权，担保到什么时候，主要是根据债务人的实际需要，所以，很多条件是相对较为灵活的。因此，最高额抵押权设立前已经存在的债权，经当事人同意，也可以转入最高额抵押担保的债权范围（《民法典》第420条第2款）。对于债权人而言，将以前的债权纳入担保的范围有百利而无一害，当债务人还需要向同一个债权人进一步融资借款时，这样的协议还是很容易达成的。

最高额抵押担保的债权确定前，抵押权人与抵押人可以根据双方的实际需要，通过协议变更债权确定的期间、债权范围以及最高债权额（《民法典》第422条）。比如，原来的最高额抵押权的最高债权额是500万元，担保的是3年之内的债权，2年后，双方决定把最高额抵押权的最高债权额提高到1000万元，担保的债权调整为5年之内发生的债权，这都是可以的。这种调整会影响抵押人的还债能力，如果抵押财产上只有最高额抵押权人一个债权人，怎么调整两人随意；如果抵押财产上还有其他抵押权，这时虽然可以调整，但是不能对其他抵押权人产生不利影响，比如，把抵押权最高债权额提高，这会对其他抵押权人产生不利影响。

与一般的抵押权不同，在最高额抵押担保的债权确定前，债权人将部分债权转让的，最高额抵押权不会跟着转让，因为最高额抵押权不是为了担保某一个债权，而是担保一组、一揽子约定的债权。除非当事人对此有特别约定，那就按照约定来（《民法典》第421条）。

我们前面多次提到一个词,即最高额抵押权的"债权确定",也就是要确定究竟欠了多少钱。什么时候,或者什么事件的发生标志着这个债权确定呢？下面的一些情况发生,均意味着最高额抵押权的债权确定：一是约定的债权确定期间届满,比如,约定的5年到期；二是没有约定债权确定期间或者约定不明确,抵押权人或者抵押人自最高额抵押权设立之日起满2年后请求确定债权；三是新的债权不可能再发生,这时债权总额自然可以确定了；四是抵押权人知道或者应当知道抵押财产被查封、扣押,这意味着抵押财产即将变现；五是债务人、抵押人被宣告破产或者解散,这时债务人、抵押人必须将抵押财产变现还钱(《民法典》第423条)。最高额抵押权的债权确定后,就可以按照一般抵押权那样实现抵押权,走拍卖、变卖抵押财产等手续,然后还钱。

73. 动产质权

"人质"扣人,"物质"押物。

今天我们继续关注担保——动产质权:质量的"质",权利的"权"。动产质权与物上抵押权的最大区别就在于,抵押不需要把抵押的财产交给债权人,东西还在抵押人手里,也就是设定抵押权完全不会影响抵押人对财产的使用;动产质权则需要把财产交到债权人手里,这样带来的结果是,债务人会有更大的压力,因为债务人的东西或者亲戚朋友的东西在债权人手里。

动产质权属于"物质"。我们可以想一下,历史上,战国时期,流行"人质",国家之间出于政治交好、互求信任、罢兵议和、援兵保护等目的,有些国家的太子就被送到其他国家,作为"人质",比较有名的就是燕太子丹,荆轲刺秦王的故事大家应该都知道,骆宾王还留有一首诗《于易水送人》:"此地别燕丹,壮士发冲冠。昔时人已没,今日水犹寒。"不管是"物质",还是"人质",都是强调在对方的控制之下。

质权的法律关系,与抵押权类似,既可以由债务人自己拿东西押给对方,也可以由第三人拿东西押给对方,押的东西,我们管它叫质物、质押财产,提供动产押给对方的行为叫出质、质押,提供质物、质押财产的人叫出质人,而债权人享有质权,所以,债权人也是质权人(《民法典》第 425 条第 2 款)。举个例子,如果我欠你一笔钱,这时,我把一幅古画押给你,这幅古画就是质物、质押财产,我是出质人,你是质权人。

设立质权的,当事人应当采用书面形式订立质押合同。书面有时虽然麻烦,但其实也是发生争议时的重要证据。质押合同通常需要就质权所担保的债权种类、债权额、债务履行期进行约定,对质押财产是什么、有多少,什么时候交付质押财产,如何交,以及质押财产的担保范围作出约定(《民法典》第 427 条)。

交付质押财产既可能是直接交付,比如,我把古画交到你的手中,也可能是其他形式的交付,简易交付或返还请求权让与的方式也是被认可的。所谓简易交付(《民法典》第 226 条),就是我的古画之前已经借给你,在你手里,这时,我们达成设定质权的合意即可,不需要你先把古画还给我,我再给你。这是无用功。而所谓返还请求权让与(《民法典》第 227 条),就是我的古画借给了我们俩都认识的第三人,这时,我对第三人有一个古画的返还请求权。本来应该是我把古画要回来交给你,但这个第三人就是你的邻居,所以不如通知第三人,让他把这幅画直接交给你。也就是我把向第三人请求返还古画的权利让给你了。

《民法典》中还有一种叫占有改定的拟制交付。占有改定,改正的"改",定位的"定",拟制交付,就是"不是真正的交付"(《民法典》第 228 条),比如,5 月,张三和李四两位同学说好,张三的自行车卖给李四,但因为离毕业还有 1 个半月,所以,张三再借用 1 个半月,李四也同意了。本来,张三把自行车卖给李四,需要把车交给李四,但现在不用交了,因为交给李四,李四还要把车交给张三,以让他再用这最后 1 个半月。在交易的时候,偶尔就会出现这种情况,占有改定被认为是直接交付的替代方式,同样是基于生活的需要。但是,这种情形在设定质权的时候,是不被认可的。

我们看一下,我拿古画给你设定质权,现在约定我再使用 2 个月,这意味着什么呢?意味着这幅古画根本就没有在你的控制之下,而是仍然在我手里,那么,你能用这幅古画给我施加压力,让我按约定还款或者履行债务吗?明显不能。所以,尽管《民法典》没有对这种方式作出禁止,但是从担保的目的来看,这种方式真的行不通。

需要注意,设定动产质权,要签订质押合同。但只有质押合同还不够,就像我前面说的,"质"的关键就在于要把东西押给对方,所以,质权自出质人交付质押财产时设立(《民法典》第 429 条)。我刚刚说了,可以是直接交付,也可以是简易交付,或者返还请求权让与,但占有改定不可以。

在签订质押合同时,也可能会约定,如果我不能按时还债,我的古画就归你了。但这样的约定与抵押时的类似约定一样,都不能得到《民法典》的支持,只是万一到时还不起钱,可以把这幅古画卖了,卖得的价款优先还你(《民法典》第 428 条),这才是质权的功能,给债权人一个债权得到优先偿还的机会。

* * * * *

我们今天继续聊担保中的动产质权。我们已经知道,动产质权的设立是需要交付的,那么这就意味着,质押财产在债权人手里,出质人对其没有控制力。这也带来了一些问题,还是以我的古画质押给你为例,那幅古画需要妥善保管,否则就不值钱了。既然古画在你手里,用它来担保我欠你的钱,你就需要妥善保管,如果由于你的保管不当导致我的古画毁损、灭失,你就需要承担赔偿责任。可见,接受质押作担保,债权人也是负有义务的(《民法典》第 432 条第 1 款)。我很在乎我的古画,如果我发现你没有好好保管我的古画,可能让我的古画毁损、灭失,这时,我可以要求你把我的这幅古画提存,由第三方保管,或者我干脆直接还你钱,让你把古画还给我(《民法典》第 432 条第 2 款),因为放在你那里,我不放心。

既然我的东西在你那里,有些事我就管不了。如果我有一只狗,你也喜欢这只狗,所以,这次借的钱比较少,你提议押给你这只狗,我也同意了。如果狗在你那里的这段时间生了小狗,那么,可以连这只小狗一起押在你那里,当然,我们之间另有说法的除外(《民法典》第 430 条)。如果为了接生小狗,你有合理的支出,这笔支出我也是要还的。

我的东西押在你那里,但东西可不是你的,所以,没有经过我的同意,擅自把我的古画用来展览,如果发生了受潮、撕裂等损害,你是需要赔钱的,甚至你把我的古画直接卖掉了,让我失去了传家宝,你更要赔钱了(《民法典》第 431 条)。对于押给你的狗,也是如此,你拿它看家护院还好,但如果你放任它与别的狗打架,让狗受伤就是你的问题了。在质押期间,正常情况下,质权人无权处分质押财产,卖是不允许的,可能你会间,如果质权人又把质押财产押给别人了呢?这在法律上叫"**转质**",也就是说,这幅画本来是我押给你的,结果又被你转押给别人了。对于转质,如果我没有同意,你就把我的古画押给别人,造成古画毁损、灭失,你同样要赔钱(《民法典》第434条)。

在质押期间,什么情况下,质权人可以拍卖、变卖质押财产呢?由于与质权人无关的事由可能使质押财产毁损或者价值明显减少,不足以担保质权人的债权的,质权人享有一个要求出质人提供相应担保的权利,还是以古画为例,本来这幅古画价值20万元,结果市面上出现了一幅一模一样的古画,并且经过专家鉴定,那幅古画是真的,这意味着拿来质押的这幅是假的,尽管出质人自己都不知道,但世人都知道,画家当初只画有一幅真画。这种情况下,质押的古画就不值钱了,尽管很逼真,但毕竟是赝品,这时,这个赝品如果不足以担保债权人的债权,债务人又不提供其他担保,那债权人的债权就没有保证了。此时,债权人就可以拍卖、变卖这幅古画,卖得的价款可以与出质人商量,是直接还钱,还是交由第三方提存、保管(《民法典》第433条)。

质权是债权人的权利,可以放弃,也就是你不要这个担保了,这是你的自由。但是,如果债务人以自己的财产押给你,以价值2万元的古画为例,你把古画还给了债务人,这意味着你放弃了质权,如果没有其他人,那就是你们两个人之间的事;如果还有其他担保人,那么是你主动放弃古画的2万元的担保的,其他担保人也将被免除2万元的担保责任。除非其他担保人仍然愿意提供不变的担保(《民法典》第435条)。

质押财产押给债权人,只是用来担保的。如果债务人履行了债务,或者出质人提前清偿了他所担保的债权,这时,质押担保就无用武之地了。债权人就应该把质押财产还给出质人(《民法典》第436条第1款)。如果债务已到履行期,债务人还不履行债务,或者发生了当事人约定的实现质权的情形,那么,质权人可以与出质人商量,是把质押财产折价处理,还是直接拍卖、变卖质押财产,无论哪种方式,质权人,也就是债权人都可以就所换得的价款优先受偿(《民法典》第436条第2款)。质押财产只起到担保的作用,把质押财产卖了,如果把原来的债务还清后还有剩余,这笔钱当然归出质人所有;如果不仅没有剩余,而且还不够,比,债务是10万元,质押的古画才卖出8万元,还差2万元,债务人要继续清偿,这个债务不会消灭(《民法典》第438条)。

我们知道,抵押权里有最高额抵押权,在质押时,也可以设定最高额质权,规则与最高额抵押权大体类似(《民法典》第439条)。

Day 99

74. 权利质权

权利质权,是以物之外的权利出质;权利无形,而物可见。

今天我们继续关注担保——权利质权,一种很多人可能不那么熟悉的担保方式。大家应该已经发现,它的名字中也含有"质权",那么,它与动产质权应该是"亲戚"关系,是的,它们都是质权,属于质权大家族。所以,权利质权除自己的独有特点外,与动产质权是相似的,所以,《民法典》也规定,权利质权除适用自己的规则外,也适用有关动产质权的规定(《民法典》第446条)。

权利质权与动产质权最大的不同就在于用于设定质权的对象不同,动产质权是以动产设定质权,把动产押给债权人;根据相同的命名规律,我们根据权利质权的名字,大体可以猜到,权利质权是以权利设定的质权。但是,并不是所有的权利都可以用来设定质权,大家应该还记得建设用地使用权上设定的抵押权,实际上,不动产上成立的物权用来设定担保时,都被列入抵押权的范畴。另外,在所有权之上,不能成立权利质权,因为已经有了动产质权,当然也可以说,动产质权的本质就是所有权质权。

其他权利,基本都可以用来设定权利质权。具体而言,债务人或者第三人有权处分的下列权利可以出质:汇票、本票、支票;债券、存款单;仓单、提单;基金份额、股权;注册商标专用权、专利权、著作权等知识产权中的财产权;应收账款,注意,既包括现有的应收账款,也包括将来的应收账款(《民法典》第440条)。我们归纳一下,汇票、本票、支票属于票据,其实质指向的是票据权利;债券、存款单、仓单、提单、基金份额、股权,指向广义的证券以及证券上的权利,最典型的证券上的权利就是股权,股票对应着股权;商标权、专利权、著作权对应知识产权;现有的以及将有的应收账款对应的是债权,我国对于应收账款的表述感觉略微狭窄,实际上,很多国家和地区用的直接就是债权。也就是债权、知识产权、证券权利、票据权利设定担保时,设定的就是权利质权。

权利质权的特殊性主要在设立上,下面我们看一下权利质权的特殊设立规则:

在前面的这些可以设定权利质权的权利中,汇票、本票、支票、债券、存款单、仓单、提单的存在形态比较特殊,它极可能有物质载体,也可能只是一种观念上的存在。如果汇票、本票、支票、债券、存款单、仓单、提单有书面的权利凭证,这样一种载体存在,那么,质权就于权利凭证交付质权人时设立,这基本与动产质权的设立相同,也就是要把存款单、支票等单据押给对方,交到对方手里。如果没有权利凭证,质权于办理出质登记时设立(《民法典》第441条)。也就是说,没有办法押现实的东西,就要登记,总是要以某种方式显示出来,这里有一个质权发生了。法律另有规定的,依照法律的规定。

汇票、本票、支票、债券、存款单、仓单、提单一般都会有一定的兑现日期或者提货日期,如果到期,按照《票据法》的规定,积极行使权利对票据权利人是有利的。当前述权利的兑现日期或者提货日期早于主债权到期,质权人可以兑现或者提货,并且与出质人商量,约定兑现的价款或者提取的货物的处理事宜,是直接提前还债,还是交给第三人提存、保管(《民法典》第442条)。

以基金份额、股权、应收账款设定质权的,在办理出质登记时,权利质权设立。出质人为自己的基金份额、股权、应收账款设定质权后,就不能再转手了,除非出质人和质权人已经对此有所协商,质权人表示同意。出质人转让基金份额、股权、应收账款得到的价款,属于担保款,应当用于提前还债,或者交给第三人提存、保管(《民法典》第443条、第445条)。

注册商标专用权、专利权、著作权等知识产权中既有人身性的权利,又有财产性的权利,比如,著作权的署名权,明显就是具有人身性的权利,是无法用来担保的。所以,以注册商标专用权、专利权、著作权等知识产权中的财产权这些权利出质的,质权同样自办理出质登记时设立。就是因为,权利看不见、摸不着,才通过登记的方式来表现。以前的《物权法》规定了各种权利质权的登记机构,但是《民法典》并没有规定,实际上,这是《民法典》故意留下的缺口,因为随着世界银行对各国营商环境的评估,我国也在积极优化营商环境,而统一权利质权的登记机构也是其中的内容之一。为落实《国务院关于实施动产和权利担保统一登记的决定》的相关要求,规范动产和权利担保统一登记服务,中国人民银行公布的《动产和权利担保统一登记办法》,已于2022年2月1日正式施行。

与其他权利质权相比,知识产权中的财产权出质的特殊性在于,出质人出质后不仅不得转让,而且不得许可他人使用(《民法典》第444条),因为许可他人使用会产生类似于权利减损、权利转让的效果。

75. 留置权

> 留置权,扣留、待钱置换之权。

今天,我们聊的是一种特殊的担保方式——留置权。下雨天,留客天,天留我不留的"留";安置、置换的"置";权利的"权"。按照字面来理解,尽管不那么严谨,但也可以认为,留置的意思,就是把对方的东西留下来,等着对方拿钱来置换。留置,大体上就是这么个意思。

像前面我们讲抵押权、质权,这些权利都是当事人共同约定的,而留置权,不是双方当事人商量约定,而是直接由法律规定的,也就是说,在某些特殊的合同中,为了保护一方当事人的利益,如果债务人不履行到期债务,法律直接赋予债权人一方留置已经合法占有的债务人的动产的权利,并可以就该动产卖得的价款优先受偿(《民法典》第447条)。可见,优先受偿是抵押权、质权、留置权的共性,而在控制对方的财产上,留置权又与动产质权具有相似性,只不过,留置权发生之前,债权人已经合法占有了债务人的动产,而动产质权则是在交付动产的同时质权发生。

留置权成立最典型的情形是承揽合同,此外,运输合同、保管合同也会成立留置权。比如,修理汽车、修理手机,这都属于承揽合同,如果你去4S店维修汽车,却没给钱,你和店家又不熟,此时,店家为了保证能够拿到维修费,可以扣下你的汽车;修理手机的情况,也是类似。给予债权人留置权的目的,就是保障债权人的债权实现。这里的汽车、手机,属于留置财产,有一定的特殊性,也就是说,债权人的债权与留置的动产是一个法律关系中的,正是因为维修了汽车、手机,才产生维修费,与这个债权无关联的东西,是不允许留置的,比如,维修的汽车中有两部新手机,因为对方没交维修费,直接留置这两部新手机,可以认为,这两部手机与维修汽车没关系,根据法律,在这两部手机上,无法成立留置权。但法律作出特别规定,即如果双方当事人都是企业,留置则不必限于同一个法律关系中的动产(《民法典》第 448 条)。这叫商事留置权,也就是商人之间的特殊的留置权,之前我也讲过,商人之间很多时候会用特殊的规则,这些特殊的规则更符合商人的需要或者商业的实际。

刚才我说,4S 店维修了客户的汽车,为了维修费可以扣汽车,因为这是法律赋予的留置权;扣留客户的手机,无法产生留置权。但不是说绝对不能扣那两部新手机。如果车主不给钱就要把车开走,维修费 2000 元,两部新手机市价也是 2000 元,此时,4S 店主可以扣下手机,如果车主要取回手机,则需要支付维修费。这里,扣手机的权利也是有规定的,这就是《民法典》第 1177 条规定的**自助行为**。需要注意,维修费 2000 元,如果来不及请求国家机关介入保护,情况紧急,这时你可以扣价值 2000 元的两部新手机,但扣四部手机就不可以,不能超过你遭受的损害的价值。这里举的例子是承揽维修。

如果是运输合同,运输的就是新手机,单部手机市价 1000 元,结果债务人不给运输费 2000 元,那么,运输公司就可以将两部手机加以留置,这时,手机与运输费就在同一个法律关系中。需要注意,留置的时候,如果留置的财产可以分,则不能超过债权额度(《民法典》第 450 条)。也就是说,债务人欠你手机运输费 2000 元,你留置两部手机就可以了,不能留置一整车的手机。前面的汽车维修,之所以留置汽车,是因为汽车是一个整体,无法分割。

需要注意,法律规定或者当事人约定不得留置的动产,不得留置(《民法典》第 449 条)。留置权与动产质权类似,都是债权人控制着担保物,所以,留置权人也负有与动产质权人相似的义务,即留置权人要妥当保管留置的财产,把汽车扣下可以,但不能到处乱开,或者故意毁坏汽车,如果因保管不善造成汽车毁损或者灭失,要承担赔偿责任(《民法典》第 451 条)。当然,一码归一码,对方欠的维修费是要给你的,你造成车的损害也是要赔的。留置权人也有权收取留置财产的孳息,并且应当先用于充抵收取孳息的费用(《民法典》第 452 条)。留置权人与债务人应当对留置财产后的债务履行期限进行约定,也就是 4S 店与车主应商量什么时间交维修费,如果没有约定或者约定不明确,4S 店应当给车主 60 天以上的付款期,车主逾期仍不付款的,4S 店可以与车主商量以汽车折价,或者把汽车拍卖、变卖以清偿维修费(《民法典》第 453 条)。前面说的 60 天以上,不适用于鲜活易腐的动产,如运输的是苹果,过了 60 天,苹果早烂了。拍卖、变卖留置财产后所得价款用于偿还债务,留置权与抵押权、质权一样,钱有剩余的,归还债务人;不够的,债务人继续补(《民法典》第 455 条)。

另外,同一动产上已经设立抵押权或者质权,该动产又被留置的,留置权人的利益优先(《民法典》第 456 条)。

Day 101

76. 结婚自由

婚姻非因同居而成立,乃因合意而成立。——法谚①

方式赋予"存在"。——法谚②

今天我们一起来关注结婚的问题。结婚是一件令人开心的事,相爱的男女总是很期待结婚这一天的到来。恋爱自由、结婚自由,只有自由恋爱结下的婚姻果实才更有可能是甜蜜的。俗话说"强扭的瓜不甜",就是这个意思,由父母包办婚姻,在中国古典小说、古典电视剧中都有,这也是当时的事实,酿成了很多悲剧。大家可能也听过"童养媳"或者"指腹为婚"的故事,这些问题也涉及包办婚姻。现代社会的包办婚姻基本已经消失了,但是父母的意见对于子女能否成功结婚也有很大的影响。更多时候,为了孩子的幸福,父母在提出建议之后,在究竟要与谁结婚的这个问题上,依然以尊重孩子的意见为主,毕竟是孩子要与自己选的人过一辈子,孩子也应该为此进行选择。当然,父母也会说,"我们吃过的盐比你吃过的饭都多",他们的建议,听听没坏处,正所谓兼听则明,但听过之后,选择还是要自己做。

现代社会,自由恋爱、自由走向婚姻。但在有些时候,可能当事人并非真的愿意迈入婚姻殿堂。这是哪种情况呢?我们知道,有时候有些人手里掌握着你或者你的家人的一些不想让别人知道的秘密,他们会以此相威胁,"嫁给我,一切都好说"。还有就是在一些比较偏远或者贫穷的地

---

① 郑玉波:《法谚(一)》,法律出版社2007年版,第157页。

② 同上。方式赋予"存在",意指婚姻不仅须有当事人之合意,而且须经登记方才成立。

区,依然存在买卖婚姻的情况。一些女孩被拐卖给别人做妻子,她们的人身自由被限制,此时,很难说这些女孩是愿意的。买卖婚姻为《民法典》所明确禁止,而买卖人口的行为更是触犯了《刑法》。在这些婚姻中,只有双方结婚的形式,被胁迫的一方并不存在要与对方结婚的真实意思。对此,法律实有必要给予救济。

以前的《婚姻法》第 11 条规定了三种情形:一是因胁迫而结婚的,受到胁迫的一方可以向婚姻登记机构或者法院请求撤销婚姻;二是被胁迫的一方请求撤销婚姻的,应当在结婚登记之日起 1 年内提出;三是如果被限制人身自由,则从人身自由恢复之日起 1 年内提出。《民法典》对前两项内容予以了修订:一是,以前既可以向民政局主张撤销,也可以向人民法院主张撤销,《民法典》实施后,只能向人民法院主张撤销;二是关于被胁迫的一方请求撤销婚姻的时间,以前规定应当在结婚登记之日起 1 年内,但这忽略了一点,那就是如果这时胁迫仍然没有结束,受胁迫的一方又如何敢主张撤销婚姻呢? 因此,这个时间的起算点应该是胁迫行为中止之日才比较合适,《民法典》作出的这种调整,更符合实际。

对胁迫婚姻的规范,体现了对当事人婚姻自由的保护。另外,《民法典》第 1051 条在婚姻无效的类型中,删除了以前《婚姻法》第 10 条第 3 项规定的婚前患有医学上认为不应当结婚的疾病,婚后尚未治愈的情况。如果一方患有艾滋病、淋病、梅毒、麻风病等传染病,严重遗传性疾病或者精神分裂症等疾病,要么会影响夫妻的正常生活,要么会影响或很有可能影响生育孩子的健康,要么经常会使婚姻另一方处于绝望或痛苦之中,这样的患者确实不适合进入婚姻。在英国女作家夏洛蒂·勃朗特的小说《简·爱》中,男主人公罗彻斯特的妻子伯莎·梅森就患有精神类疾病,但又无法治愈,尽管罗彻斯特对其不离不弃,但也痛苦一生。在一场大火后,罗彻斯特的妻子葬身火海,他才最终与简·爱有情人终成眷属。《民法典》删除了这种情形,给予了当事人更多的自主空间,换言之,尽管相爱中的男女一方患有上述疾病,如果另一方并不介意,那么,他们也是可以结婚的。毕竟现代社会出现了多种多样的婚姻存在形式,丁克家庭、柏拉图式恋爱也都现实存在,如果属于丁克家庭、柏拉图式恋爱,那么前述疾病的存在不构成重大的婚姻生活的障碍。但这里需要注意,这样的婚姻依然是以双方自主自愿为前提的,如果患有前述重大疾病的一方,未将他患有疾病的情况明确告诉另一方,隐瞒了自己的病情,则构成欺骗,另一方在得知真实情况后,有权撤销婚姻。

  男女双方结婚时,既然相爱,就更应该秉持善意,如果一方明明已经结婚,又与另一方登记结婚,将构成重婚,或者伪造、虚增年龄,未达到法定的结婚年龄后被发现而构成婚姻无效的,或者存在前面隐瞒自身的重大疾病导致其后婚姻被撤销的,这样的婚姻根本没有法律约束力。婚姻无效或被撤销,将给当事人,特别是无辜的一方带来较大的伤害。对此,《民法典》第1054条第2款明确规定,对于婚姻无效或者被撤销没有过错的一方,可以向另一方主张损害赔偿。这是较为公平的。

Day 102

77. 忠实义务与离婚冷静期

> 从此,王子和公主幸福地生活在一起。

现代社会已经很少有"棒打鸳鸯"的事发生,相爱的两个人通常会走到一起,迈入婚姻的殿堂,按照童话里的说法,就是王子和公主从此幸福地生活在一起。但很多时候,这也只是童话。

即使已经结了婚,生活中依然充满诱惑,可能来自工作单位的同事,可能是关心你的老板,也可能是火车上偶然的邂逅,当你情绪不佳时,来自他人的关心总是让人感动,相处久了,人们也许就情不自禁地"出轨"了。这事,法律管吗?不同国家可能有所不同。意大利的法院认为干扰他人婚姻是不道德的行为,但从个人自由的角度看,第三者同样享受自由地展示其人格的权利,直白一点,爱上一个人,不管他是未婚还是已婚,都是个人的人格自由的体现。

有人可能不同意,而且已婚的人和第三者地位并不相同,已婚的人有婚姻的羁绊。《民法典》第 1043 条第 2 款前段规定,"夫妻应当互相忠实,互相尊重,互相关爱",这是法律给我们的建议。其实,夫妻相互忠实,是婚姻稳定的重要基础;互相尊重,给予对方相对独立的空间;互相关爱,让对方在家中感受到被重视、被爱,则是婚姻持续稳定的重要因素。互相尊重、互相关爱,就像在往"爱的银行"里存款,相互之间存得越多,婚姻越稳定。如果没有"爱的存款",在家中完全感受不到另一半的爱意,那么,这个婚姻就了无生气,甚至走向"死亡"。

夫妻有相互忠实的义务,在中国乃至世界上的绝大多数国家,采取的都是一夫一妻制,所以,《民法典》禁止重婚。到了今天,即使你是段正淳,也不能同时娶两个妻子,两个婚姻并存的状态就构成重婚,这也是犯罪。另外,即使没有重婚,《民法典》也反对婚外情,《民法典》明文禁止有配偶的人与其他人同居(《民法典》第 1042 条第 2 款),因为这会破坏既有的婚姻。因重婚或与他人同居导致离婚的,无过错方有权请求损害赔偿(《民法典》第 1091 条第 1 项、第 2 项)。

与婚姻忠实相似,还有婚姻诚实的问题。尽管不是什么话都要一五一十地坦诚说出来,但有些事还是应该提前说清楚,人不能为了得到爱情和婚姻而欺骗对方。《民法典》第 1053 条是新增加的内容,规定一方如果患有重大疾病,应当在结婚登记前实事求是地告诉另一方,没有如实告诉的,另一方可以主张撤销婚姻。也就是说,爱他(她),就要告诉他(她)这个情况,这对婚姻很重要,否则,已经成立的婚姻依然可能因为这种隐瞒行为而最终被撤销。当然,如果对方后来知道了,但一直不介意,1 年之内也没有主张撤销,说明另一方爱得深沉,此后,本来有权撤销的一方就不能再以对方隐瞒自己的重大疾病主张撤销婚姻。

婚姻中的不忠实,经常会导致离婚。中国近几年大城市的离婚率非常之高,大体上,每 10 对夫妻中就有 3 对甚至更多离婚,婚姻不稳定不仅影响当事人,而且会引发社会问题。基于稳定婚姻的考虑,《民法典》新增了离婚冷静期的规定,这在《民法典》审议的过程中争议很大,有很多人反对,也有很多人赞成,最终还是被规定下来。《民法典》第 1077 条规定的离婚冷静期涉及两个"30 天"。

第一个"30 天"是说,自婚姻登记机关——现在是民政局——收到离婚登记申请之日起 30 天内,任何一方又不想离婚了,可以向婚姻登记机关撤回离婚登记申请。也就是说,这 30 天的时间是让夫妻双方都冷静下来,思考一下对方真的那么讨厌吗?当初开开心心一起携手进入婚姻的那个他(她),还能找回来吗?离婚真的是自己想要的吗?如果夫妻双方本着通情达理、珍视婚姻的态度心平气和地检讨自己,30 天的冷静期也足够了,一段感情被保留,一个婚姻得以持续,也是好事一桩。

第二个"30 天"是说,夫妻从提出离婚登记申请,冷静 30 天之后,依然决定,这婚还是得离,那么,应当在 30 天之内亲自到婚姻登记机关申请发给离婚证。如果在 30 天之内没有申请,法律视为当事人撤回了离婚登记申请。这就意味着,如果真的要离婚,必须在60天内完成,否则,过了60天,需要重新开始新的一轮离婚申请的冷静期。

  有人认为,在存在家庭暴力的情形时,当事人可能好不容易说好了离婚,结果离婚冷静期让当事人一方多遭受了30天的家庭暴力,这并不妥当。确实如此,实际上,离婚冷静期的适用应参酌《民法典》第1079条第3款的规定,将一些特殊的情形排除在外。《民法典》不可能随时修订,这些例外的处理就留待司法解释或者法院去完成。

Day 103

78. 忠诚协议

衣带渐宽终不悔,为伊消得人憔悴。——柳永

出轨是生物本能,忠诚是人性选择。

我们今天一起聊一聊夫妻忠诚协议的问题。我们之前曾经讲过,《民法典》第 1043 条第 2 款前段规定了夫妻的忠实义务,不需要法律说,大家也都会认同,两个人结了婚,当然应该忠诚于婚姻,谁都不应该出轨。但有时,这只是一种美好的期待。

我们看过很多的文学作品均以婚外恋情为主题,无论是国外,还是国内,很多时候,这种不伦恋情的发生很难说是在当事人的计划之内进行的。在日本作家渡边淳一的小说《失乐园》中,我们看到,55 岁的男主人公久木和 38 岁的女主人公凛子各有家庭,当时久木刚从一家较大的出版社部长位子上退下,凛子正在一家文化中心临时讲授书法。久木欣赏凛子端庄的书法、高雅的气质和美貌,凛子则为久木"带有抑郁气质的孩子气"所动心。两人经过频繁的交往,终于一起走进了旅馆。这场外遇改变了两个人的一生。

外遇是婚姻的巨大杀手。如果一方陷入外遇不能自拔,那么,原有的婚姻将不再是温暖的港湾,被出轨一方抛弃的"公主"或"王子"将因此而痛苦。为此,有人想到了一种方法,那就是签订夫妻忠诚协议。

关于夫妻忠诚协议,难题是如何认定其效力。原来的《合同法》第 2 条第 2 款规定,婚姻、收养、监护等有关身份关系的协议,适用其他法律的规定,也就是说,上述协议不适用《合同法》。我们知道,夫妻忠诚协议是与夫妻身份密切相关的,但法律上并没有夫妻忠诚协议的有关规定,这样

的协议拿到谁那里都难办。不过,现在《民法典》第464条第2款规定,婚姻、收养、监护等有关身份关系的协议,适用有关该身份关系的法律规定;没有规定的,可以根据其性质参照适用合同编规定。这意味着,《民法典》合同编对于夫妻忠诚协议具有参照适用的可能性,从而为此提供了一定的依据。总体来看,合同编对夫妻忠诚协议中财产性约定具有参照适用价值,而对与人身相关的约定则不具有参照适用性。

夫妻忠诚协议的内容多种多样,因人而异。但首先强调的,都是夫妻应当相互忠诚于对方,不能有出轨行为,只是,这在生活中很难监督履行。有的夫妻忠诚协议可能会约定,结婚之后不能与异性聊天、同行等,这样的约定如果得到贯彻,在相当程度上可以避免出轨,但生活中怎么可能不与异性接触呢?这样的约定由于过度限制了另一方当事人的自由,根据《民法典》的人格尊严条款和公序良俗原则的规定,协议内容无效。换言之,说说可以,但不具有法律的效力,无法获得人民法院的支持。

有的夫妻忠诚协议中可能会约定,一旦一方出轨,婚姻立即结束。这样的约定,由于与婚姻制度追求的永久共同生活的精神相悖,而不能得到法律的认可。其实,这样的约定固然给予婚姻当事人某种压力,但在事情发生之后也许更容易促成离婚,而不是稳定婚姻。

在实践中,有更多的夫妻想到了不忠诚的后果问题,进而作出约定。如约定,夫妻一方出轨的,出轨一方需要向另一方支付一定的"**空床费**"。在英美法系国家,配偶享有的性生活的利益是得到判例的明确支持的,夫妻之间的这种利益是重要的,如果车祸导致丈夫腰部以下残废,那么,妻子可以向造成丈夫损害的侵害人主张其丧失的家庭中亲密利益的赔偿,毕竟夫妻生活是婚姻的重要内容。事实上,我国著名的法学家史尚宽在谈到婚姻时,特别讲到婚姻是夫妻二人经济生活的结合、精神生活的结合和性生活的结合,这是婚姻生活的典型形态。有的夫妻忠诚协议则约定得更加彻底,如果夫妻一方出轨,则出轨一方需要"净身出户",也就是说所有财产归另一方所有。

"空床费"和"净身出户"均属财产性的约定,其效力如何呢?先来看一定的"空床费"的约定,夫妻相互忠诚是法律的要求,也是婚姻本质的要求,进入婚姻的夫妻可以期待对方忠诚,并要求对方履行忠实义务,由于一方出轨违反了这一义务，给对方带来了伤害，应给予对方一定的赔偿，这符合情理和法理。因此，这种约定通常应属有效。问题是，约定出轨一方"净身出户"，是否有效。这种约定很难被认定为符合当事人的真实意思，更像是相爱中男女的海誓山盟，因为出轨而剥夺一个人的所有财产超过了合理的限度，无法获得人民法院的支持。在2018年审结的一个案件中，人民法院认可了忠诚协议的效力，但未支持当事人主张的30万元赔偿金，而是结合双方感情状况和生活水准，支持了2万元。

其实，夫妻恩爱、婚姻幸福并不是一纸忠诚协议所能保证的，更重要的可能是婚姻的保鲜，方法至少可以考虑以下几点：婚后也要像婚前一样注意自己的形象、互相关爱；寻找并增加双方的共同兴趣和相处的时间；好好说话多沟通；等等。祝大家婚姻幸福！

79. 夫妻财产·夫妻债务

你的就是我的,我的还是我的。——《大富翁4》

人在家中坐,债从天上来。——曾经的社会现象

财产对于家庭很重要。有人说,经济条件是婚姻的基础,有一定的道理。毕竟,结婚后总要生活,没有经济基础的夫妻,婚姻可能也可以快乐并充满爱意,就像欧·亨利的爱情小说《麦琪的礼物》中,在贫穷的家中,为了过圣诞节,德拉把一头秀发剪掉给她的丈夫杰姆买了表链,而杰姆则把金表卖掉为他的妻子德拉买了梳子。但这不免让人心酸,虽然双方都为对方牺牲了自己最宝贵的东西,可是却落得个两样装饰品都无处装饰的结果。而有经济基础的婚姻,则没有必要"含泪微笑"。

男女结婚组成一个家,不仅有小开支,柴米油盐酱醋茶,还有大开支,比如,准备买辆车、买栋房子,家里有人治场大病,这一切都离不开钱,或者说财产。家庭和个人有所不同。结婚之前,一个人吃饱全家不饿,但结婚之后,夫妻二人就要保证这个家可以运转起来。在进入婚姻之前,男女双方分别拥有自己的财产;结婚之后,我们听到过这样的话,"你的就是我的,我的还是我的",其实,如果夫妻没有作出特别的约定,那么,夫妻二人的收入均属于夫妻共同财产,也就是"你的就是我的,我的就是你的",就此,可以认为,男女二人因为结婚,在经济上变为一体,这是结婚对个人财产的影响。

根据《民法典》第1062条的规定,夫妻在婚姻关系存续期间所得的下列财产,均为夫妻两个人共同所有:单位发的工资、奖金,给别人提供劳务所得的报酬;开店的收入、投资或理财赚到的钱;写本小说得到的稿费;亲

人去世继承所得或者别人赠送的财产。对于这些共同财产,夫妻二人有平等的处理权。什么叫共同所有呢?就是这个钱不是一个人的,是夫妻两个人的,这种共同所有的状态有助于夫妻感情的和睦。

但你可能会说,结婚之后,我就不能有些自己的财产吗?也是可以的。根据《民法典》第 1063 条的规定,一方的婚前财产,是谁的,结婚之后,还是谁的,这不会变。年纪较大的人可能有印象,婚前房子经过 8 年的共同使用可以视为夫妻共同财产,这是"老黄历"了,早已被法律修改。另外,夫妻一方如果被车撞了或者被狗咬了,太不幸了,这种因受到人身损害获得的赔偿或者补偿,归受到损害的这一方所有。亲人去世时遗嘱写得明明白白,或者朋友赠送一幅古画,说得很明确,就是给夫妻中的妻子,那么,这时相关的财产就是这位妻子的。一方的生活专用用品,如家庭中妻子专用的化妆品,就归这位妻子所有。

当然,大家可能也听说过,有些夫妻在结婚之前,就把两人财产的界限分得清清楚楚,"你的就是你的,我的就是我的,谁挣的钱就归谁"。这种约定没有问题,但当事人应当采用书面的形式,否则,有时哪一天也许会出现争议,一方可能会说:"我说过这样的话吗?"这种约定对当事人是有效的,但两人之间财产划分得这样清楚,这婚还能结吗?这对于普通人而言,感觉稍微有点难以接受。毕竟,夫妻就是要一起生活,什么都分得清清楚楚,很多人会觉得有些不可思议。但对于有些富人而言,他们经常会在结婚之前把这些事情说清楚、写明白。

夫妻挣来的是财产,夫妻借来的,就是债务。如果家里的钱都花不完,当然没有必要去借钱,但仔细回忆一下,你借过钱吗?买房的时候找亲戚朋友借钱了吗?开个饭店或者养殖场的时候,有没有借钱呢?可以发现,当涉及大额开支时,很多家庭根本没有那么多钱,找银行、亲戚朋友借钱这事,每个人一辈子基本都会遇上一两次。那问题来了,借来的钱,谁来还呢?是谁借谁还,还是不管谁借,都要夫妻两人还?以前的《婚姻法司法解释二》第 24 条规定,"债权人就婚姻关系存续期间夫妻一方以个人名义所负债务主张权利的,应当按夫妻共同债务处理"。这对于假离婚、真逃债的处理起到了一定的作用,但是,最近几年的司法实践表明,有时夫妻一方"人在家中坐,债从天上来",即使离婚了,可能还会面临动辄几百万、上千万元的债主上门要账,这严重地损害了夫妻中非借款一方的利益。因此,经过广泛研究,《民法典》吸取学界的建议,规定了**共债共签**,也就是说,夫妻一方在婚姻关系存续期间以个人名义为家庭日常生活需要所负的债务为夫妻共同债务,如果不是为家庭日常生活需要所负的债务,那么,必须经过夫妻两个人共同签名,或者事后得到另一方的认可。否则,谁借的,债权人就找谁去。有些男士借钱赌博,明显不是为了家庭日常生活需要,所以,他的妻子不用为此还债。认定夫妻共同债务,关键是夫妻的共同负债意思,以及负债实际使用方向是否为夫妻共同生活、共同生产经营。满足其一,即为夫妻共同债务(《民法典》第1064条)。

Day 105

80. 收养子女

"朋友们,我来找你们是因为我非常想……我非常想带走你们的……你们的小男孩……""我们没有孩子,家里只有我丈夫和我……我们想把他带走……你们同意吗?"——亨利·德·于贝尔太太①

我们今天一起来关注收养子女问题,《民法典》对此进行了较大的调整。

大多数人都想拥有自己的孩子,这是一种本能,因为人类要繁衍、种族要延续,我们希望自己的基因在这个世界上延续。然而,有的人非常不幸,他们没有自己的孩子,或者失去了自己的孩子,但是,他们对孩子的喜欢没有变,拥有孩子的想法没有变,此时,他们有什么办法呢?收养为此提供了一种可能。在莫泊桑撰写的小说《乡村故事》里,富裕的亨利·德·于贝尔夫妇就收养了贫穷的瓦兰夫妇家最小的男孩,被收养的男孩很有出息,瓦兰一家也过上了好日子,而被收养的男孩长大后也没有忘记自己的亲生父母。

那么,谁可以被收养呢?《民法典》第1093条规定,被收养的孩子有三类:一是父母已经不在世的孤儿;二是找不到亲生父母的孩子;三是生父母有特殊困难、无力抚养的孩子。以前的《收养法》要求,只能收养14周岁以下的孩子,现在《民法典》调整为18周岁,也就是说,符合条件的未成年人都可以被收养。想收养孩子的,应当到哪里去、联系谁呢?儿童福

---

① 〔法〕居伊·德·莫泊桑:《乡村故事》,载桂裕芳主编:《莫泊桑小说全集》,河北教育出版社1996年版,第251页。

利院是一个可以考虑的地方,如果孤儿的监护人或者孩子的生父母想送养孩子,也可以直接和他们联系(《民法典》第1094条)。父母送养自己的孩子,尽管一般都是情非得已,但应该两人同意,不能一方私自做主,在父母一方下落不明、查找不到时才能单方送养(《民法典》第1097条)。

　　谁可以收养呢?并不是谁想收养就可以收养的,《民法典》为此规定了收养人应该具备的五个条件(《民法典》第1098条):一是年龄,应年满30周岁,目的是保证收养人具有一定的生活经验;二是没有在医学上认为不应当收养子女的疾病;三是没有孩子或者只有一个孩子,这与计划生育的调整相一致,以前没有孩子才能收养,现在即使自己已经有了一个孩子,也能收养,但收养后收养人的孩子总数不能超过两个,这是一个要求(《民法典》第1100条);四是收养人应该具有抚养、教育和保护被收养人的能力,如果自己都不能照顾自己,收养孩子是不允许的,收养需要符合被收养孩子的最大利益;五是收养人不能有不利于孩子健康成长的违法犯罪记录,例如,曾经对别人实施性骚扰、猥亵妇女儿童等的人,将孩子交到有这些行为的人手里可能对孩子造成伤害,因此,《民法典》特别增加这一项内容,以保护被收养的孩子。

　　与送养孩子一样,收养孩子的一方如果是一对夫妻,那么应该二人共同收养(《民法典》第1101条),毕竟这影响的是整个家庭。如果收养孩子的一方没有配偶,那么,收养人与被收养的孩子之间年龄应当相差40周岁以上(《民法典》第1102条),在这里,以前只指向单身汉收养女孩,《民法典》对此作出调整,单身女性收养男孩也需要满足40周岁的年龄差这一要求。这一规定在某种意义上是为了防止收养人与收养孩子之间发生不正当的关系,而修订则是实现了男女平等,对于社会现实具有了更广泛的适用性。

　　这里有一个特殊的问题,就是继子女是否可以收养?因为继子女与婚生子女不同,其与继父母之间并不存在血缘关系,继父母就是我们通常所说的后爹、后妈。就是这样一个问题,尽管继子女与养子女或者婚生子女一样,都在这个家庭里生活,但实际上,继子女与养子女在某些事项上的利害关系并不相同,那就是,养子女与养父母之间是相互享有继承权的,而继子女与继父母之间,只有在具有扶养关系时,才相互之间享有继承权,兄弟姐妹之间的关系也是如此(《民法典》第 1127 条)。换言之,在某种意义上可以认为,收养的子女与养父母之间的关系要比继子女与继父母之间的关系更密切,就此而言,收养继子女仍具有一定的法律意义。

《民法典》第 1103 条对此予以认可,规定"继父或者继母经继子女的生父母同意,可以收养继子女",收养之后,在法律上的亲密程度更深一层。由于是继子女,其随生父或者生母而一起进入新的家庭,与普通的单纯收养子女不同,被收养的继子女可以受到其生父或者生母更多的照顾和保护,并且,这也有助于继子女更好地融入新家庭,所以,收养继子女不受收养子女人数的限制,而且收养人也无须满足前面讲到的五个条件。

在收养关系中,有一方收养,有一方送养,好像孩子就成了收养和送养的对象,但孩子不是物品,而是有独立人格的人,因此,在收养过程中,不仅收养人和送养人应该本着自愿的精神,达成一致,而且当孩子较为懂事时,必须尊重孩子的决定。《民法典》第 1104 条第 2 句规定,收养 8 周岁以上未成年人的,应当征得被收养人的同意。这一规定,同样适用于收养继子女的情况。收养涉及被收养的孩子童年的幸福,因此,生父母寻找收养人时应当慎重,此外,《民法典》还新增加了收养评估的内容(《民法典》第 1105 条第 5 款),评估收养人是否适合,以及有能力收养孩子。这对孩子无疑是有好处的。

81. 离婚的孩子抚养

未成年人监护、抚养、收养,首先应考虑孩子的最大利益。

今天我们一起关注离婚中的孩子抚养问题。在一个家庭中,孩子担任着重要的角色,有一种说法认为,只有孩子出现了,夫、妻、孩子构成了"三角形",家庭才具有稳定性。这有一定的道理。相对而言,有孩子的家庭离婚的概率小于没有孩子的家庭。这说明,孩子同时牵住了夫妻两个人的心,是夫妻双方的"黏合剂"。但也有相反的情况,本来夫妻恩爱,夫唱妇随,人人羡慕,但孩子出生后,一切都改变了,夫妻一方将更多的关注放在孩子身上,冷落了另一方,如果这种状况得不到有效的沟通和改变,婚姻就难免出现裂痕。

婚姻的破裂,对孩子而言,不啻他生命中大厦的倒塌,会给他带来巨大的伤害,因此,夫妻通常为了孩子,也会互相迁就,婚姻得以维持。但如果"爱的银行"里的存款逐渐减少,婚姻终究不会维持太久,在一些强调个性的年轻人看来,爱,就在一起,不爱,自然要分开,离婚也挺好的。

此时,孩子归谁?这是我们日常的表述,存在一定的歧义。在法律上,孩子与大人一样,是独立的个体,不归属于任何人。这里所说的归谁,实际上是孩子由谁来抚养,而无论是由爸爸来抚养,还是由妈妈来抚养,孩子是夫妻双方的,在法律上,父子关系、母子关系并不因为父母离婚而消除(第1084条第1款)。

如果夫妻双方就孩子抚养问题达成了一致,或归男方,或归女方,两人毫无争执,那当然不会有问题。但孩子是什么?孩子是妈妈的"心头肉",也是爸爸的"小天使",所以,夫妻双方可能对财产分配已经达成共识，而对孩子归谁抚养则存在巨大分歧。此时，孩子归谁抚养呢？

在法律上，这需要考虑孩子的年龄。以前的《婚姻法》第36条第3款第1句强调，离婚后，哺乳期内的子女，以随哺乳的妈妈抚养为原则。这是稳妥的，研究表明，母乳喂养有利于孩子的健康成长。然而，哺乳期是多长呢？有的孩子哺乳期较长，有的则相对较短。考虑到通常的情形以及更具有可操作性，《民法典》第1084条第3款将"哺乳期内的子女"修改为"不满两周岁的子女"。已满2周岁的孩子对妈妈的依赖没有那么强，所以，父母双方对抚养问题无法达成协议的，由人民法院根据双方的具体情况，按照最有利于未成年子女的原则判决。在这里，我们看到，不是由孩子的爸爸说了算，也不是由孩子的妈妈说了算，而是要考虑到谁的抚养更有利于孩子的健康成长。

历史上有个**分孩断母案**，就是两个女人因为一个孩子是谁的，而闹到公堂，请求县令裁判。孩子太小，也不会说话，这让县令左右为难。如果是你，面对此案怎么办呢？当时也没有"滴血验亲"这种古装电视剧中的方法。县令苦思冥想后，决定升堂审案，堂上两个女人依然都说孩子是自己的，县令说，"我也没有好办法，你们也不能证明这孩子是谁的，干脆把这个孩子从中间一刀两断，一人一半，你们就都满意了"。一个女人表示同意，而另一个说自己不要孩子了。县令把孩子判给了后面说不要孩子的这个女人。我们可以看到，孩子真正的妈妈是为孩子着想的，为了孩子能健康地活着，她可以不要孩子，这是一种伟大的母爱。

讲这个故事，是想说，在夫妻决定离婚时，不应只考虑自己的利益，说，"我喜欢这个孩子，这可是我的亲孩子，所以，孩子必须跟我一起生活。"其实，无论夫妻哪一方，心平气和地想想，如果真的爱这个孩子，就应该考虑，孩子是由自己抚养好，还是由对方抚养好，毕竟孩子的利益才是大人最应该关心的问题，如果夫妻双方都能这样考虑，那么，可能就不会出现争夺抚养权的问题。事实上，法院在司法实践中也是这么裁判的，《民法典》则将这一点明确地写出来，那就是按照最有利于未成年子女的原则判决。孩子作为独立的个体，有自己的最大利益，与父母的利益相比，孩子的利益应放在首位。

如果孩子已经大体明事理了，可以独立地判断，到底是妈妈对自好,还是爸爸对自己好,那么应当由孩子自己选择跟谁,毕竟这关乎孩子的幸福。在我国,孩子6周岁开始上小学,8周岁已经能判断一些事的利害了,特别是在与爸爸和妈妈的关系上。所以,《民法典》明确规定,关于孩子由谁来抚养的问题,如果孩子已经满8周岁,那么,应该听听孩子怎么说,要尊重孩子的意见。

82. 继承的一般规则

继承并不意味着你会获得一切,但它能让你比别人更容易成功。

今天我们来关注继承的法律问题。继承,你知道是怎么回事吗?看电视、读小说,我们可以发现中国传统社会的继承方式就是子承父业。刘备去世,他的儿子阿斗接替了他的位置。不仅刘备的家财归了阿斗,而且他的"天下"也都归阿斗了,"天下"的"继承"比财产的继承更重要。我们称这为宗祧继承,又称宗法继承,就是根据血缘与辈分关系而继承宗庙世系的制度,其核心是嫡长子继承制,也就是正妻所生的第一个儿子继承,刘备曾就此事对刘表说,"废长立幼,取乱之道",就是这一回事。在皇家,就是皇帝立太子;确定继承人;废太子;重新立太子,也经常被认为是不妥当的。

现在,以前那样的等级社会已经基本不存在了,社会观念也发生了很大的转变,现代社会的继承不再是地位继承,而是财产继承。

想一下,我们一辈子打拼是为了什么呢?有时不得不承认,对于很多人而言,孩子才是我们的寄托和希望。《红楼梦》里的《好了歌》有一段是:世人都晓神仙好,只有儿孙忘不了!痴心父母古来多,我改最后一句为,现今同样没变少。这首歌道出了一个真相,那就是,我们关心自己的下一代,辛辛苦苦一辈子,希望等百年之后,可以给儿孙留下一些东西。我们给孩子留得越多,他们就可以生活得越好。

当然,光靠遗留财产是不够的,孩子也要争气,不能游手好闲、什么也不做,更不能败家,否则,再多的财产又有什么用。余华的小说《**活着**》里的主人公徐福贵就够败家的,赌博把家产基本都输掉了。继承不解决后面的问题,只解决我们死后的财产归谁这个问题,不过,也有避免子女败家的方法,我们后面再讲。

你可能会觉得,"我的财产,在我百年之后,就都是我的儿子和女儿的"。未免想得过于简单了。实践中,有各种各样复杂的情况,所以,懂些继承的法律规则,提前作出一些安排,很多时候是必要的。

有时人算不如天算,生活中有这样一种情况:父子二人在一次海难中不幸遇难,父子二人均有财产若干,此时,如何继承?这里首先需要解决的是父子二人的死亡时间先后问题,因为,继承从被继承人死亡时开始发生。这里如果可以确定二人的死亡先后,就以事实为准,也就是我们常说的,"以事实为依据"。但像海难、空难等情况,很多时候,父子二人在同一事件中的死亡时间无法确定,此时应怎么办呢?

在这种情况下,应当"以法律为准绳",法律提供了一套规则:

首先,推定没有其他继承人的人先死亡。也就是说,如果这位父亲除了在这起事故中同样死亡的儿子,没有其他继承人,就推定这位父亲先死亡,这样可以避免下面情况的发生:这位父亲继承了儿子的财产,因为自己也死亡,导致财产最后无人继承。简单加个人物和数据,例如,父子各有财产10万元,父亲没有其他继承人,儿子有一位妻子。推定父亲先死亡的结果是,父亲的财产10万元由其儿子继承,儿子就拥有了20万元,儿子的妻子又继承这位儿子的财产,最终得20万元;如果是儿子先死或者推定儿子先死亡,结果是,儿子的妻子取得5万元,儿子的父亲取得5万元,加上自己的10万元,共15万元,但其死亡没有继承人,此时根据《民法典》第1160条的规定,这15万元将根据其是否为集体所有制组织成员,而分别归国家或者集体组织所有。看到差异了吗?

其次,如果这位父亲和儿子都有其他的继承人,由于二人辈分不同,推定这位父亲先死亡。那就意味着,在同一事故中死亡的儿子可以继承这位父亲的财产,只不过,他继承得来的财产,终归还要被他自己的继承人所继承。我们再添加一些当事人和数据,例如,父子各有财产10万元,该父亲的妻子、父亲、母亲均在世,儿子也有一位妻子。那么,继承的结果是推定父亲先死亡,此时,其父亲、母亲、妻子、儿子各继承2.5万元,此时,儿子共有财产12.5万元,儿子死亡,则儿子的母亲和妻子各分得一半，也就是 6.25 万元。最后的结论，以这位儿子为参照，则他的爷爷和奶奶各分得 2.5 万元，他的母亲分得 8.75 万元，他的妻子分得 6.25 万元。

如果出事故的是一对夫妻，本来夫妻互相对对方的财产享有继承权，但在这种情况下，也就是在同一事故中遇难，二人均有其他继承人，此时，二人辈分相同，按照法律的规定，推定二人同时死亡，相互之间不发生继承。再添加一些当事人和数据，比如，这对夫妻各有 10 万元，二人父母均健在，二人有两个孩子。则这位丈夫的父、母、两个孩子平均继承他的财产，这位妻子的父、母、两个孩子平均继承她的财产，继承额度均为 2.5 万元，最后的结果是，这对夫妻的父母，四人各取得 2.5 万元，两个孩子每人取得 5 万元。

* * * * *

今天我们继续聊继承的一般问题。谈到继承，我们都继承什么呢？现代社会，继承的只是财产，财产的种类很多，可以是房子、汽车、古玩字画这些较为值钱的东西，也可以是一本书、一杆笔、一副碗筷这些日常用品。不仅前面这些有形的财产可以继承，股权、债权也可以继承，比如，别人欠了父亲 10 万元，父亲去世之后，这 10 万元的待收欠款也是能够继承的，欠钱人还是要还钱的。总之，只要是与个人可以分离的财产性权利，基本都可以继承。当然，这里的财产必须是合法的财产（《民法典》第 1122 条第 1 款），如果财产是偷来的、抢来的，或者是非法占有的公有财产，继承人是没有资格继承的，这些财产应该物归原主，在法律上，这些财产的所有人有权利把它拿回去。

继承的基本规则，大家了解吗？你会不会认为，爸爸的财产，终究是你的——你想得太多了，那可不一定。爸爸在世的时候，固然可以随意处置这些财产，投资、消费、送人，或者做些公益，如捐赠、建一所学校。即使若干年之后，爸爸去世，他的财产也不一定是你的。因为，如果他写了一份遗嘱，所有财产给他的妻子，你说，"那还不是一样，妈妈如果哪一天驾鹤西去，她的东西还是我的"，但你也许会发现，妈妈去世后，又留下了一份遗嘱，财产给和你小学同班的小花，怎么回事？原来小花也是妈妈的孩子，是你同母异父的妹妹。看到了吧，继承这件事，有遗嘱的要按照遗嘱来，没有遗嘱的，才按照法定继承来办理（《民法典》第1123条）。对于想把财产专门留给儿子或女儿，或者留一些给其他人的，切记，一定要留有遗嘱，否则，这种想法可能也会落空。

"爸爸的财产，就是我的财产"，这种想法是危险的。一来，这在法律上不能成立；二来，如果你要是对爸爸的财产有想法，后果可能很严重。一百多年前，美国纽约州有个叫**帕尔默**的人，帕尔默是他的祖父在遗嘱中指定的财产继承人，为了防止祖父更改遗嘱以及早日继承财产，帕尔默用毒药杀死了祖父。为了财产，竟然杀害自己的祖父，这样的事也能做得出来？你觉得帕尔默能取得祖父的财产吗？尽管当时纽约州的法律并没有规定在这种情形下要剥夺帕尔默的继承权，但他杀害了祖父，如果还能继承祖父的财产，还有天理吗？所以，法官认为，**任何人不能因为自己的过错而得到好处**，这是基本的法理，所以，尽管遗嘱上写着财产给帕尔默，但因为他杀害了祖父，他继承该笔财产的权利被否定了。

在我国，《民法典》延续并发展了《继承法》的规定，对于五种情形作出了专门的规定（《民法典》第1125条第1款）。一是帕尔默案这种情况，在我国，杀害被继承人的继承人，同样丧失继承权。二是，如果有继承人心术不正，为了争夺财产，而杀害其他继承人，将丧失继承权。在历史上，我们听过**玄武门之变**，尽管那不是为了争夺财产，而是为了争夺天下而杀害其他兄弟，但行为类似。三是，如果遗弃被继承人，或者虐待被继承人情节严重，也会丧失继承权。也就是说，如果你生前对父母不仅不够好，还对他们很残忍、将他们赶出家门，这样，即使后来父母去世了，你也没有继承权。我们常用"爱之如子"来表达爱的深厚，作为孩子其实理应报答父母的爱，而非如同陌路人或者敌人。四是，伪造、篡改、隐匿或者销毁遗嘱，情节严重的继承人，丧失继承权。我们曾提到，有遗嘱的，不适用法定继承。在实践中，有的人为了得到财产就会在遗嘱上做文章。如果没有留下遗嘱，有些人可能会伪造遗嘱；留有遗嘱的，则可能会篡改遗嘱，将遗嘱藏起来或者加以销毁，情节严重的，也会丧失继承权。有关雍正继位的谣传，说有人把"**传位十四阿哥**"改成"传位于四阿哥"，与此类似，可供参考。五是，如果继承人以欺骗、威胁等手段迫使或者妨碍被继承人设立、变更或者撤回遗嘱,情节严重的,也会丧失继承权。遗嘱继承优先于法定继承,目的在于尊重被继承人的意思——他想把财产留给谁就留给谁,别人不得干预。这些情况的共同精神就是,继承人不能因为自己的过错行为而得到财产,也不得干预被继承人的遗嘱自由。

为了财产而杀人不可原谅,但对于后三种情况,如果继承人确有悔改的表现,而被继承人也表示原谅,或者在事后的遗嘱中又将其列为继承人,也是允许的(《民法典》第1125条第2款),毕竟这里处理的是家事。法律不再过多干预。

83. 法定继承

> 子女常推定其为婚生子女。——法谚①
>
> 直系常优于旁系。——法谚②

今天,我们一起来关注法定继承问题,法定继承就是在没有遗嘱的情况下,自动采取的一种继承方式。

你读过小说《傲慢与偏见》吗?在这部长篇小说里,乡绅班纳特有五个待字闺中的千金,班纳特太太整天操心着为女儿们物色称心如意的丈夫。里面有一段讲到,班纳特的表外甥柯林斯要来他家准备住上两周,重点是,并没有人邀请他,而是柯林斯自己"邀请"自己来的,单身的他期望能娶班纳特先生的一位千金为妻。班纳特希望大家对他好一点,他进一步解释,因为柯林斯将决定在他去世之后,班纳特一家是否还可以继续住在他们的房子里。因为按照英国当时的法律,女性没有房产的继承权,班纳特的房产只能由表外甥柯林斯继承。这对女性太不公平了,可是,法律如此规定时,那时的女性也没有办法。

不过,我国《民法典》在继承的问题上,坚持的是男女平等原则(《民法典》第1126条),因此,女性不仅享有继承权,而且在继承的份额上,也不比男性少。有人认为,男孩负责传宗接代,所以,应该多继承些份额,这是不被承认的。

继承的顺序如何呢?我们还是要大体知道,尽管也许没有万贯家

---

① 郑玉波:《法谚(一)》,法律出版社2007年版,第162页。
② 同上书,第169页。

财,但如果哪一天有人留下一笔财产,这笔财产到底归谁呢？一家人不要为此争得你死我活,更不要大打出手。因为《民法典》第1127条对此规定得很清楚。一个人去世了,他的遗产由他的配偶、子女和父母继承,因为这几个人与他的关系通常来看是最紧密的。原则上来看,由这几个人分,并且是均分,如果他们在世,轮不到其他人继承,他们是第一顺位的继承人。如果没有配偶、子女和父母,这时,就由死者的兄弟姐妹、爷爷奶奶、姥爷姥姥(也就是外公外婆)来继承,他们是第二顺位的继承人,原则上这些人也是均分。

需要注意,这里有继承权的子女,既包括婚生子女,又包括婚外子女和养子女。

婚生子女,也就是婚姻存续期间所生的孩子,但我们都知道,对于婚生子女,只有母亲能保证孩子是自己的,婚生子女与父亲不一定有血缘关系。据《史记·吕不韦列传》记载,吕不韦将已怀孕的歌女赵姬献给了异人,也就是秦庄襄王,生下了秦始皇嬴政,就此而言,嬴政是婚生子,但他并非秦庄襄王的血脉。《天龙八部》中的段誉也是婚生子,尽管他不是段正淳的血脉。对此,有必要再提一下《民法典》第1073条的新规定,赋予了父母请求确认或否认亲子关系的权利,发生这种事对于当事人来说太不幸了。比如,孩子养到老大不小,后来父亲偶然发现孩子不是自己的,经逼问,才得知孩子是婚外第三者的,此时,孩子父亲难免会很受伤,这时,他可以向人民法院起诉请求否认亲子关系。当然,相反的情况也是有的,如果历史可以重来,吕不韦穿越到现在,也可以请求确认他是秦始皇嬴政的父亲。

婚外子女,就是老百姓口中的私生子女,典型的如文学家小仲马,他就是大仲马的私生子,在金庸的小说《天龙八部》中,木婉清、阿朱、阿紫都是段正淳的私生女,小和尚虚竹则是少林寺方丈玄慈大师与"四大恶人"之一的叶二娘的私生子。此外,养子女与亲生子女一样,也享有继承权。继子女则不同,只有在存在扶养关系时,才享有继承权。

与此相应,父母则既包括生父母,也包括养父母,如果是继父母,也就是后爹后妈,则需要存在扶养关系才享有继承权。兄弟姐妹,则包括同父同母的兄弟姐妹、同父异母的兄弟姐妹、同母异父的兄弟姐妹、养兄弟姐妹,也包括有扶养关系的继兄弟姐妹。以《天龙八部》的人物关系来看,前面提到的阿朱与阿紫便是同父同母的姐妹,木婉清与阿紫则是同父异母的姐妹,彼此之间都有继承权。

有时生活中充满了不幸,比如,在父子关系中,白发人送黑发人。可以想象,当多年后父亲也去世的时候,他已去世的子女不存在继承的问题,但是,《民法典》认可去世子女的后代可以继承该子女原来本可以继承的份额。这称为**代位继承**,也就是代替先人的位置而继承。此外,《民法典》第1128条第2款还新增了侄子、侄女、外甥、外甥女的代位继承。

我们前面讲,继承人顺序相同时,原则上均分,但是,有原则就有例外,例外是什么呢？一是生活有特殊困难,又没有劳动能力的继承人,应当稍微多分一些;二是对被继承人尽了主要扶养义务或与被继承人共同生活的继承人,可以多分;三是有扶养能力、扶养条件却不尽扶养义务的继承人,应当不分或者少分。当然,如果大家都同意,怎么分都可以(《民法典》第1130条)。

84. 遗嘱继承

你的财产,你做主。

一切遗嘱均因遗嘱人之死亡而完成。——法谚①

今天我们聊的主题是遗嘱继承。遗嘱继承,顾名思义,就是根据遗嘱进行的继承。遗嘱是什么,我们可以拆开来看,"遗",就是留下、遗留的,这里的含义与死者有关;"嘱",嘱咐、嘱托之意。连到一起就是,去世的人留下的嘱托,嘱托的内容可以有很多,通常我们能想到哪些?

我们依然可以从《红楼梦》里的《好了歌》找到一些线索,世人都晓神仙好,只有什么忘不了?诗中提到了"姣妻"和"儿孙"。之所以是"姣妻",与当时的男权制社会有关,以现在的理解,相当于婚姻中另一半。2020年5月26日,乔峰的扮演者黄日华的妻子去世,临终嘱托他:不要成天发脾气,不要与人吵架,开车要慢,不要抽太多烟。说得很好,这句话也送给大家,可以让我们更快乐、更健康。而《三国演义》中则记载着白帝城托孤的故事,刘备对诸葛亮的嘱托,是关于辅佐他儿子阿斗的:君才十倍曹丕,必能安国,终定大事。若嗣子可辅,辅之;如其不才,君可自取。这在《民法典》中,大体可以指向遗嘱监护制度。现代社会的人,有时还会说,"照顾好小白,咱们的那条狗"。

还有什么忘不了?就是终朝只恨聚无多的财产,在临终之前,不管积聚了多少,有些人总要作出个交代,财产留给谁、怎么分。遗嘱继承体现了遗嘱自由原则,也就是,我们的财产,在我们去世后到底要分给谁、怎么

---

① 郑玉波:《法谚(一)》,法律出版社2007年版,第173页。

分,完全听凭我们自己的安排。我们可以立遗嘱将个人财产指定由法定继承人中的一人或者数人继承(《民法典》第1133条第2款)。例如,哪些留给妻子,哪些又给大儿子,哪些东西给小女儿。在《**简·爱**》中,简·爱的叔叔留给她2万英镑,她瞬间有了自己的财富。我们也可以立遗嘱将个人财产赠与国家、集体或者法定继承人以外的组织、个人(《民法典》第1133条第3款)。这时我们称为"遗赠",因为本来根据法定继承,他们是不享有继承权的。

此外,《民法典》还新增加了遗嘱信托(《民法典》第1133条第4款),什么意思呢?信托是很专业的,用大白话说,就是,孩子不是很有出息,没什么本事挣钱,但花钱如流水,就算给他一座"金山",几年也糟蹋没了。所以,正如在《战国策·触龙说赵太后》中有一句话,父母之爱子,则为之计深远。父母在去世之前,可能把财产委托给值得信赖的公司或者值得信赖的人,由其负责财产的管理甚至是投资、运营,赚来的钱每个月打到孩子的账户上,这样,孩子每个月都能收到钱,有了衣食保障,日子过得也不错。在这里,一笔财产上的利益被分割了,一个是财产的实际控制人,就是那家值得信赖的公司或值得信赖的人;一个是财产的受益人,接受的"受",益处的"益",也就是接受好处的人,这里就是孩子。这是我们从英国、美国等国家引入的,为我们管理财产提供了一种新方法。有人在银行买委托理财产品,其实,这也是信托,钱交出去,别人理财,赚了钱给我们自己,这里的受益人是买理财产品的人,也就是委托人和受益人可以是同一个人。

有时,父母在,什么都好说;父母不在,就乱了,有人甚至开始隐匿财产。所以,为了让遗嘱更容易操作,可以指定遗嘱执行人(《民法典》第1133条第1款后句),也就是这件事由他来负责。

因为遗嘱涉及一个人去世之后财产的分配,而一旦人去世了,很多东西都说不清楚。所以,一般都需要以较为正式的方式来立遗嘱。主要有以下六种形式:一是自书遗嘱,由遗嘱人亲笔书写,签名,注明年、月、日(《民法典》第1134条)。二是代书遗嘱,应当有两个以上见证人在场见证,由其中一人代书,并由遗嘱人、代书人和其他见证人签名,注明年、月、日(《民法典》第1135条)。其实,就是别人起草好了,再几个人一起签名,注意,这里有人数的要求。三是打印遗嘱,打印的文字比手写更清晰,所以《民法典》新增了打印遗嘱,见证人、签字要求与代书遗嘱实质相同(《民法典》第1136条)。四是录音录像遗嘱,现在很多人手机不离手,智能手机不仅可以接、打电话,也可以用于遗嘱的录音录像,但这里同样要求"有两个以上见证人",并且,"遗嘱人和见证人应当在录音录像中记录其姓名或者肖像,以及年、月、日"(《民法典》第1137条)。也就是要报一下姓名,或者露个脸。五是公证遗嘱,遗嘱人经公证机构办理(《民法典》第1139条)。六是口头遗嘱,只有在紧急的情况下才能用,两个以上见证人更是必要,紧急情况消除后,遗嘱人能够以书面或者录音录像形式立遗嘱的,所立的口头遗嘱无效(《民法典》第1138条)。遗嘱的形式,大家清楚了吗?

* * * * *

今天我们继续聊遗嘱继承问题。遗嘱继承,有如下几点需要注意。

大家应该还记得,除自书遗嘱和公证遗嘱外,代书遗嘱、打印遗嘱、录音录像遗嘱及口头遗嘱都需要两个以上的**见证人**。但是,并不是找谁做见证人都可以。首先,不能找小孩子,初中生或未成年的高中生也不行,总之,18周岁以下的都不行;而且,如果不能辨认或不能完全辨认自己行为的成年人也不可以,这些人平时还需要别人照顾,所以,他们不具备见证的资格。其次,继承人和受遗赠人不能作为见证人,否则,相当于自己见证——别人的财产是给自己的,这里面存在极大的风险。出于对自己利益的考虑,见证人很可能会说,"就是这么回事,被继承人当时表示的是他的财产就是给我的"。听到这些,你也不免起疑心吧?最后,与继承人、受遗赠人有利害关系的人也不能当见证人,原因和前面是一样的(《民法典》第1140条)。

通过立遗嘱处分自己的财产,是每个人的自由。因为东西是你的,你想留给谁就留给谁,大体不会错。但是,有一种情形比较特殊,那就是在法定继承人当中,如果有人缺乏劳动能力,又没有生活来源,出于家庭伦理的考虑,或者基于人性的考虑,也应该为这样的继承人保留必要的遗产份额,让他的生活有着落(《民法典》第 1141 条)。

被继承人立了遗嘱,不是就确定不变了。你想想,生活每天都在变化,也许原来你喜欢家里的老大,因为老大很体贴,而且每年都给你很多东西,让你感觉生活美好;而老二就比较自私,一年下来连人都见不到。所以,你决定立个遗嘱,待你哪一天离开人世,房产由老大继承。但有一年,老大经营发生了严重的亏损,这一年老大自己都吃不饱饭,又不想给你添烦恼,让你担心,所以,就没和你说,但这一年也没给你买什么东西;而老二在这一年却跑得比较勤,你就觉得,老大变了,还是老二好。所以,你决定修改遗嘱,房产以后与老大没关系。这种情况会不会发生?当然,这个例子也想说明,一家人很多时候要多沟通,不要主观臆测,特别是恶意揣测,一家人要多了解彼此的生活状况,才更像一个真实、轻松、温暖的家!

《民法典》就此明确规定,遗嘱人可以撤回、变更自己所立的遗嘱。立遗嘱后,遗嘱人实施与遗嘱内容相反的行为的,视为对遗嘱相关内容的撤回(《民法典》第 1142 条第 1 款、第 2 款)。例如,一位父亲本来在遗嘱上写到,家里的壁画去世以后都归老大,结果,没过多久,一些画被他卖给了收藏艺术品的人,说明他就这些画怎么处置改变了主意。有时,一个人可能会立有多份遗嘱。如果这些遗嘱互不冲突,那么,当然都有效力;如果相互之间在内容上相互冲突,比如,前面说的,原本写的房子留给老大,结果后来又写了一份遗嘱,写着同一套房子留给老二,但一般情况下,这不会发生,因为遗嘱人会把第一份遗嘱撕了、烧了,也可能直接立了第二份遗嘱。有时,会有更多的遗嘱,此时,到底以哪份为准呢?我想你已经猜到了——以最后的遗嘱为准(《民法典》第 1142 条第 3 款)。因为这是遗嘱人生前最后的决定,代表着他的最终想法。尊重个人的决定,是民法的基本精神。

遗嘱体现的是遗嘱人的真实意思。那你说,难道还有不是他本人意思的情况?是的。如果遗嘱人受到欺骗或者胁迫,那么,他所立的遗嘱就不是真实的意思,这样的遗嘱不具有法律效力(《民法典》第 1143 条第 2 款)。此外,伪造的遗嘱也是无效的(《民法典》第 1143 条第 3 款),伪造就是被继承人根本就没有留下任何遗嘱,而是别人编出来的。另外,还存在遗嘱篡改的问题,也就是遗嘱是真的,但遗嘱的部分内容被没有权利的人篡改了。关于雍正的谣传,"**传位十四阿哥**"被改成"传位于四阿哥",就是篡改,遗嘱篡改的内容没有法律效力(《民法典》第 1143 条第 4 款)。另外,未成年人和不能完全辨认自己行为的人由于还不能妥当考虑自己的利害关系,所以,即使立了遗嘱,也没有法律上的效力(《民法典》第 1143 条第 1 款)。

有时,遗嘱继承或者遗赠附加了一些义务,比如,房子留给你,但你需要把弟弟抚养到 18 周岁,此时,继承或者接受房子就需要把弟弟抚养大,没有正当理由,不抚养弟弟的,经利害关系人或者有关组织请求,人民法院可以要求把房子退回来(《民法典》第 1144 条)。法律尚未规定退回来之后怎么办,但应当按照法定继承方式处理。

Day 112

85. 遗产处理

> 数人共同继承,其所有之权利为统一而成一体。——法谚①
>
> 遗产管理人,将遗产交予应得者。

今天,我们谈的是遗产的处理。在被继承人去世之后,他留下的财产就是遗产,如果没有专人负责管理,财产很容易被隐匿或者毁损灭失。因此,《民法典》增设了遗产管理人制度,谁能担此重任呢? 在继承开始后,有遗嘱执行人的,遗嘱执行人为管理人;没有遗嘱执行人的,继承人应当推选遗产管理人;继承人没有推选的,由继承人共同担任遗产管理人;没有继承人或者继承人均放弃继承的,那么,此时由被继承人生前住所地的民政部门或者村民委员会担任遗产管理人(《民法典》第1145条)。如果有人对谁担任遗产管理人有争议,可以向人民法院申请指定遗产管理人(《民法典》第1146条)。

遗产管理人,诚如其名字显示的,负责遗产管理,具体而言,其工作内容大体如下:一是清理遗产并制作遗产清单,这是后续工作的基础;二是向继承人报告遗产情况,让继承人心里有个底,知道被继承人究竟有哪些财产可以继承;三是采取必要的措施防止遗产毁损、灭失;四是处理被继承人的债权债务,实际上,被继承人不仅可能留下财产,而且可能欠别人钱,或者欠税的情况都是可能的;五是有遗嘱的,按照遗嘱分割财产,没有遗嘱的,依照法律规定分割遗产;六是实施与管理遗产有关的其他必要的行为(《民法典》第1147条)。

---

① 郑玉波:《法谚(一)》,法律出版社2007年版,第173页。

一方面，作为遗产管理人，特别是当作为独立的遗嘱执行人时，可以依照法律规定或者按照约定获得报酬(《民法典》第1149条)；另一方面，受人之托，管理财产，理应恪尽职守，把前面几项工作做好，如果因为自己的故意或者严重疏忽造成继承人、受遗赠人或者债权人损害，也需要承担民事责任(《民法典》第1148条)。

被继承人去世后，通常其财产被与其共同生活的家庭成员所控制。遗产被分割前，控制遗产的人，应当妥善保管遗产，而不能个人占为己有，其他人为此争抢也是不被允许的(《民法典》第1151条)。分割遗产，分割的是被继承人的财产，因此，首先需要分清楚哪些是被继承人的遗产，在处理夫妻共有财产时，应先将财产二分，拿出一半，为被继承人的配偶所有，剩下的另一半才是遗产；当遗产在家庭共有财产中时，遗产分割时，同样应当先分出他人的财产(《民法典》第1153条)。

继承开始后，没有放弃继承权的继承人于遗产分割前死亡的，该继承人应当继承的遗产转给他的继承人，除非遗嘱对此情况另有安排(《民法典》第1152条)。有遗嘱的，按照遗嘱继承，但是，有遗嘱也并不意味着其他继承人就一定什么也分不到。总体上来看，未受遗嘱处理的财产都要按照法定继承来处理。这大体有四种情况：一是遗嘱本来就只是处置了部分遗产，其他部分自然要按法定继承办理。二是遗嘱无效，以至于遗嘱不算数，那么，只能按法定继承办理。三是遗嘱有效，但是存在下面的情形：要么，遗嘱继承人、受遗赠人先于遗嘱人死亡或者终止，则遗嘱的目的自然无法达成，要么，遗嘱继承人、受遗赠人因为存在违法犯罪行为而被剥夺了继承权、受遗赠权，就像我们之前讲的帕尔默案，遗嘱继承人就因为杀害遗嘱人而丧失继承或者受遗赠的资格。四是给对方财产，也要经过对方同意才行，即被继承人留下遗嘱，指定了继承人或者受遗赠人，但是，遗嘱继承人放弃继承，或者受遗赠人放弃受遗赠(《民法典》第1154条)。

此外，在法定继承的情况下，也可能出现二次继承的问题。这发生在为胎儿保留继承份额的情况下，因为，继承份额的有效分配以胎儿活着出生为前提，如果后来竟然发生不幸，胎死腹中，那么，为胎儿保留的这部分遗产也要再次以法定继承的方式来处理(《民法典》第1155条)。

《民法典》规定,遗产要用来清偿欠税和债务,但应当为缺乏劳动能力,又没有生活来源的继承人保留必要的遗产,这意味着生存利益优先,这是一种特别照顾(《民法典》第1159条)。在分割遗产时,应当考虑到生产和生活需要,尽量不损害遗产的效用。简单说,就是一头牛,不能砍为两半,那就没法用它耕地了;一幅画,不能切为两半,切完后,就不值钱了。对于这种不宜直接分割的遗产,可以采取折价、适当补偿或者共有等方法处理(《民法典》第1156条)。如果遗产无人继承且无人受遗赠,那么,归国家所有,用于公益事业;死者生前是集体所有制组织成员的,归所在集体所有制组织所有(《民法典》第1160条)。

86. 侵权的宏观认识

> 任何人不能仅因思想而受处罚。——法谚①

今天,我们从宏观上聊一下侵权的问题,侵犯的"侵",权利的"权",在《民法典》中表现为最后一编——侵权责任编。日本用的表述是"不法行为",我国较早时期使用的是"侵权行为",比如20世纪90年代出的书就叫《侵权行为法》,而后来,一些有影响力的学者改变了这种用词,其实,在2009年时,我国颁布了《侵权责任法》,强调了侵权引发民事责任的问题。

侵权是一个民法上的概念,犯罪是刑法上的概念,尽管没有仔细作具体而微的比对、研究,但大体上可以认为,对个人和私组织的犯罪行为都构成侵权,而侵权并不一定构成犯罪。即使侵害的程度比较轻,仍然可能构成侵权,但可能就没有构成犯罪。尽管法律不管芝麻绿豆那样的小事,但我们的感觉是,刑法管的事通常会比民法管的事更严重,而严重的侵权,民法也是管的。实际上,在罗马法上,侵权被称为"私犯",抛开词语的考证不谈,我们从字面意思将其理解为对私人的侵犯,也就是说,对私人的侵犯就是侵权。私人包括你我这样的自然人,还包括私组织,如公司、合伙企业等。

在历史上,对侵权的追责曾采取以眼还眼、以牙还牙的方式,比如,你打瞎了我的一只眼睛,那你也得让我打瞎你的一只眼睛,正所谓一报还一报。如今,我国一些少数民族地区,也有所谓的一命赔一命的习惯做法

---

① 郑玉波:《法谚(一)》,法律出版社2007年版,第96页。

以及赔命价规则。近代以来，人们注意到，互相伤害没有好处，冤冤相报何时了，所以，在民法上，改采用赔偿的做法，至于对严重侵害他人权利的行为的制裁，就由刑法去管了，可能会剥夺严重侵犯他人权利的犯罪分子的自由，关入监狱进行再教育。过去歌词里唱的"谁敢侵犯我们就叫他灭亡"，在现代社会并不适合个人之间的侵权行为，否则，真的去做了，那也会构成犯罪。在民法上，以侵害开始，以赔偿结束。

侵权是什么意思呢？侵犯了他人的"权"，这个"权"主要指权利，但是，在民国时期即有人指出，侵权法所要保护的范围不仅限于权利，还包括"利益"，所以，所谓的侵权，既包括权利，又包括利益，《民法典》侵权责任编的保护范围同样如此。我们的说法是"因侵害民事权益"而产生的民事关系，由侵权责任编规范（《民法典》第1164条）。这里强调的是民事权益，才是侵权，如果侵犯的是公法上的权益，那可能构成刑法乃至宪法的问题。有些国家有宪法诉讼、合宪性审查，这对于保障人们的基本权利很重要，这里说的"基本权利"是宪法上的概念，是国家应予尊重和保护的对象。

我们前面已经提到过很多权利，那些权利都受到侵权法的保护。2009年公布的《侵权责任法》第2条第2款有明确规定，受《侵权责任法》保护的民事权益，包括生命权、健康权、姓名权、名誉权、荣誉权、肖像权、隐私权、婚姻自主权、监护权、所有权、用益物权、担保物权、著作权、专利权、商标专用权、发现权、股权、继承权等人身、财产权益。《侵权责任法》列举了18种权利，最后用的是"等人身、财产权益"，其实就是在说，侵权法所保护的不限于这18种权利，还包括其他"权益"。《民法典》没有保留这一条款，这样也减少了一些争议。比如，有人可能认为，都已经列举18种权利了，就应该是完全列举，否则，列举3种、4种就够了，其实，在18种权利之外，还有1种重要的权利没有列举，典型的是债权，它受侵权法保护吗？《民法典》把这个列举去掉了，也不失为妥当之举。我们把侵权责任编放到了《民法典》的最后，有人说，这破坏了传统民法典的逻辑体系，这个必须承认，但是，放到《民法典》的最后，其实也在暗示另一个功能，那就是侵权责任编是民事权利的保护编，侵犯所有的民事权利都受到侵权责任编的保护。

我国《民法典》第一编是总则编,从第二编到第六编,其实就是权利编,分别对应着物权、债权、人格权、亲属权、继承权,这些权利都是侵权法保护的对象。如物权,自古以来就一直是侵权法保护的核心,侵权法保护我们的财产;近百年来,人的尊严受到重视,人格权成为侵权法保护的重要内容;债权在满足特定的条件下也受到侵权法的保护,因为合同债权受到市场竞争的影响,所以,侵害合同债权需要满足一定的条件;近20年来,夫妻的身份地位也越来越受到侵权法的保护,如果婚内一方出轨,甚至婚外生子,那么,这会侵犯婚内另一方的合法权益,有的判决中称为配偶权,不管叫什么,也不管有无名称,这种权益是受法律保护的,出轨一方、欺诈抚养一方需要向对方承担侵权责任,包括精神损害的赔偿。

总之,侵权法就是要保护我们的合法权益,《民法典》就是我们民事权益的保护法。

Day 114

87. 故意侵权责任

> 恶意不容宽恕。——法谚①
> 故意成就原因。

今天,我们聊的是侵权的归责原则。归属的"归",责任的"责",也就是把责任归咎于侵权人的原则。大家已经知道,侵害他人的权益经常会涉及损害赔偿等民事责任的承担,那么,在什么样的情况下,基于什么样的理由,你的行为导致了别人的权益受到损害,才需要承担责任呢?是不是别人发生了损害,你就得给别人赔偿呢?这就是归责原则的问题。

在侵权法历史上,曾经有这样的一个时期,不管什么样的原因和情况,只要你的行为给别人带来了损害,你就要赔偿,这意味着,损害的结果,直接招致你的赔偿责任,我们管这个叫结果责任,但这是否合理呢?你可能会说,"损害是我造成的,但这不是我的错,凭什么让我赔偿呢?"很有道理,确实是这样,所以,后来,人们反思的结果是,不能因为发生损害,就让别人赔,需要更合理的理由,那就是只有在你有过错的情况下,才需要对侵权行为承担责任。否则,人们就可能畏首畏尾,什么也不敢做,因为做什么都可能造成别人的损害。而如果有过错,才需要承担责任,那我们只要适当地谨慎,让自己做到没有过错就可以了。这样,我们就可以放开做更多的事了。

《民法典》第 1165 条规定的就是过错责任,这是侵权法中最重要的归责原则,也就是行为人因过错侵害他人民事权益造成损害的,应当承担侵

---

① 郑玉波:《法谚(一)》,法律出版社 2007 年版,第 59 页。

权责任。这意味着,光是你的行为造成了他人的损害,还不一定承担责任,承担责任的前提是你有过错。什么是过错呢？过错是人们的一种主观心理状态,但主观心理状态也可以通过行为表现出来。过错,可以分为故意和过失。

故意,就是你明明知道,你的行为会侵害别人的权益,但仍然有意这么做,或者虽然预见到你的行为会侵害他人的权益,但是仍然这么做,放任侵害他人权益的行为发生。前者叫直接故意,造成他人的损害就是你追求的,我们熟知的故意杀人,行为人的故意是很明显的,拿把刀对着别人的胸口刺下去,又连刺数刀,杀人的故意十分明显。后者叫间接故意,也就是对于侵害别人这件事,你并不排斥,允许侵害别人的结果发生,比如,一个司机在马路上高速开车,看见一个几岁的小朋友在马路上玩,虽然按了两声喇叭,但是,并没有任何减速的行为,结果把小朋友撞伤,抢救无效死亡,那么,这个司机就会构成间接故意,按喇叭表明他并不想撞到小朋友,但是,他高速驾驶却毫不减速的行为则表明,对于是否撞上,他无所谓,所以才会不踩刹车并高速开过去。这就是故意,这样的故意侵害他人权益的行为,都是严重的侵权,甚至也同时构成刑事犯罪,这时,侵权人不仅需要对受害人或者家属给予民事上的损害赔偿,而且需要承担刑事责任。

在美国,如果侵权人主观的恶意明显,故意造成别人的损害,还有所谓的惩罚性损害赔偿制度,因为侵权人就是要造成别人的损害,这种行为应受到道德谴责,无法原谅,所以,就要给予受害人多倍的赔偿,意思是告诉侵权人,不能这么做,否则,就需要付出代价,而不仅仅是给别人带来的损害那么简单。1999 年,美国**通用汽车**公司被加州一家法院裁定向 2 名妇女和 4 个孩子赔偿 49 亿美元,约合人民币 330 亿元。惩罚力度如此之大的原因是,通用公司明知油箱存在问题,但为了利润却不进行召回,导致很多该型号汽车在正常行驶中油箱自燃,发生严重交通事故,夺去多人生命。这种惩罚性赔偿制度无疑有助于遏制人们的故意侵权行为,我个人也主张,对于故意侵害他人权益的行为应适用惩罚性损害赔偿。只不过,我们的民法比较谨慎,只是在个别的领域引入了惩罚性损害赔偿制度,在《民法典》公布之前,只是在产品欺诈中有 3 倍损害赔偿、食品药品安全出问题致害消费者有10倍损害赔偿。我国《民法典》则新增加了两种情形：一是，故意侵害他人知识产权，情节严重的，被侵权人有权请求相应的惩罚性赔偿(《民法典》第1185条)；二是侵权人违反法律规定故意污染环境、破坏生态造成严重后果的，被侵权人有权请求相应的惩罚性赔偿(《民法典》第1232条)。这体现了我国对消费者权益保护一直以来的重视，尊重知识、鼓励创新、强化知识产权保护的态度，以及对促进环境保护、注重生态平衡作出的努力。

  故意的侵权是侵权人有意追求的，因此，也是完全可以避免的。正因如此，即使在没有采纳惩罚性赔偿的广泛领域，故意侵权也会带来一些特殊的结果，那就是，故意侵权导致的损害都是需要赔偿的，故意侵权也会带来更高的精神损害赔偿金额，故意侵害他人的债权也会构成侵权。任何人故意侵害他人的权益都是不对的，故意侵害他人权益也会招致别人的报复或者法律的严厉制裁，所以，希望每个人都能严于律己，不要故意侵害别人的权益。如果遇到问题，比较好的处理方式是理性地解决问题，而不是去侵害他人。

88. 过失侵权责任

充分注意，不生损害。——法谚[1]

今天，我们继续聊侵权的归责原则。过错责任是侵权法中最重要的归责原则，也就是，原则上，有过错才有责任；无过错则无责任。上次我们说了故意，故意侵权是不能原谅的，因为侵权人的主观恶性太大，故意侵权是侵权人主动选择的结果，与此相对的，是侵权人存在过失的情形，虽然同为过错，但过失的可谴责程度远远低于故意，因为，侵权行为的发生并非侵权人所愿，而且，有时过失难以完全避免。

所谓过失，从主观的角度来看，就是人们应注意、能注意但却没有注意的情况，或者尽管预见到可能会发生损害，但是自信认为不会发生，也就是一种侥幸的心理。我见到过有人骑着自行车直接撞在别人停在路边的汽车上，想想都不可思议，但这种事真实地发生过。骑车的人明显存在过失，这属于应注意、能注意但没有注意的情形。有人在午夜时间开车，认为路上行人比较少，不停车闯个红灯不会撞到人，但有时就是偏偏有人正从路口穿马路，就被撞上了。这属于过度自信、侥幸的过失。

从客观的角度看，法律对我们每个人提出了某种基本的注意标准，如果没有达到这个要求，那么就会构成过失。现代社会的过失，更加强调客观的标准，这样对大家也才更公平。如果按照主观的标准，注意能力越强，那么，注意义务就越大；注意能力越低，注意义务就越小。这会导致越是马马虎虎的人就越不用承担责任，因为他一直马马虎虎，人们就认定他

---

[1] 郑玉波：《法谚（一）》，法律出版社2007年版，第97页。

是这样的人,所以,按照马马虎虎的人的标准来衡量他的注意程度,那么,他就是没有责任的。你觉得这样是不是也不合理?所以,法律上在判断过失时,经常以一个理性人为标准,所谓理性人的标准,其实就是以社会中一般程度智商、能力和经验的人在特定的情形下会做什么为标准,如果没有达到这个标准,就有过失。

在幼儿园附近,很多小朋友玩的地方,有些小朋友往天上扔树枝,小朋友不懂事,但大人应该知道这是很危险的,如果树枝掉下来砸到其他小朋友,或者划伤脸,那是很严重的,如果孩子的家长没有告诉孩子这么做的危险性并阻止孩子,那么,家长是有过失的。真的伤了人,当然要承担法律责任。

城市里有很多人养狗,尽管关于饲养犬类的规定都会要求带狗出门应牵狗绳、给狗戴上嘴套,但是,我们总是会发现,有些人带狗出去,甚至带体长一米的大型犬出门,也从来不给狗戴上嘴套,如果你告诉他关于养狗的有关规定,他还会说自己的狗不咬人。带狗出门不牵绳、不戴嘴套的行为是违法的,也许狗真的不咬人,但是,不是说狗没咬人,主人就没有责任。生活中,有的狗朝着其他人跑过去,就已经足够把人吓破胆,事实上,也真的有人因此而吓得摔伤、崴脚,人民法院也是有过判决的,这时,狗的主人是有过错的,需要为给对方造成的损失承担赔偿责任。

在一些工厂或者加油站附近,不能吸烟,但有时会发现仍有少数人会吸烟,认为小心一点不会着火,如果真的着火了,这就是过度自信的过失。事实上,也有人冬天在床上吸烟,把被窝烧出个洞,大家也听过或者见过吧,因为,在床上吸烟本身就有引燃床单、被褥、衣服的风险。之前还看到过一个法院的判决,一个家庭里,妻子没有洗丈夫的衣服,丈夫回到家很生气,把妻子和他们女儿的衣服都拿出来要烧掉,他们的女儿就跑过来抢自己的衣服,你知道接下来发生什么了吗?这位先生竟然真的把衣服点着了。可怕的事情发生了,他们的女儿对烟过敏,直接晕倒在地,而衣服引燃的火势又比较大,结果妻子烧伤,女儿晕倒在地被活活烧死,丈夫则由于过失致使女儿和妻子一死一伤,被判过失致人死亡罪,进了监狱。这是一桩悲剧。其实,冷静一点,很多事情就不会发生。我们都知道,火是不可以随便点的。

我个人的感觉是,有时真的不能太自信,因为很多意外都是过度自信造成的。如果凡事谨慎一点,多注意一点,很多伤害、灾难根本不会发生。通常,只要我们注意到该注意的,预防好该预防的,那么我们就没有过失,也就没有责任。很多案例都显示,做很多事要注意,比如,医生做手术时,不要把工具落在病人的肚子里;停车时,不要把车停在斜坡上;倒车时,千万要小心,确保车后没有人;停车下客时,务必要看看下客侧的人流情况,等等。我们既要注意不侵害别人,也要注意不被别人的过失所伤害,比如,开车时与其他汽车要保持适当的车距;骑车时,路过汽车旁尽可能保持一定的距离。事实上,天津就曾发生过一位乘客下车推开车门,把正从旁边骑行的人直接推到了河里的事情。

总之,过错责任,就是行为人有故意或者过失时,造成别人的损害才承担赔偿责任。只要我们不去故意使坏,保持适当的谨慎,就不会侵害别人的权利。每个人都谨慎一点,意外和灾难就少一点,大家的生活就更美好一点。

89. 过错推定责任

被过错推定者,需证明自己无过错。

今天,我们继续关注侵权的归责原则。之前我们讲了过错责任,这是侵权法中最基本的责任原理:你有过错,造成了别人的损害,才需要承担责任;没有过错,原则上不承担责任。在生活中,绝大部分侵权都是适用过错责任的,这属于通常的、一般的情形,要由被侵权人(也就是受害人)证明侵权人存在过错,要么是有故意,要么是有过失,如果证明不了,那么就要承担败诉的风险。

但是,有些情形,受害人很难举证,因为受害人远离事故发生的原因,或者重要性的一些信息、一些情况在行为人的控制或者了解之下,这时,如果要求受害人举证,无异于对他说,"你不要主张权利了,法律不保护你"。所以,在这种情况下,如果发生了损害,法律就初步推定行为人有过错,既然叫推定,那就是可以推翻的,如果行为人有证据证明自己没有过错,那么,他就不用承担责任;如果不能证明自己没有过错,那么,就要承担侵权责任(《民法典》第1165条第2款)。

比如,小朋友在幼儿园或者培训班学习期间,受到人身损害的,这时就推定幼儿园、培训机构存在过错,幼儿园、培训机构要承担侵权责任,但是,如果幼儿园、培训机构能够证明已经尽到了教育、管理职责,这时就不用承担责任(《民法典》第1199条)。因为事情发生在幼儿园或者培训机构,孩子又小,孩子的家长根本无从举证。如果走在马路上,被折断的树枝砸伤或者被果实砸中,这时也是推定树的所有人或管理人有过错(《民法典》第1257条),因为通常我们都会认为如果管理人对树进行了管理，在正常情况下，树枝不应该凭空折断，或者如果及时摘取了果实，果实就不会高空坠落伤人。

再如，在医院看病治疗的过程中，患者受到了损害，这时，如果医院拒绝提供相关的病历资料或者篡改、伪造病历，应推定医院存在过错。如果医院说病历丢了怎么办？天底下没有那么巧的事，一要用到就丢了，相对于《侵权责任法》，《民法典》专门增加了遗失病历的情况，也是推定医院一方有过错。实际上，在发生争议时，经常出现在一方控制之下的档案、录像或监控设备丢失和损毁等情况，虽然这是不是真的不好判断，但对档案、录像、监控设备等有控制力的一方总是这么说，对于这些情况实际上应该作相同处理，即此时应推定对档案、录像、监控设备等具有控制力的一方的主张不能成立。

90. 无过错责任

  利之所在,损之所归。——法谚①

  法律常赐予救济。——法谚②

  前面所说的过错推定,在某种程度上依然属于过错责任的范畴,因为过错推定只是改变了过错的举证责任,但依然强调过错,如果行为人没有过错,那么,无须承担责任。除了过错责任,还有所谓的无过错责任,也就是无论行为人有没有过错,造成了别人的损害都需要承担责任(《民法典》第1166条)。你说,法律为什么这么规定?

  之前提到,一般侵权都是过错责任,有过错才有责任。只有在极为特殊的情况下,法律才会规定无过错责任,无过错责任以法律明文规定为限,典型的如占有或使用易燃易爆、剧毒、高放射性、高腐蚀性、高致病性的危险物,如果造成他人损害(《民法典》第1239条第1句主文),或者民用飞机坠落(《民法典》第1238条主文),不管占有人、使用人或者航空公司有没有过错,都需要承担赔偿责任,这样规定的目的是更好地保护受害者。另外,这些行业的经营者,也可以通过上保险的方式、产品定价的方式将风险带来的成本分摊出去。当然,如果是受害人自己故意造成损害的,是不用赔偿的(《民法典》第1239条第1句但书)。经营易燃易爆、剧毒、高放射性等物品的企业除要妥当保管、谨慎使用之外,它们的经营场所或者储存地也要远离居民区,否则一旦发生爆炸、泄漏等情况,后果不堪设想。无疑,我们也需要加强这方面的监管,占有或使用易燃易爆、剧毒、高放射性、高腐蚀性、高致病性危险物的人,也应该有更高的责任

---

① 郑玉波:《法谚(一)》,法律出版社2007年版,第99页。
② 同上书,第101页。

心,因为,这关乎很多人的生命、财产安全。

与此类似,以烈性犬为代表的一些动物具有高度危险性,所以法律禁止饲养这类具有高度危险性的动物。如果因为饲养这类动物,造成了对他人的损害,此时,也适用无过错责任(《民法典》第1247条),即不再考虑饲养人有没有过错。

归纳一下,关于侵权的归责原则,有过错责任及其特殊表现形式,即过错推定责任,以及无过错责任。其中,过错责任适用于绝大多数侵权;过错推定责任和无过错责任,则适用于一些特殊侵权类型,以法律明文规定为限。这样法律就比较好地保护了受害者并平衡了人们之间的利益。

Day 117

91. 侵权预防

> 预防重于救济。——法谚①

今天,我们聊的是侵权的一般规定,主要涉及侵权防止与多人侵权。侵权行为,造成的结果经常是损害,可能是物质损害,也就是财产性的损害,如汽车被撞,修理汽车花掉的费用就属于财产性的损失;也可能是肉体疼痛、精神痛苦、郁闷。对于损害的救济方法,是损害赔偿,我们经常听说的精神损害赔偿,就是针对精神损失而进行的赔偿。比如,到美容院做美容,本来是想变美,却由于美容院的操作失误或者药物问题导致脸上留下了伤疤或者其他明显的症状,这时,不痛苦是假的。

又或者因为我们的个人照片在网上传播,以至于被别有用心的人利用Deepfake技术,将我们了无痕迹地、完美合成到色情影片当中,你想辩白都没有人相信,因为网友看到的就是你的脸,如果声音也被合成进去,连语调、声音都是你的,你说你有多无辜!我发微信朋友圈说,"如果你没当面见到我,就不要相信看到了我的脸",就是想表达,眼见不一定为实,特别是照片、视频资料。现在刷脸技术被越来越广泛地应用,实际上非常危险,一旦刷了脸,它就不再是你一个人的,至少在世界上的另一个地方或多个地方,在某些人或者某些机构那里,可以复原、再现你的脸;指纹也是一样,一旦有人或者机构提取、采集了你的指纹,你的指纹出现在哪个地方,这已经无法证明这个指纹是你留下的,因为还有其他人拥有你的指纹,指纹的证据效力也会大幅降低,或者失去证明力。所以,根据《民

---

① 郑玉波:《法谚(一)》,法律出版社2007年版,第141页。

法典》关于个人信息保护的规定和精神，限制处理个人信息，特别是面部信息、指纹信息等个人生物识别信息非常重要。

　　侵权行为除了会现实地给他人带来损害，还可能危及他人的人身、财产安全，此时，如果等待损害真的发生或者继续扩大，是完全没有必要的，因为，一旦损害已经发生，再予以救济其实为时已晚，财产损害即使予以赔偿，实际上，被损害的财产价值已经没了，整个社会的财产变少了；如果是人身损害，受害人已经疼痛难忍、精神痛苦，赔钱只是在另一种意义上予以补偿，疼痛、痛苦并不会真的因此减少。所以，此时，被侵权人有权请求侵权人停止侵害、排除妨碍、消除危险（《民法典》第1167条）。比如，你看到有人正在盗窃你的汽车，这属于侵害物权，你可以直接要求他停止这种侵权、违法乃至犯罪的行为，而不是等他开走你的汽车再主张权利。如果在夏天，你在火车站或者商场乘坐电梯，或者在经过天桥时，竟然发现有人在下面拿手机偷拍你的裙底，这时，你就可以要求他删除你的照片，以消除照片扩散传播的风险。当然，至于报警，或者是否扭送到公安等有关部门，那是另一个问题。总之，预防于侵权之前，阻止于侵权之时，都很重要。

92. 共同侵权

多人所有，多人一体，为共同共有；多人侵权，行为一体，为共同侵权。

在生活中，由一个人单独实施的侵权行为是很常见的，比如，一个骑自行车的人直接撞上停在路边的汽车；在教室里，一位同学在别人走过他座位时，突然伸脚绊倒同学；一位男士在网上散布了之前女朋友的隐私照；等等。此外，在生活中，也偶尔就会有两个或者更多的行为人共同侵权的事件发生。团伙的违法侵害他人权益的行为，就是典型的共同侵权，比如，两个小偷，一个进入室内盗窃，一个在门外或者楼下放风，两个人只是分工不同，但侵害他人财产的行为则是一个整体，两人要承担连带赔偿责任；在与他人发生口角的情况下，其中的一方事后感觉心里不痛快，就纠集几个兄弟把对方给打了一顿，这是共同侵害他人的人身权，几个人也要承担连带赔偿责任（《民法典》第1168条）。

除侵权人之间有共同的侵害他人权益的过错外，在侵权人之间还可能存在教唆、帮助等情况，也就是说，在前面，有直接的侵权行为人；在他背后，还站着教唆他的人或者帮助他的人。典型者，就是《西游记》中偷吃人参果的场景，猪八戒是如何教唆孙悟空去摘人参果的，大家应该有印象。无论是教唆别人侵权，还是帮助别人侵权，如果侵权真实地发生了，那么，教唆的人、帮助的人也要承担责任，并且是承担连带责任（《民法典》第1169条第1款）。连带责任的意思就是，受害人可以向负有连带责任中的一个人或者几个人同时主张全部或者一部分损害赔偿，直到赔偿金全部拿到为止，负有连带责任的人不能说，"你先去找别人要，如果别人那里要不来再来找我"，这是无法得到支持的。如果教唆、帮助小孩或者精神病人、神志不清的病患者实施侵权行为,教唆人、帮助人当然要承担责任;而小孩、精神病人、神志不清的病患者的监护人,如果没有尽到监护职责,也需要承担相应的责任(《民法典》第1169条第2款)。

93. 共同危险行为

> 多人共同制造危险,但具体侵害人不明,是为共同危险行为。

今天,我们聊的是侵权的一般规定。之前我们讲到,二人以上共同侵权、教唆、帮助他人侵权的情况,实际上,还存在其他一些情形,我们称之为"共同危险行为"。也就是"二人以上实施危及他人人身、财产安全的行为,其中一人或者数人的行为造成他人损害,能够确定具体侵权人的,由侵权人承担责任;不能确定具体侵权人的,行为人承担连带责任"(《民法典》第1170条)。

以多年之前发生的一个典型案子为例:上海市民马某某怀抱2周岁的儿子马某从某高楼的底层大门往外走,一只酒瓶凌空而下,正好砸中马某头部,经医院抢救无效死亡。马某父母收集证据后,以3个小孩为被告提起诉讼。经人民法院审理查明,当日,该楼住户小孩曹某、傅某、吴某在15楼向外各扔酒瓶一只,其中一只击中马某,但无法查清是谁扔的酒瓶击中马某。法院遂判令3个被告的监护人赔偿原告的损失。3个被告的行为完全符合共同危险行为的特征,当时还没有关于共同危险行为的规定,判决就运用了共同危险行为原理。

前面说的共同侵权,因为其存在共同的侵权过错,多个侵权人的行为已经结合为一体,侵权人需要承担连带责任。共同危险行为,在无法辨识具体侵权人时,也是因为多人共同造成了某种危险,而承担连带责任。

94. 分别侵权

> 多人侵权,分别为之,为分别侵权。

如果几个侵权人之间并不存在共同侵权的行为,事先并无意思联络或者沟通,而是分别对其他人实施了侵权行为造成了同一个损害,注意,这里强调的是"造成了同一个损害",侵权人之间如何承担责任呢?要分为两种情况:

第一种情况是,多人分别侵权造成了同一损害,每个人的侵权行为都足以造成全部损害的,行为人承担连带责任(《民法典》第1171条)。比如,刘某与张某二人并不认识,也没有任何来往,但二人与曹某素来不和,而曹某家里养了一头牛,刘某和张某在某天下午短短的几分钟之内先后向这头牛吃的草料里下毒,后来,这头牛中毒身亡,事后发现,两个人下的毒,量都足够大,即使一个人下毒,也足以导致这头牛死亡。这时,刘某和张某就需要对曹某的这头牛的损失承担连带责任,如果这头牛价值1万元,两个人就要共同就这1万元负责,曹某既可以找刘某要,也可以找张某要,还可以找两个人要,直到拿到这1万元为止。

第二种情况是,多人分别侵权造成了同一损害,能够确定责任大小的,各自承担相应的责任;难以确定责任大小的,平均承担责任(《民法典》第1172条)。还是以刘某和张某给曹某的牛下毒为例,比如,刘某和张某下毒的剂量都比较少,但二人先后下毒的剂量加一起刚好把这头牛给毒死了。这时,如果毒药的药效相同,两个人投毒的剂量多少又是可以确定的,那么,两个人就按照投毒比例各自承担赔偿责任,而剂量是3∶2,那么,刘某赔6000元,张某赔4000元。如果两人之间难以确定责任大小,那么,刘某和张某就平均承担责任,那就是一人赔5000元。这属于按份责任,曹某去向刘某和张某主张赔偿时,只能分别向他们要应当赔偿的数额,这是按份责任与连带责任的不同。

至于二人以上分别实施侵权行为,导致受害人发生了不同的损害,当然是每个侵权人就自己的行为分别负责,比如,在马某殴打孙某的过程中,赵某从他们身旁经过,发现了孙某,而他与孙某也有些恩怨,多年前孙某曾欺负过他,让他的眼睛两个月没看清东西,他逮住这个机会,决定报复一下孙某,所以,他与不认识的马某一起殴打孙某。不过,赵某的目标很明确,就是也让孙某的眼睛不舒服,最后,他打伤了孙某的眼睛,而孙某其他的伤则全部是马某所致。像这样一个侵权事件中,赵某和马某分别实施了殴打孙某的行为,并分别造成了不同的损害,所以,赵某和马某分别就孙某眼睛受伤和其他伤害承担赔偿责任。

95. 受害人过错

> 因自己之过失,而自己受害者不视为受害。——法谚①

之前都是在说侵权人的责任。我们知道,有时,受害人一方对于损害的发生或者损害的扩大也是有过错的。比如,王某素来不重视交通规则,一次,又是红灯,尽管前面路口车来车往,但他视红灯为无物,他认为,"只要我往前冲,汽车就得停下,他们不敢撞我"。就在他闯红灯的时候,一辆正常行驶的大货车高速通过,将王某撞飞。此时,王某就对他自己的受伤有过错。如果他受伤进了医院,非要说"所有费用都得大货车一方出,否则我不住院",以至于耽误了治疗,这就扩大了自己的损失。对于王某的损害,即使大货车要承担一部分责任,但由于王某对于侵权损害的发生和扩大有过错,所以,也是可以减轻侵权人的责任的[《民法典》第1173条;《道路交通安全法》第76条第1款第2项]。

在城市里,一些电动车在汽车、自行车之间往返穿梭,速度极快,为了生存,可以理解,但是,也要考虑自己的安全和对汽车、行人的影响。就像马路上我们经常看到的,"醉在酒中,毁在杯中";电动车来回穿梭速度太快,甚至违反交通规则,那就很可能会是"穿行有速度,生命在加速"。为了自己、家人和路人,不仅饮酒不能开车,而且骑行也要小心谨慎。

与受害人有过失不同,如果损害是受害人故意造成的,那么,行为人是不承担责任的(《民法典》第1174条)。因为谁也无法阻止一个人自己追求损害,我们也不能把自己追求损害的后果让第三人来承担,那是不公

---

① 郑玉波:《法谚(一)》,法律出版社2007年版,第104页。

平的。实际上,媒体也报道过,有些人在道路交会的地方故意造成交通事故,但在责任认定上却是对方的责任,以骗取与其相撞车辆的赔偿,或者骗取保险金。实际上,这样的行为属于受害人的故意,无权获得损害赔偿,只不过实践中其他司机很难识别而已。

96. 第三人过错

第三人过错,第三人承担责任。

今天,我们继续聊侵权的一般规定。大多数的侵权损害都是侵权人造成的,我们平时看到的各种各样的侵权,基本都是如此。比如,一家影楼未经肖像权人同意,擅自使用对方在该影楼拍摄的结婚照打广告,获取更多利润;有些人无中生有,造谣某位知名教授嫖娼,使得这位教授因声名狼藉而被大学解聘、失去教职;有些人窃取商业秘密,未经专利权人许可,使用他人的发明创造;有些个人或组织非法使用、泄露自然人的个人信息,出售自然人的面部形象、身份证号码、手机号码、家庭住址、工作单位等各类信息。对于这些侵权,实有必要加以有效遏制,以保护每一个人的合法权益。全面依法治国就是要保护每一个人的合法权益都不受到个人或者公权力的侵犯。

如果损害是因第三人造成的,第三人应当承担侵权责任(《民法典》第1175条)。比如,一些动物本身具有危险性,狗具有咬人的危险,驴具有踢人的危险,牛具有顶人的危险。通常,这些危险是由动物的饲养人或者管理人来承担的,但如果是第三人逗狗,使得本身安静的狗突然发狂,咬伤路人,这时,损害就是第三人造成的,第三人要承担终局的侵权责任,只是为了保护受害人,也可以向动物饲养人或者管理人请求损害赔偿,而动物饲养人或者管理人在赔偿后,可以向第三人追偿(《民法典》第1250条)。

97. 自甘冒险

自甘冒险者，自己担风险。

《民法典》新增了关于自甘冒险的规定。所谓自甘冒险，是指我们自愿参加具有一定风险的文体活动，因其他参加者的行为受到损害的，我们不能要求其他参加者承担侵权责任（《民法典》第1176条第1款主文）。比如，我们和同事、朋友一起去踢足球、打篮球，这样的运动本身就存在较为激烈的肢体碰撞，具有受伤的危险性，所以，如果你在踢球、接球的过程中身体受伤了，就让别人赔偿你受伤遭受的损失，那么以后再也没人跟你一起踢足球、打篮球了。关键在于，这里的受伤是在这类具有一定风险的体育活动中难免发生的，在参加之前也是完全可以预见的，如果想避免这样的伤害，最好还是不参加这样有危险性的活动。

前面说的是参加这类活动难以避免的受伤之类的损害，但如果其他参加者对损害的发生有故意或者重大过失的，就完全不一样了，因为这已经是由人的意志发挥作用的情况了。如果在踢足球、打篮球等体育活动中故意伤害他人，比如，踢球时故意踢其他参加者的腿，或者违规脚下"使绊子"，这些行为导致其他参加者受伤，是需要承担责任的（《民法典》第1176条第1款但书）。因为这已经不是这类活动本身的风险，而是人为的因素造成的。

此外，如果这类活动还有组织者，那么，组织者需要尽到必要的安全保障义务（《民法典》第1176条第2款）。比如，高中、初中或者小学在组织这类有危险性的体育活动时，就需要特别注意，除要提前对游戏规则进行强调外，由一些老师在现场应对一些突发情况、及时救治等，都是必要的。

Day 120—121

98. 免责事由

必要无法律。——法谚①

为免除生命危险,不论为任何行为,法律上均予免责。——法谚②

今天,我们聊的是侵权的免责事由,免费的"免",责任的"责",事情的"事",理由的"由",连到一起,粗略理解为不用承担责任的情况和理由,基本上就没有问题。一般我们说,侵害了别人的合法权益,造成了损害,通常就会构成侵权,需要承担损害赔偿责任,但是,如果存在免责事由,那么,尽管看上去好像符合侵权的条件,但是,是无须承担损害赔偿责任的。

民法中典型的免责事由主要有不可抗力、正当防卫、紧急避险和自助行为。接下来我们依次来看一下。其中,不可抗力、正当防卫、紧急避险规定在《民法典》总则编,而自助行为规定在侵权责任编。我们先来看不可抗力。

不可抗力,字面意思是不可抗拒的力量,《民法典》上的定义是"不能预见、不能避免且不能克服的客观情况"(《民法典》第180条第2款)。具体而言,这指什么呢? 一是纯粹的自然界现象,如地震、洪水、台风、海啸,这个人们控制不了;二是社会事变,如战争、武装冲突等,这样的事,我们个人也无能为力。如果发生这样的情况,加害人无法预见、无法避免、

---

① 郑玉波:《法谚(一)》,法律出版社2007年版,第77页。
② 同上书,第78页。

无法克服自己给别人带来的损害,那么,他就不用承担责任。比如,各国对于楼房的建造质量都是有要求的,那就是,开发商需要保证建造的楼房能够抗得住某种等级强度以下的地震,比如,要求能够抗六级地震,那么,如果现在发生的是七级地震,楼房倒塌,开发商就没有责任,但是,如果现在某地发生的只是五级地震,楼房就发生倒塌,那么,开发商是有责任的,因为按照建造的质量要求,在这个时候,五级地震是不应该发生倒塌事故的。

下面我们来看正当防卫,这个大家应该都不陌生。最近几年,关于刑事案件中正当防卫的讨论非常多,一些案件也几乎引起了社会各界的全面关注和讨论,如**昆山反杀案**。这是刑事案件,实际上也是民事案件,里面涉及的都是免责问题,如果构成正当防卫,刑法上构成刑事免责,不需要承担刑事责任;民法上构成侵权免责,无须承担侵权责任。

在最高人民法院 2020 年公布的**典型正当防卫案例**中,有一起案件的事实和法院判决是这样的:2017 年 8 月 6 日晚上 8 点,燕某某、赵某等人于天黑时,未经允许,强行踹开纱门闯入汪某佑家过道屋。在本人和家人的人身、财产安全受到不法侵害的情况下,汪某佑为制止不法侵害,将燕某某、赵某打伤,致一人轻伤一级、一人轻微伤的行为属于正当防卫,不负刑事责任,当然也不负侵权责任。

常言道,"家是每个人的城堡,家不仅是最温暖的地方,而且应该是最安全的地方"。我们可能听过很多报道,如果在美国,私自闯入别人家,主人要求离开,如果不予离开、继续走近主人,主人可以开枪自卫。在中国,目前普通人没有被允许持枪,而所谓的坏人要么有枪,要么有刀,要么有团伙,要么善于打打杀杀,我们在面对坏人的非法侵害时根本无法有力地保护自己,所以,中国人的家,理应受到"法律的保护"。也就是说,司法机关——人民检察院和人民法院,在认定侵入个人住宅或者居住房屋时,应当宽松地认定正当防卫,否则,我们的家,就不再是安全的。我认为,需要强调,这只是我的个人观点:如果陌生人,在天黑时,私自闯入我们的家,应当允许我们不问理由,直接进行防卫。否则,我们神圣的家如何安全?总之,希望立法机关和司法机关可以给我们的家提供真实的、有力的保护。

最高人民法院2020年公布的另一起**典型正当防卫案例**的事实和法院裁决是这样的：2014年3月12日晚上10点，容某乙等人酒后滋事，调戏陈某杰的妻子，辱骂陈某杰，不听劝阻，使用足以严重危及他人人身安全的凶器殴打陈某杰。陈某杰在被殴打时，持小刀还击，致容某乙死亡、周某某轻伤、纪某某轻微伤，属于正当防卫，依法不负刑事责任。我们的权益受到侵害，防卫是人的本能，正当防卫甚至被认为是人与生俱来的权利。而且，合法权益不应向非法侵害让步，不是吗？对此，人民检察院、人民法院不应将正当防卫认定为相互斗殴、寻衅滋事；保护自己，不是斗殴，也不是寻衅滋事。

一位男士在酒后未经女友同意，强行亲吻女友，该男士的舌头被咬断，人民法院认定，这位女士构成正当防卫，是妥当的。因为每个人必须尊重他人，对于这种即时发生的侵权，乃至其他违法犯罪行为，我们采取妥当的措施保护自己是必要的。《民法典》第181条规定："因正当防卫造成损害的，不承担民事责任。正当防卫超过必要的限度，造成不应有的损害的，正当防卫人应当承担适当的民事责任。"个人认为，认定超过必要的限度，应该从严，因为在面对他人的现实侵害，特别是比较严重的侵害时，我们通常没有充分的时间想清楚用什么方法保护自己，又用多大的力气还击。"超过必要的限度"解释为"明显超过必要的限度"，是比较合适的。

* * * * *

今天，我们聊的是侵权的免责事由，之前我们已经谈到了不可抗力和正当防卫。下面我们来看紧急避险。根据这个词字面的意思，就可以猜到，大体上应该是发生了很紧急的情况，我们要规避某种危险，却带来了一定的损害后果。确实是这样，紧急避险，实际上就是指为了避免自己或他人的生命、身体、自由及财产权上的急迫的危险，不得已而实施的加害他人的行为。构成紧急避险的，紧急避险的行为人不需要承担侵权责任。

在生活中，我们偶尔会碰到一些很危险并且很紧急的情况。比如，在公路上，一位酒驾的司机自认为可以完全胜任独自开车回家的工作，但他的汽车根本不听他的使唤，甚至往路边的非机动车道驶去，这时路边的行人甲为了躲避汽车,在躲避过程中撞倒了行人乙,导致乙受伤。在这个案件中,甲面临着急迫的、被汽车撞倒的危险,情急之下的一种躲避,难以周全考虑,以致乙受伤。甲就是紧急避险人,乙因为甲的紧急避险而受伤,那谁来为乙的损害负责呢?在本案中,紧急规避的危险是那位醉酒的司机造成的,所以,因为紧急避险造成的损害要由这位司机承担损害赔偿责任(《民法典》第182条第1款)。

同样可能是在公路上,一位司机张某在正常驾驶,一个行人突然跑步横穿马路,为了不撞伤这个行人,这位司机只得急打转向盘,结果追尾王某的汽车。这里,张某属于紧急避险,导致王某汽车被追尾,危险的制造者是这个行人。因为紧急避险,张某无须承担损害赔偿责任,对于王某的损害,在侵权法的意义上,应该由这个行人负责。

这里强调的是,情况特别紧急,避险人没有时间多想,没有更多的、更好的选择。前面说的危险来自其他人的行为,此外,危险还可能是自然原因引起的,这时,尽管避险人没有过错,不承担民事责任,但让因紧急避险受到损害的人独自承担损失还是不太公平,对此,《民法典》的说法是,紧急避险人"可以给予适当补偿"(《民法典》第182条第2款)。尽管这里没有强调必须,但从情感上,还是要适当补偿的,否则,会让人感觉紧急避险人不近人情。

与正当防卫类似,如果紧急避险采取措施不当或者超过必要的限度,造成不应有的损害,紧急避险人应当承担适当的民事责任(《民法典》第182条第3款)。这里是否不当,需要考虑紧急避险人所要保护的利益和因紧急避险而受到的损害的利益的性质,以及紧急避险时特定方式的必要性等情况。我们一般认为,人身权益应当优先于财产利益受到保护,所以,不能为了保护财产利益而加害于他人的人身权益,否则,就是采取措施不当。此外,不能为了自己较小的利益,去避险牺牲别人较大的利益,这是需要注意的。

另一种免责事由是自助行为。自助行为,自己的"自",救助的"助"。多年前在我国立法时就有很多人建议要加以规定,但一直没有规定。这次总算在《民法典》中规定了下来。实际上,自助行为,不是近些年才出现的新制度,其他很多国家100多年前就有规定。什么是自助行为呢?

当我们的合法权益受到侵害,情况紧迫且不能及时获得国家机关保护,不立即采取措施将使我们的合法权益受到难以弥补的损害时,我们可以在保护自己合法权益的必要范围内采取扣留侵权人的财物等合理措施。但是,需要注意,采取措施后,应当立即请求有关国家机关处理(《民法典》第1177条)。这个自助行为,其实就是自己保护自己、自己实现自己权利的方式。通常,为了避免直接的冲突,法律鼓励大家通过法律手段,借助于公安机关、人民法院、人民检察院等国家机关保护自己的权利。但国家机关并非随时在身边,并非你喊一声警察叔叔,警察叔叔就能穿越时空瞬间出现在你的身边保护你的权益。所有的工作都需要时间。所以,有时我们不得不用自己的力量保护自己。自助行为说的就是这样的情况,但需注意,自助行为强调以下三点:一是,情况紧迫,如果不急于一时,侵害人"跑得了和尚跑不了庙",那么,不能采取自助行为。二是,来不及获得国家机关保护,如果来得及,那么需要请国家机关介入解决。三是,如果自己不立即采取措施,将使合法权益受到难以弥补的损害,也就是损害将是现实发生的,且事后无法补救。如陌生人吃"霸王餐"的情况,一旦陌生人走了,上哪里去找他呢?所以,在满足这些条件的情况下,我们就可以在保护自己合法权益的必要范围内采取扣留侵权人的财物等合理措施。也就是说,我们可以扣留侵权人的财物,或者控制住侵权人。无论是扣留侵权人的财物,还是控制住侵权人,都需要以必要和必要范围为前提。以吃"霸王餐"为例,如果吃了200块钱东西不给钱要走人,你扣他价值200元的东西就可以了,而不能扣人家2000元的东西,当吃客的财物可以分时尤其如此,扣东西就可以起到担保饭费的作用,不能扣人。无论扣完东西,还是扣人,扣完之后,应马上请求国家机关介入处理。

也就是说,国家为个人提供保护是原则,个人以自己的力量保护自己是例外。当然,这不是说,不让自己保护自己,事实上,每个人的权利最终都要靠自己去主张、去实现,只是国家负有保护每个人合法权益的职责,国家保护可以减少民间的暴力和冲突,但当国家未能及时地保护我们时,我们必须自己保护自己。这就是正当防卫和自助行为。

Day 122—125

99. 损害赔偿

> 恢复原状最为理想,次优才是损害赔偿。

今天,我们聊的是侵权中的损害赔偿。侵权法中有个基本原则,即有损害,方有赔偿,如果没有损害,就无所谓赔偿的问题了。有疑问的是,是否只要发生损害就必须赔偿呢?实际上,并非必然,只有侵权行为与损害之间存在因果关系才需要赔偿,《民法典》规定行为人因过错侵害他人民事权益造成损害的,应当承担侵权责任。

我们举个例子,一个司机撞了一个路人,导致这位路人住院,为此治疗而花去的费用明显是司机侵权造成的损害。但如果由于医院的医生疏忽大意,将做手术的一些工具零件落在了这位路人的身体里面,导致了感染,尽管这位路人不住院,就不会做手术,不做手术就不会把手术工具零件落在肚子里,零件不落在肚子里,就不会感染,但是,这个感染造成的损害也不属于司机造成的,路人无权要求司机给予赔偿。进一步,如果由于感染,不得不延长住院的时间,在延长住院期间,发生地震,导致医院坍塌而路人致害身亡,对此,司机同样不负责任,因为这个损害与司机的行为之间相隔太远,以至于不会被认可存在因果关系。

如果损害与侵权行为之间具有因果关系,损害赔偿请求权就会发生。那么,都赔偿什么呢?侵权可能侵害人身权,比如,身体权、健康权,也可能侵害财产权,如所有权、知识产权。在赔偿侵害不同的权利时,赔偿的项目或计算方法可能会有所不同。今天,我们主要看人身损害的赔偿问题。

如果侵害他人造成人身损害,应当赔偿如下项目:医疗费、护理费、交通费、营养费、住院伙食补助费等为治疗和康复支出的合理费用,以及误工费(《民法典》第1179条第1句)。受到损害需要治疗的,要注意保存相关的证据,因为一旦诉讼,就要拿出证据。下面我们依次来看一下各个赔偿项目。

先来看医疗费。医疗费根据医疗机构出具的医药费、住院费等收款凭证,结合病历和诊断证明等相关证据确定。对此,如果赔偿义务人对治疗的必要性和合理性有异议,那么,应当承担相应的举证责任(《人身损害赔偿司法解释》第6条第1款)。根据身体的实际情况,有些费用可能还未实际发生,比如,器官功能恢复训练所必要的康复费、适当的整容费及其他后续治疗费,这些费用,赔偿权利人可以待实际发生后另行起诉。当然,如果根据医疗证明或者鉴定结论确定必然发生的费用,可以与已经发生的医疗费一并予以赔偿(《人身损害赔偿司法解释》第6条第2款第2句、第3句)。这是医疗费的部分。

护理费的多少,应根据护理人员的收入状况和护理人数、护理期限确定(《人身损害赔偿司法解释》第8条第1款)。有时,护理人员是亲属、家人,有时,我们没有时间或者照顾不过来,就会雇一个护工。如果护理人员本身是有收入的,那么,护理费可参照误工费计算。如果护理人员没有收入,或者雇用了护工,此时,应参照当地护工从事同等级别护理的劳务报酬标准计算。对照顾病患而言,不仅要懂一些医疗常识、会操作医疗器具,还需要有力气,能够全方位照顾病患,护工也很辛苦。一般来看,护理人员只能是一个人,因为一般的治疗,一个人照顾足矣;当然,医疗机构或者鉴定机构对此有明确意见的,可以以具体确定的人数为准(《人身损害赔偿司法解释》第8条第2款)。至于护理期,则应计算至受害人恢复生活自理能力时止(《人身损害赔偿司法解释》第8条第3款第1句)。

而交通费应根据受害人及其必要的陪护人员因就医或者转院治疗实际发生的费用计算。实际上,交通费通常要拿出出租车票等发票为依据。出租车票很容易找,但交通费的发票需要与就医的地点、时间、人数、次数相符合(《人身损害赔偿司法解释》第9条)。赔偿义务人只是赔偿其该赔的。

身体受到伤害,补充营养对恢复体力和健康非常重要,营养费要花多少,需要根据受害人伤残情况参照医疗机构的意见确定(《人身损害赔偿司法解释》第11条)。

住院伙食补助费,可以参照当地国家机关一般工作人员的出差伙食补助标准予以确定。现在出差都是有补助标准的,很容易确定。看过大病、去大城市住过院的朋友们可能都知道,有时,不是你想住院就能住进去,需要等床位,所以,如果受害人确有必要到外地治疗,由于客观原因不能住院,在这种情况下,受害人本人及其陪护人员实际发生的住宿费和伙食费,其合理部分同样应予赔偿(《人身损害赔偿司法解释》第10条)。

至于误工费,则根据受害人的误工时间和收入状况加以确定(《人身损害赔偿司法解释》第7条第1款)。其中,误工时间根据受害人接受治疗的医疗机构出具的证明确定(《人身损害赔偿司法解释》第7条第2款第1句)。对于收入情况,则要区分受害人有无固定收入,受害人有固定收入的,误工费按照实际减少的收入计算。受害人没有固定收入的,按照其最近3年的平均收入计算;如果受害人不能举证证明其最近3年的平均收入状况的,那么,可以参照受诉法院所在地相同或者相近行业上一年度职工的平均工资计算(《人身损害赔偿司法解释》第7条第3款)。

* * * * *

今天,继续聊侵权中的损害赔偿。之前,我们说过人身侵权损害的一般赔偿项目,那是比较轻的情况,但有时侵权后果很严重,甚至造成被侵权人的残疾或者死亡,这太不幸了。那么,这时,又要赔偿什么呢?《民法典》是这样规定的,侵害他人人身造成残疾的,应当赔偿辅助器具费和残疾赔偿金;造成死亡的,还应当赔偿丧葬费和死亡赔偿金(《民法典》第1179条)。也就是医疗费、护理费、交通费、营养费、住院伙食补助费、误工费属于基本赔偿项目,还会根据残疾或者死亡的情况,需要赔付相关残疾赔偿金、死亡赔偿金等项目,以使受害人或者受害人的家属得到必要而妥当的救济。

需要注意,在导致残疾的情况下,对于基本赔偿项目有一些特别处理。其中,对于护理费的计算,受害人因残疾不能恢复生活自理能力的,可以根据其年龄、健康状况等因素确定合理的护理期限,但目前是有个限度的,那就是最长不超过20年(《人身损害赔偿司法解释》第8条第3款第2句)。而受害人定残后的护理,应当根据其护理依赖程度并结合配制残疾辅助器具的情况确定护理级别(《人身损害赔偿司法解释》第8条第4款)。至于误工费,受害人因伤致残持续误工的,误工时间可以计算至定残日前一天(《人身损害赔偿司法解释》第7条第2款第2句)。

在导致残疾的情况下,为了身体机能的健全或者方便行动,受害人需要一些辅助器具。残疾辅助器具的费用按照普通适用器具的合理费用标准计算。伤情有特殊需要的,可以参照辅助器具配制机构的意见确定相应的合理费用标准。而辅助器具的更换周期和赔偿期限则参照配制机构的意见确定(《人身损害赔偿司法解释》第13条)。也就是总体上看,要听配置机构的意见。

残疾赔偿金,是对受害人伤残的补偿,以弥补其因为伤残而丧失的收入。目前是根据受害人丧失劳动能力程度或者伤残等级,按照受诉法院所在地上一年度城镇居民人均可支配收入标准,自定残之日起按20年计算。但60周岁以上的,年龄每增加一岁减少一年;75周岁以上的,按5年计算。这里的区位衡量标准,以受诉法院所在地的为准。这里设定了一个20年的赔偿上限,并且将受害人的预期寿命考虑在内,尽管对受害人而言不能说已保护周全,但也可以平衡侵权人与受害人之间的某种利益。为了尽可能地符合实际情况,现行规则也规定,如果受害人因伤致残但实际收入没有减少,或者伤残等级较轻但造成职业妨害严重影响其劳动就业的,可以对残疾赔偿金作相应调整(《人身损害赔偿司法解释》第12条)。

在人身侵权导致受害人死亡的情况下,由死者的近亲属来主张侵权责任(《民法典》第1181条第1款第1句)。人一旦离开了这个世界,亲属通常都会妥当处理丧葬事宜。丧葬费按照受诉法院所在地上一年度职工月平均工资标准,以6个月总额计算(《人身损害赔偿司法解释》第14条)。人的生命是无价的,在正常情况下,无论给你多少钱,你都不会付出自己的生命。但如果发生死亡的情况,赔偿义务人又必须对死者、对死者的家属有所交代,至少安慰生者悲痛的内心。所以,我们对无价的生命仍然规定了有限的死亡赔偿金。死亡赔偿金按照受诉法院所在地上一年度城镇居民人均可支配收入标准,按20年计算。60周岁以上的,年龄每增加1岁减少1年;75周岁以上的,按5年计算(《人身损害赔偿司法解释》第15条)。为被侵权人支付医疗费、丧葬费等合理费用的人有权请求侵权人赔偿费用,当然,侵权人已经先行支付的除外(《民法典》第1181条第2款)。

在残疾赔偿金和死亡赔偿金的计算标准上,原则上是以受诉法院所在地为区位标准的。你可能会问,如果受害人或者其他赔偿权利人的住所地或者经常居住地城镇居民人均可支配收入高于受诉法院所在地标准呢?如果按照受诉法院所在地的标准就太不合理了。所以,如果受害人或者其他赔偿权利人可以就这一点举证证明,那么,残疾赔偿金或者死亡赔偿金可以按照其住所地或者经常居住地的相关标准计算(《人身损害赔偿司法解释》第18条第1款)。

如果受害人在生前还有应当扶养的孩子或者其他无劳动能力且无其他生活来源的成年近亲属,那么,这些人是可以要求赔偿义务人支付因为受害人死亡导致的扶养费损失的。被扶养人为未成年人的,扶养费支付到18周岁;其他无劳动能力又无其他生活来源的,按20年算。60周岁以上的,年龄每增加1岁减少1年;75周岁以上的,按5年计算(《人身损害赔偿司法解释》第17条第1款)。被扶养人的生活费一并纳入残疾赔偿金或者死亡赔偿金项目予以赔偿,裁判时不单独列出(《人身损害赔偿司法解释》第16条)。至于生活费的计算标准,大体上不超过受诉法院所在地上一年度城镇居民人均消费支出额(《人身损害赔偿司法解释》第17条第2款)。当然,其能证明住所地或者经常居住地生活水平更高的,可以以后者为标准加以计算(《人身损害赔偿司法解释》第18条第2款)。

另外,因同一侵权行为造成多人死亡的,可以以相同数额确定死亡赔偿金(《民法典》第1180条)。这是被社会热议过的"同命同价"问题,人的生命本无价,如果在一个侵权行为中,造成多人死亡,而每个受害人的死亡赔偿金不同,就会出现"生有差异、死也不同"的结果,为了消除这种不合理的现象,就有了前面的这种"同命同价"的规定。

* * * * *

今天,我们继续聊侵权的损害赔偿问题。有些侵权,损害肯定是有的,但是,损害多少并不那么清楚。比如,你在一家照相馆拍了生活照,效果非常好,人美,照片更美,就像《天龙八部》里段誉口中的"神仙姐姐",或者现在人们口中的"女神""男神",当然,这不是恭维的说法,而是实事求是的表达,这样,照相馆就很有可能把你的照片贴到照相馆的墙壁上、放到网站上,吸引更多的人来照相。照相馆有没有侵权呢?你是肖像权人,尽管照片是照相馆拍摄的,这也是你要求的,但是,没有经过你的同意,使用你的肖像,是构成侵权的(《民法典》第1019条第1款第2句主文)。

照相馆侵害你的肖像权,造成你的财产损失,问题是,你的损失是多少呢?如果你是个公众人物,经常有公司请求使用你的照片做广告,这样,可能还是有个市场价的。也就是说,你的财产损失是可以计算的,那么,直接按照你的损失赔就可以,但如果你和我一样,是普通人,使用照片做广告的价位可能就很难说了。这时,怎么计算你的损失呢?如果照相馆因为你的照片广告招揽了更多的客户,赚取了2万元的利润,那么,可以按照这个获得的利益来赔偿,将2万元赔给你(《民法典》第1182条前段)。如果无法确定你受到的损失,以及照相馆使用你的照片做广告获得的利益是多少,在这样的情况下,双方当事人可以坐下来协商,如果能协商确定赔偿数额,就按协商数额来;如果你说,"我的损失是2万元",照相馆说,"虽然我们用了你的照片,但一分钱都没多赚",双方无法就赔偿数额协商达成一致,这时可以由人民法院"根据实际情况确定赔偿数额"(《民法典》第1182条后段)。其他人未经我们的同意,利用我们的姓名、声音等情形与此类似。

在我们的人身权被侵害时,很多时候,不仅会有人身损害,还会有精神损害。特别是当身体权、健康权、姓名权、肖像权、名誉权、荣誉权、隐私权等权利遭受损害时,我们可能会遭受精神痛苦(《精神损害赔偿司法解释》第1条)。比如,我们听到过**艾滋女事件**的报道,本来是关系很好的男女朋友关系,后来由于各种原因而分手,再后来,不该发生的事发生了。本来,缘至则聚、缘尽则散,爱情是无法勉强的,自己追求幸福不应毁掉其他人的幸福。其中的男士,将原来两人的亲密照发到了网上,公布了女士的电话、工作单位、家庭住址、微信号,甚至散播这位女士是"三陪小姐",还一并公布了几百个她接待过的"顾客",但实际上,后面这些都是子虚乌有的。这位男士的行为侵害了这位女士的肖像权、名誉权、隐私权、个人信息权益,名誉权被侵害,导致周围的人对这位女士指指点点;隐私照被泄露,使得这位女士感觉每个人都见过她的私密照片,不敢抬头面对别人的目光,恨不得找个地缝钻进去;电话等个人信息被泄露,造成这位女士被多次打电话骚扰等,使得她精神痛苦不堪,这位男士的行为,造成了这位女士严重的精神损害,她有权要求精神损害赔偿(《民法典》第1183条第1款)。

此外,亲子关系同样受此保护,如果有人非法使孩子脱离监护,导致亲子关系或者近亲属之间的亲属关系遭到严重损害,那么,监护人向人民法院起诉请求赔偿精神损害的,人民法院同样应受理(《精神损害赔偿司法解释》第2条)。《红楼梦》里甄士隐的女儿英莲小时候看花灯时被人拐走,杳无音信,其父母甄士隐和封氏,昼夜痛哭,几乎不顾性命,真实地揭示了此种情境下父母遭受的精神损害。在夫妻关系中,有些夫妻没有迈过"七年之痒"或者"三年之痒",才进入婚姻没多久,就禁不住外面的诱惑而出轨了,甚至还在婚外生下孩子。对于无过错的一方,这是很大的伤害,很多判决表明,婚外情、婚外生子是导致离婚的重要原因,婚姻中无过错一方可以要求对方赔偿因此遭受的精神损害。

有一个国外的**丑女整容生子案**,在网上流传,不知真假:一位英俊的男士和一位漂亮的女士结婚了,婚后,二人先后生了三个孩子。第一个孩子很丑,有时也许是难免的;而第二个孩子同样很丑,这位男士感觉怪怪的;结果,第三个孩子出生了,依旧奇丑无比。这太不应该了,子女延续父母的基因,父母英俊、漂亮,孩子即使不漂亮,也不应该一个比一个丑。后来,这位男士偶然得知他的妻子在婚前是个奇丑无比的女士,因为做了美容手术,所以,如改头换面一般,毫无"丑小鸭"的模样,怎么看都是"白天鹅"。这位男士起诉这位女士欺诈,并要求精神损害赔偿。不管真假,每个人都希望有优秀、漂亮的后代,如果因此而发生前面的故事,确实不应该。对此,我想多说两句,一般割一对双眼皮也就算了,如果是大整容,整容之后和之前的长相完全不一样,那么,需要如实告诉即将进入婚姻中的另一方,因为这属于重要信息。

此外,如果侵害死者的名誉、隐私等,死者的近亲属同样可以要求精神损害赔偿(《精神损害赔偿司法解释》第3条)。天津多年之前发生的荷花女案件就是典型。不仅如此,具有人身意义的特定物,比如定情信物、父母生前留下的唯一物件,被他人故意或者重大过失侵害时,造成严重精神损害时,我们也有权请求精神损害赔偿(《民法典》第1183条第2款)。

* * * * *

今天,我们继续聊侵权损害赔偿的问题。之前,我们聊的主要是人身损害赔偿,下面我们来看一下侵害财产权的一些问题。最典型的侵害财产权是侵害所有权,也就是由我们所有的物品受到别人的侵害,比如,我们停在楼下的单车被小偷偷走了,不过,没几天小偷被抓,单车还没来得及转手,此时,还回我们的单车就好,如果小偷已经把车卖掉了,那么,小偷需要按照市场价赔给我们,而不是他低价出售的价格。有时,我们的汽车停在小区里,但是,竟然有人从楼上往下扔烟灰缸,结果把汽车玻璃砸碎了,此时,扔烟灰缸的人需要赔偿我们维修汽车的费用。

需要注意,居住在楼房里,对于不要的东西,要扔到楼道或者小区的垃圾桶里;即使与家人发生争吵,也不要动辄往窗外扔东西,扔东西不仅解决不了问题,还会危害公共安全,是一种违法行为,甚至可能构成犯罪。一些古籍字画,在如今有所升值,这样的物件如果受到损害,当然需要赔偿,总之,我们遭受的财产损失按照损失发生时的市场价格或者其他合理方式计算(《民法典》第1184条)。

现代社会,已迈入知识经济时代。人们越来越重视知识,知识也可以带来很多收益。我们常说的专利、商标等就是知识在工业时代应用的体现。在企业的发展过程中,发明对于企业技术的革新具有根本性的意义,而商标则是以企业为代表的商人的商品或者服务的标志,商标是靠实力打造的,驰名商标价值不菲,就是因为,商标对应的产品或者服务已经得到了市场的广泛认可,所以,商标就是力量,商标就是利润。

国外的商标,如可口可乐、苹果、阿迪达斯、三菱、松下、奔驰;国内的首批中国驰名商标共10件,于1991年9月20日获评,分别是:中华(香烟)、茅台(酒)、五粮液(酒)、青岛(啤酒)、泸州(酒)、凤凰(自行车)、永久(自行车)、北极星(钟表)、琴岛-利勃海尔(电冰箱)、霞飞(化妆品)。很多人对这些商标应该不陌生,当然,以上有些商标对于年轻人已经有些遥远了。而著作则是人们对世界、人生进行观察和思考的产物,可以促进文化进步、传播思想。

无论是专利还是商标,或者是著作,都体现了人类的智力劳动,都应该受到尊重,这就是我们的知识产权。近些年,我国更加重视知识产权保护,我们以前在网上可以随便看电影、听音乐、阅读小说,现在很多都需要付费了。此外,《民法典》也加大了对知识产权的保护力度,那就是专门增加了惩罚性损害赔偿制度,有人故意侵害他人的知识产权,情节严重的,知识产权的权利人可以请求惩罚性损害赔偿(《民法典》第1185条)。适用的重点有两个:第一个是主观上存在故意,我前面也说过,故意侵权是行为人有意追求侵权的效果,具有更多的社会可谴责性,国外的惩罚性损害赔偿基本也都是适用于故意侵权的情形;第二个,强调情节严重,这意味着做得很过分。两者同时具备,就可以要求惩罚性损害赔偿。

《民法典》还对公平责任进行了重新界定。公平责任,以前也有很多人称其为公平原则,就是受害人和行为人对损害的发生都没有过错的,可以根据实际情况,由双方分担损失。2009年公布的《侵权责任法》第24条就是这样规定的,但是,在实践中,还是引发了一些问题。或许是"人死为大"的观念在作怪,以至于在一些案件中,个别法院作出了一些让人匪夷所思的判决:只要发生了一方死亡的情况,另一方当事人就得赔偿。这本身是毫无道理的。侵权的成立是需要具备因果关系的,赔偿的前提是符合法律规定的条件和责任承担的原理。

近些年的一些判决较好地处理了这一问题。比如,根据潇湘晨报的报道,2019年7月17日的凌晨,夏某在公司值夜班时离岗外出,与朋友方某前往某村菜地**偷桃子**、**生姜**等,其间夏某**不慎坠**入菜地中央的**池塘**。方某施救无果,尽管已报警求救,但警察赶到时,夏某已溺水身亡。接下来,夏某父母起诉了夏某的单位和村委会。单位该赔吗?村委会该赔吗?大家可以想一想。法院认为,夏某翘班去偷东西,夏某单位对他的死亡没有责任;夏某去偷村里的东西坠入所在村的池塘,村委会也没有责任。人死不能复生,家人肯定很伤心,这谁都能理解;但人即使去世了,也不宜见谁诉谁,单位、村委会没起诉你的孩子翘班、偷东西,你反而还把人家告了,这是不正常的。

另一个有名的案件是郑州的**电梯劝阻吸烟案**,这个案情大家应该都已经知道了:2017年5月2日,段某与杨某先后进入电梯内,因段某在电梯内吸烟,杨某进行劝阻,二人发生言语争执。段某与杨某走出电梯后,仍有言语争执,双方被物业工作人员劝阻后,杨某离开,段某同物业工作人员进入物业公司办公室,后段某心脏病发作猝死。之后,段某的妻子田某将杨某告上法庭。一审法院判决杨某补偿田某15000元,驳回田某的其他诉讼请求。田某不服一审判决,向河南省郑州市中级人民法院提出上诉。一审法院判决是错误的,人死为大的观念或许起到了一定的作用,这就是我们所担心的。电梯是密闭的公共空间,本来就不应在电梯里吸烟,杨某理性而平和地请段某不要吸烟,这有问题吗?没有。郑州市中级人民法院改判,劝阻吸烟人杨某无须承担侵权责任,总算恢复了法律应有的面孔。因此,《民法典》对《侵权责任法》的条款进行了修订,虽然只是几个字,但变化很大,现在的规定是,"受害人和行为人对损害的发生都没有过错的,依照法律的规定由双方分担损失"(《民法典》第1186条)。也就是需要以法律的明确规定为前提。

最后看一下赔偿费用的支付方式。损害发生后,当事人可以对此进行协商,也就是优先尊重当事人共同的意思。但如果没有协商一致呢?原则上,赔偿费用应当一次性支付,一次赔付到位;一次性支付确有困难的,可以分期支付,这是讲究实事求是,考虑到赔付义务人的经济情况,但是,被侵权人有权要求赔付义务人提供相应的担保(《民法典》第1187条),这是被侵权人的权利,如果他信赖赔付义务人,也可以不要求提供担保。

100. 无民事行为能力人、限制民事行为能力人的侵权

> 子不教,父之过。——《三字经》

我们已经了解到,未成年人、精神病人或者其他无法完全理解自己行为的人,就是我们通常所说的无民事行为能力人、限制民事行为能力人,二者的区别是程度的问题,但无论是无民事行为能力人,还是限制民事行为能力人,他们对自己的行为会产生什么样的法律后果,有时并不足够清楚,所以,法律规定,监护人需要对无民事行为能力人、限制民事行为能力人进行监督、保护、教育、管理。如果监护人监护职责履行不到位,未成年的孩子或者精神病人造成了其他人的损害,监护人应承担赔偿责任。

之前我们提到过,在某广场附近,很多幼儿园的孩子放学后在广场玩,有些小朋友往天上扔树枝,这是很危险的,父母需要阻止他并告诉他这种行为的危险性,否则,树枝落下划伤了其他小朋友的脸,孩子的父母要承担侵权责任。孩子不懂,但大人是懂的,这样的事本不该发生。监护人如果尽到了监护职责,那么,可以减轻监护人的责任(《民法典》第1188条第1款)。

另外,无民事行为能力人、限制民事行为能力人造成他人损害的,如果行为人是有财产的,那么,要从行为人本人的财产中支付赔偿费用。比如,孩子可能继承了一笔财产,就属于有财产的情况;父母为孩子的压岁钱专门开户存起来,也属于有财产的情形。而对于应予赔偿的不足部分,由监护人赔偿(《民法典》第1188条第2款)。当然,行为人没有财产的,赔偿当然就全部落在了监护人的身上。

有时,监护人会把照管孩子、精神病人的监护职责委托给他人,在第三人照管孩子、精神病人的过程中,如果孩子、精神病人造成了他人的损害,由谁来承担责任呢？以前的规定是:监护人与受托人的约定优先；没有约定的,由监护人承担侵权责任,但是,如果受托人确有过错的,应与监护人承担连带责任(《民通意见》第 22 条)。《民法典》对此进行了修改,根据《民法典》的规定,原则上由监护人承担侵权责任,受托人有过错的,承担相应的责任(《民法典》第 1189 条)。从用语的改变来看,受托人的责任减轻了。

与此相关,如果在第三人受托照管孩子的过程中,孩子受到了损害,又如何呢？有一个日本的案例,我们一起看看:甲和乙是邻居,甲的孩子 3 岁 4 个月,乙的孩子刚满 3 岁。一天下午 2 点,甲的孩子去找乙的孩子玩,乙正忙着大扫除,两个孩子就在乙家附近骑自行车。到了 2 点半,甲准备带自己的孩子去买东西,孩子不想去,乙说,"那就让他在这儿玩吧",甲说,"那就这样吧,我有事出去一趟,那就拜托了",乙说,"两个孩子在一起玩,不会有问题的"。其后 10 至 15 分钟,两个孩子同之前一样,在小区的道路和空地上骑自行车,乙在扫除之余照看两个孩子。因为大扫除,乙不得不进入室内几分钟。其间,两个孩子来到了蓄水池的旁边,甲的孩子平时好动,突然跳进池子里。乙的孩子平常就被父母教育进入池子危险,所以没有靠近岸边。甲的孩子潜入水中一直没有出来,于是乙的孩子返回家中将这一异常情况告诉乙。待乙和周围的邻居赶到,最后发现甲的孩子已沉入水底,抢救无效死亡。事后,甲将乙诉至法院。大家认为,法院应如何判决呢？

日本的法院认定:乙正在大扫除,比平时要忙得多,从各种情况来看,乙的应答都是出于作为邻居的好意而作出的,甲也认识到这一点,至少应当认识到这一点,那么,就应当认为:甲明知当时对自己孩子的看管方法只能是乙在工作之余来照看一下,除此之外,无法对其有更高的期待。因此,要求乙承担更高的看管责任是不被允许的。另外,既然在临近蓄水池的地方居住,平时就要对孩子进行严格的教育,这是父母该做的。对此,乙教育得很成功,而甲的教育明显不足,这是发生损害的重要原因。最后,法院判决甲、乙之间的责任承担是 7∶3,这本身可能没什么不妥。

但日本社会的民众事后对甲多有骚扰,认为,这是对"邻居好意的无情审判""是泼在近邻交往的冷水"。① 不管怎样,事已至此,更重要的是做好教育和预防工作。

即使是可以考虑清楚很多事情利害关系的成年人,也有可能会暂时没有意识或者失去控制而造成他人的损害。如果我们对于自己没有意识或者失去控制具有过错,那么,是需要承担侵权责任的(《民法典》第1190条第1款前段)。典型的如因为喝酒、滥用麻醉药品或者精神药品导致自己陷入暂时没有意识或是失去控制的情形,就属于有过错,此时,侵害他人权益需要承担侵权责任(《民法典》第1190条第2款)。酒为色之媒,在醉酒的状态下性侵他人,同样构成侵权,甚至犯罪;在醉酒的状态下开车,发生交通事故,致害他人,一样构成侵权,需要赔偿。而对于暂时没有意识或是失去控制没有过错的,则根据行为人的经济状况对受害人适当补偿(《民法典》第1190条第1款后段)。

---

① 参见河上正二:《民法学入门:民法总则讲义·序论(第2版增订本)》,王冷然、郭延辉译,北京大学出版社2019年版,第1—25页。

Day 127

101. 特定法律关系中的行为人侵权

组织召唤责任。

今天,我们继续聊责任主体的特别规定。有些侵权行为由独立的个人造成,有些是由在特定法律关系中的人造成的,比如,职务关系、劳务派遣关系、劳务关系、承揽关系,当这些关系存在时,用人单位的工作人员造成他人损害、劳务派遣期间被派遣的工作人员致人损害、提供劳务的人致人损害、承揽人致人损害,责任又如何承担呢?我们依次来看。

大多数人基本都是组织中的人,在某一个单位上班,要么是企业,要么是事业单位,要么是其他单位。那么,当我们作为用人单位的工作人员在执行工作任务的过程中,造成他人损害时,由谁承担责任呢?是我们自己,还是由用人单位呢?在法律上,用人单位是独立的人,当我们作为用人单位的工作人员执行工作任务时,个体的角色就会被用人单位所吸收,就像在一个公司内部,公司法定代表人的行为就是公司的行为;公司职员工作的行为也算到公司头上。在责任承担的问题上,也是一样。工作人员执行工作任务的行为就是用人单位的行为,所以,此时由用人单位承担侵权责任(《民法典》第1191条第1款第1句)。不过,如果工作人员存在故意或者重大过失,用人单位可以追偿(《民法典》第1191条第1款第2句)。这是新增加的内容,强调的是,工作人员在执行工作任务的过程中,不能故意侵害其他人的权益,并且要尽到最基本的注意,否则,造成事故损害他人权益,最终的责任可能要自己承担。单位可以追偿,就是这个意思。

近些年,劳务派遣日益增多。在劳务派遣期间,被派遣的工作人员因执行工作任务造成他人损害的,由接受劳务派遣的用工单位承担侵权责任;劳务派遣单位有过错的,承担相应的责任(《民法典》第 1191 条第 2 款)。这是在劳务派遣单位和接受劳务派遣的用工单位之间进行的责任划分。原则上,是由正在实际使用工作人员的一方承担责任,劳务派遣单位则就自己的过错承担责任。

在生活中,除了组织化的生产、经营、用工,还会存在个体之间的用工问题,那就是劳务提供问题。与单位用工类似,在个人之间形成劳务关系,提供劳务一方因劳务造成他人损害的,由接受劳务一方承担侵权责任。并且增加的新内容也是类似的,那就是接受劳务一方承担侵权责任后,可以向有故意或者重大过失的提供劳务一方追偿。另外,在提供劳务的过程中,提供劳务一方因劳务受到损害的,根据双方各自的过错承担相应的责任(《民法典》第 1192 条第 1 款)。比如,在农村盖房的过程中,钱某出钱找来孙某等 5 个水泥工负责具体施工,在这个关系中,钱某接受劳务、孙某等人提供劳务。在盖房的过程中,孙某不慎从房顶摔下受伤。就此案件而言,孙某属于在提供劳务的过程中受到损害,根据钱某和孙某各自的过错承担责任。钱某未采取适当的安全措施,则需要承担损害赔偿责任;如果孙某也存在过错,则需要就自己的过错负责。

在提供劳务期间,如果是因第三人的行为造成提供劳务一方损害的,那么,提供劳务一方有权请求第三人承担侵权责任,第三人侵权就是通常意义上的侵权行为,第三人当然要对自己的侵权行为承担责任,并且,其责任是终局责任。而作为接受劳务的一方,也有义务在提供劳务的一方主张的情况下给予补偿,这里用的是补偿,说明接受劳务的一方无可谴责之处,在补偿之后,可以向第三人追偿(《民法典》第 1192 条第 2 款)。

有时用工是采取承揽的方式。比如,在城市里,人们住在楼里似乎感觉并不安全,我也确实听周围的朋友家有过被小偷光顾的经历,或者媒体报道过我们的公安干警又破获了几起入室盗窃案。对于小偷,如何防范,确实是个问题。有些小区管理比较严格,主要从小区出入设防,如果小偷从临街窗户入室,恐怕就难以防范。所以,我们仍然可以看到一些楼房住户会给自己的窗户加装护栏,这样,即使敞着窗户,只要有护栏在,小偷一般也进不去。对于加装护栏这项工作,实际上都是采取承揽的做法。

如果在加装护栏的过程中,护栏尚未固定妥当就从空中落下,造成了楼下汽车被砸,那么,对于这种**承揽致人损害**的情形,谁来承担责任呢?护栏定作人对于护栏安装是不在行的,他就是因为相信承揽人的能力才找他的,护栏安装的承揽人基本也是专业的人士,对于加装过程中的致害,承揽人要独立地承担侵权责任。但是,如果定作人知道承揽人是个新手,没有什么经验,只是要价比市场价便宜一半,所以才找他。在这种情况下,护栏定作人在选任承揽人时存在过错,需要就这一过错承担相应的责任(《民法典》第1193条)。

Day 128

102. 网络侵权

当进入网络世界,人不是消失了,而是更好找了。IP,锁定你。

进入 2000 年之后,互联网技术逐步成熟,现在,我们几乎已经无法离开网络了。无论是使用传统的电子邮件,还是在网上冲浪,又或者是参加"双十一",以及疫情期间使用的健康码,总之,网络给我们带来了极大的方便,我们进入了一个虚拟的世界,在这个虚拟的世界里,有时别人不知道你是谁。

曾经有句话很流行:在网上,没有人知道你是一条狗。其实,说的就是在虚拟世界里,大家都是匿名的。在虚拟世界里,匿名之下,有个别人故意放纵自己,将自己不好的一面展现出来。一个有名的案件是某版主**"红颜静"诉"大跃进"案**,"红颜静"和"大跃进"都是网名,"大跃进"在网站上发布了侮辱"红颜静"的帖子,称其为网络"三陪女""色情场所的代言人"等,这是在网络上侵犯他人的名誉权,在这个案件中,"红颜静"胜诉。其实,网络虽然是虚拟的,但是并非法外之地。此处,可以继续套用前面那句关于网络的流行语:在网上,没有人知道你是一条狗。事实上,以现在的技术来看,人们真的可以知道在屏幕面前的究竟是谁。因为网络用户登录时的 IP 地址是特定的,锁定在网上留言的人很容易。所以,做真实的自己,但也要规范自己的行为,不能侵害别人的权益。

《民法典》回应网络时代的要求,对网络财产(也就是虚拟财产)、网络交易、网络侵权等均有规定,在网络侵权的问题上,则进一步细化了《侵权责任法》第 36 条原有的规定、并引入、调整了《电子商务法》中的一些条款。像"大跃进"这样的网络用户,或者网络服务提供者利用网络侵害他人民事权益的,应当承担侵权责任。对此,法律另有规定的,依照其规定(《民法典》第 1194 条)。

在网络上,存在各种各样的侵权行为,有的侵犯了他人的著作权,有的发布、播出他人的小说、歌曲,如爱奇艺诉珠海多玩案;有的侵犯了他人的名誉权,如"红颜静"诉"大跃进"案;有的侵犯了他人的隐私权,如多年之前的艳照门事件,总是有人把别人的隐私拿到网上来散布、传播,这是不道德的,更是侵权甚至犯罪的行为;而利用 **Deepfake** 和 **Deepnude** 等人工智能技术制作并在网络上散播侵权视频、图片,更是触犯了人们的底线。

对于前述这些网络用户利用网络服务实施的侵权行为,权利人有权通知网络服务提供者采取删除、屏蔽、断开链接等必要措施。比如,当我们的隐私在网络上被公开时,我们可以通知相关的网站把涉及隐私的图片删除、屏蔽,把相关视频删除,断开链接等。另外,需要注意,在通知的时候,通知应当包括构成侵权的初步证据及权利人的真实身份信息(《民法典》第 1195 条第 1 款)。隐私照、隐私视频本身出现在网络就是不当的,应可以直接构成侵权的初步证据。主张著作权网络侵权的,著作权人需要表明身份。

网络服务提供者在接到通知后,应当及时将通知转送相关的网络用户,并根据构成侵权的初步证据和服务类型采取必要措施,比如,删除隐私视频、屏蔽隐私照片、断开小说链接,等等。如果网络服务提供者没有及时采取必要措施,那么,需要对损害的扩大部分与该网络用户承担连带责任(《民法典》第 1195 条第 2 款)。这被称为"避风港原则",避风港原则在搜索引擎、网络存储等方面被广泛应用。

在多年前,艺人陈好、胡兵**婚纱礼服**系列摄影作品被酷 6 网使用,获得信息网络传播权的上海正途知识产权代理有限公司将酷 6 网告上法院,北京市海淀区人民法院即适用避风港原则审结这起案件。法院经审理认为,从酷 6 网的经营方式和公证的使用情形看,涉案照片确系通过网友上传的形式体现,酷 6 网并未改变上传内容或者进行推荐,向用户提供的服务未超出提供信息存储空间服务的范围。在此前提下,《信息网络传播权保护条例》第 22 条明确规定了提供信息存储空间的网络服务提供者的免责条款,符合即无须承担赔偿责任,包括向公众明示提供存储空间,提供相关联系方式;未改变作品;不知道也没有理由知道作品侵权;未直接因该作品获得经济利益;接到通知后进行了删除。另外,主张权利需要严谨,不能捕风捉影,如果权利人因为错误通知造成网络用户或者网络服务提供者损害,应当承担侵权责任(《民法典》第1195条第3款)。

  网络服务提供者有时很难确定是否真的存在侵权,所以,为了平衡发出通知的权利人和网络用户的利益,《民法典》进一步规定,网络用户接到转送的通知后,可以向网络服务提供者提交不存在侵权行为的声明,声明应当包括不存在侵权行为的初步证据及网络用户的真实身份信息(《民法典》第1196条第1款)。而网络服务提供者接到声明后,应当将该声明转送发出通知的权利人,并告知其可以向有关部门投诉或者向人民法院提起诉讼(《民法典》第1196条第2款第1句)。也就是说,网络服务提供者把存在侵权的情况通知网络用户,网络用户如果自认侵权那就不用说了;如果认为自己没有侵权,此时,他可以提交不侵权的声明。这样,就会发生"公说公有理,婆说婆有理"的情况,这时就应通过投诉或者起诉的方式解决。如果权利人在接到网络服务提供者转送声明的合理期限内,没有通知网络服务提供者已经向有关部门投诉或者起诉,此时,网络服务提供者应当终止之前采取的屏蔽、断开链接等措施(《民法典》第1196条第2款第2句)。

  另外,如果网络服务提供者知道或者应当知道网络用户利用其网络服务侵害他人民事权益,未采取必要措施,应与该网络用户承担连带责任(《民法典》第1197条)。比如,个别网友在网络服务提供商的网站首页发布多张私人的裸体照片,并且是高点击量的热图,在这种情况下,网络服务提供者就应当知道这些图片侵害他人的民事权益,应当及时进行删除、屏蔽等处理。

103. 安全保障义务

事故多发召唤安全保障义务。

在宾馆、商场、银行、车站、机场、体育场馆、娱乐场所等经营场所、公共场所，人员聚集，这些经营场所、公共场所的经营者、管理者需要尽到安全保障义务，以防止损害的发生，否则，需要承担侵权责任（《民法典》第1198条第1款）。

比如，地铁公司作为地铁站和检票闸机的管理者，应当在乘客进站乘车过程中履行相应的安全保障义务，不仅要保证闸机的正常运行，还要对乘客进站时安全通过闸机的方式进行必要的引导，并配备相应的设施使免票乘客能够正常通行。你可能不知道免票乘客及其随行人员如何安全进站，在一个案件中，高某在带免票儿童刷卡进站时，在无法得知安全进站方式的情况下**与闸机接触后受伤**，受伤与地铁公司未尽到安全保障义务存在因果关系，地铁公司应当对此承担相应的侵权责任。法院认定地铁公司对乘客损失承担70%的责任。

在另一个关于宾馆安全保障义务的案件中，法院认为，事发通道是一个相对封闭的区域，可通过酒店内的安全出口进入，事发时该区域内的电梯井因轿厢被拆除而空置，酒店明知这一情况，并且对于事发通道及电梯具有事实上的控制力，却未能做好安全防范工作，提供服务过程中所存在的安全隐患与赵某的受损结果有直接因果关系，应对涉诉事故承担民事赔偿责任。而赵某自己酒后在没有灯光照明的情况下进入事发通道，疏于观察周围环境，步入**空置电梯井**，未尽到一般的注意义务，所以，可以适当减轻宾馆的责任。总之，宾馆要做到该做的，我们个人也要谨慎。

经营场所、公共场所的安全保障义务不是无限的。在另一个案件中,某酒店为美观需要,根据地方政府关于环境综合整治的要求,在该楼房外墙壁的靠窗户处,修建了放置空调室外机的平台。一个正常人,应该可以从室内没有通往平台的门这一事实上,认识到窗外的平台不是阳台。不仅如此,考虑到窗户虽然不是人行通道,但为了避免不了解内情的人翻越窗户到达不具备承重能力的平台上,酒店还将窗户加装了限位器,限制窗户开启的幅度,使人不能从窗户进出,客观上消除了室内人员翻越窗户到达平台的可能。而钱某用自己携带的螺丝刀,**擅自卸开窗户**上的限位器,翻越窗户到达窗外平台,坠楼身亡。酒店已经保证了建筑物的安全使用,对钱某的坠楼死亡没有过错,不应当承担责任。

此外,群众性活动的组织者,如跳舞比赛、朋友聚餐等的组织者,如果未尽到安全保障义务,造成他人损害的,也是需要承担侵权责任的(《民法典》第1198条第1款)。实际上,在生活中,因为朋友**聚餐**、**饮酒**酿成的事故特别多。尽管朋友聚聚是好事,但喝酒还是要适可而止,而且,需要尊重别人的意思。有些人说,"没喝多就是没喝好",对喜欢喝酒的人而言,可能真的是这样,但是,如果喝多了出了问题,后果也是很严重的。轻者住进医院,重者一命归西。由此引发的法律诉讼也不少。有的人说,"不喝酒就不够意思、不够哥们儿",其实,喝不喝酒与"是不是哥们儿"没关系,喝酒首先要大家喝得开心,而不是你一个人开心,所以,喝酒应该自愿,只有发自内心地愿意,聚会喝酒才能开心。所有人开心,才是真的好。酒桌上不宜劝酒,尽管有些人认为你不劝酒好像不够热情,但是,劝酒也要看怎么劝,在法律上,只可以劝少,不可以劝多,比如,当你看到有人喝得比较猛,人都有点晕了,就要及时劝阻他不要再喝了。相反,如果你总觉得别人没喝醉,一定要把酒桌上的人都撂下,以各种方法劝酒、灌酒,使得那些不喝酒、不想喝、不能喝的人喝醉了,那么,没出事还好,如果有人因此而住院,甚至有生命危险,那么,你的责任是跑不了的。

一起喝酒,酒友就进入一种特殊的法律关系中,大家需要互相照顾。喝完酒,聚会的组织者或者一起喝酒的人需要注意醉酒睡觉的人,看看是否一切安好,因为有人一觉就睡过去了,再也没有醒来,这可都是真实发生过的;组织者需要注意,饭桌上的酒友怎么回家,如果酒友想自己驾车,一定要阻止,在多个案件中,都有饮酒者离席后溺水身亡,或者酒后发生交通事故,甚至发生车损人亡的结果。在天津的一个案件中,法院认为,作为同饮者,在知晓其他人驾驶机动车的情况下,未能有效劝阻其饮酒;在回家时,也没有对酒后可能驾车的行为进行有效提醒和制止,属于不履行其他义务,故应承担相应的责任。

　　如果是因第三人的行为造成他人损害,由第三人承担侵权责任,这是理所当然,另外,经营者、管理者或者组织者未尽到安全保障义务的,承担相应的补充责任。经营者、管理者或者组织者承担补充责任后,可以向第三人追偿(《民法典》第1198条第2款)。因为经营者、管理者或者组织者有义务阻止某些危险的发生。比如,银行在大厅内设置安保人员,就是一个基本的安全保障义务。但经营者、管理者的责任也只是在自己未尽到安全保障义务的情况下才承担,并且不是终局的,承担补充责任后,可以向第三人追偿。

104. 产品责任

要认真对待产品质量和食品安全。保护消费者,就是保护每一个人。

今天,我们关注的是产品责任。人作为动物的一种,依赖于外界的物资而生活,或者依赖于这些物资生活得更好、更舒适、更有尊严。衣食住行,样样都离不开产品,我们会买衣服,有的是知名的品牌,有的是"地摊货";我们除了买生鲜蔬菜、水果、肉类,还会买各种袋装、罐装的熟食;我们还经常会买电视、冰箱、桌子、椅子、沙发、小板凳等电器或家具,下了班可以躺在沙发上看看电视、听个节目放松放松;我们会买汽车、电动车、自行车或者婴儿车,让出行更快捷或者更方便;很多人会买手机,让联络更方便;有些人还买保健产品,希望自己更健康。

各种各样的产品,有的质量很好,安全而没有瑕疵,就是你想要的;有些则存在这样或那样的问题:有些衣服穿上会感染皮肤,有些食物吃了会拉肚子,有的产品会自燃或者爆炸,等等。当产品存在缺陷,造成我们的损害时,就发生了侵权,在这种情况下,基于产品缺陷产生的侵权责任,就叫产品责任,产品的生产厂家要承担侵权责任。谁生产有缺陷的产品,并造成他人损害,谁就要为此负责(《民法典》第1202条)。

早些时候,《民法通则》上的用语是"产品质量不合格"(《民法通则》第122条),但是产品即使合格了,可能仍然存在缺陷,所以,后来《民法典》采用了"缺陷"的表述。综合考虑各种情况,某种产品如果欠缺通常可以合理期待的安全性,那么,就是有缺陷。产品应该是安全的,而不能给我们造成损害。需要注意,有些产品,国家有相关的强制性规定,在违反这些强制性规定时,可以直接认定有缺陷,这易于操作,但即使符合国家的强制性规定,仍然可能是有缺陷的。比如,农用地膜中含有国家和行业标准中所没有规定的对农作物生产有害的物质,导致农民农作物减产,这样的农用地膜即使符合国家和行业标准,仍然是有缺陷的。①

3月15日是国际消费者权益日,新闻媒体也会曝光很多产品的问题,希望不良商家能够回头是岸,善待消费者。除了在《民法典》中有专门的产品责任专章,还有《产品质量法》《食品安全法》和《消费者权益保护法》,目的都是对我们购买产品提供某种保护。如果因为产品存在缺陷造成人身、财产损害,那么,被侵权人既可以向产品的生产者请求赔偿,又可以向产品的销售者请求赔偿(《民法典》第1203条第1款)。至于产品缺陷是生产者造成的,还是销售者造成的,我们可以不管,实际上,很多时候也弄不清楚,如果非要弄清是谁的责任,才能去找谁赔偿,那样就加大了求偿的难度。现在这样的规定,无疑有利于使用产品的我们主张权利。

很多时候,生产者总是距离我们很远,起诉生产者不太方便,而产品的销售者就在我们附近,所以,我们可以就近起诉。当然,具体起诉谁,要根据实际情况决定,因为有些生产者规模大、资金实力强,如果受到的损害很大,起诉资金实力更强的生产者可能会更为有利。但是,在生产者和销售者之间,该是谁的责任,还是谁的责任:产品缺陷由生产者造成的,销售者赔偿后,有权向生产者追偿;因销售者的过错使产品存在缺陷的,生产者赔偿后,有权向销售者追偿(《民法典》第1203条第2款)。

另外,如果产品的缺陷是由运输者、仓储者等第三人的过错造成的,此时,对我们没有影响,直接找生产者、销售者赔偿就可以。事后,生产者、销售者可以再向有过错的运输者、仓储者追偿(《民法典》第1204条)。这是商人之间的事,和我们消费者没关系。

产品可能带来两种损害:一种是现实的损害,一种是潜在的损害,也就是有不安全的因素,只是损害尚未发生,对人身、财产存在安全隐患,这时,不能等待损害发生再去主张权利,那就为时已晚。为了预防损害的发

---

① 参见王胜明主编:《中华人民共和国侵权责任法释义(第2版)》,法律出版社2013年版,第250页。

生,我们可以请求生产者、销售者停止侵害、排除妨碍、消除危险等(《民法典》第1205条)。

有些产品投入市场时,生产者、销售者由于各种原因可能并不知道缺陷的存在。在产品投入市场后,才发现产品存在缺陷,此时,生产者、销售者应当及时采取停止销售、警示、召回等补救措施。比如,汽车的安全气囊存在问题,未销售的,要立即停止销售;已经销售的,要及时召回。否则,由于未及时采取补救措施或者补救措施不力造成损害扩大的,对扩大的损害也应当承担侵权责任(《民法典》第1206条第1款)。而召回的合理费用,由生产者、销售者承担(《民法典》第1206条第2款)。

我之前说过,故意侵权不可原谅,产品责任中有些也是由故意造成的。以汽车为例,汽车厂商明知安全气囊不安全,或者发现安全气囊有问题,应当召回,但为了利润放任安全气囊引发事故,这时,生命或者健康遭受严重损害的被侵权人,就不仅仅是要求损害赔偿了,而是有权要求惩罚性损害赔偿(《民法典》第1207条),这既是对侵权人故意的惩罚,也是安慰被侵权人的手段。美国不止一家大的汽车厂商因为这个问题,而最终被判几千万甚至上亿美元的赔偿,大部分就是惩罚性损害赔偿。

Day 131

105. 机动车交通事故责任

道路千万条,安全第一条,行车不规范,亲人两行泪。——《流浪地球》

今天,我们聊的是机动车交通事故责任。我们每个人几乎接触机动车,要么自己开车,要么坐车,还有可能步行、骑单车,而机动车就从我们身边呼啸而过,生活在城市里尤其如此。即使在农村,汽车、摩托也不再新鲜,进入越来越多的人家。机动车,特别是汽车,可以给我们带来极大的方便,在有风雨的日子里,可以不再经受风吹雨打。但机动车,这个"铁皮物"的出现,也给我们带来了极大的危险,毕竟,人不是铁打的,人的肉身在铁皮的机动车面前脆弱不堪,高速行驶的机动车,经常造成各种各样的事故。那么,机动车发生交通事故造成损害,如何承担责任呢?我们有专门的《道路交通安全法》,《民法典》侵权责任编也以一章的篇幅专门对其加以规定。

如果车主或者管理人与机动车驾驶人是同一个人,对于发生事故责任由谁承担,比较简单。在实践中,机动车的车主或者管理人与驾驶人可能不是同一个人,比如,我们把汽车借给朋友使用,如果朋友开车时发生交通事故造成别人的损害,此时,如何承担责任呢?如果属于该车辆一方责任,是由这位开车的朋友直接承担赔偿责任;作为车主或者管理人的我们,如果对损害的发生有过错,则需要承担相应的赔偿责任(《民法典》第1209条)。如何理解"有过错"?举个例子,我们把汽车借给喝了酒的朋友开,这就是有过错;借给了还没有驾驶证或刚取得驾照还开不好车的朋友,结果这位朋友驾车造成他人损害,这也是有过错。

前面说的是,经过我们的同意,车被别人使用的情形,如果别人没有经过我们允许,就开走我们的机动车,比如,有活泼好动的青年,趁着我们下车买盒烟的工夫,准备练练手,结果发生交通事故造成损害,属于该机动车一方责任时,又如何呢?此时,由机动车的使用人承担赔偿责任;如果我们对损害的发生有过错,也需要承担相应的赔偿责任(《民法典》第1212条)。但如果我们的机动车被盗窃、抢劫或者抢夺,违法犯罪分子使用该机动车发生交通事故造成损害的,当然与我们无关,此时,由盗窃人、抢劫人或者抢夺人承担赔偿责任。如果盗窃人、抢劫人或者抢夺人与机动车使用人不是同一个人,发生交通事故造成损害,属于该机动车一方责任,盗窃人、抢劫人或者抢夺人与机动车使用人要承担连带责任(《民法典》第1215条第1款)。保险人在机动车强制保险责任限额范围内垫付抢救费用后,有权利向交通事故责任人追偿(《民法典》第1215条第2款)。也就是说,为了保护受害人,保险人先予垫付,但是,最终责任还是事故责任人的。

如果我们把机动车卖了或者送给别人,车已经交付了,但是还没有办理登记,在这期间,对方开车发生了交通事故造成损害,属于该机动车一方责任时,由谁承担责任呢?这个时候,应由受让人承担赔偿责任,与我们无关(《民法典》第1210条)。

有些从事道路运输活动的经营者,挂靠规模较大的企业,这样可以利用被挂靠人的名义从事经营,可以给自己带来更多的商业机会;被挂靠人则可以从挂靠人那里获得一些收益或者好处。正因如此,这样以挂靠形式从事道路运输经营活动的机动车,发生交通事故造成损害,属于该机动车一方责任的,不仅挂靠人要承担责任,而且被挂靠人也要承担责任,他们承担的是连带责任(《民法典》第1211条)。

我们知道,现在买汽车都要上保险,既有强制保险,也有商业保险,这可以对受害人提供必要的救济,减轻责任人自己的赔偿责任。在驾车发生交通事故造成损害,属于该机动车一方责任时,保险的功能就发挥出来了。此时,先由承保机动车强制保险的保险人在强制保险责任限额范围内予以赔偿;不足的部分,由承保机动车商业保险的保险人按照保险合同的约定予以赔偿;仍然不足或者没有投保机动车商业保险的,由侵权人赔偿(《民法典》第 1213 条)。在这里,我们看到,保险其实就是用较少的钱,应对较大的风险可能带来的损害,在有些领域,还是上保险更安心一些。只要谨慎一点,很多交通事故都可以避免,万一没注意,发生了事故,保险至少可以解决你的一部分,甚至绝大多数问题。

发生交通事故不应逃逸,解决问题才是妥当的做法。如果逃逸,在民事上,也要对受害人进行救济,首先应考虑是否参加了强制保险,如果该机动车参加了强制保险,则由保险人在机动车强制保险责任限额范围内予以赔偿;如果机动车不明、该机动车未参加强制保险或者抢救费用超过机动车强制保险责任限额,需要支付被侵权人人身伤亡的抢救、丧葬等费用,则先由道路交通事故社会救助基金垫付。在道路交通事故社会救助基金垫付后,其管理机构可以再向交通事故责任人追偿(《民法典》第 1216 条)。也就是救助在先,追偿在后,要么是由责任人上的保险分担损失,要么是由责任人终局承担责任。

拼装的或者已经报废的机动车具有较大的危险性,这样的车不要用。如果把拼装的或者已经达到报废标准的机动车转让给别人,这样的车发生交通事故造成损害的,转让人和受让人都要对损害承担连带责任(《民法典》第 1214 条)。

如果朋友、同事只是好意让你搭个"顺风车",结果发生交通事故造成了你的损害,事故责任在好意让你搭车的一方,那么如何解决呢?让这位好意的朋友、同事全额赔偿你吗?如果真这样做就有失人情,会伤了好意朋友、同事的心,对此,《民法典》也有规定,那就是此时应当减轻其赔偿责任,这是比较妥当的,但是机动车使用人有故意或者重大过失的除外(《民法典》第 1217 条)。比如,你的朋友喝了不少酒,没有和你说,但还邀请你搭车,结果出了事故,这就可以纳入重大过失的范畴。

106. 医疗损害责任

无病预防,有病早治。医疗诊断,患者为天。

同意不生违法。——法谚①

今天,我们聊的是医疗损害责任。生老病死,谁也逃避不了。生病了,就要去看病,而不是忍着。有些病,在轻微的时候本来是比较容易治好的,但如果严重了,很多时候,医生也没有办法。在《扁鹊见蔡桓公》这篇古文中,扁鹊最后一次到蔡桓公处,望见即走,不再说话,因为正如扁鹊所言:"疾在腠理,汤熨之所及也;在肌肤,针石之所及也;在肠胃,火齐之所及也;在骨髓,司命之所属,无奈何也。今在骨髓,臣是以无请也。"在《红楼梦》里,人见人爱的秦可卿的病就是被耽误了,万事求全、想得太多,也是会累坏人的。所以,当我们发现自己患有某些疾病或者感觉不舒服时,还是要及时到医院诊断,以免耽误病情。

当然,"看病难、看病贵",这是不正常的。在 2012 年前后,入冬了,我偶尔患个感冒,去医院拿点药,都要花两三百元,这是一个问题。有些药在没纳入医保时很便宜,供应充足,纳入医保后,药价就翻了好几倍,市场上的供应量也变少了,这也是不正常的。一些发达国家医疗保障很到位,看病也不需要花太多钱,老人、孩子能得到更多的保障。在这方面,我们还需要继续努力。

在医院等医疗机构看病,看完之后,大多数人恢复了往日的健康,会对医院和医生非常感激。但有时,也会发生医疗事故,就像我们听过

---

① 郑玉波:《法谚(一)》,法律出版社 2007 年版,第 95 页。

的,本来应该摘除有问题的左肾,结果把没问题的右肾摘除了;或者本来是想去割双眼皮,结果却毁了容,对于这些情形,如果医疗机构或者其医务人员有过错,造成患者的损害,此时,医疗机构要承担赔偿责任(《民法典》第1218条)。需要注意,这里承担责任的不是医生、护士等个人,而是医疗机构。

对于看病治疗,患者是外行,医务人员是内行,在患者和医务人员之间存在着信息不对称的问题。因此,在诊疗活动中,医务人员应当向患者说明病情和医疗措施。如果需要实施手术、特殊检查、特殊治疗,医务人员应当及时向患者具体说明医疗风险、替代医疗方案等情况,并取得其明确同意;不能或者不宜向患者说明的,应当向患者的近亲属说明,并取得其明确同意(《民法典》第1219条第1款)。这说的是患者或者患者家属的知情权。患者需要知道自己患病的真实状况,也需要知道当前临床实践中有效、安全的治疗方案,该医疗机构的水平,可供选择的方案,可能的风险,如是否影响再孕、是否有并发症,等等。

比如,有的人的大动脉边上长了个肿瘤,医院需要告诉患者,这是不是恶性肿瘤、是否还会继续长大,如果做手术,是否可能会大出血或者有发生瘫痪的危险。有的医疗机构在孕检过程中,没有发现胎儿畸形,或者未将可疑之处告诉孕妇本人,以致其生下畸形的婴儿,就需要承担赔偿责任。医务人员没有尽到告知义务,造成患者损害的,医疗机构应当承担赔偿责任(《民法典》第1219条第2款)。

但有些情况较为紧急,比如,2007年在北京某医院,男子拒绝手术签字导致孕妇及腹中的胎儿死亡,引起了社会的广泛关注。对此,法律也进行了回应,那就是在生命垂危之际,抢救要紧,时间就是生命,不能再让前面的情况发生。法律据此规定因抢救生命垂危的患者等紧急情况,不能取得患者或者其近亲属意见的,只要经医疗机构负责人或者授权的负责人批准,就可以立即实施相应的医疗措施(《民法典》第1220条)。

医务人员在诊疗活动中,需要尽到与当时的医疗水平相应的诊疗义务,否则,造成患者损害的,医疗机构应当承担赔偿责任(《民法典》第1221条)。医务人员不能说,"我没有那个水平",如果真的没有那个水平,需要提前说明,让有能力的医务人员进行治疗。有句俗语叫,"没有金刚钻,就别揽瓷器活"。如果治不了,要及时告诉患者转诊,到经验丰富、有能力治疗的医院去,否则,耽误了治疗,也是医疗机构的责任。

在患者诊疗的过程中,医疗机构掌握主动权,医务人员是专业人士,所有的材料都在医疗机构的控制之下。所以,为了保护患者,如果患者在诊疗活动中受到损害,有下列三种情形之一,就推定医疗机构有过错:①违反法律、行政法规、规章以及其他有关诊疗规范的规定;②隐匿或者拒绝提供与纠纷有关的病历资料;③遗失、伪造、篡改或者违法销毁病历资料(《民法典》第1222条)。这三种情形都初步表明,医疗机构有过错,因为如果没过错,通常不会把病历藏起来或拒绝提供,或者伪造、篡改病历。因此,法律推定医疗机构有过错,这是妥当的,如果医疗机构想免除责任,主张自己没有过错,就要提出确切的证据加以证明。

*****

今天,我们继续聊医疗损害责任。生病时,我们经常要吃药、打针和做检测,需要对设备进行消毒,有时,可能还需要使用一些医疗器械,严重的时候,甚至还需要输血。如果因为药品、消毒产品、医疗器械的缺陷,或者输入不合格的血液造成损害,应找谁来赔偿呢?这时,我们既可以向药品上市许可持有人、生产者、血液提供机构请求赔偿,又可以向医疗机构请求赔偿。因为问题出在药品、消毒产品、医疗器械或者血液上,所以,药品上市许可持有人、生产者、血液提供机构应承担终局责任。只是因为损害是在医疗机构诊疗过程中发生的,所以,医疗机构也要承担责任,患者找医疗机构赔偿更方便。只不过,医疗机构在赔偿患者的损害后,有权向负有责任的药品上市许可持有人、生产者、血液提供机构追偿(《民法典》第1223条)。

有时,尽管患者在诊疗活动中受到损害,但是,也不能要求医疗机构承担赔偿责任。第一种情形是,患者或者患者的近亲属不配合医疗机构进行符合诊疗规范的诊疗,因此导致发生损害,这就不能怪医疗机构了。当然,如果医疗机构或者其医务人员也有过错,应当承担相应的赔偿责任。第二种情形是,对于生命垂危的患者,在进行抢救等紧急情况下,医务人员已经尽到合理诊疗义务，即使患者仍然去世了，也不能要求医疗机构承担责任。因为医务人员毕竟不是神仙，让医疗机构把生命垂危的人全部抢救回来，只是美好的想象和不太现实的奢望。医务人员只能尽最大努力抢救病人，对于能不能抢救回来，有时病人本身的体质、求生的意志也发挥着作用。我也曾经历过亲人在心脏跳动停止后，经过电击抢救，又死里逃生的事情，但是，心脏跳动停止，没有被抢救回来的人也有很多。第三种情形是，有些病限于当时的医疗水平难以诊疗。这种情况谁也没办法，因为，我们都知道，仍然有一些疾病是我们人类目前所无法完全治愈的(《民法典》第1224条)。

我们去诊疗时，程序很复杂，从挂号开始就有各种各样的单据，这些单据也是医疗机构履行诊疗义务的证据。所以，医疗机构及其医务人员应当按照规定填写并妥善保管住院志、医嘱单、检验报告、手术及麻醉记录、病理资料、护理记录等病历资料(《民法典》第1225条第1款)。作为病人，特别是在发生医疗纠纷时，我们有权查阅、复制刚刚所说的各种文件，对于这些病历资料，医疗机构应当及时提供(《民法典》第1225条第2款)。如果拒绝提供，那么，医疗机构就会被认为存在过错。

在治病、诊疗的过程中，产生了大量的数据，很多数据关乎我们的隐私和个人信息。隐私权和个人信息受法律保护，在医疗法律关系中，产生的隐私和个人信息尤其需要保密，因此，《民法典》在医疗损害责任这一章中特别强调，"医疗机构及其医务人员应当对患者的隐私和个人信息保密。泄露患者的隐私和个人信息，或者未经患者同意公开其病历资料的，应当承担侵权责任"(《民法典》第1226条)。之前，有医生未经患者同意，带领大量的实习生，男生、女生都有，观察孕妇生产或妇科手术的全过程，这侵犯了患者的隐私权。医疗隐私是人们较为敏感的一类隐私，所以，需要受到特别保护。

以前患者到医疗机构看病时，有个别的医院，无论是否有必要，都先将患者的全身上下查一遍，再进行治疗；有些检查在其他医院已经做过了，经过转院治疗，医疗机构又让患者重新在本院检查一遍，这些行为并不合理，也有损"白衣天使"的形象。但一些医疗机构及其医务人员为了利润、提成，要求病人进行不必要的检查；以前我们也会看到有医院提出

"大干100天、门诊200万、病床超九成"的报道,这些情形在实践中是存在的。因此,《民法典》专门规定,"医疗机构及其医务人员不得违反诊疗规范实施不必要的检查"(《民法典》第1227条)。

一方面,患者的权益需要受到法律保护,另一方面,医疗机构及其医务人员的合法权益也是受法律保护的(《民法典》第1228条第1款)。在实践中,也存在个别患者及其家属无理取闹,干扰医疗秩序的情况,这种妨碍医务人员工作、生活,侵害医务人员的合法权益的行为同样需要承担法律责任(《民法典》第1228条第2款)。

107. 环境污染和生态破坏责任

>这里的空气是甜的。——愿望

今天,我们聊的是环境污染和生态破坏责任。多年之前,环境污染还不成为一个问题。在我的印象里,小时候,湖里的水是透明的,夏天到了,雨水很多,村子里的水都流到湖里,甚至会漫过平时通行的小路,湖里甚至还有很多鱼。如果在水说多不多、说少不少的时候,在路上挖出一个10厘米宽、浅浅的沟,小鱼和蝌蚪还会经由这条狭窄的沟游来游去,从西边游到东边,又从东边游到西边。印象最深刻的是湖里的泥鳅,那是我们小时候最美味的大餐。夜晚,我们看满天的繁星,看完《圣斗士星矢》,去院子里仰望天空,看星星组成的图案,除了启明星、北斗星,还有被我叫作"三星"的一组星星,因为三颗星星在一条直线上,亮度差不多,两边的星星到中间的星星的距离看上去也是相同的。

多年过去了,我们看到周边的湖水、河水不再透明,甚至变成黑色的;空气中也出现了我们讨厌的雾霾;有些物种也因为环境污染而有所减少。据相关研究,在满是雾霾的空气中生活,甚至会减损生命的长度。不管怎么样,我们的生活质量因为环境污染而降低,我们生活的幸福指数下降了。在此背景下,加强污染治理、维护生态平衡很有必要。

为此,《民法典》总则编规定了绿色原则,绿色原则强调保护生态环境(《民法典》第9条);不仅如此,《民法典》侵权责任编在重申2009年公布的《侵权责任法》环境污染责任的基础上,还增加了生态破坏责任,这为环境污染和生态破坏的救济和治理提供了一定的规则。

环境污染和生态破坏,二者尽管相似,但是并不相同。环境污染,我们都比较熟悉,很容易理解,可能是空气污染、水污染,也可能是固体废物污染。池塘被某些工厂排入废水,清澈的水变得污浊,就是污染问题;空气中满是雾霾,望不到5米以外的地方,也是污染问题。环境污染不一定造成生态破坏,但如果污染严重到一定程度,就可能会造成生态破坏,比如,水污染过于严重,造成水生动物,如某些鱼类死亡,导致生物种类减少、生态链遭到破坏。

工业化时代的很多活动都是难以完全消除污染的。即使如此,因污染环境、破坏生态造成他人损害的,侵权人也应当承担侵权责任(《民法典》第1229条)。如果行为人不想承担责任,或者想减轻自己的责任,那么他必须证明他的行为属于法律规定的不承担责任或者减轻责任的情形,或者他的行为与损害之间不存在因果关系。如果不能对此加以证明,就需要承担侵权责任(《民法典》第1230条)。

另外,相较其他侵权类型,污染环境、破坏生态更有可能是多个行为人造成的,特别是空气污染、水污染的情况,如果是两个以上侵权人污染环境、破坏生态,那么,侵权人之间承担责任的大小,根据污染物的种类、浓度、排放量,破坏生态的方式、范围、程度,以及行为对损害后果所起的作用等因素确定(《民法典》第1231条)。综合考虑这些因素是合理的。

工业化生产,本身无所谓过错,人类如今已经基本不可能完全停止工业化生产了。尽管有工业化生产,其实难以根本避免污染,但是,行为人还是可以遵守《固体废物污染环境防治法》《土壤污染防治法》《大气污染防治法》《水污染防治法》《噪声污染防治法》等法律的要求,尽可能将污染控制在较小的范围内。对于侵权人违反法律规定故意污染环境、破坏生态造成严重后果,《民法典》规定了较重的责任,那就是,对于这种故意侵权并且造成严重后果的行为,被侵权人有权请求相应的惩罚性赔偿(《民法典》第1232条)。惩罚性赔偿主要是针对侵权人的故意而设,当然,后果严重也是重要因素。

如果是因第三人的过错污染环境、破坏生态,被侵权人仍然可以向侵权人请求赔偿,也可以直接向第三人请求赔偿。如果是侵权人赔偿,那么,在赔偿后,侵权人有权向第三人追偿(《民法典》第1233条)。毕竟污染环境、破坏生态是第三人的过错造成的。这种规定有助于救济被侵权人,同时,也是让有过错的第三人承担终局责任。

　　生态环境遭到破坏,对人类的生存和发展都会造成影响,不是对一个人、两个人的损害,也不是对某个人或者某几个人的具体损害,因此,保护生态环境具有公益的性质。对于违反国家规定造成生态环境损害的,修复如初是理想状态。能够修复的,国家规定的机关或者法律规定的组织有权请求侵权人在合理期限内承担修复责任。如果侵权人在期限内未修复,这时,国家规定的机关或者法律规定的组织可以自行修复,或者委托他人进行修复,而所需要的费用则由侵权人负担(《民法典》第1234条)。

　　对于造成生态破坏的侵权人,国家规定的机关或者法律规定的组织可以主张哪些赔偿呢?根据《民法典》的规定,具体包括如下五种损失和费用:生态环境受到损害至修复完成期间服务功能丧失导致的损失;生态环境功能永久性损害造成的损失;生态环境损害调查、鉴定评估等费用;清除污染、修复生态环境费用;防止损害的发生和扩大所支出的合理费用(《民法典》第1235条)。从这些赔偿项目来看,生态破坏与环境污染还是存在较大不同的。

Day 135

108. 高度危险责任

> 带来高度危险者,负危险责任。

今天,我们聊的是高度危险责任。随着科学和技术的进步,我们身边的危险与日俱增,比如,如果发生核泄漏,后果很严重;如果飞机从天上坠落,后果同样不堪设想;有些物质属于剧毒、有些物质具有高放射性,如果控制不好这些东西,会对周边的人造成严重的伤害。总之,具有高度危险的东西,必须控制好,从事高度危险作业,本身就带来了巨大的危险,这时,不再考虑行为人有没有过错,只要造成他人损害,行为人就要承担责任(《民法典》第1236条),除非存在法律规定的免责事由。另外,从事不同的高度危险作业,免责事由也有所不同。

民用核设施或者运入运出核设施的核材料发生**核事故**造成他人损害的,由民用核设施的营运单位承担侵权责任。营运单位想要免责,必须证明损害是因战争、武装冲突、暴乱等情形造成的,或者是受害人故意造成的(《民法典》第1237条),其中,武装冲突和暴乱是《民法典》新增加的。世界上影响较大的核事故是日本的福岛核泄漏事故和苏联统治时期乌克兰境内的切尔诺贝利核事故,核泄漏的影响范围广、时间跨度长、对人体的损害大,甚至可能对后代造成影响。

在**民用飞机**造成他人损害时,航空公司要承担侵权责任;只要航空公司证明,损害是由受害人故意造成的,就不用承担责任(《民法典》第1238条)。

有些危险物可能离我们并不遥远,如**易燃**、**易爆**、**剧毒**、**高放射性**、**强腐蚀性**、**高致病性**等高度危险物,在占有或者使用这些高度危险物时,如果造成他人损害,那么,占有人或者使用人要承担侵权责任。对于这些高度危险物,不仅不允许带上飞机,也不能带上公交车,因为这会对公共安全带来潜在的危害。占有人或者使用人如果要免除责任,需要证明损害是由不可抗力造成的,或者是因为受害人故意造成的,除此之外,都要承担责任。另外,如果被侵权人对损害的发生存在重大过失,那么,可以减轻占有人或者使用人责任(《民法典》第1239条)。高致病性危险物,属于《民法典》新增加的、明示列举的内容,如新型冠状病毒就属于高致病性危险物,可以认为,这是《民法典》对新冠疫情的某种回应(尽管新冠疫情已没那么可怕,但仍保留本段,以供回忆,2025年6月补记)。

从事高空、高压、地下挖掘活动或者使用高速轨道运输工具造成他人损害的,经营者应当承担侵权责任。比如,地铁就属于高速轨道运输工具,根据中国法院网2005年1月11日的消息,当时,全国第一例**地铁撞腿案**轰动一时。因意外事故被地铁夺走双腿的吴某林,向北京市西城区人民法院递交了诉状,要求地铁总公司赔偿150万元。当时,吴某林找了好几个律师都被拒绝,因为律师认为他存在过错,官司肯定打不赢。如果换到现在,根据《民法典》的规定,会怎么样呢? 只有当地铁总公司能够证明损害是因受害人故意或者不可抗力造成时,才不承担责任,很明显,这里既未发生不可抗力,吴某林也不希望事故发生。只是,当吴某林进站赶车速度快,不慎掉下站台,对损害的发生构成重大过失时,才可以减轻地铁总公司的责任(《民法典》第1240条)。需要注意,这里强调的是重大过失,这是《民法典》在这个问题上的一个变化,如果是一般过失,是不能减轻侵权人的责任的。

对于易燃、易爆、剧毒、高放射性、强腐蚀性、高致病性等高度危险物,需要妥善保管,不能随意丢弃,否则,因此造成他人损害的,所有人应承担侵权责任。如果所有人将高度危险物交由他人管理,则由管理人就此承担侵权责任。可以看出,实际上,谁实际管理着高度危险物,谁就要控制、管理好它,正是因为这些物品高度危险,所以,才不能遗失,更不能抛弃。在存在管理人时,如果所有人有过错,应与管理人承担连带责任(《民法典》第1241条)。

前面说的是高度危险物遗失、抛弃,以致造成他人的损害;在实践中,还存在第三人非法占有高度危险物造成他人损害的情况,此时,实际的控制人——非法占有人要承担侵权责任。所有人、管理人本该管好高度危险物,不让第三人非法接触、控制高度危险物,所以,在这种情况下,所有人、管理人需要证明,其为防止非法占有已经尽到了高度注意义务,否则,需要与非法占有人承担连带责任(《民法典》第1242条)。

如果有人没有经过许可私自进入高度危险活动区域或者高度危险物存放区域而受到损害,由于问题主要出在进入者本人身上,此时,管理人是否就没有责任了呢?不是的,只有当管理人已经采取足够安全措施并尽到充分警示义务,并能够对此加以证明时,才可以减轻或者不承担责任(《民法典》第1243条)。管理人的防范和警示义务很重要,《民法典》在这个问题上的规定与《侵权责任法》有所不同,那就是,强调管理人采取的措施要"足够"安全,"足够"是新增加的限定词;尽到的警示义务要"充分",这个"充分",也是新增加的,这都表明管理人应尽到的防范和警示义务程度是很高的。

另外,高度危险责任可能造成很大的损害,考虑到行业的发展,法律对某些赔偿做出了赔偿上限的规定,如果存在这样的赔偿限额,那么,依照此类规定。比如,根据中国民用航空总局公布的《国内航空运输承运人赔偿责任限额规定》,国内航空运输承运人赔偿的上限是:(1)对每名旅客的赔偿责任限额为人民币40万元;(2)对每名旅客随身携带物品的赔偿责任限额为人民币3000元;(3)对旅客托运的行李和对运输的货物的赔偿责任限额,为每公斤人民币100元(《国内航空运输承运人赔偿责任限额规定》第3条)。这一赔偿责任上限的调整,由国务院民用航空主管部门制定,报国务院批准后公布执行(《国内航空运输承运人赔偿责任限额规定》第4条)。如果旅客自己买航空旅客人身意外保险,保险公司对旅客的赔偿,并不免除或者减少航空运输承运人承担的赔偿责任(《国内航空运输承运人赔偿责任限额规定》第5条)。此外,如果行为人有故意或者重大过失,则不受法定赔偿上限的限制(《民法典》第1244条)。

Day 136

109. 饲养动物损害责任

饲养动物者,对动物负责。

今天,我们聊的是饲养动物损害责任。很多动物是我们的朋友,比如,小猫、小狗,我们很多人都喜欢,小猫来到你身边,绕着你的腿走两圈,喵喵叫两声,你的心马上就化了;小狗看到你回家,直接朝你跑过来,尾巴摇一摇,你看了就会很开心,甚至还会抱一下它。我们的家里除了会养比较乖巧的猫、狗,也可能饲养马、牛、羊、驴、鸡、鹅等动物,这些动物有些具有较大的危险性,比如,马可能会尥蹶子①,它会踢到人;牛可能会顶人;骑马时,马有时会把你抛下来。有些动物看上去个子不大,好像没有多大的危险性,但实际上,依然会伤人,你见过鹅伤人吗?我小时候,家里养鹅,走进鹅圈里,就算进入了鹅的地盘,我就被鹅啄到过,鹅的力气还是很大的;又如狗,有些在家人面前很温顺,任你抚摸,乖乖趴在地上动也不动,但如果是陌生人摸它,可能就发生咬人的事件。总之,毫无疑问,动物具有动物的本性,就有伤人的可能,所以,要时刻看好自己的动物。

饲养的动物,如果造成别人损害,那么,动物的饲养人或者管理人要承担侵权责任。如果能够证明损害是因被侵权人故意或者重大过失造成的,那么,可以不承担或者减轻责任(《民法典》第 1245 条)。无论是猫,还是狗,尽管你很喜欢,但如果不是自己养的,最好不要用手去碰它。因为,它们有时也会不理解你为什么要摸它,可能对此进行防卫而抓伤你

---

① 尥蹶子(liào juě zi),北方方言,指骡马等撒欢、踢后腿,很容易伤人。

或者咬伤你。家里饲养的鸡，看似没有危害性，但实际上，有些公鸡是具有攻击性的。我小时候，在街道上，就看到过有公鸡追着人走，这也是很恐怖的，它不是在陪人散步，而是会飞起来扑到人身上。在多年前，发生过真实的案例，一个小朋友的眼睛被公鸡啄瞎了，这也是典型的饲养动物致人损害。

饲养动物要采取适当的安全措施，比如，饲养狗的，需要在带狗出门的时候牵狗绳、给狗戴上嘴套。违反管理规定，没有对动物采取安全措施造成他人损害的，动物饲养人或者管理人要承担侵权责任。这个责任是较为严格的，即使被侵权人对损害的发生存在故意，动物的饲养人或者管理人也不能免除责任，顶多只是减轻责任（《民法典》第1246条）。所以，按照管理规定，照顾好自己的动物，非常有必要。有些人说，自己的狗不咬人，这可能是真的，但不咬人的狗，如果狗比较大，你没有牵好，直接朝其他人跑过去，不要说小孩和老人了，就是普通的大人也会被这情景给吓到。事实上，也确实发生过这样的案件，一条狗向一位老人接近，把老人吓得摔倒，这同样是要承担侵权责任的。并非只有饲养的动物咬了人才要承担责任。

有些动物的危险性更高，比如一些烈性犬，法律法规禁止饲养烈性犬等危险动物，我们应该遵守相关规定。如果有人偏偏饲养了禁止饲养的烈性犬等危险动物，造成他人损害，那么，动物饲养人或者管理人直接承担责任就对了（《民法典》第1247条）。这里不接受任何借口或者所谓的理由。

有一个地方我们偶尔也会去，那里的动物特别多，你可能已经猜到了，就是动物园。动物园里有很多动物，特别是我们平时在家里看不到的动物，如大象、狮子、老虎、豹、狐狸、狼、黑熊、熊猫、猴子、狒狒、长颈鹿、孔雀等，这些动物都具有危险性，特别是狮子、老虎、豹、狼这些动物，需要更多的管理。我们在看老虎打盹，基本都是隔着厚厚的玻璃门或者围栏，或者老虎在远远的假山上。动物园的动物造成他人损害的，动物园要承担侵权责任，除非动物园证明已经尽到管理职责（《民法典》第1248条）。之前，有小朋友穿过狭窄的护栏，进入护栏里面，而遭到一群猴子的攻击，尽管家长也有责任，但是，护栏间隙做得太宽，以至于小朋友可以穿过去，这就是动物园没有尽到管理职责。看上去憨厚可爱的大熊猫，攻击力也是很强的，记得好多年之前听电视新闻，就有报道，大熊猫跑到了农户的羊圈里，大熊猫掌拍屁股坐，农户的羊伤亡严重。因此，大熊猫也是"只能远观，而不可亵玩焉"。

饲养动物，就要看好动物，特别是危险性较高的动物，不要让它自己到处溜达，更不要随意地放在路边。因为这种危险性可能导致他人受到损害。《民法典》对此也有专门规定，遗弃、逃逸的动物在遗弃、逃逸期间造成他人损害的，是由动物原饲养人或者管理人承担侵权责任(《民法典》第1249条)。所以，如果自己不想继续饲养，应该请喜欢动物的人士领养或者作出其他妥当安排，不能让动物流浪。流浪猫、流浪狗的存在也给人们带来了危险。

如果是因为第三人的过错致使动物造成他人损害，被侵权人既可以向动物饲养人或者管理人请求赔偿，又可以向第三人请求赔偿。当然，第三人是终局的责任人，动物饲养人或者管理人赔偿后，有权向第三人追偿(《民法典》第1250条)。比如，有人逗狗玩，引起狗的追、跑，在这一过程中，也有可能撞伤、咬伤其他人。

最后强调的是，饲养动物应当遵守法律法规，尊重社会公德，不得妨碍他人生活(《民法典》第1251条)。自己家里养动物一般没有人管，但是，不能影响别人的生活。比如，有些人家里养了五六条狗，不分白天、黑夜地在屋子里跑，那这就可能影响他人的生活安宁，让楼下的住户夜晚无法安心睡觉。同样，养的动物多而杂，如果不注意卫生、清理，会弄得满楼道都是难闻的味道，这是不对的，甚至是违法的。《民法典》第294条实际上提到，不动产权利人不能排放大量的大气污染物、噪声等有害物质。

Day 137—139

110. 建筑物和物件损害责任

建筑物质量关乎人的生命。

高空抛物致害是故意侵权,严重者构成犯罪。

今天,我们聊的是建筑物和物件损害责任。动物天然就具有某种危险性,那是动物的天性使然;而不会动的物——比如,房子、大树、地面等,这种东西有时也具有危险性,但是,它的危险性经常或者主要是人类的过错使然,是某些人的不当行为造成的。

"楼脆脆"这个词,你有没有听过?这是 2009 年左右出现的词。根据"360 百科"的记载,2009 年 6 月 27 日清晨 5 时 30 分左右,上海市闵行区莲花南路、罗阳路口西侧莲花河畔景苑小区内一栋在建的 13 层**住宅楼全部倒塌**,由于倒塌的高楼尚未竣工交付使用,所以,事故并没有酿成特大居民伤亡事故,但是造成一名施工人员死亡。其实,在其他地方,也有这样的事件,比如,郑州**楼脆脆事件**的回顾新闻显示,在某安置房项目的施工现场,业主用手轻轻一摸墙体,砖块就大面积脱落,找到还未使用的砖,轻轻一掰就断为两半,用脚一踢,变成了碎渣。这些是尚未入住就出现的问题。

根据搜狐新闻的报道,2014 年 4 月 4 日,浙江省奉化居敬小区 29 幢一个半单元粉碎性倒塌,此楼建成仅 20 年,很多人的家瞬间灰飞烟灭了。这也让人想起俄罗斯的电影《**危楼愚夫**》。发生这样的建筑物、构筑物或者其他设施倒塌事故,造成他人损害的,谁要为此负责呢?要由建设单位与施工单位承担连带责任,除非他们能够证明不存在质量缺陷。而建设单位、施工单位赔偿后,如果有其他责任人,有权向其他责任人追偿(《民法典》第 1252 条第 1 款)。实际上,房屋建造成这样,简直是拿人们的生命、财产开玩笑,这不仅是民事赔偿的问题,甚至构成刑事犯罪。重要的不是事故发生了,再赔偿、追究责任,就算赔再多钱,人也不能复生,重要的是采取措施,从根本上杜绝这类事故的发生。

另外,如果是所有人、管理人、使用人或者第三人的原因,导致建筑物、构筑物或者其他设施倒塌、塌陷造成他人损害,由所有人、管理人、使用人或者第三人承担侵权责任(《民法典》第 1252 条第 2 款)。个别业主为了增加房屋室内面积,私自拆掉承重墙,导致楼房坍塌,就是这种情况。据"365 淘房"2019 年 10 月 14 日的消息,"楼倒倒"离我们也不远,南京一公寓**私拆承重墙**引发坍塌,2 个月就发生 4 起房屋坍塌事故,所以,千万要注意,自己的平房,想拆就拆,这没有问题;但楼房是大家安身立命之所,承重墙关乎整个建筑物的结构和安全,是绝对不能动的。否则,害人又害己,楼房倒塌,自己花钱买的房没有了,自己和家人也极有可能会被压在楼房底下。另外,对于第三人的情况,之前也有推土机驾驶员因为操作失误,把别人的房屋推倒造成两死一伤的后果。

大地震可能会导致房屋倒塌,但是,房屋质量本身就是需要达到一定要求的,比如抗八级地震。如果设计、建筑时的标准是要抗八级地震,而现在发生的是六级地震,房屋倒塌了,那么,这仍然是建设单位和施工单位的责任,不能以地震发生为由逃避责任。因为按照设计要求,六级地震,房屋是不会倒塌的,现在竟然塌了,很明显是建设单位和施工单位的责任。

1998 年 8 月 4 日凌晨,河南省洛阳市普降特大暴雨,由洛阳市郊区公路段负责养护维修的公路防护墙因雨水浸泡,近 50 米长的**防护墙**突然**倒塌**,造成沿非机动道行驶的魏某车损人亡。对此,人民法院就正确地指出,郊区公路段虽已对公路防护墙进行管理和养护,但无法提出自己无过错的证据,故抗辩不能成立。建筑的公路防护墙通常应能够经受住依生活经验出现的气候、大气、地质构造的作用与影响,也须经受住因使用而产生的负担,仅因雨水浸泡即倒塌,难以说明其不存在过错。

此外,地面塌陷也是问题。根据央视新闻的报道,地面突然塌陷、车子掉进去的事故也发生过多起。这种发生在脚底下的事故,影响人们生活的安全感。路政管理部门和相关部门必须采取有效措施,尽最大努力防患于未然。有些地面坍塌,属于地铁施工或者其他地下作业不当所致,就此而言,地下作业单位应做好每一个环节的工作,防止对地面造成不当影响和安全隐患。

* * * * *

今天,我们继续聊建筑物和物件损害责任。除了房屋倒塌、地面塌陷之类的严重事故,生活中,房屋外檐脱落、楼房外墙瓷砖坠落事故造成的人身财产损害的事件更是时有发生。在人民法院受理的案件中,有些则是窗扇坠落、窗户上的玻璃、复印店的玻璃门脱落、坠落案件。这些事故的发生主要是因为管理不当,房屋的所有人、管理人或者使用人需要关注自己的门窗、玻璃,特别是当它们有些年头时尤其如此。当发现窗户的螺丝已经不紧,或者窗户玻璃晃荡的时候,都需要及时采取修理或者加固措施。

我们也听到过阳台花盆坠落砸伤行人、砸坏汽车的事件,事实上,把花盆放到窗户外边或者紧邻窗户摆放,这本身就是危险的。如果因前面这样的事故,造成他人的损害,那么,建筑物、构筑物或者其他设施及其搁置物、悬挂物的所有人、管理人或者使用人不能证明自己没有过错的,应当承担侵权责任。所有人、管理人或者使用人赔偿后,有其他责任人的,有权向其他责任人追偿(《民法典》第1253条)。总体上来看,居住在房子里,对房屋具有实际控制力的人是有责任的。如果是租户住在房子里,把花盆放到窗户边上,一旦花盆坠落砸伤行人,租户的责任是跑不掉的。一些自然悬挂物,比如冬天在立交桥下形成的冰锥,也发生过坠落伤人事件,有关部门应对此及时进行清理。

生活在楼房中,与平房不同。就算生活在平房中,也不应随便往外扔东西,而生活在高楼中,往外扔东西的社会危险性更大。有人从窗户往外扔烟灰缸,砸伤了孩子,即使只是一颗小石子,高空抛下,都可能造成严重的伤亡后果。因此,《民法典》明确"禁止从建筑物中抛掷物品"(《民法典》第1254条第1款第1句)。从建筑物中抛掷物品或者从建筑物上坠落的物品造成他人损害的,由侵权人依法承担侵权责任(《民法典》第1254条第1款第2句前段)。其实,不仅是民事责任,根据2019年10月21日公布的《最高人民法院关于依法妥善审理高空抛物、坠物案件的意见》,高空抛物还可能构成刑事犯罪:故意从高空抛弃物品,尚未造成严重后果,但足以危害公共安全的,依照《刑法》第114条规定的以危险方法危害公共安全罪定罪处罚;致人重伤、死亡或者使公私财产遭受重大损失的,依照《刑法》第115条第1款的规定处罚。①《民法典》对此还专门规定,有人从建筑物中往外扔东西或者从建筑物上坠落的物品造成他人损害的,公安等机关应当依法及时调查,查清责任人(《民法典》第1254条第3款)。

《民法典》进一步规定,经过调查仍然难以确定具体侵权人的,除能够证明自己不是侵权人的外,由可能加害的建筑物使用人给予补偿(《民法典》第1254条第1款第2句后段)。可能加害的建筑物使用人补偿后,有权向侵权人追偿(《民法典》第1254条第1款第3句)。该规定的目的,是为受害人提供救济。后半句也是符合法理的。但前半句,尽管加害人在可能加害的建筑物使用人当中,但为什么那么多无辜的住户也要为此买单,其正当性受到一定的质疑。在实践中,操作起来也有一定的困难,因为无辜的住户,觉得自己冤枉,明明自己在家中只是睡个觉,或者读本书,为什么也要给别人补偿。所以,尽管规定了这个条款,而且发生这样的情形人民法院也会据此判决,但仍然需要进一步完善。

另外,物业服务企业等建筑物管理人在防止高空抛物的问题上也可以有所作为。实际上,《民法典》规定了物业服务企业等建筑物管理人应当采取必要的安全保障措施、防止高空抛物或者高空坠物致害发生的义务,如安装摄像头、禁止高空抛物、坠物的宣传等。如果没有采取必要的安全保障措施,物业服务企业等建筑物管理人要依法承担未履行安全保障义务的侵权责任(《民法典》第1254条第2款)。

总之,这样的事,最好还是不要发生。住在楼里,就要养成好习惯,把

---

① 《中华人民共和国刑法修正案(十一)》(2020年12月26日通过)已正式将高空抛物罪入刑,增列为《刑法》第291条之2。

垃圾或者其他不要的东西扔到垃圾桶里,既不要扔到窗户外,也不要扔到垃圾桶外。情侣也好,家人也罢,吵架的时候,不要乱扔东西,扔东西也解决不了问题,还可能给自己招来民事责任和刑事责任。最好是坐到一起,心平气和地沟通,没有沟通,夫妻也会变成陌生人,貌合神离;家庭也会解体,或者毫无生气。永远不要低估沟通和关爱在夫妻感情与家庭美满中的作用。

当把东西堆放到一起,具有一定的高度时,由于地心引力的作用,就有可能发生倒塌、滚落或者滑落,如果造成他人损害,堆放人要承担侵权责任,除非他能够证明自己没有过错(《民法典》第1255条)。在市场里,经常可以看到很多商家把东西一起摞得老高,这样可以节省空间,但是,如果倒塌砸到人,或者上面的东西滚下来砸伤人,就是商家的责任了。当我们把东西堆放到一起时,必须采取适当的措施,把这些东西归拢到一起,固定住,这是有必要的。

* * * * *

今天,我们继续聊建筑物和物件损害责任。如果是在私人的场合,比如自己的家里地板上堆放物品,即使走路不便,可能你也不会在乎。那是你自己的空间,你的地盘你做主,没有问题。但是,如果是在公共道路上,那就完全不一样了。在公共道路上,人来人往、车来车往,如果在道路上堆放、倾倒、遗撒妨碍通行的物品,经常会造成他人的损害。发生这样的情况,行为人是要承担侵权责任的。在实践中,有些人未经许可在公共道路上堆放石子和黄沙,也没有采取安全防范措施,未设置警示标志,以至于造成安全隐患。导致交通事故、人员伤亡的,行为人就要承担侵权责任(《民法典》第1256条第1句)。

公共道路,除了不能堆放、倾倒、遗撒妨碍通行的物品,如果道路上出现情况,公共道路管理人需要及时清理、防护、进行警示,如果不能证明已经尽到这种义务,那么,需要就其未尽到必要的义务承担相应的赔偿责任(《民法典》第1256条第2句)。特别是晚上,如果地面有碎石、有坑或者有塌陷,附近又没有及时设置防护、警示设施,那实在是太危险了。在一个案件中,某司机在高速公路上驾车,由于碾压到其他人遗撒在公共道路上的铁制品而发生车辆侧翻,引发交通事故。在高速公路经营者不能证明其已经尽到及时巡视和清理障碍义务的情况下,高速公路经营者要承担相应的责任。

但是,及时巡视并不等同于随时巡视,如果高速公路经营者已举证证明按《公路养护技术标准》《公路沥青路面预防养护技术规范》相关规定对道路进行了定期清扫及巡查,履行了日常养护、确保公路安全畅通义务,就不能认定其疏于养护,此时,高速公路经营者就不应承担赔偿责任。在另一个案件中,人民法院就曾指出,公路局作为公共设施管理机关对损坏路面未及时设置警示标志,以便来往行驶的车辆驾驶员采取措施避开或减速经过损坏路面,肇事地段所损坏路面已影响车辆安全行驶,对引发事故造成的经济损失,应承担民事赔偿责任。不仅在公共道路上堆放、倾倒、遗撒妨碍通行的物品会带来危险,而且在道路上或者公共场所挖掘、修缮安装地下设施,也具有一定的危险性。实际上,有些人即使只是踩到公路上的下水道的窨井盖上,也有可能会掉下去,并因此而把腿摔骨折,尽管井盖通常是金属制作的,但是,如果不定期养护、更新,每天人来人往、车来车往,正所谓"水滴石穿",再结实的井盖,如果时间久了,哪一天还是可能禁不住我们从上面走过去。就此而言,如果窨井等地下设施造成他人损害,管理人不能证明尽到管理职责的,应当承担侵权责任(《民法典》第1258条第2款)。

这其实就是强调,窨井等地下设施的管理人,要定期维护、管理,就我们熟知的井盖而言,保证其结实、不破碎是非常必要的。如果是挖掘、修缮安装地下设施,相当于地面、路上出现了意料之外的坑,施工人必须妥当预防以避免招致损害。如果施工人不能证明已经设置明显标志和采取安全措施,应当承担侵权责任(《民法典》第1258条第1款)。

我们都知道,在高速公路上,如果汽车突然出现问题,就要停车修理,同样需要在车的后面,其他汽车驶过来的方向,设置一些安全、警示标志。如果是在拐弯的地方,更要作好充分的警示,否则,等别的汽车司机看到了,也已经撞过来了,为时已晚。

另外,大树或者林木这类东西平时没有太大的危险性,但这不意味着就不会引发人身伤亡事故。实际上,在刮大风的日子里,树木发生折断或者倾倒的情况是有的;即使是平常的日子,有些树木因为各种各样的原因,比如枯朽,也会发生折断或者倾倒。所以,林木的所有人或者管理人需要尽到管理义务,如果不能证明自己没有过错,那么,应当承担侵权责任(《民法典》第1257条)。

在一个案件中,钟某发现院内树木倾斜,便向城管局申请砍伐。城管局派人现场查看后,发现树木存在重大安全隐患,但未采取任何措施。第二天,突然折断坠落的树枝砸伤院墙外行走的吴某,给其造成了严重伤害和巨大损失。此时,树木的所有人钟某承担主要赔偿责任,另外,人民法院还认为,城管局作为具备相关专业知识的(绿地绿化)管理部门,并未采取或建议树木所有人采取紧急防范措施,排除或降低安全隐患,导致涉案树木于次日折断坠落造成事故,城管局应对事故发生负次要责任。

另外,如果公共道路路边的树木过于茂盛,以至于遮住人们的视线,也会引发交通事故,树木的所有人或者管理人需要及时剪除、修理,否则因此发生损害事故,需要承担赔偿责任。而树木的果实、叶子如果不及时采摘、剪除,也可能会坠落伤人。2015年5月,庄某被树叶砸倒在地,再没醒来。罪魁祸首就是大王椰树叶,重达60多斤,约四五米长,从高10米的树梢坠落,后果多严重,我们已经看到了。对此,树木所有人或者管理人需要承担赔偿责任。林木有一定的危险性,所有人或者管理人切不可疏忽大意。

111.《民法典》的实施

法律的生命在于实施。

《民法典》第1260条第1句规定:"本法自2021年1月1日起施行。"《民法典》的施行,意味着中国的民法典时代的来临。我们知道,《民法典》是在2020年5月28日第十三届全国人民代表大会第三次会议上通过的,为什么不是通过即施行呢?实际上,这是为了保证法律的安定性,给参与民事生活的人一个预期。比如,当初签订合同考虑的因素是《合同法》及其司法解释的规定,而突然适用新通过的《民法典》就会让当事人感到意外。法律的价值,除了正义,也要适当地考虑法律的安定性,因此,不仅是《民法典》,其他法律也经常会作出类似的规定。

在《民法典》实施以前,它只是纸面上的法,作为法律文本,我们关注它、学习它,但它原则上并不具有法律适用上的效力。这也正是确定一个实施日期的目的。不过,我们终将迎来《民法典》的实施。从2021年1月1日起,《民法典》作为法律将调整我们所参与的民事生活,我们也可以用《民法典》的规定保护我们的权利。

比如,《民法典》关于声音的规定,以前是没有的;关于肖像权保护的规定,以前曾规定,行为人以营利为目的使用他人的肖像构成侵权,而在《民法典》中不再要求营利的目的,从形式上看,我们的肖像权保护升级了,法律在更广的范围内保护我们。

再如,《民法典》关于个人信息保护的规定。个人信息保护非常重要,涉及的不仅仅是企业对个人信息的处理,也包括政府或者有关部门对个人信息的处理,比如我们的档案,谁也没见过自己的档案里都写了什么。这可是个严重的问题,因为档案是我们的档案,它会跟着我们一生,如果我们不知道档案里被写了什么,写得客观、公正与否,那有时,你可能很优秀,但突然有一天你就永久性失业了,问题出在哪里呢?你也许永远不知道答案。实际上,可能就是你的档案里被别人放上了不该放的东西,被写入了不该写的东西。你说你冤枉不冤枉、倒霉不倒霉?现在,《民法典》实施了,根据《民法典》第1037条第1款,你就"可以依法向信息处理者"——这里就是个人的档案管理者——"查阅或者复制"自己的"信息";如果"发现信息有错误","有权提出异议并请求及时采取更正等必要措施"。信息有错误,当然也包括不该放的东西放进去,不该写的东西写进去的情形,但只有去查了、看了,才知道。

《民法典》的实施对人民法院和律师工作有很大的影响,因为,从《民法典》实施之日起,《民法典》将是民事纠纷中法律适用的主要依据。根据《民法典》第1260条第2句,在《民法典》施行之日,我们以前熟悉的《民法通则》《物权法》《合同法》《担保法》《婚姻法》《收养法》《继承法》《侵权责任法》《民法总则》均同时废止。

《民法典》共有1260条,与我国的其他法律相比,看上去已经很多了,尽管条文数可能确实不算少,但实际上,如果与《德国民法典》《日本民法典》的厚度和内容对比,我们的有些条文密度可能仍然略显不足,有些可能有一点粗放,所以,《民法典》的一些条文仍然需要进一步具体化,通过司法实践的操作,在个案中不断地细密化、精致化。

为了配合《民法典》的实施,最高人民法院采取了很多措施。根据最高人民法院官网2020年12月30日的消息,自2020年6月以来,最高人民法院对标《民法典》立法精神和法律规定,对中华人民共和国成立以来现行的司法解释及相关规范性文件共计591件进行了全面清理,重点开展了一批社会关注度高、贴近实践的司法解释修改制定工作。其中,与《民法典》规定一致的共364件,未作修改,继续适用;对标《民法典》,需要对名称和部分条款进行修改的共111件,经修改颁布后自2021年1月1日施行;决定废止的司法解释及相关规范性文件共116件,自2021年1月1日起失效。同时,最高人民法院还对2011年以来发布的139件指导性案例进行了全面清理,决定2件指导性案例不再参照适用。

最高人民法院还按照"统一规划、分批制定,急用先行、重点推进"的原则,制定了与《民法典》配套的第一批共 7 件新的司法解释,分别涉及《民法典》的时间效力、担保制度、物权、婚姻家庭、继承、建筑工程合同、劳动争议等方面。不仅如此,最高人民法院还对《民事案件案由规定》进行了修改,按照《民法典》规定的新制度,增加声音保护、个人信息保护、申请人格权侵害禁令、居住权、保理合同等案由,用以规范和指导民事审判工作。这些与《民法典》配套实施的司法解释,自 2021 年 1 月 1 日起与《民法典》同步施行。

应该说,我们已经做好了《民法典》实施的准备工作。我们对《民法典》进行了长时间的宣传,大家已经对《民法典》的内容、对我们的民事权利均有所了解,而司法解释的废止、修改与制定则为人民法院提供了更具体的指引。当然,《民法典》要实施,民事权利要实现,关键还在于每个人去积极地主张权利。为民事权利而斗争,就是在促成《民法典》的实际实施,就是在落实《民法典》的规定和精神,就是在为实现依法治国尽自己的一份心力。

正如在莎士比亚的作品**《威尼斯商人》**中,夏洛克说,"我要求的一磅肉,是我花大价钱买来的,是我的,我想得到它。如果你们拒绝,我要诉诸法律! 威尼斯的法律没有效力吗? ……我要求法律。……我证据在握"[①]。实际上,当我们主张自己的民事权利时,我们所依据的,就是《民法典》。当每个人都为权利而斗争的时候,纸面上的权利才会变成真正属于你的权利。再想想 2019 年华东政法大学的学子起诉迪士尼乐园的事件,从那以后,自带食品进迪士尼乐园才成为你的权利。主张权利,不是多事,也不是好诉,更不是矫情、计较、小心眼,而是让自己得到该得到的东西。主张权利,我们要的是公平和正义,我们要的是法律。你准备好去查阅自己的档案了吗?

法律的生命力在于实施。对政府而言,就是要尊重人们的私权,谦抑地行使公权,严格规范公正文明执法。事实上,在《民法典》通过的次日,即 2020 年 5 月 29 日,中共中央政治局就"切实实施民法典"举行第

---

① 〔德〕鲁道夫·冯·耶林:《为权利而斗争》,郑永流译,法律出版社 2007 年版,第 32 页。

二十次集体学习,习近平总书记在主持学习时强调,各级政府要以保证民法典有效实施为重要抓手推进法治政府建设,把民法典作为行政决策、行政管理、行政监督的重要标尺,不得违背法律法规随意作出减损公民、法人和其他组织合法权益或增加其义务的决定。要规范行政许可、行政处罚、行政强制、行政征收、行政收费、行政检查、行政裁决等活动,提高依法行政能力和水平,依法严肃处理侵犯群众合法权益的行为和人员。对法院而言,就是依《民法典》裁判,让每个人在裁判中感受到公平正义;对普法者而言,就是让《民法典》走到群众身边、走进群众心里;对人民而言,就是要勇于依法维权,为权利而斗争。只有如此,纸面上的法才能变成真正的法,人们的私权也才会在主张权利中落到实处。

112. 学习《民法典》的日子

为权利而斗争，就是为《民法典》而斗争。

今天，我们一起回顾一下，7个多月来我与大家一起关注、学习《民法典》的日子，并重申一下《民法典》的精神，以此纪念我们一起度过的这些日子。

2020年5月28日，我们的，是我们的——《中华人民共和国民法典》通过。在法学界，这是一件盛事，所以，当天晚上，天津市民法学界就以线上的方式举办了"民法典颁布与法治中国建设"学术研讨会，共同庆祝《民法典》通过并展望更美好的明天。我在会上也就人格权的问题谈了自己的看法，期待人格权的立法可以真正大幅度提升对每个人人格尊严和人格自由的保护。

事实上，我在《民法典》通过前夕，也就是2020年5月27日收到了天津新闻广播电台主播赵巍老师的邀请，和大家一起学习《民法典》，我欣然接受。因为《民法典》真正关系着我们生活的方方面面，了解并践行《民法典》，可以更好地保护、约束自己，预防或者妥当化解纠纷，促进我国的法治事业建设。法治的进步，可以让我们和子孙后代都得到尊重，让每个人免于恐惧，生活得更幸福。2021年1月10日，中共中央印发了《法治中国建设规划（2020—2025年）》，规划指出，"法治是人类文明进步的重要标志，是治国理政的基本方式，是中国共产党和中国人民的不懈追求。法治兴则国兴，法治强则国强"，我们要"坚定不移走中国特色社会主义法治道路，奋力建设良法善治的法治中国"，在这一过程中，每个人都可以作出自己的贡献。为民事权利而斗争，就是在贯彻实施《民法典》，弘扬法治精神，从而促成我国法治事业的蓬勃发展。

《民法典》是新法，共1260条，尽管我学习法律也有20多年了，但《民法典》大量继承了之前《民法通则》《物权法》《合同法》《婚姻法》《继承法》《侵权责任法》的规定，有变化的条文据说有900多条，有实质性变化的也有300多条，所以，实际上，在这里和大家一起聊《民法典》，也是我从头到尾系统学习《民法典》的过程。为了让每个人都能懂、都喜欢听，我努力糅合进一些生活中的案例、文学作品中的故事、影视中的桥段及自己的一些经历，希望大家听后都能有所收获。我的分享，尽管每次的时间不是太长，短的也许只有六七分钟，长的大约10分钟，但是，为了录制节目，每一期需要专门看材料、写稿子、校对、录制，每期下来，我投入的时间大约是4个小时。有时，由于存在意外的声响，要录制两三次才好。当然，赵巍老师也做了必要的剪辑，消除了可能存在的瑕疵。

7个半月连下来，真的有些辛苦。不过，说实话，能够与大家一起分享，想到大家能够对《民法典》有所了解，能够用《民法典》保护自己，我们国家的法治能够因此而进步，我是开心的、高兴的、无怨无悔的。这时，我想起了上学时，读过的**《钢铁是怎样炼成的》**中主人公保尔·柯察金的那句话：一个人的生命是应该这样度过的，当他回首往事的时候，不因虚度年华而悔恨，也不因碌碌无为而羞愧。这样在临死的时候，他才能够说：我的生命和全部的经历都献给世界上最壮丽的事业——为人类的解放而斗争。7个半月来，我的付出，远没有这么伟大、崇高，但是，我觉得这么多时间的投入对国家和社会仍然是很有意义的，是值得的。当然，天津新闻广播电台的策划至关重要，有了这样的策划、这样的平台、这样的机会，我们大家才能一起学习《民法典》。感谢这个平台让你听到我的声音，让我也知道你的存在。

至此，我们已经比较系统而全面地学习了《民法典》，所有的分享均以《民法典》的条文为基础，同时，对一些法条的理解也受到了民法学界重要学者的影响，参考了一些案例、新闻稿，对此涉及的诸位，均表示感谢。

那么，《民法典》学完了，我们感受到了什么？

让我们归纳一下，《民法典》是民众的法。尽管之前，我们可能没有专门去用民法的规则，但我们的生活又无时无刻不在受民法的调整。想想我们的衣食住行，想想我们的工作，想想我们的财产，想想我们的家庭，里面涉及了诸多民法问题。只是因为我们经常自觉不自觉地遵循着民法的精神来做事、来活动,比如,买东西要付款,乘公交车要买票,签订了合同要履行,结婚之后彼此要好生相待,生养孩子就要让他健康成长,这些是如此日常和普遍,所以,你经常会意识不到民法的存在。实际上,《民法典》是对生活规则的发现和描述,所以,我们生活于民法规则中而不自知。

《民法典》基本不强迫我们,也不非要改变我们的生活。原则上来看,《民法典》是尊重个人,让个人实现自己幸福的法。因为每个人想要的东西不同,所以,由每个人自己来安排自己的生活,加入某个公司或者其他团体,按自己的意愿使用自己的房子,根据自己的想法行使自己的权利,购买自己想要的东西,嫁、娶自己喜欢的人,百年之后,把财产留给有意向的特定人。是不是这样的?对,就是你自己说了算。并且原则上,只有你做错了事,没有尽到该尽的义务,才需要承担责任。这就是民法的精神:人格尊严与私法自治。具体说就是,每个人生而为人并尊重他人为人,所有权行使自由、合同自由、婚姻自由、遗嘱自由、过错责任,可以再加上营业自由。还有一句话很重要,也是我反复说的:利益不得强加于人,不利益更不得强加于人。

《民法典》规定了权利能力、行为能力、监护等制度,是为了让未成年人、精神病人等弱者受到法律的保护,让他们可以在代理人的帮助下与其他人平起平坐;规定了格式条款、强制缔约等,是为了保护弱势的当事人,保证交易的公平;规定了动产交付、不动产登记、结婚登记等,是为了交易安全和婚姻安全(买了房子登记到你自己的名下,别人才无法拿走;两个人结了婚、登了记,形式上,夫妻便相互拥有,任何一方无法再与第三人结婚);规定了无过错责任,是为了保障受害人的利益,在侵权人与受害人之间实现利益平衡。总之,《民法典》的规则,以任意性规定为主,当事人的约定可以不同于《民法典》,并按照当事人约定的办,而真心、自愿的,就是公平的;以强制性规则为辅,以更好地保护、平衡当事人之间的利益,实现法律上的公平。

关于《民法典》,我们就聊到这里。愿你的权利都得到实现,愿你的生活更美好!

Day 142

113. 金融私法与钱财融通术
——"学典知行"(下集)·纪念《民法典》颁布五周年①

时间:2025年5月30日上午9:30
地点:天津海河传媒中心广播大厦
主持人:赵巍

嘉宾:张志坡
主持人好!听众朋友,大家好!我是南开大学法学院张志坡。很高兴再次做客"法治纵横",就《民法典》与大家交流。今天,我们聊"钱财融通"的方法——在没钱的情况下,如何拿到需要的钱;或者,在没钱或者钱少的情况下,如何拿到需要的财产。

我们知道,钱财不是万能的,但没有钱财是万万不能的。因为钱财是我们生存的物质基础;怕就怕,你需要钱财时,却没有,那就是大问题了。所以,在没钱的情况下,如何拿到需要的钱?或者,在没钱或者钱少的情况下,如何拿到需要的财产?这是我们生活中值得认真思考、认真对待的问题。

有些人可能会想到盗窃、抢劫、侵占、挪用资金,这些都是违法、犯罪的行为,当然不行。卖掉自己的房子、金银首饰?卖了就没了,好不容易

---

① "学典知行"·纪念《民法典》颁布五周年特别策划节目由两期组成:2025年5月29日的主题为"事务管理",5月30日的主题为"钱财融通"。本期的电台音频,欢迎大家通过微信视频号"909法治纵横";天津广播"法治纵横"特别策划"学典知行"下集收听。电台直播采取对话的形式,回顾了五年前的节目及后续成果(即本书),并设有听众互动环节,受时间所限,电台直播并未反映出笔者对钱财融通的完整思考。在此,文字稿略去了主持人主持语和听众互动的内容,并更加完整地呈现了笔者对这一问题的思考。

买的,你也不想卖呀,这也不行。那找个工作,为他人提供劳务,不就挣到钱了吗？工作都能挣钱,但这种通常的拿到钱的方式,不是我今天想讨论的。

民事借款合同

那怎么办呢？最常用的,没钱就找人借呗。在《民法典》中,规定了借款合同。借钱这事说起来容易、做起来难。有时,人们不愿意往外借钱。有人说过,借钱会借出"仇人",这在某种程度上,也是真实世界的写照；遇到这种情况,是出借人遇人不淑、交友不善。中国人通常不是很善于主张权利,把钱借出去了,对方不还钱,自己又不好意思往回要；去要的话,反而感觉自己做错了。所以,干脆就不往外借了。实际上,借钱人应该自觉点儿,有了钱之后第一时间还钱。正所谓"好借好还,再借不难。"

附担保借款合同

很多时候,个人之间借款有点儿难,因为出借人会担心能否顺利收回借出的款项。事实上,如果借款人主动提出以房产作抵押,或者以首饰、股票等来质押,让出借人往外借得放心,那么,借钱的成功率会很高。

借款的担保,可以是人保,也可以是物保。人保就是找他人作为保证人,在实践中,夫妻互保、法定代表人为公司作保的情况很多。物保,既包括刚说的抵押权、质权,也包括让与担保等新型担保方式。

赊

赊账与借钱类似。本来是要花"现钱"买的,结果,先买了东西,钱以后再给。这不就是没有钱,却办了事吗？很多人可能会有类似经历。有时我去买早点,却忘了带手机、包里也没钱,早点铺的老板会说,"下次再给吧"；有时,我会主动说,"下次再给吧"。下次已是几天之后。虽然早点费是几块钱的事,但如果是一笔大额款项,几天的利息也不少呢。

在《红楼梦》中,有段故事同时包括赊账和借款：贾芸去找舅舅卜世仁(谐音:不是人)赊 8 两银子①拿些冰片、麝香,结果讨了个没趣儿,而舅妈

---

① 8 两银子是什么概念？我们对比一下,王熙凤给刘姥姥 20 两银子,够刘姥姥全家一年的开销,就可以知道,8 两银子,尽管看上去不多,但对普通人而言,也绝不是一笔小钱。

更是连饭都没管。贾芸在回家路上撞上了邻居倪二。倪二听了贾芸的遭遇硬要借银子给贾芸。贾芸是多么幸运啊！不久，贾芸揽到贾府种树的活，拿到银子的次日即还给了倪二。我们看到：一个慷慨往外借，一个有了银子马上还。这就是"好借好还"的典型。

特殊借款合同——借高利贷，需慎重

民间借钱，经常没有利息，出借人属于好意帮忙。在彼此不那么熟悉的人之间，借款可能会有利息的约定。有些人专门往外放贷，以钱生钱，这当然是赚钱的好方法。有些人放贷谋求更高的回报，其所要的利息远远高于当时的市场利率能带来的利息，这可能就会构成高利贷。在《红楼梦》中，不仅前面的倪二放高利贷，而且，王熙凤也放高利贷。尽管有高收益，但放高利贷是违法行为，也经常伴随着违法逼债的情况，我国《民法典》明文禁止放高利贷。王熙凤是怎么做的？她推迟发月钱放贷，也就是用别人的钱放贷，后来贾府被抄家，放高利贷事发。

商事借款合同

如果说向亲戚朋友借钱不好开口，那么，向银行等金融机构借钱，你总不会不好意思吧？只是银行往外放贷，会考虑回收的成功率，要保证放贷资金的安全，因为银行资金主要是储户的钱，而非银行自己的财产。在通常情况下，银行会要求借款人提供不动产抵押。很多人应该有这样的经历：在买房时，可能采用了住房公积金贷款，还有商业贷款，银行通过观察你的收入及收入的稳定性、持续性，来决定贷款额度，它还会要求你提供房产抵押。开发商在开发楼盘时，实际上也经常用建设用地使用权抵押给银行的方法，获得贷款。

当

当是另一种获得资金的方法。"东当铺，西当铺，东西当铺当东西。"这个当，有多少人用过，我不知道，不过，大家应该听说过。因为在电视里、小说中，"当铺"经常出现。个人需要钱时，可以拿自己的东西去当铺"当"一下。在《红楼梦》中，我注意到多个情节涉及当：一是邢岫烟把衣服当了，换了2两生活费；二是王熙凤当了金项圈，换来400两应急，好让那太监知道贾府是真的没钱了，就不要总以"借钱"的名义盘剥贾府了（违法的方式总是来钱很快）；三是贾琏把贾母的东西拿去当，换成银子用了。当，不是卖，而是先换到急用的钱；待事后有钱了，再把当的东西赎回来。当然，过期不赎，钱就归当铺了。

典

典，和当类似。当，指向动产；而典，指向不动产。变卖祖产被认为是一种耻辱的行为，所以，人们造出了典这种制度。不动产所有人通过出典，把不动产典给他人，获得急用资金；待日后再向典权人把不动产赎回来。《民法典》没有规定典权，但典权仍然可以成为具有担保功能的权利。

在大街上，偶尔也能见到"某某典当行"，大家感兴趣可以进去逛逛。

借、赊，很多人都能想得到；当、典，知道的人可能少一些。有人可能会说："能不能来点我不知道的？"——那是必须的，还有好多方法呢！

信用卡

无论是找亲戚朋友借钱，还是找银行借钱，过程都有些复杂。其实，还有更简单的方法——使用信用卡。相信很多人都使用过信用卡，对于"月光族"而言，也是救急的工具。使用信用卡消费，无非就是今天借银行的钱花，改天再来还，其好处是在还款期限内还款没有利息；如果发生逾期则会产生利息。信用卡存在信用额度，消费受此限制，但对于日常消费临时补足现金之不足，利用信用卡周转已经足够了。

催促债务人履行+债权转让

有时候，我们手里没钱，但别人欠我们钱。也就是说，我们享有一项金钱债权，要是债务人清偿债务就好了。但现在可能是债权还没到履行期，或者，债务人最近也财务紧张，所以，本来该还款了却迟迟没有还款。对于第一种情形，催促债务人履行，表明己方的现金需求，经常就可以提前拿到款项。如果债务人比较重视期限利益，催促就难以奏效；对于第二种情形，催促就更没用了。这时，要变出钱来的方法就是自己不收债了，直接把这个金钱债权转让出去，达到收钱到手的效果。

保理合同

在债权转让之外，《民法典》还规定了更专业的保理。保理是特殊的债权转让。债权人可以把现有的，甚至将有的应收账款债权转让给保理人，保理人则提供资金融通、应收账款管理或者催收、应收账款债务人付款担保等服务。可见,借助保理合同,保理人可以解决资金需求问题;不仅如此,在保理中,转让的债权不限于已经发生的债权,还包括将来的应收账款债权,这是把将来该收的钱提前变现。

把将来该收的钱提前变现,听起来是不是很有启发?

预支收入

我们工作挣钱,通常每个单位都有相对固定的工资发放日期,或至少是向员工或劳务提供者统一发放劳务报酬。这工资收入、劳务收入是我们的劳动所得,但根据惯常做法,基于发放计划(如发放日期未到)的原因,我们暂时无法拿到钱。事实上,在一些单位,特别是个体经济、私营经济中,如果个人临时需要钱,预支未来一个月或者未来一年的工资,并非不可能。在司法实践中,预支劳务费、预支提成、预支工程款的案件都是存在的。

预付卡

与此不同,但类似,有些方法同样可以起到提前变现将来收入的作用,这要靠自己去发现。不过,这里我已经给大家总结好了。比如,一家理发店,理发一次收取10元,这样一点一点赚当然可以,但你会说,"远水不解近渴"。其实,可以换一种方法,那就是卖会员卡:一次充值200元,以会员卡理发打9折,这样,消费者的理发价格变得便宜了,你无形之中又把消费者锁定了,并且,通过推广会员卡(预付卡),你可以快速地聚集一笔资金。事实上,这种方法,不仅大企业使用,而且很多超市,甚至卖酱牛肉的小摊也会使用。当然,规范使用是必要的。

众筹

预付卡,不错。关键不在于卖出去一张会员卡,而是会员卡是面向多数人的。没错,人多、汇聚的钱自然就多了。这是一个很好的方向。近些年,兴起了一种新的融资模式,叫众筹,你通过英文 crowdfunding 就会知道,其是面向大众的筹资。众筹既有股权众筹,又有债权众筹,还有治病救人的"水滴筹"之类。这种治病救人的众筹,很有效果,每个好心人出1元,10万个好心人就出了10万元,我之前也伸出过援手。这对于那些经济困难但需要治重病、花大钱的家庭而言,无疑是一种好方法。

证券发行

像刚才说的,众筹可以采取股权融资的方式。比如,一个人想开一家咖啡馆，但没有那么多启动资金，这时，他就可以向亲戚、朋友通过众筹的模式融资，众筹之后，大家都是股东。这相当于一起创业，通常情况下众筹发起人会担任咖啡馆的小老板，赚了钱大家分。众筹主要用于小额融资，如果需要大额资金，则可以采取更正式的证券发行。

股权众筹已经是证券融资，只不过其融资规模小，法律对其网开一面，无须遵守严格的证券发行规则。事实上，当公司需要资金时，除了向银行借款，最重要的途径就是发行证券。公司可以根据自己的实际情况发行股票或债券，借助于发行证券，公司可以快速融资，解决公司的发展资金短缺、财务困境等问题。优先股、公司债都可以经过灵活的设计，达到良好的效果。

证券公司融资融券业务

很多人喜欢炒股。事实上，我的一些同学、朋友、学生也都有炒股的经历，他们中有人说，自己的投资回报还不错。在炒股时，难免会遭遇缺钱的问题，或者遇到想卖某家公司的股票，手里却没有的问题。这怎么办呢？有经验的朋友肯定知道，证券公司提供一种服务——融资融券。你缺钱了，证券公司可以为你提供融资服务；你缺证券，证券公司可以为你提供融券服务。融资融券业务，在相当程度上可以解决炒股人士缺钱、缺证券的问题。

远期汇票

众筹、证券发行已深入到民法的特别法即证券法领域，此外，其他领域的工具也可以应用。特别是企业，还可以使用远期汇票。远期汇票可以当钱使，其有两项好处：一是，可以将对他人享有的债权一并加以处理，达到清理债权债务的效果；二是，延期支付。现金支付与票据支付的差异是明显的：现金一支付，手里的钱就没有了，并且，现金支付必须有现金才行；而票据支付，则只是产生了票据债务，在远期汇票到期时，付款人才需要付款。

汇票转让与汇票贴现

刚才我们说的是，没有现金，但又需要支付时，可以使用远期汇票。如果你是手里拿着远期汇票的人，就意味着你在付款日到来前，无法要求付款人承兑和付款，此时，你需要向别人付款怎么办？需要现金怎么办？

这两个问题虽然相似,但并不相同:如果需要付款,那简单,直接把汇票作为支付手段、把汇票流转出去就可以,就像当初你接手汇票时的前手那样操作。如果需要现金,那就去"贴现"。贴现"是指持票人在商业汇票到期日前,贴付一定利息将票据转让至具有贷款业务资质机构的行为"。(《商业汇票承兑、贴现与再贴现管理办法》第 5 条第 1 句)通过贴现,可以直接将远期汇票变现。

前面这些在商业实践中均有应用,此外,大家也不能忽略民众在生活中的智慧,特别是"空手套白狼"的智慧,这个大家会更感兴趣吧。那我们来一起看一下。

凑份子

人们过生日,有时,亲朋好友会送小礼物。在《红楼梦》中,也是如此。有一次,王熙凤过生日,贾母说想改变一下过生日的模式,不再单独送礼物,而是凑些份子钱,大家一起乐呵乐呵。大家一起乐呵乐呵、吃吃喝喝、听些曲、玩玩游戏,这些活动,没钱怎么行呢?银子需要提前筹备足够。我们看到,贾母带头出了 20 两银子,其他人跟着出钱,最后,凑了不少。所以,王熙凤的生日聚餐的银子还是比较充裕的。现在,很多同学聚会之类,人数众多,也是凑份子,甚至还会找个人做会计,处理财务事宜。

凑份子适用于多个人参与、需要一笔说小不小的钱,而一个人负责这笔钱又有些为难或者不妥的情况。

拉赞助

"空手套白狼",让我想起上大学时的事。我刚进入大学,禁不住校园内各种组织的吆喝,便懵懵懂懂地参加了学生会,并被分在外联部。这是个什么部门?我不知道。但部门安排的第一件事,是让我和一个同学去找钱,这要是办成了,倒厉害。还记得,当时我和那个同学很认真地去做,挨着满大街的门脸、商铺进去,真的是去拉赞助,怎么张嘴的,我已经记不得了,但可以确定的是,让别人给你赞助并不容易。但也正因为如此,这是一门艺术。

事实上,拉赞助这事,还是很多的。很多大学的活动,都是通过拉赞助的方式做的。比如,奖学金的设置、学术会议的召开、办公大楼的兴建,所需资金经常源于成功拉来的赞助。一些大学里建的这个楼、那个楼,是以某人的名义命名的,通常这个人就是赞助者。拉赞助+赞助,构成一个完整的赠与合同,其与一般的赠与合同不同之处在于,其是由受赠人一方主动发起的,并且资金的使用方向通常受到限制。

找对人,道艰辛

《红楼梦》中刘姥姥是一个厉害角色。我们知道,刘姥姥的女婿家境困难,刘姥姥就讲,一家人得想点来钱的活计。最后,还是刘姥姥腆着脸、带着板儿进了荣国府,经由周瑞家的引荐,见到了管事的王熙凤。刘姥姥道了家境的困难、生活的艰苦;王熙凤按照周瑞家的传话——从来没有让她们空手回过,所以,给了刘姥姥20两银子。这是什么概念?——够刘姥姥全家一年的开销。

刘姥姥一进荣国府,还是硬着头皮去找钱;刘姥姥二进荣国府时,贾府上下的女眷们都非常喜欢她。刘姥姥在的日子,是贾府上下女眷们最开心的日子。刘姥姥临走时,尽管她并未提过银子的事,但是,她收到了更多的银子和物品,可谓满载而归。刘姥姥付出了很多,也收获了很多。刘姥姥还是一个懂得感恩的人,是她救了王熙凤的女儿巧姐。懂得感恩很重要。

借用合同

至于我们需要的财产(钱之外的物),除了前面提到的赊,当然也可以借,像借钱一样。但与往外借钱相比,人们似乎对于出借物品更爽快。在农村日常生活中,借自行车、借铁锹、借筛子的事还是很常见的;我的同事曾向我借过书。想想,如果可以借到,还是挺好的,重要的是,多少也省了一笔。对于爱看书的人,住在可借书的图书馆附近总是幸福的。借,也可能借值钱的东西,比如房子,有人借同事的房子住一个月,我知道这样的事。

互易合同

有时,你想要别人手里的东西,你没有钱。可能存在一种情况,你虽然没钱,但你手里也有对方想要的东西。比如,甲和乙都是"书虫"。甲手里有一套潮见佳男的著作全集,全部阅读完毕;乙手里有一套大村敦志的著作全集,也已经全部阅读完毕。这时,他们都想继续拓展视野,一种不错的方法可能就是他们可以互易,用潮见佳男著作全集交换大村敦志著作全集。这是双赢,真是太棒了。互易具有特殊的功能,有时甚至不是钱能解决的。

租赁合同与融资租赁合同

像刚才说的,很多时候,我们可以通过借的方式,实现对物使用的权利。享有所有权,有时不那么重要;尽管对于房子,很多人似乎有一种天然的情感——想拥有一套属于自己的房子。房子也好,其他财产也好,在我们买不起时,一个替代方案是租,以较低的花销并且通过分期付款的方式达到使用的目的。一些机器设备的所有者只出卖其机器设备,而不提供租赁服务,你想买又买不起,这时,融资租赁合同就有用武之地了。融资租赁合同是在机器设备的所有者(出卖人)与需求者(承租人)之间引入第三方,由第三方充当购买人和出租人角色,从而解决机器设备需求者的资金难题和无处可租的问题,兼具有融资和租赁的双重效果。

好,这就是我关于钱财融通的思考和整理,希望你喜欢。

文学、影视作品,电视节目与法律主题词对照索引

《傲慢与偏见》 法定继承 ………………………… Day109
《白鹿原》 土地、房屋权利 …………………… Day36
《扁鹊见蔡桓公》 医疗损害责任 ……………… Day132
《别和陌生人跳舞》 隐私权 …………………… Day21
《钢铁是怎样炼成的》 法治 …………………… Day141
《红楼梦》 医疗损害责任 ………………………… Day132
《红楼梦》 遗嘱 …………………………………… Day110
《红楼梦》 身份权侵权与精神损害 …………… Day124
《红楼梦》 继承 …………………………………… Day107
《活着》 继承、信托 ……………………………… Day107
《简·爱》 保管合同 ……………………………… Day80
《简·爱》 精神疾病 ……………………………… Day101
《简·爱》 遗嘱继承 ……………………………… Day110
《今日说法》 房屋质量 …………………………… Day74
《金瓶梅》 公序良俗 ……………………………… Day48
《精武门》 人格尊严 ……………………………… Day12
《恐龙特急克塞号》 诉讼时效中止 …………… Day9
《离开雷锋的日子》 无因管理 ………………… Day89
《麦琪的礼物》 婚姻财产 ………………………… Day104
《三国演义》 胁迫 ………………………………… Day49
《三国演义》 公序良俗、故意杀人 …………… Day48
《三国演义》 选择之债 …………………………… Day52

《三国演义》 遗嘱 ·· Day110
《射雕英雄传》 姓名 ······································ Day17
《神雕侠侣》 合意侵权约定 ··························· Day48
《圣经》 名誉权 ·· Day20
《失乐园》 婚外恋 ··· Day103
《史记·吕不韦列传》 婚生子 ························ Day109
《水浒传》 肖像权 ··· Day19
《秦坦尼克号》 履行费用 ······························ Day58
《天龙八部》 婚生子、私生子 ······················· Day109
《危楼愚夫》 建筑物区分所有权 ··················· Day26,Day137
《威尼斯商人》 法治 ····································· Day140
《围城》 人格尊严 ··· Day4
《西游记》 共同侵权 ····································· Day117
《西游记》 解除异议、后合同义务 ················ Day57
《西游记》 人身自由 ····································· Day16
《西游记》 先占 ·· Day30
《西游记》 性骚扰 ··· Day16
《喜羊羊与灰太狼》 人格尊严 ······················· Day12
《喜羊羊与灰太狼》 诉讼时效中止 ················ Day9
《乡村故事》 收养 ··· Day105
《乡土中国》 土地权利 ·································· Day36
《一分钱》 拾得遗失物 ·································· Day31
《倚天屠龙记》 健康权 ·································· Day16
《倚天屠龙记》 公序良俗 ······························ Day48
《于易水送人》 人质 ····································· Day97
《战国策·触龙说赵太后》 遗嘱信托 ············· Day110
《自由与爱情》 人格尊严 ······························ Day12

事件、案件与法律主题词对照索引

艾滋女事件　名誉权、精神损害赔偿……………………Day20,Day124
北雁云依案　姓名权……………………………………Day17
成田机场事件　所有权…………………………………Day23
丑女整容生子案　欺诈、精神损害赔偿…………………Day124
传位十四阿哥　继承权丧失……………………Day108,Day111
盗窃坠池案　公平原则…………………………………Day125
地铁闸机伤人案　安全保障义务………………………Day129
地铁撞腿案　高度危险责任……………………………Day135
电梯井空置伤人案　安全保障义务……………………Day129
电梯劝阻吸烟案　公平原则……………………………Day125
防护墙倒塌致死案　建筑物倒塌责任…………………Day137
诽韩案　死者名誉………………………………………Day13
分孩断母案　子女最大利益……………………………Day106
个人档案　个人信息保护………………………………Day22
荷花女案　死者名誉……………………………Day13,Day20
黑白合同　合同无效……………………………………Day48
"红颜静"诉"大跃进"案　网络侵权……………………Day128
怀孕离职约定　公序良俗………………………………Day48
婚纱礼服案　网络侵权…………………………………Day128
基因编辑婴儿案　人体基因……………………………Day16
计划生育规定　违约……………………………………Day57
健康码　个人信息保护…………………………………Day13

酒后滋事案　正当防卫 …………………………… Day120
聚餐饮酒案　安全保障义务 ………………………… Day129
昆山反杀案　正当防卫 …………………………… Day120
楼脆脆事件　建筑物倒塌责任 ……………………… Day137
《慕尼黑协定》　合意损害第三人 ………………… Day48
帕尔默案　继承权丧失 ……………………………… Day108
溥仪案　肖像权 ……………………………………… Day19
齐玉苓案　姓名权 …………………………………… Day17
强迫公益事件　意思自治 …………………………… Day55
人体模特写生　肖像权、隐私权 …………………… Day18
入室伤害案　正当防卫 ……………………………… Day120
私拆承重墙　侵权责任 ……………………………… Day137
提取指纹　个人信息保护 …………………………… Day22
通用汽车案　故意侵权、惩罚性损害赔偿 ………… Day114
"土豪"业主购买327个停车位　建筑物区分所有权 …… Day27
网上购物风险　债务履行 …………………………… Day566
Deepfake/Deepnude　肖像权侵权 ………… Day18, Day117, Day128
玄武门之变　继承权丧失 …………………………… Day108
艳照门事件　网络侵权、隐私侵权 ………………… Day21, Day128
一错千金案　悬赏广告 ……………………………… Day45
赵C案　姓名权 ……………………………………… Day17
职称评聘　合同变更 ………………………………… Day55
自拆窗户登"阳台"案　安全保障义务 …………… Day129

关键词索引

超越权限 ………………………………… Day51
承揽致人损害 …………………………… Day127
代位继承 ………………………………… Day109
担保物权 ………………………………… Day91
抵押财产转让 …………………………… Day94
抵押权顺位 ……………………………… Day95
恩惠不得强制接受
（利益不能强加于人）………………………
……………… Day4, Day55, Day56, Day65, Day67, Day141
反担保 …………………………………… Day91
分期付款 ………………………………… Day63
高空、高压、地下挖掘活动或者使用高速轨道运输工具致人
损害 …………………………………… Day135
高空抛物 ………………………………… Day138
公路巡视义务 …………………………… Day139
共债共签 ………………………………… Day104
核事故致人损害 ………………………… Day135
货物质量—货物检验 …………………… Day62
技术服务合同 …………………………… Day79
技术开发合同 …………………………… Day77
技术许可合同 …………………………… Day78
技术转让合同 …………………………… Day78
技术咨询合同 …………………………… Day79
空床费 …………………………………… Day103

劳务派遣致人损害	Day127
劳务行为致人损害	Day127
林木致人损害	Day139
流质条款	Day93
流押条款	Day93
买卖合同的风险负担	Day62
民用飞机致人损害	Day135
批准手续	Day51
让与担保	Day90
任何人不能因自己的过错而得到好处	Day108
善后条款	Day51
善意取得	Day32
试用买卖	Day63
私法自治	Day4
所有权保留	Day63,Day90
跳单	Day86
无权代理合同	Day51
样品买卖	Day63
遗产管理人	Day112
遗嘱见证人	Day111
易燃、易爆、剧毒、高放射性、强腐蚀性、高致病性等高度危险物致人损害	Day135
预期违约	Day58
越权经营	Day51
债权人撤销权	Day54
债权人代位权	Day54
债务承受	Day92
转质	Day98
自助行为	Day100
职务行为致人损害	Day127

规范性法律文件简全称对照表

简称	全称	有效性
《民通意见》	《最高人民法院关于贯彻执行〈中华人民共和国民法通则〉若干问题的意见(试行)》	已失效
《建筑物区分所有权司法解释》	《最高人民法院关于审理建筑物区分所有权纠纷案件适用法律若干问题的解释》	现行有效
《担保法司法解释》	《最高人民法院关于适用〈中华人民共和国担保法〉若干问题的解释》	已失效
《合同法司法解释二》	《最高人民法院关于适用〈中华人民共和国合同法〉若干问题的解释(二)》	已失效
《婚姻法司法解释二》	《最高人民法院关于适用〈中华人民共和国婚姻法〉若干问题的解释(二)》	已失效
《人身损害赔偿司法解释》	《最高人民法院关于审理人身损害赔偿案件适用法律若干问题的解释》	现行有效
《精神损害赔偿司法解释》	《最高人民法院关于确定民事侵权精神损害赔偿责任若干问题的解释》	现行有效

法治·《民法典》·营商环境（代后记）

　　本书为作者主持的天津市哲学社会科学规划研究项目《天津市优化营商环境立法研究》（项目编码：TJFX19-003）的阶段性成果。在立项后不久，天津市即通过《天津市优化营商环境条例》。规范是有了，问题便是，天津居民、来过天津的人和想要来天津的人是否感受到了这一优化的营商环境？大家如何评价天津的营商环境？可能每个人心中都有一杆秤。营商环境如何，往小了说，是关乎天津发展的问题；往大了说，是关乎中国发展的问题。无论是企业，还是人才，或者是其他资源，总体上均呈现向营商环境好的地方流动的趋势，这是事实。

　　法治是最好的营商环境，这是社会共识，也是中国政府网2023年6月14日报道国务院政策例行吹风会新闻的标题。[①] 法治意味着法律本身是制定良好的法律，而制定良好的法律又得到妥当的执行和适用。与《民法典》类似，优化营商环境相关规范的科学、妥当至关重要，规范按照其意旨妥当地实施则更为重要。在专门的优化营商环境规范之外，《民法典》居于核心地位，因为《民法典》是法治精神的核心体现，可以固根本、稳预期、利长远。宣传《民法典》，让每个人知道自己的权利，让有关部门知道权力的边界，让《民法典》中的法治理念和民法精神深入人心，无疑是优化营商环境的奠基性工作。

　　2023年8月2日，中共中央办公厅、国务院办公厅印发的《关于建立领导干部应知应会党内法规和国家法律清单制度的意见》特别强调，领导干部要"认真学习民法典。深刻把握平等、自愿、公平、诚信、公序良俗、绿色等民事活动基本原则和坚持主体平等、保护财产权利、便利交易流转、

[①] 参见中国政府网：《法治是最好的营商环境》，载中国政府网（网址：https://www.gov.cn/xinwen/jdzc/202306/content_6886439.htm），访问日期：2023年8月10日。

维护人格尊严、促进家庭和谐、追究侵权责任等基本要求。把民法典作为决策、管理、监督的重要标尺,提高运用民法典维护人民权益、化解矛盾纠纷、促进社会和谐稳定的能力和水平"。这一规定的实施有助于行使权力者知法、懂法、尊法、守法,从权力源头上优化营商环境。

好的营商环境会让投资者、企业感觉到方便、安全和信心,会让普通大众感受到舒适、愉悦、无忧,自然而然地就实现了人们的安居乐业。那么,好的营商环境有哪些要素呢?就此,很多要素在《民法典》中被加以明确规定或已有体现,并被纳入社会主义核心价值观。只是这些要素似乎并未引起足够的重视。下面我们通过文学作品、影视作品中的故事,更直观地感受好的营商环境不可或缺的要素,希望这种展示和归纳可以促进营商环境立法、政策的优化及其更好地执行、落地。

诚信至上

在《西游记》开篇,众猴寻找水的源头,发现了瀑布,但无人知道瀑布之后的景象,便有猴提出,哪位有本事的,进得去出得来,不伤身体者,就拜他为王。石猴以自己的勇敢穿过瀑布,发现了水帘洞,从而成为美猴王。这是猴子们对诚信问题的选择。由于唐僧忘记对通天河老鼋的承诺,以至于回程时,被老鼋连人带经抛入水中,这反映了失信造成的他人之愤怒。我们都听过"狼来了"的故事,由于放羊的孩子多次撒谎,说狼来了,以至于即使最终狼真的来了,也没有人相信他的话。正所谓人而无信,不知其可。《民法典》第7条将诚信列为民法的基本原则。诚信不仅是对个人的要求,更是对国家、政府及有关部门的要求,做到了诚信,说话算话,才有人愿意来,来了才不愿意走。诚信还意味着,法律也好,政策也罢,都不能随意变动。在诚信的基础上,定心丸方有定心的功效。

法治为基

在《西游记》里,无论是仙界还是人间,甚至是阴曹地府,均有规则,无论是神仙、人类还是鬼魅,均须依法而行。历史和现实均表明,法治兴则国家兴。法治是近代以来国家治理的基本方式,我国《宪法》确立了依法治国的基本方略,坚持法治国家、法治政府、法治社会一体建设,全面推进科学立法、严格执法、公正司法、全民守法，全面推进国家各方面工作法治化。在法治当中，每个环节都有其价值：

就立法而言，法律应具有形式合法性和实质合法性。具体说，就是法律的制定需要遵循法定的条件和程序，这是形式合法性；立法机关制定的法律还需要具有法理上的合理性、伦理上的正当性、事理上的妥当性，这是实质合法性。只有如此，立法机关制定的法律才是善法，才可以得到人们的普遍支持和被更好地实施。慈善乃发于人之内心，当有部门发布文件要求他人做公益并加以考核时，即属违反了人之本心，抵触了利益不得强加于人、不利益更不得强加于人的私法精神和法治常识。

就执法而言，执法者应依法执法、善意执法守边界。《民法典》作为一部权利法，其实质是划定了权力行使的边界。《民法典》第3条规定："民事主体的人身权利、财产权利以及其他合法权益受法律保护，任何组织或者个人不得侵犯。"这不仅指向私人，还指向公权力。公权力的行使，需要尊重人们的隐私权、所有权等私权。在法无授权的情况下，公权力进入私域之时，本身即构成违法乃至犯罪。当有部门意图统一他人房屋上之匾额、管制他人屋里灯光之色彩、干预他人使用的纸笔之时，明显已经逾越了权力的边界。权力滥用之处，无营商环境可言。

就司法而言，人民法院应依法独立裁判、公正裁判。在《西游记》中，唐僧师徒历经"九九八十一难"，遇到了诸多妖怪和神仙，既有金角大王、银角大王，又有黑熊精、白骨精、红孩儿，同样是作怪、害人，然而，他们的结果截然不同。金角大王、银角大王等以被收服的名义重回天宫，继续原来的工作；黑熊精、红孩儿虽失去了原来的自由，但身份转为神；白骨精则殒命当场。可见，当其他权力介入之时，平等、公正便消失了。我们的人民法院讲，要让人们在每个个案中体会到公平正义。只是知易行难。生活中的不公，只是污染了水流；而裁判的不公则污染了水源。因此，人民法院依法独立裁判、公正裁判如何强调都不为过。

就守法而言，民守法是末，有权力者守法才是根本。在《红楼梦》中，贾探春接手王熙凤的管家之职后，面对其舅舅的丧银之事，没有随意地给银100两，或者按平儿说的看着给银40两，而是严格遵循既有之家族惯例。探春为行使权力者依法办事、带头守法之典型。对营商环境优化而言,更是如此。所谓上行下效,有权力者不守法,又如何要求民众守法呢?《宪法》第 5 条第 4 款明文规定:"一切国家机关和武装力量、各政党和各社会团体、各企业事业组织都必须遵守宪法和法律。一切违反宪法和法律的行为,必须予以追究。"只是有权力者守法,对于法治信仰、法治养成、法律实施更为根本和重要而已。因此,习近平总书记在中央政治局第二十次集体学习时的讲话强调,"各级政府要以保证民法典有效实施为重要抓手推进法治政府建设,把民法典作为行政决策、行政管理、行政监督的重要标尺,不得违背法律法规随意作出减损公民、法人和其他组织合法权益或增加其义务的决定。要规范行政许可、行政处罚、行政强制、行政征收、行政收费、行政检查、行政裁决等活动,提高依法行政能力和水平,依法严肃处理侵犯群众合法权益的行为和人员"。

坚持主体平等

在《红楼梦》中的一些重要场合,贾母只让姑娘中的林黛玉、薛宝钗、史湘云和贾探春参加,尽管四人较其他人更为优秀,但这仍然引起了其他相似地位的姑娘的不满。贾宝玉和贾环同为贾政之子,但贾环明显在贾府中不受待见,这种不平等带来的后果是赵姨娘专门使坏害贾宝玉。在《西游记》中,王母娘娘准备召开蟠桃盛会,请了诸多有名有姓的神仙,但是,没有邀请孙悟空,这引起了孙悟空的不满,也才有了后来的大闹天宫。这均显示了人们对平等的重视。《民法典》第 206 条第 3 款明确规定"保障一切市场主体的平等法律地位和发展权利";第 207 条则规定"国家、集体、私人的物权和其他权利人的物权受法律平等保护"。平等要求每个人、每个企业都得到平等的对待,平等让每个人、每个企业更有积极性。如果有人感受到了不平等,并且这种不平等不具有合理性,那么,其所在地即难谓有好的营商环境。

维护人格尊严

在《西游记》中,孙悟空第一次被招安,当上了御马监的正堂管事弼马温,尽管每天放马也是优游自得,但是,当孙悟空得知自己只可放马,连九品芝麻官都不是的时候,很是生气,于是回到下界。这里的问题就是,孙悟空没有得到认真的对待,没有受到应有的尊重,换言之,孙悟空没有感受到尊严。对一个人最大的伤害莫过于伤害他的自尊心。在《红楼梦》中,在查抄大观园的过程中,王善保家的掀了贾探春的衣裳,被探春打了一耳光,就是因为其触碰了探春的人格尊严。《民法典》第109条规定:"自然人的人身自由、人格尊严受法律保护。"尊重人格、维护每个人的人格尊严是营商环境优化落到实处的前提。只有当公权力尊重每个人的人格尊严,明了公权力的服务本质时,方能提供让人感知的优质服务。

确保生活保障

在《西游记》中,孙悟空是负责任的猴王,在成为猴王之前、之后均有公心。他把发现的水帘洞与大家共享,解决了猴子们的住宿问题,使其远离风雨;学艺归来第一时间即到水脏洞,救回被抓走的小猴子;教给猴子们功夫,抵抗可能的外敌,保护自己和家园;涂销生死簿中的猴子姓名,以解决猴子们老、病、死的问题。在房子、教育、看病成为新的"三座大山"的情况下,对普通人而言,如何能够、敢于放手投资、营业是个问题。优化营商环境需要回应这一社会关切,以实现老有所养、幼有所教、贫有所依、难有所助,鳏寡孤独废疾者皆有所养。

保持勤勉高效

在《西游记》中,西天取经的路,注定不是一天就能到的;最终成功取得真经,与唐僧的信念、坚持是分不开的,与孙悟空一路降妖除魔、与沙僧的吃苦耐劳是分不开的,而猪八戒的消极懈怠最是要不得。《民法典》在代理、委托等法律关系中,均要求代理人、受托人尽最大努力为被代理人、委托人服务。政府及有关部门工作人员正居于受托人的地位,受托代表人民行使权力,受托代表人民管理事务。优化营商环境,要求政府及有关部门工作人员勤勉尽责,以服务之心,提供服务之举,全心全意为人民服务。

此外,效率具有重要性。对营商而言,时间就是金钱;就一般意义而言,时间是组成生命的材料,浪费他人的时间,等于谋财害命。因此,面对问题,政府及有关部门工作人员需要快速、积极、正面、有效地回应。在社会发展过程中,存在各种各样的问题是难免的,但问题的解决,则凸显一个地方对待营商环境的态度。在商法上,所谓纠纷的解决要在潮起潮落之间了结,这体现了营业对效率的要求。2023年8月2日《广州市促进民营经济发展壮大的若干措施》正式发布,其中一项为建立"无事不扰,有求必应"企业服务工作机制,值得推广。

明确资格与责任

责任明确是规范落到实处的保障。无论是立法、执法,还是司法、守法,都需要配置必要的责任机制。只有明确相应的法律追责机制并切实执行,民主科学立法、依法善意执法、独立公正司法、有权力者守法的目标才不会是水中月、镜中花。行使公权者,侵权的当然要追究民事责任;违法犯罪的,当然要追究刑事、行政责任。《公司法》规定,满足犯有贪污罪等财产罪、个人负有较大数额债务且到期未清偿等条件的人,不得担任公司董事、监事、高级管理人员,因为这些人极易损害公司利益。与此相同,行使公权者应遵法守法、全心全意为人民服务,未能依法执法、善意行使权力者,不能全心全意为人民服务者,明显不适合担任国家公职。

对此作一归纳,好的营商环境要求:诚信至上、法治为基、坚持主体平等、维护人格尊严、确保生活保障、保持勤勉高效、明确资格与责任。希望《民法典》的精神早日深入人心,营商环境不断优化,中国的法治事业不断前进,期待每个人、每个企业的权利都受到尊重并得到强有力的保护。